青海师范大学优秀学术著作出版基金资助

"藏区历史与多民族繁荣发展研究省部共建协同创新中心"项目资助成果

中古时期僧人西行求法活动研究

求法活动研究

梁霞 著

社会科学文献出版社

SOCIAL SCIENCES ACADEMIC PRESS (CHINA)

序　一

人类文明因交流互鉴而丰富多彩，中国文化因兼容并包而博大精深。中国文化的博大精深，与其以恢宏的气度和开放的精神同世界文明的交流互鉴不无关系。论及中国文化与世界文明的交流互鉴，中印佛教文化的交流堪称文明互鉴的成功范例。在中印佛教文化交流的历史进程中，中古时期僧人的西行求法活动，贡献卓著，影响深远。

中古时期僧人的西行求法活动，始于曹魏朱士行。朱士行之后，魏晋南北朝时期僧人掀起了西行求法活动的高潮，其中以东晋法显影响最大。法显于东晋隆安三年（399）从长安出发，穿越西域，抵达印度，至义熙八年（412）归抵山东崂山登岸，历时14年，历经30余国。法显不仅带回了佛教经律11部，还将他西行求法所见所闻写成《法显传》，为我们研究古代中亚、南亚、东南亚的历史文化提供了第一手资料。经过魏晋南北朝时期的发展和壮大，佛教在唐代臻于极盛，唐朝僧人再次掀起西行求法活动的高潮。三藏法师玄奘于贞观元年（627）从长安出发，行经西域，到达印度，巡礼圣迹，遍访名师，广寻佛典，至贞观十九年（645）回到长安，历时19年，历经110国。玄奘不仅带回佛经657部，还口述了他西行求法的所见所闻，由弟子辩机笔录而成《大唐西域记》，成为研究古代新疆及中亚、南亚诸国历史、地理、宗教、文化的珍贵文献。后来，又有唐代高僧义净，仰慕法显、玄奘之雅操高风，于咸亨二年（671）从广州取道海路前往印度，至证圣元年（695）东归抵达洛阳，西行求法历时25年。义净带回经律499部，著有《大唐西域求法高僧传》和《南海寄归内法传》，均是十分重要的中外交通史籍名著。义净之后，时势丕变，僧人西行求法活动也就渐渐近于尾声了。

法显、玄奘、义净成就突出，声名显赫，他们是中古时期僧人西行求法活动的杰出代表。是时，中土僧人成群结队，西行求法，前赴后继，难计其数。与法显同时代的西行求法僧人，见于史籍记载的就有慧常、进行、慧辩、僧建、于法兰、于道邃、僧纯、支法领、支法净、昙猛、智严、智羽、智达、智远、慧简、宝云、僧绍、僧景、慧达、智猛、道嵩、昙纂、慧叡、沮渠京声等人。法显之后，南北朝时期，西行求法僧人不绝于途，在此难以备举。唐代的西行求法僧人，仅义净《大唐西域求法高僧传》所记就多达61位。中古时期僧人的西行求法活动，人数众多，历时长久，影响广泛。梁启超将西行求法僧人称为"千五百年前之中国留学生"，称赞他们"乃使我国文化，从物质上精神上皆起一种革命，非直我国史上一大事，实人类文明史上一大事也"。中古时期僧人西行求法活动早已引起学界的关注。然而，长期以来，学者们多聚焦于法显、玄奘和义净等知名求法僧，对中古时期僧人西行求法活动缺乏整体考察。即以法显、玄奘、义净而言，时代不同，他们西行求法的目的、往返路线、参访地也不同，学界对他们求法的途径和方式语焉不详，对他们西行求法的重要贡献多着眼于佛教方面。有鉴于此，梁霞以《中古时期僧人西行求法活动研究》作为她的博士学位论文，本书即是在此基础上修改而成。

中古时期僧人西行求法活动持续了数百年，5世纪的晋宋时期和7世纪的唐代是僧人西行求法活动的高潮。本书第二章通过稽考西行求法僧人的籍贯（或出发点），指出晋宋时期的西行求法僧人以河西和关中居多，北方人最多；唐代西行求法僧人以荆州居多，交州和爱州次之，益州和洛州再次之，南方人最多。作者指出，魏晋南北朝时期，河西、关中佛教文化发达，加之河西处于丝绸之路要冲，关中向来是中西交通的桥头堡，因而两地西行求法僧人居多；到了唐代，由于南海道渐渐兴盛，毗邻南海的交州、爱州和水路交通较为发达的荆州、益州之地的西行求法僧人居多。作者将西行求法僧人的籍贯（或出发点）与其经行路线结合起来进行分析，视角新颖，方法科学，结论可信。

古代中印交通路线主要有四条：一是西域道，二是吐蕃泥婆罗道，三是蜀身毒道（川缅道），四是南海道。本书第三章通过统计西行求法僧人往来经行的交通路线，指出晋宋时期僧人多经西域道特别是西域道南路西行求法，唐代僧人多经南海道西行求法，并分析了僧人西行求法路线从陆路转向海路的原因。在当时，无论陆路还是海路，自然环境均十分恶劣，交通条件极其落后，加之贼寇劫掠、疾病侵扰、风暴肆虐、海浪威胁，途中险象环生，困难重重。西行求法僧人颠沛流离，九死一生，或丧命西行途中，或殒身归国途中，或客死异国他乡，更有许多人不知所终。人们津津乐道法显、玄奘、义净的成功，却忽视了那些"未成功"的西行求法僧人。本书第二章第三节对求法僧人在西行、留学、归途三个阶段的不同命运进行了考察，分析了大量西行求法僧人"未成功"的原因，肯定了他们的积极贡献。对西行求法僧人中的"未成功"者及其贡献予以充分关注，将西行求法僧人作为一个群体进行研究，是本书的重要着力点。

巡礼圣迹是中古僧人西行求法的重要活动，不同时期的求法僧人参访的佛教遗迹不同，同一时期的求法僧人到访之地亦有不同。本书第四章重点探讨了西行求法僧人的巡礼活动，指出于阗和龟兹位于陆上丝绸之路南、北道的交通要冲，是西域佛教文化中心，成为魏晋南北朝时期僧人西行求法巡礼的首要参访地。犍陀罗地区是佛陀本生故事发生地，佛教遗迹遍布，成为晋宋僧人西行求法的主要参访地，这里的佛钵、佛塔、佛像、佛骨舍利等是晋宋求法僧人的瞻礼对象。到了唐代，于阗和龟兹成为僧人陆路西行求法的前站、中转站。而因唐代僧人多循海路西行求法，师子国（今斯里兰卡）、室利佛逝国（今印度尼西亚苏门答腊岛巨港）和诃陵国（今爪哇）成为新兴的前站、中转站。唐代僧人西行求法的终极目的地是古印度，尤其是佛陀弘法常驻的中印度，那烂陀寺、菩提伽耶、鹿野苑、王舍城等是他们最主要的巡礼参访地。这些观点让人耳目一新，弥补了以往学者对西行求法僧人巡礼活动认识不足的缺失。这一章篇幅最大，内容最多，是本书的重中之重，创见颇多。

在追溯中古时期僧人西行求法活动缘起的基础上，本书全面考察了西行求法僧的群体特征及其命运走向，细致勾勒了他们的往返路线及其历史变迁，重点阐述了他们的巡礼活动，高度概括了他们的突出贡献。由于时代跨度长、区域范围广，加之涉及佛教文化的方方面面，本书对有些问题的论述尚不够深入，有待进一步探讨。不过，通读全书，可以看出，本书略他人之所详，详他人之所略，详略得当，主次分明，具有很强的创新意识。本书特别注意探究僧人西行求法活动在不同时期发生的变化及其在各方面呈现的不同特点，作者努力发扬"通古今之变"的治史精神，于此显而易见，亦属难能可贵。

本书是梁霞博士的第一部学术专著，是她攻读博士学位所取得的最重要的学术成果。梁霞本来工作稳定，生活无忧，但她并不安于现状，积极追求进步。2018 年，她发奋努力，成功考入陕西师范大学，开始攻读博士学位。她克服种种困难，经过 4 年坚持不懈的刻苦钻研，2022 年 6 月顺利通过了博士学位论文答辩，获得历史学博士学位。博士研究生毕业后，她在繁忙紧张的工作之余，根据同行专家的意见，对博士学位论文进行了反复修改，最终形成了这部学术专著。

在社会科学文献出版社决定出版本书之后，梁霞请我为之作序。我自知学浅位卑，实不敢当。可是，作为她的导师，固辞不获。因此，略述本书的由来和创获，向梁霞博士表示祝贺，并希望她再接再厉，持之以恒，在隋唐史、佛教史研究领域取得更多更好的学术成果。

介永强

2023 年岁末于古都西安

序 二

梁霞同学，笃实勤勉，不骛浮华。二十多年来，她寒暑不辍，砥砺前行，辛勤耕耘在中国古代社会宗教史这块颇为冷落的学术园地，学业渐进。数年前，她进入陕西师范大学攻读博士学位，其间与我多有联系。当得知她以"中古时期僧人西行求法活动研究"为学位论文选题时，我深为她强大的学术自信心和知难而上的进取精神而高兴，同时产生了诸多想法。

首先，这是一个很有研究意义的选题。自魏伊始，先有朱士行西渡流沙，继有法显游五天竺。东晋以降，西行求法僧前赴后继，涌向外域。而至唐代，玄奘、义净等高僧更是续写了西行求法的辉煌，名垂青史。虽然许多西行僧涉危履险，前往求法的初衷是寻访典籍、探求佛教义理、学习宗教仪轨、巡礼佛陀圣地等，但他们的访学活动，推动了中西方文化的第一次大交流，不仅对中国的宗教文化产生了深远的影响，而且带来了许多意想不到的收获，亦即梁启超先生所称的"副产品"。纵观求法僧群体，他们有一些共同的特质，那就是大都是当时社会上的文化精英。他们不仅有矢志不渝的宗教信仰，而且还有洞察社会现象的犀利眼光，又勤于把所见所闻记录下来，这就给后世留下了多种行记，成为研究中西交通史弥足珍贵的文献。通过这些行记，我们可以了解到正史正典所不载的资料。如通过《法显传》，我们可以知道早在魏晋时期就与天竺及师子国等地区就有了频繁的经济交流。而通过《大唐西域记》《大唐西域求法高僧传》等著作，我们又可大致了解到古代中亚、西亚及南亚200多个国家和地区的山川地貌、风土人情、物产资源、宗教信仰、建筑民居等情况。同时，这些西行僧人留下的文化遗产是世界共享的。需要指出的是，公元 3 世纪到 7 世纪，是中国的传统文化发生大变革的时期。也就是说，正是佛教的传入和东来西往的僧人的媒介作用，拓展了中国人的寰宇地理知识，开阔了人们的文化视野，进而引发了逻辑思维、宗教哲学、雕刻绘画艺术、服饰样式、饮食习惯等方面的变化。

其次，要对中古时期僧人求法情况做一个全面介绍，其中的困难是不言而喻的。难度一，时间跨度太长。从朱士行始渡流沙至晚唐西行求法僧驻足，其间有七八百年的历史。时间跨度越长，在研究中碰到的问题就会越多，梳理起来难度就会越大，这是每个史学研究者都懂的道理。难度二，相关资料极为匮乏，我曾经翻阅僧传寺志一类的文献，所见僧人求法活动的记载，或可寻得几枚雪泥鸿爪，但多是只言片语，不得其详。这就给西行求法活动的研究造成了巧妇难为无米之炊的无奈。难度三，可供借鉴的前人研究成果少。梁启超先生对中古时期僧人的求法活动做过拓荒意义的研究，但梁先生的论述得之于"博大"而失之于"精深"。近代禅宗大师释东初编著的《中印佛教交通史》，论及中印高僧的往来及中国求法僧在中印文化交流方面的突出贡献。印度汉学家师觉月在《印度与中国：千年文化关系》一书中，以较多文字论述了法显、玄奘、义净等人的求法事略。另外，还有季羡林、王邦维等学者也在讨论中印文化交流时，间或涉及僧人的西行求法活动。但通观这些学者的论述，总体上是意图求全而落入简而不深的泛谈，或仅着眼于资料较多、成就突出的几位高僧，而对求法僧群体的全面性学术考察不够。

梁霞同学选定课题以后，以书通二酉的精神，翻阅了内典外籍中的僧传，研读了国内外学者的相关论著。这是个要花大力气方可完成的庞大的阅读工程，据本书所列参考文献可知，她翻查佛教典籍及历史文献近 100 部，查阅近代以来中外学者的有关著作达 90 部，研读学术论文 80 余篇。除文字典籍外，她还搜集了不少石刻拓片、摹本。在资料搜集颇为充足的基础上，对魏晋隋唐间的西行求法僧群体做了整体性考察。这是一个跨越中国古代宗教社会史与中西交通史的大课题，其中涉及的问题很多，如印度及中亚、西亚、南亚各国的历史沿革及佛教地理，印度佛教的兴衰及早期佛教的传播，中国中古时期僧团的确立及佛经的翻译，中国和印度历代王朝的宗教政策，等等。这些问题没弄明白，遑论求法之事。特别是讨论求法僧的行经路线时，需要对涉及的几千个生僻的域外地名逐一给予方位界定，对其谐音翻译造成的错讹要给予正音厘清，这更是个令人蹙眉的研究难点。而面对研究中的重重困难，梁霞以磨杵成针的态度，查对文献辞书，对照中外文字记录，查找他人著作，逐一理出了头绪，取得了可喜的成就。经过三年的探讨，分中古时期僧人西行求法活动缘起、中古时期西行求法僧群体特征、中古时期僧人西行求法路线及变迁、中古时期僧人西行求法巡礼活动、中古时期僧人西行求法活动的贡献等五章，完成了自己的博士学位论文，顺利通过了答辩，受到了相关专家的好评。通观全书，有些章节写得颇为深刻，读之有所受益。

学术研究是个不断探索、不断深化的过程，本书是作者第一次独立完成的学术著作，其中的不足之处在所难免。需要看到的是，在繁杂浮躁的当下，梁霞同学能静下心来进行学术研究，这种精神是值得赞许的。同时，本书是目前所见对西行求法活动做整体考察的一部著作。我们不期望它可以收取毕其功于一役的学术效果，但相信有了一个好的开端，在以后的研究中将会有更多同人加入西行求法活动问题的研究中，写出更加精深的相关著述，以飨读者。

白文固

2023 年 12 月于西安雁塔区

金桥四季花园

目　录

绪　论

中国古代历史上曾有两次外来文化传入：一是汉代以来的佛教东传；二是晚明以来的西学东渐。这两次外来文化活水的注入，亦相应引发了国内成规模的向外学习和对外交流。中古时期僧人的西行求法活动就是在第一次文化传入的背景下兴起的。如果说西学东渐活动是西学的主动输入，那么中古时期僧人的西行求法活动则是以佛教为载体的对域外文化的主动探索。众多僧人主动向外探索，誓游西方"以问所惑"，求得真经"导利群生"，① 义无反顾地踏上了西行之路，掀起了一场旷日持久、影响深远的西行求法活动。

作为中外关系史和中国佛教史的重要内容，西行求法活动是中国在与外来文明的交流中，经过选择、取舍与接受，再按照自身发展需求，积极主动向外探索和学习的活动。西行求法活动不仅是留学活动，而且是文化传播活动，最终实现了东西方文化第一次全方位的交流与融合。所以，将西行求法活动置于中西文化交流史的视域下，开展整体研究，很有必要且有意义。

一　缘起

中古时期僧人西行求法活动，不仅是中国佛教发展史上的重要一环，是

---

① （唐）慧立、彦悰：《大慈恩寺三藏法师传》卷一，孙毓棠、谢方点校，北京：中华书局，2000 年，第 10 页。

世界佛教史的重要组成部分，也是近年来兴盛的"一带一路"研究的重要议题，因此这一问题越来越受到国际、国内学界重视，研究成果丰硕。

以往多重视对知名求法僧的个案研究，历史上曾有不计其数的求法取经僧人，或因史料记载匮乏，或因未能成功归来，或因成就不高，而被忽略，湮没于历史长河。以往多认为，"求法"是目的，而归来"弘法"才算是成功达到了目的，因此多关注那些求法成功并成就突出的僧人，对求法僧群体的关注较少。但实际上，那些看似"未成功"的求法僧人，为后来者开辟道路、指引方向、提供借鉴，同样为求法活动、佛教发展和中印文化交流做出了贡献，值得关注。

以往对求法僧西行路线的研究比较零散，或仅关注著名求法僧人经行路线，或置于丝绸之路研究中简而论之，关于不同历史时期求法僧主经路线，影响求法僧路线选择的因素，以及求法路线由陆路到海路的变迁等，系统的研究不足。而求法路线的选择，与中国佛教发展地域分布、佛教来源地的变迁，以及中西交通路线的变迁息息相关。

以往的研究多注重"求法"，而忽略了"巡礼"活动，对中国僧人曾至何处巡礼未曾有过系统研究。甚至如法显、玄奘、义净等著名求法僧所游历之西域古国，因历史的变迁，难以得知确切的参访之地。提及西行求法，多认为即赴今天的印度求法巡礼，实际并不尽然。如同佛法东来有渐进过程一般，西行求法活动也是由近及远，而且在不同历史时期，求法巡礼的目的地也不尽相同，呈现不同的时空特征。而求法巡礼活动的时空分野，不仅反映了我国佛教发展重心的转移，还隐含着世界佛教中心的变迁。

可见，目前求法僧个案研究虽颇为深入具体，但对求法僧群体、求法路线、求法巡礼活动等关键内容的整体研究略显不足，值得进一步探讨。因此，在已有研究的基础上，整理求法僧名录，对求法僧群体进行系统的结构分析；对求法经行路线进行汇总，分析影响求法僧选择路线的因素；根据求法僧行迹，研究其寻求佛法的具体内容，分析参访巡礼内容等，总结西行求法活动历史特征，对于西行求法活动全貌的认知，是必要且有意义的。

二　研究现状

中古时期僧人西行求法活动作为中国史的重要内容，在中国佛教通史中一般会有所涉及，虽简略，但始终是不可避免的关键内容。近年来，也出现了一些专题研究，主要集中于求法僧与译经活动、求法活动与中外文化交流、求法僧与行记、西行取经与佛典汉译等问题，但多侧重于对几位著名求法高僧如法显、玄奘和义净等的个案研究，研究较为零散，尚未有对中古时期僧人西行求法活动的系统研究。

（一）西行求法活动的整体研究

学界多将西行求法活动置于佛教史的背景下，研究西行求法活动的背景、主要求法僧人及其求法贡献等。

将西行求法活动作为整体性学术课题考察，最早始于梁启超，梁氏将求法之人称为"千五百年前之中国留学生"。他对三国曹魏至唐中期西行求法活动做了整体考察，包括辑录求法僧名录、概述求法事略、梳理经行交通路线、探究求法活动对地理学的贡献等。对西行求法给予高度评价，"确为留学运动，而非迷信运动"，"乃使我国文化，从物质上精神上皆起一种革命，非直我国史上一大事，实人类文明史上一大事也"。① 虽然研究内容大多是概要式论述，但为西行求法活动研究奠定了基础。曹仕邦《中国佛教求法史杂考》从中国佛教求法史的角度，重点关注求法部分内容，也是对西行求法活动整体研究的探索，但研究内容仍较零散不成系统，论述也较略。②

西行求法活动常被置于中国佛教史视域下论述。汤用彤在《汉魏两晋南北朝佛教史》中提出，西行求法动机，或搜寻经典，或亲炙受学，欲睹圣迹，寻求名师，此观点后世常因袭；既对佛教传来之道路进行了研究，也对

---

① 梁启超：《中国印度之交通》，《佛学研究十八篇》，北京：商务印书馆，2017 年，第111 页。
② 曹仕邦：《中国佛教求法史杂考》，张曼涛主编《现代佛教学术丛刊》第 100 册《佛教史杂考》，台北：大乘文化出版社，1978 年，第 299—327 页。

法显、智猛、宝云等求法僧西行事迹进行了简述。① 他在《隋唐佛教史稿》中对隋唐求法活动有所论述，包括隋唐西行求法路线、求法僧梵语学习等，虽多为概述，但研究视域有所拓展，尤其是梵语学习情况。② 后来何方耀和业师介永强对隋唐高僧尤其是求法僧梵文梵语学习情况进行了拓展研究。③ 杜继文主编《佛教史》则以佛教世界史的视域，论述印度佛教的对外传播以及向中国的续传，探究西行求法兴起的背景，并提出中印通道"南海北陆，在两晋之际已经贯通，形成了佛教文化循环遨游的大圆圈"。④ 杨曾文《隋唐佛教史》从译经角度出发，论述玄奘和义净的西行求法与译经情况。⑤ 魏道儒主编《世界佛教通史》第三卷关于晋宋之际的求法活动，主要论述了法显西行求法，内容包括西行背景、求法事迹和贡献等，对法显求法活动研究有所推进。⑥ 日本学者羽溪了谛的《西域之佛教》一书研究了西域诸国佛教发展，对求法僧途经西域时的佛教状况进行了论述。⑦ 还有国内外学者的中国佛教史研究均有简要涉及，⑧ 兹不具述。

西行求法活动，亦是中印文化交流的重要组成部分。印度汉学家师觉月所著《印度与中国：千年文化关系》，⑨ 论述了前往印度的中国古代朝圣者，如三大赴印求法高僧法显、玄奘和义净求法事略。近代佛教禅宗大师释东初

---

① 汤用彤：《汉魏两晋南北朝佛教史》，北京：中华书局，2016 年，第 378 页。

② 汤用彤：《隋唐佛教史稿》，北京：中华书局，1982 年。

③ 何方耀：《汉唐求法僧梵文学习之特点及其社会影响浅论》，《中山大学学报》（社会科学版）2005 年第 3 期；介永强：《隋唐高僧与语言文字学》，《山西大学学报》（哲学社会科学版）2019 年第 2 期；何方耀：《中国历史上首场外语学习运动考述》，《澳门理工学报》2019 年第 4 期；何方耀：《晋唐寺院的外语学习与中外文化交流》，《法音》2019 年第 8 期。

④ 杜继文主编《佛教史》，南京：江苏人民出版社，2006 年，第 164 页。

⑤ 杨曾文：《隋唐佛教史》，北京：中国社会科学出版社，2014 年。

⑥ 魏道儒主编《世界佛教通史》，北京：中国社会科学出版社，2015—2016 年。

⑦ 〔日〕羽溪了谛：《西域之佛教》，贺昌群译，北京：商务印书馆，1999 年。

⑧ 黄忏华：《中国佛教史》，北京：商务印书馆，1947 年；任继愈主编《中国佛教史》第 1 卷，北京：中国社会科学出版社，1981 年；〔日〕镰田茂雄：《中国佛教通史》，台北：新文丰出版公司，1982 年；〔日〕中村元主编《中国佛教发展史》，台北：天华出版事业股份有限公司，1984 年；郭朋：《汉魏两晋南北朝佛教》，济南：齐鲁书社，1986 年。

⑨ 〔印〕师觉月（P.C.Bagchi）：《印度与中国：千年文化关系》（*India and China: A Thousand Years of Cultural Relations*），印度孟买，1950 年（中译本为〔印〕师觉月《印度与中国：千年文化关系》，姜景奎等译，北京：北京大学出版社，2014 年）。

主编的《中印佛教交通史》①，论述了印度文化传入中国后，魏晋以至宋代中印佛教交通史，其中包括中印高僧往来、历代求法高僧访印对后世的贡献等内容，内容全面系统，是研究中印佛教交通史的重要著作，但因求全，不免落入论述简而不深的泛谈。耿引曾与印度学者谭中合著的《印度与中国——两大文明的交往和激荡》②辑录了中国赴印求法高僧的名录，大体按照时间顺序编排，虽不够全面，但仍有参考价值。季羡林、薛克翘、王邦维等学者就中印文化交流等方面展开研究，③西行求法活动便是其中重要一环，但大多论述简略。

（二）西行求法僧的研究

学界对西行求法僧群体的关注和研究较少。冯承钧编《历代求法翻经录》④是对散见于释藏传记谱录中关于求法翻经的汇编，此书检索释藏传记谱录，按不同历史时期求法僧及其翻经情况，考录出汉唐间翻经西行求法僧有姓名可考者94人，其对求法事迹的辑录为佛教传播史研究提供了文献参证。求法僧群体研究有何方耀《晋唐时期南海求法高僧群体研究》⑤，该书对晋唐经南海道西行的求法僧做了整体性考察和结构性分析，包括佛僧与商人关系、梵语学习、求法僧所携带汉本佛典、经典传译活动等专题，研究视角新颖，为后来者所仿效。该书仅对晋唐经行南海道求法僧群体给予了学术关注，而未考察陆路求法僧的情况。景天星《丝路高僧传》⑥一书对9位求

---

① 释东初主编《中印佛教交通史》，台北：东初出版社，1972年。
② 〔印〕谭中、〔中〕耿引曾：《印度与中国——两大文明的交往和激荡》，北京：商务印书馆，2006年。
③ 季羡林：《中印文化关系史论丛》，北京：人民出版社，1957年；季羡林：《佛教与中印文化交流》，南昌：江西人民出版社，1990年；薛克翘：《中国印度文化交流史》，北京：昆仑出版社，2008年；王邦维：《华梵问学集——佛教与中印文化关系研究》，兰州：兰州大学出版社，2014年；王邦维：《交流与互鉴：佛教与中印文化关系论集》，上海：复旦大学出版社，2020年；王邦维：《中外文化交流史·中国与印度文化交流史》，北京：国际文化出版公司，2020年。
④ 冯承钧编《历代求法翻经录》，上海：商务印书馆，1931年。
⑤ 何方耀：《晋唐时期南海求法高僧群体研究》，北京：宗教文化出版社，2008年。
⑥ 景天星：《丝路高僧传》，西安：陕西人民出版社，2017年。

法高僧事迹等有较多论述，虽然不够全面，但所辑录的"西行求法高僧一览表"可资参考。赵厚进对 3—5 世纪陆路西行求法僧进行考论，包括其生平、求法活动和译经成就等，但未展开整体分析和研究。①

学界对西行求法僧的个案研究，多集中于史料较多、成就突出的求法高僧，如法显、玄奘、义净等，关于其生平、求法事迹、撰著译著、学说思想、求法成就等的成果层出不穷。对法显生平事迹的研究较早，且时有论著问世。② 关于玄奘的研究，成果颇为丰硕，如黄心川等主编《玄奘研究文集》、③ 张曼涛主编《玄奘大师研究》（上、下），④ 收录了玄奘研究的诸多论文，内容全面。对于玄奘研究的诸多成果中亦有不少研究综述。⑤ 关于义净的研究成果亦颇为丰硕，从义净生平及交游、著作及翻译、佛学思想及学术流派、对外文化交流的贡献等方面展开了全面研究。⑥

---

① 赵厚进：《三至五世纪陆路西行求法僧人研究》，兰州大学硕士学位论文，2012 年。
② 贺昌群：《古代西域交通与法显印度巡礼》，武汉：湖北人民出版社，1956 年；季羡林：《法显》，《季羡林文集》第 7 卷《佛教》，南昌：江西教育出版社，1998 年；王邦维：《法显与〈法显传〉：研究史的考察》，《世界宗教研究》2003 年第 4 期；杨茂林主编《法显研究论集》，太原：山西人民出版社，2016 年；段玉明：《法显、昙无竭西行求法比勘》，《佛教文化研究》2017 年第 2 期。
③ 黄心川、葛黔君主编《玄奘研究文集》，郑州：中州古籍出版社，1995 年。
④ 张曼涛主编《玄奘大师研究》（上），《现代佛教学术丛刊》第 8 册，台北：大乘文化出版社，1977 年；张曼涛主编《玄奘大师研究》（下），《现代佛教学术丛刊》第 16 册，台北：大乘文化出版社，1977 年。
⑤ 参见黄夏年《四十年来我国玄奘研究的综述》，《玄奘研究》1994 年第 1 期；黄夏年《百年玄奘研究综述》，《广东佛教》2001 年第 1 期；黄心川《玄奘及唯识学研究的回顾与展望》，《西南民族大学学报》（人文社科版）2007 年第 3 期；白杨《玄奘研究综述（1994—2007）》（上、下），《新疆师范大学学报》（哲学社会科学版）2008 年第 1、2 期；赵欢《近五年玄奘研究综述（2008—2013）》，《世界宗教文化》2015 年第 1 期；景天星《"玄奘精神"研究述评》，《玄奘佛学研究》第 26 期，2016 年；李海波《2014—2017 年玄奘研究综述》，《普陀学刊》2019 年第 2 期；海波《2014—2018 年玄奘研究综述》，《世界宗教研究》2019 年第 6 期；李晓敏《考古学视野下的玄奘研究述评》，《宗教学研究》2019 年第 4 期。
⑥ 王邦维：《义净籍贯考辨及其它》，朱东润等主编《中华文史论丛》1984 年第 4 辑，上海：上海古籍出版社，1984 年；王邦维：《论义净时代的印度佛教寺院——〈南海寄归内法传〉研究之一》，《南亚东南亚评论》第 2 辑，北京：北京大学出版社，1988 年；王邦维：《唐高僧义净生平及其著作论考》，重庆：重庆出版社，1996 年；王亚荣《西行求律法：义净大师传》，台北：佛光文化事业有限公司，1997 年；王乐庆《义净与那烂陀寺》，《五台山研究》2010 年第 2 期；黄益：《义净研究在中国——中国学者对唐三藏义净法师的研究综述》，《德州学院学报》2019 年第 5 期；冯相磊：《唐代海上丝绸之路上的高僧义净西行求法研究》，《德州学院学报》2019 年第 5 期。

学术界对于西行求法僧的研究，偏重于个例研究，近年来开始关注西行求法僧群体，但是或仅关注南海道求法僧，或关注 3—5 世纪陆路求法僧，缺乏对求法僧总体的研究，也就难以形成对西行求法活动的整体认识。

（三）西行求法僧著述的研究

梁启超认为："留学运动之副产物甚丰，其尤显著者则地理学也。"①梁氏对西行求法僧撰写行记的贡献给予充分肯定，并且对求法僧的游记进行了概要式考录。

学界对求法僧著述的研究始于 20 世纪初，其中章巽对《法显传》的校注，②季羡林等对《大唐西域记》的校注，③以及王邦维对义净著述的校注，④是对求法僧著述校注较权威的版本。对这几部著述的相关研究也较多，兹不具述。⑤还有不少求法僧也著有行记，或佚失，或有著录，学界少有关注。阳清、刘静《晋唐佛教行记考论》⑥对支僧载、竺法维、法盛等求法僧的行记佚著进行考论，考证翔实。但多从佛教文学角度研究，且辑录的行记并不全面。

相比以往研究多聚焦于求法僧著述，近年来学界逐渐转向探讨西行求法

①　梁启超：《中国印度之交通》，《佛学研究十八篇》，第 135 页。
②　（晋）法显撰，章巽校注《法显传校注》，北京：中华书局，1985 年。
③　（唐）玄奘、辩机原著，季羡林等校注《大唐西域记校注》，北京：中华书局，2000 年。
④　（唐）义净著，王邦维校注《大唐西域求法高僧传校注》，北京：中华书局，1988 年；（唐）义净著，王邦维校注《南海寄归内法传校注》，北京：中华书局，1995 年。
⑤　丁谦：《晋释法显〈佛国记〉地理考证》，北京：商务印书馆，1934 年；岑仲勉：《佛游天竺记考释》，北京：商务印书馆，1934 年；（唐）玄奘：《大唐西域记》，章巽校点，上海：上海人民出版社，1977 年；范祥雍：《〈大唐西域记〉阙文考辨》，《文史》第 13 辑，北京：中华书局，1982 年；周连宽：《大唐西域记史地研究丛稿》，北京：中华书局，1984 年；季羡林、王邦维：《义净和他的〈南海寄归内法传〉》，《文献》1989 年第 1 期；王邦维：《义净〈南海寄归内法传〉佚文辑考》，葛兆光主编《清华汉学研究》第 1 辑，北京：清华大学出版社，1994 年；（晋）法显著，郭鹏注译《佛国记注译》，长春：长春出版社，1995 年；杨曾文等主编《东晋求法高僧法显和〈佛国记〉》，北京：宗教文化出版社，2010 年；（唐）玄奘、辩机撰，范祥雍汇校《大唐西域记汇校》，上海：上海古籍出版社，2011 年；宽旭编《义净著述辑要》，北京：中华书局，2017 年。
⑥　阳清、刘静：《晋唐佛教行记考论》，北京：中华书局，2021 年。

活动在中古地理认知深化和中外交通拓展方面的贡献。史念海认为，往来于西域南海的西行求法僧对中土人士域外认识的丰富，"实有相当的助力"。[①]尚永琪对僧人流动与中古地理视域的拓展有所论及，且对求法僧地理学著作有补充考论。[②]介永强《佛教与中古中外交通》一文另辟蹊径，考察佛教对中古中外交通发展的历史意义，并认为僧人行记的历史价值远超佛教意义。[③]

因求法僧行记对中外交通具有重要的文献价值，颇受国外学界重视。19世纪末以来，求法僧行记先后被翻译成法文、英文、日文等多种语言，供学者进行校注、研究，成果丰硕。法国汉学家雷慕沙（Abel Rémusat）最早将法显的《佛国记》译为法文，后来英国汉学家塞缪尔·比尔（Samuel Beal）、翟理斯（Herbert A. Giles）和理雅各（James Legge），先后将《法显传》译成英文，分别于19世纪末出版。法国汉学家儒莲（Stanislas Julien）将《大慈恩寺三藏法师传》和《大唐西域记》译为法文，英国汉学家塞缪尔·比尔又将《大慈恩寺三藏法师传》译为英文，法国学者沙畹（Ed. Chavannes）将《大唐西域求法高僧传》译为法文，日本学者高楠顺次郎将《南海寄归内法传》译为英文等。英国学者宁梵夫（Max Deeg）也对佛教僧人行记和贡献有研究。[④]日本学界对求法僧著述高度重视，足立喜六[⑤]、长泽和俊[⑥]、羽田亨[⑦]等学者多有译注。

---

① 史念海：《隋唐时期域外地理的探索及世界认识的再扩大》，《中国历史地理论丛》1988年第2期。
② 尚永琪：《3—6世纪佛教传播背景下的北方社会群体研究》，北京：科学出版社，2008年。
③ 介永强：《佛教与中古中外交通》，《厦门大学学报》（哲学社会科学版）2010年第5期。
④ 〔英〕宁梵夫：《历史的转向：中国佛教游记如何改变西方对佛教的认识》，《华林国际佛学学刊》2018年第1期。
⑤ 〔日〕足立喜六：《法显传：中亚·印度·南海纪行研究的研究》，京都：法藏馆，1940年；〔日〕足立喜六：《大唐西域记研究》，京都：法藏馆，1942年；〔日〕足立喜六译注《大唐西域求法高僧传》，东京：岩波书店，1942年。
⑥ 〔日〕长泽和俊：《玄奘法师西域纪行》，东京：桃源社，1965年；〔日〕长泽和俊：《法显传·宋云行纪》，《东洋文库》一九四，东京：平凡社，1971年。
⑦ 〔日〕羽田亨校订《大唐西域记》（京都帝国大学文科大学丛书），东京：大日本国书有限公司，1911年；〔日〕羽田亨：《大唐西域记考异索引》（京都帝国大学文科大学丛书），东京：大日本国书有限公司，1911年。

（四）求法僧经行路线的研究

西行求法僧所经行的实际就是中西商贸之路，有关汉唐间商贸路线，正史《汉书·地理志》和《新唐书·地理志》记载较详，而求法僧的行记中并无直接和翔实的记载。在不同历史时期，求法路线亦有变化，需要从中国佛教发展需求和佛教来源地等方面综合考量求法路线及其变迁。

关于中印间交通通道，梁启超《中国印度之交通》认为求法路线主要有海路、西域路、吐蕃泥婆罗路、滇缅路等，并对求法僧经行道路做了概要式梳理。[①] 不足之处在于，他并未对具体的路线进行研究。汤用彤提出，南朝与天竺交通主要通过海道，而北部主要经今之新疆及中亚细亚，此路又分南北二道。[②] 汤用彤进一步指出，唐代中印交通路线又细分为天山北路、天山南路、吐蕃道、南海道等，并对路线具体走向进行概述。[③] 不足在于未对求法僧经行路线及变化加以整体考察。

关于求法僧经行路线的研究，多集中于法显、玄奘、义净等求法高僧，[④] 对经行路线考证虽然深入，但是缺乏对求法僧群体经行路线的整体考察。法显陆去海归，玄奘陆去陆归，义净海去海归，慧超海去陆归，几位著名求法僧经行路线各不相同，但对其背后的原因学界少有关注。因而，从求法僧经行路线的整体角度出发，对求法僧群体主要经行路线，影响求法僧选择路线的因素，陆路与海路求法路线的变化及其原因，经行路线与求法目的地间的联系等问题的研究，对西行求法活动的整体研究至关重要。

---

① 梁启超：《中国印度之交通》，《佛学研究十八篇》，第 139—141 页。
② 汤用彤：《汉魏两晋南北朝佛教史》，第 374—375 页。
③ 汤用彤：《隋唐佛教史稿》，第 71—72 页。
④ 冯锡时：《法显西行路线考辨》，马大正等主编《西域考察与研究》，乌鲁木齐：新疆人民出版社，1994 年，第 291—298 页；冯其庸：《玄奘取经东归入境古道考实——帕米尔高原明铁盖山口考察记》，《佛教文化》2006 年第 6 期；余太山：《关于法显的入竺求法路线——兼说智猛和昙无竭的入竺行》，余太山、李锦绣主编《欧亚学刊》第 6 辑，北京：中华书局，2007 年，第 138—153 页；薛克翘：《玄奘西行与达摩笈多东来路线考》，《北方工业大学学报》2019 年第 6 期。

（五）对求法与巡礼活动的研究

已有对西行求法巡礼活动的研究呈现如下特点。其一，多关注个别求法僧的求法活动，如对法显、玄奘、义净等求法僧的求法活动均有深入的研究，对求法僧群体的求法活动关注不够。求法僧群体求法学习地点、求法内容和所获经典情况等，不曾有相关的系统研究。其二，求法与巡礼是求法活动的两大主题，但以往研究重"求法"轻"巡礼"，对求法僧的参访巡礼地点和内容均语焉不详，甚至对法显、玄奘、义净等著名求法僧巡礼活动也多不关注。其三，提及西行求法活动，多认为就是去今天的印度求法，实际并不尽然，学界对印度以外地区的求法巡礼活动研究不足。近年来学界虽有关注求法僧人在犍陀罗① 地区和室利佛逝（今印度尼西亚苏门答腊岛巨港）的活动，但研究比较零散。② 求法巡礼活动是西行求法活动的重要内容，因此，对求法僧群体的主要求法和参访地点，以及巡礼内容进行综合研究，是对中古时期西行求法活动研究的有益补充。

综上所述，虽然学界对西行求法高僧的个案研究较为深入，成果丰硕，但是缺乏对西行求法活动的整体性研究，呈现"只见树木，不见森林"的局面。研究存在的主要不足如下：一是关于求法僧人的研究，多关注几位著名求法僧，缺乏对西行求法僧群体的全面考察；二是对求法路线的探讨，也多集中于几位著名求法僧经行路线的考证，对求法僧主要经行路线、选择路线的影响因素、路线的分布和变化等缺乏整体考察；三是对求法巡礼活动缺乏系统考察，特别是对巡礼活动关注不够，求法内容也多聚焦于著名求法僧，而对求法僧参访和巡礼的地点与内容语焉不详，研究不足。

---

① 犍陀罗，又称健陀罗、犍陀卫、乾陀罗等，其地在今巴基斯坦白沙瓦及阿富汗东部一带。都城号布路沙布逻，又译富楼沙或弗楼沙，在今巴基斯坦白沙瓦。参见义净著，王邦维校注《大唐西域求法高僧传校注》卷上，第 67 页注（二）。

② 李建欣：《中古时期中国的佛钵崇拜》，余欣主编《中古中国研究》第 1 卷，上海：中西书局，2017 年，第 191—210 页；黄益、崔继忠：《室利佛逝国：唐三藏义净的人生"中转站"》，《德州学院学报》2020 年第 5 期。

总而言之，目前学界尚未有对西行求法活动的整体研究，缺乏宏观把握和全面认识，研究零散而不成系统。也正是这些不足，为进一步研究留下了较大空间。因此，本书将中古时期西行求法活动置于区域史的视域下，对中古时期的西行求法活动进行整体研究，按照不同的历史阶段，对求法僧群体特征、求法路线及其变化、求法巡礼活动等进行综合性的宏观研究，探究求法活动深层次的历史规律。

三　研究内容

本书拟从学界以往忽略和研究不足的方面入手，对求法活动的历史背景、求法僧群体、求法路线、求法巡礼活动、历史贡献等进行全面考察，以期尽可能全面地反映中古时期僧人西行求法活动的面貌。

（一）概念界定

"中古"，是一个历史学概念和名词，学界一般用来指中国历史上的魏晋南北朝到隋唐时期，相当于公元 3—9 世纪，大约 700 年的历史。

中古僧人西行求法活动，从三国曹魏朱士行发轫，兴盛于六朝隋唐时期，持续至明代，[①] 长达千余年。但是，真正影响中古佛教发展的求法活动在唐末便已结束。"有宋一代，赴印求法的运动已成强弩之末，近于尾声。"[②] 因此，本书主要研究自三国曹魏甘露五年（260）朱士行西行求法始，至唐德宗贞元五年（789），法界（回国后被安置于章敬寺译经，正式赐法号为"悟空"，后文中多使用悟空之名）结束西游返唐为止，前后凡 500 余年间僧人的西行求法活动。即魏晋至隋唐时期，僧人主动到西域、印度、南海诸国，求学问法、搜寻佛典、巡礼圣迹等的历史活动。本书将中古时期僧人西行求法活动这一历史现象置于时间横轴和空间纵轴中，从时间、地点、人物、事

---

① 麻天祥：《季潭宗泐——西行求法的殿军》，《宗教学研究》2017 年第 1 期。
② （唐）义净著，王邦维校注《大唐西域求法高僧传校注》，代校注前言，第 5 页。

件、影响等方面进行全面考察，透过求法活动表象的多样性，探求其深层次的特征。

（二）研究范畴

西行求法僧群体的研究。通过爬梳史料，本书整理辑录出见于史籍记载的求法僧名录；将求法僧群体置于时间和空间视域下，考察求法僧时空地域特征；结合求法活动整体，考察求法僧个体在西行、留学、东归过程中的命运特征，将个案研究与整体考察结合起来，形成对求法活动整体的认知。

西行求法路线的分布与变迁。本书将求法路线作为整体考察，从求法僧所经行主要路线、影响选择路线的因素、路线兴衰变迁及其因素等方面开展深入研究，并对不同历史时期西行求法经行路线及其变迁进行分析，总结特点。

西行僧人求法巡礼活动的内容。针对以往重求法而忽视巡礼的问题，本书将求法僧的求法与巡礼结合起来考察，按照西行求法巡礼的时代、地域、内容进行汇总和分析，通过琐碎的表象来挖掘其深层次的动因，总结求法巡礼活动的历史特征。

总之，本书试图采用整体研究，以人物为主线，从时间和空间两个维度，主要研究求法僧群体、求法路线、求法巡礼内容，对中古时期僧人西行求法活动进行全方位的考察。通过考察求法僧求法巡礼活动表象的多样性，研究晋宋、唐代两个阶段，求法活动在人、时、地方面的差异，探寻求法活动内在的规律性、深层的统一性，分析深层次的根源，探寻求法活动在跨文化交流中的历史意义，以及在跨文化传播中如何保持并发展本土文化的现代价值。

第一章
中古时期僧人西行求法活动缘起

西行求法活动，是在佛教东传的背景下兴起的。两汉之际，佛教传入中原，西域高僧负笈前来，译经并传经布法。佛理初传之际，佛教经典多半从西域传来，传来的佛经或缺失不全，或因译经条件有限而翻译不善，或因戒律缺失引起纷争，增加了中土僧人对佛法的理解和弘扬的困难。为了解决佛教在中土发展中存在的问题，中土僧人不再满足于西域僧人的传译，变被动为主动，到域外求取佛经原本。求法僧出于广寻佛经、访学名师、寻找戒律、巡礼佛教古迹等动机，不畏艰险，前赴后继，掀起了西行求法活动的热潮。

第一节　僧人西行求法活动背景

佛教创立后，因孔雀王朝阿育王的推崇，不断向外传播，经北路传播到北印度一带，再经贵霜王朝迦腻色迦王的扶植和发展，在以犍陀罗为中心的地区兴盛起来，形成新的佛教中心，并越过葱岭向西域地区传播。汉朝与西域交往频繁，安息、康居和罽宾高僧前来弘法。不过当时弘法内容还不成体系，翻译的佛经典籍篇帙不全或不善。于是，僧众便掀起了直接西行寻访经典原本的热潮。

一 佛教兴起与向中亚地区的传播

佛教创立于公元前 6—前 5 世纪的古印度，起初仅流传于中印度的恒河流域一带，大约在公元 3 世纪阿育王时代，佛教开始向印度北部、南部以及周边地区传播，逐渐在南亚、西亚和中亚的广大地区流传。而向西北方向传播的佛教，传至犍陀罗地区，又随着犍陀罗地区对佛教的再创造和发展，后来逐渐越过葱岭传播至我国的新疆地区。

（一）佛教在古印度的创立

公元前 6—前 5 世纪，古印度已建立国家和城市，从印度河流域发展到了恒河流域，建立起了以城市为中心的十六大国。到了释迦时代，十六国格局发生了变化，其中"最强大的国家是恒河南岸的摩揭陀国，西北边的憍萨罗，东北边的跋耆"。①

佛教创始于前 5 世纪的古印度，创始人乔达摩·悉达多，出身王族，是古印度北部迦毗罗卫国（今尼泊尔南部）净饭王的儿子，自幼受到良好的婆罗门教育，并结婚生子，净饭王希望他继承王位，成为功勋显赫的君主。但是相传他看到生、老、病、死各种烦恼，体悟到世事的无常，二十九岁时出家，找寻解脱身心痛苦和人生无常的路径。他到中印度摩揭陀国一带寻师访道，在尼连禅河岸边苦修六年，但并没有得到精神的解脱。于是放弃了苦行，在尼连禅河洗去泥垢，接受牧羊女的乳糜供养，在尼连禅河岸边的菩提树下发愿"如不能证得无上菩提，宁愿死也不起座"。经过七个昼夜（也说七七四十九天）的苦思冥想，终于战胜了烦恼魔障，彻悟到人生自苦和解脱之道，证得无上大觉。后来被佛教徒尊称为"释迦牟尼"，即释迦族的圣人之意，又被称为"佛"或"佛陀"，"佛"即"觉悟"的意思。

佛陀成道后，首先来到波罗奈城的鹿野苑（在今印度北方邦），向曾追随他的五名侍者宣说证悟之道，宣讲"八正道""四圣谛"，佛教徒将此宣

---

① 吕澂:《印度佛学源流略讲》，上海：上海人民出版社，1979 年，第 10 页。

讲称为"初转法轮"。即佛教的基本教义确立，同时乔陈如等五人受度化，皈依佛陀门下，成为佛陀最早的出家弟子，这也意味着最早的僧团开始建立。至此，佛教基本要素"佛、法、僧"三宝俱全，佛教终于正式创立。佛陀在鹿野苑初转法轮，度过一个雨季后，便派遣弟子们去游化四方，自己也离开鹿野苑，在憍萨罗国（法显称作拘萨罗国，玄奘译作室罗伐悉底国①）舍卫城（在今印度北方邦北部）、摩揭陀国（又作摩竭提国，古印度恒河中游著名大国）的王舍城（在今印度比哈尔邦巴特那）等地居住和弘法。佛陀曾到各地游化和宣道，"以摩羯国、憍萨罗、拔沙三国为中心。东到瞻波，西到摩偷罗，范围相当广阔"，②但主要是在中印度地区。公元前5世纪起源于中印度的佛教，在佛陀传教的四十余年里，只是流行于中印度恒河上游的地方教团。

随着佛教的传播，僧团规模的扩大，原始佛教教团对教理理解和戒律实践产生了分歧，出现了对立和分裂。在佛陀入灭百年后，原始佛教教团出现首次大分裂，分裂为改革派的大众部与保守派的上座部，两派在"修学风格与教理上差异甚大"，③史称"根本分裂"。其后，这两个部派又衍化出更多小的分裂，史称"枝末分裂"。④分裂大约"从公元前370年起到大乘佛学开始流行的公元150年前后止，总计有五百年左右的时间"。⑤在佛教史上，这段时期被称为"部派佛教"时期。或说分裂为十八部或二十部，而"其中上座部系的上座部、说一切有部、正量部、经量部，大众部系的大众部等占有优势"。⑥两大部派分裂后，摩揭陀国也发生动荡，王朝更替为难陀王朝。马其顿统治了希腊后，亚历山大大帝建立强大帝国，并开始东侵，灭了

---

① （晋）法显撰，章巽校注《法显传校注》，第61页。（唐）玄奘、辩机原著，季羡林等校注《大唐西域记校注》卷六，第481页。
② 吕澂：《印度佛学源流略讲》，第13页。
③ 魏道儒主编《世界佛教通史》第1卷《印度佛教（从佛教起源至公元7世纪）》，第289页。
④ 魏道儒主编《世界佛教通史》第1卷《印度佛教（从佛教起源至公元7世纪）》，第297页。
⑤ 吕澂：《印度佛学源流略讲》，第23页。
⑥ 〔日〕平川彰：《印度佛教史》，庄昆木译，台北：商周出版社，2002年，第26页。

波斯，翻越兴都库什山，直接侵入印度。后来遭到军事上的压迫而不得不退回，但这次入侵对当时的古印度破坏惨重。

（二）佛教向中亚地区传播

1. 阿育王时期佛教的传播

公元前 3 世纪前后，在古印度，推翻难陀王朝后兴起的孔雀王朝第三代君主，就是有名的阿育王（Asoka）。阿育王在统一了印度北方地区后，又继续向南扩张，完成了对整个南亚次大陆的统一。阿育王早年连年征战，杀戮不断，晚年开始笃信佛教。他下令印度各地兴建佛教寺塔（寺庙），组织佛教结集，整理佛教经典，并到释迦圣地朝拜，竖立纪念石柱等。[1] 在阿育王的大力支持下，佛教大兴，阿育王由此被尊称为"正法阿育"。[2] "早期佛教史中划时代的伟大标志，是阿育王的统治时期。"[3] 阿育王还派遣僧团宣扬佛教，据《善见律毗婆沙》记载，公元前 253 年，阿育王派遣末阐提带领僧团到迦湿弥罗和犍陀罗传教，传教重点是说一切有部的意义。[4] 当时弘教地区东到金地（今缅甸东部），西到西北印度和奥那世界（今印度西北），南到师子国（今斯里兰卡）。[5] 佛教由此分出两条对外传播的路线：传至师子国，并继续向东南亚传播的一支，称为"南传佛教"；以北部弗楼沙、迦湿弥罗为中心，继续向康居、大夏、安息，以及我国新疆于阗（今和田地区）、龟兹（今库车、拜城、新和一带）传播的一支，称为"北传佛教"。

在孔雀王朝阿育王之前，佛教仅是中印度一带的地区性宗教，流行于恒河流域，而在阿育王的推崇和弘扬下，佛教成为五印度的宗教。在阿育王的

---

[1] 吕澂：《印度佛学源流略讲》，第 26—27 页。

[2] 魏道儒主编《世界佛教通史》第 1 卷《印度佛教（从佛教起源至公元 7 世纪）》，第 274 页。

[3] 〔英〕查尔斯·埃利奥特：《印度教与佛教史纲》第 1 卷，李荣熙译，北京：商务印书馆，1982 年，第 368 页。

[4] 参见孙英刚、何平《犍陀罗文明史》，北京：生活·读书·新知三联书店，2018 年，第 44 页。

[5] 吕澂：《印度佛学源流略讲》，第 28—29 页。

推崇下，"佛教之传播，虽远及于印度以外极远之地方，而就中以印度西北境之迦湿弥罗、健陀罗及巴克特里亚（Bactria，大夏）诸地，教化所及，实为佛教东渐之端绪"。①

阿育王去世后，孔雀王朝很快衰落并瓦解，印度再度陷入四分五裂，后来建立的巽伽王朝统辖范围很小。巽伽王朝时代，补砂密多罗王（佛经中记载为"补沙友"）崇信婆罗门教，曾在中印度实行灭佛，如《阿毗达磨大毗婆沙论》记载："昔有一婆罗门王，名补沙友，憎嫉佛法，焚烧经典，坏窣堵波，破僧伽蓝，害苾刍众，于迦湿弥罗国一边境中，破五百僧伽蓝，况于余处。"②中印度大量僧侣向北印度或南印度逃亡，客观上促进了佛教在北印和南印的传播和发展。此后，"佛教较盛的地区主要有西南印度的摩腊婆，西北印度的信度、迦湿弥罗、犍陀罗，还有南方的锡兰"。③北印度和西北印度成为佛教兴盛之地，而中印度则成为婆罗门教复兴之处。④

2. 贵霜帝国时期佛教的传播

此时期的西北印度部分小国相继独立，希腊人在西北印度建立的殖民统治衰落之际，月氏人被匈奴打败而西迁，"匈奴破月氏王，以其头为饮器，月氏遁逃而常怨仇匈奴，无与共击之"。⑤大多数月氏部众遂西迁至伊犁河流域及伊塞克湖附近，原居此地的塞种人大部分又被迫南迁到兴都库什山以南，并于公元前 2 世纪中叶进入西北印度。公元前 1 世纪初，乌孙和匈奴又联合率部西击大月氏，大月氏再次被迫南迁，"月氏乃远去，过大宛西，击大夏而臣之，都妫水北，为王庭也"。⑥"大月氏在大宛西可二三千里，居妫

---

①　〔日〕羽溪了谛：《西域之佛教》，第 35 页。

②　（唐）玄奘译《阿毗达磨大毗婆沙论》卷一二五《业蕴第四中自业纳息第五之二》，《大正藏》第 27 册，No.1545，东京：日本大正一切经刊行会，1934 年，第 655 页中。

③　魏道儒主编《世界佛教通史》第 1 卷《印度佛教（从佛教起源至公元 7 世纪）》，第 350 页。

④　魏道儒主编《世界佛教通史》第 1 卷《印度佛教（从佛教起源至公元 7 世纪）》，第 350 页。

⑤　（汉）司马迁：《史记》卷一二三《大宛列传》，北京：中华书局，1982 年，第 3157 页。

⑥　（汉）司马迁：《史记》卷一一〇《匈奴列传》，第 2914 页。

水北。其南则大夏，西则安息，北则康居。"① 随后又征服妫水（阿姆河）以南的大夏（巴克特里亚王国），占领妫水两岸，建立大月氏王国。

至公元初，月氏迁至阿姆河两岸，"月氏为匈奴所灭，遂迁于大夏，分其国为休密、双靡、贵霜、肸顿、都密，凡五部翎（或作翕——引者注）侯。后百余岁，贵霜翎侯丘就却攻灭四翎侯，自立为王，国号贵霜。侵安息，取高附地。又灭濮达、罽宾，悉有其国"。② 五部翕侯中贵霜独大，贵霜翕侯丘就却攻灭其他翕侯，建立了贵霜帝国。在 1 世纪至 4 世纪间，贵霜帝国侵入西北印度，势力扩大到印度河上游，又征服塞种人——安息人国家，进一步扩张到恒河上游，国家一度繁荣富庶。公元 2—3 世纪时，贵霜王朝影响最大的君主迦腻色迦王统一北印度，贵霜帝国进入极盛时期。国家的繁盛，丝路的畅通，商业的繁荣，帝王的扶持，使佛教产生质的飞跃。"盖自西汉文景帝时，佛法早已盛行于印度西北。其教继向中亚传播，自意中事。"③ 阿育王时期以来，沉寂两百年之久的佛教再度复兴。迦腻色迦王大力扶持和推广佛教，建造佛寺、解读佛经、组织第四次结集。文本佛经开始出现，菩萨理念兴起，大乘佛教创立。几百年中，犍陀罗地区成为世界的佛教中心。④

在阿育王时期，"西纪元前第三世纪中叶，由中印度而传入于印度西北境之佛教，遂蔓延及于阿富汗斯坦、西土尔其斯坦及波斯之北部；同时传布于迦湿弥罗及犍陀罗之佛教，则普及于北印度全部。此两支系统，互相牵连，开始东渐。而开此佛法东渐之端者，据云则为末田底迦（Majjhantika）及可利难陀（Kalinanda？）罗汉是也"。⑤ 佛教在阿育王时期传入犍陀罗地区，到贵霜帝国建立后，在迦腻色迦王的大力推崇和支持下，该地区成为新的佛教中心。

---

① （汉）司马迁：《史记》卷一二三《大宛列传》，第 3161 页。
② （南朝宋）范晔：《后汉书》卷八八《西域传·大月氏》，（唐）李贤等注，北京：中华书局，1965 年，第 2921 页。
③ 汤用彤：《汉魏两晋南北朝佛教史》，第 33 页。
④ 孙英刚、何平：《犍陀罗文明史》，第 136 页。
⑤ 〔日〕羽溪了谛：《西域之佛教》，第 40 页。

二　佛教在中国的传播发展

据史籍记载，佛教东传的发端者是末田底迦和可利难陀。据《法显传》记载："众僧问法显：'佛法东过，其始可知耶？'显云：'访问彼土人，皆云古老相传，自立弥勒菩萨像后，便有天竺沙门赍经、律过此河（辛头河）者。像立在佛泥洹后三百许年，计于周氏平王时。由兹而言，大教宣流，始自此像。……'"[1]对此弥勒像，法显做了详细记载。梁宝唱《名僧传抄·法盛传》记载，"佛灭度后四百八十年中，有罗汉名可利难陀，为济人故，舛兜率天，写佛真形，印此像也"。[2]玄奘也曾记载此像，"达丽罗川中大伽蓝侧，有刻木慈氏菩萨像，金色晃昱，灵鉴潜通，高百余尺，末田底迦阿罗汉之所造也。罗汉以神通力，携引匠人升睹史多天，亲观妙相。三返之后，功乃毕焉。自有此像，法流东派"。[3]据宝唱和玄奘记载，此弥勒佛像由可利难陀和末田底迦所造，此像之立是佛教东流之始。此弥勒像，法显和宝唱所载在陀历国（即《大唐西域记》卷三之达丽罗川，故址在今克什米尔的达丽尔）。[4]此地"自迦湿弥罗及健陀罗之北部越大雪山，为出中亚西亚之通道，故古代北印度之布教僧，亦于此渡印度河出国境而赴外宣扬佛教"。[5]"北印度之佛僧入新疆诸地而传教之事，固甚早也。由北印度由入新疆所经过之冲路线，自早已为佛教弘昌之地矣。"[6]公元前70年前后，迦湿弥罗国的高僧毗卢遮那至于阗弘法，魏晋南北朝时罽宾国僧人到中原弘法，皆经此通道（即西域南道，参见求法路线部分），晋宋求法僧亦多取此道赴罽宾求法，僧侣

---

[1]　（晋）法显撰，章巽校注《法显传校注》，第22—23页。
[2]　（梁）宝唱：《名僧传抄·法盛传》，《卍续藏经》第134册，台北：新文丰出版公司，1993年，第26页上。
[3]　（唐）玄奘、辩机原著，季羡林等校注《大唐西域记校注》卷三，第295—296页。
[4]　"陀历：即《大唐西域记》卷三之达丽罗川，故址在今克什米尔西北部印度河北岸达地斯坦（Dardistan）之达丽尔（Dārel）。古时由印度半岛向北通我国，有一陆路交通线经此，即《释迦方志》卷下所称之'陀历道'。"参见（晋）法显撰，章巽校注《法显传校注》，第23页。
[5]　〔日〕羽溪了谛：《西域之佛教》，第41页。
[6]　〔日〕羽溪了谛：《西域之佛教》，第41页。

经此道往来中印，由此佛教东流。

公元前 1 世纪前后，佛教向北传入大夏、安息，后又越过葱岭，传入我国新疆于阗、龟兹等地。"传译经典于中国者，初为安息、康居、于阗、龟兹。但其于传法最初有关系者，为大月氏族。"① 随着张骞出使西域，西汉与西域交通频繁，此事不仅在政治上非常重要，而且印度佛法之传播也得益于此。

佛教于公元前 1 世纪前后传入我国新疆于阗（今和田）地区，于阗由此成为佛教传入我国的首被之地，也成为佛教再传入中原地区的重镇和枢纽。据载，"于阗王不信佛法。有商胡将一比丘名毗卢旃在城南杏树下，向王伏罪云：'今辄将异国沙门来在城南杏树下。'王闻忽怒，即往看毗卢旃。旃语王曰：'如来遣我来，令王造覆盆浮图一所，使王祚永隆。'王言：'令我见佛，当即从命。'毗卢旃鸣钟告佛，即遣罗睺罗变形为佛，从空而现真容。王五体投地，即于杏树下置立寺舍，画作罗睺罗像。忽然自灭，于阗王更作精舍笼之。今覆瓮之影，恒出屋外，见之者无不回向"。② 这段文字清楚地记述了于阗王不信仰佛教，直到公元前 1 世纪前后，毗卢旃（毗卢遮那或毗卢折那）到于阗讲法，于阗王受感召，始崇奉佛法，并建寺塔。此寺名记为赞摩寺。《魏书》载："（于阗）城南五十里有赞摩寺，即昔罗汉比丘卢旃为其王造覆盆浮图之所，石上有辟支佛跣处，双迹犹存。"③《大唐西域记》记载："王城南十余里，有大伽蓝，此国先王为毗卢折那阿罗汉建也。昔者此国佛法未被，而阿罗汉自迦湿弥罗国至此林中，宴坐习定。"④《大慈恩寺三藏法师传》载："罗汉报曰：'必愿乐者，当先建立伽蓝，则灵像自至。'"⑤ 于阗

---

① 汤用彤：《汉魏两晋南北朝佛教史》，第 33 页。

② （北魏）杨衒之撰，周祖谟校释《洛阳伽蓝记校释》卷五《城北》，北京：中华书局，2010 年，第 175 页。

③ （北齐）魏收：《魏书》卷一〇二《西域列传·于阗》，北京：中华书局，1974 年，第 2262—2263 页。另见（唐）令狐德棻等《周书》卷五〇《异域下·于阗传》，北京：中华书局，1971 年，第 917 页；（唐）李延寿《北史》卷九七《于阗传》，北京：中华书局，1974 年，第 3209 页。

④ （唐）玄奘、辩机原著，季羡林等校注《大唐西域记校注》卷一二，第 1009 页。

⑤ （唐）慧立、彦悰：《大慈恩寺三藏法师传》卷五，第 122 页。

王于是与群臣择地建伽蓝，"并请罗汉为众说法，因与国人广兴供养。故此伽蓝即最初之立也"。① 比丘毗卢旃是来自迦湿弥罗国的阿罗汉，他劝说国王归信佛教，建造赞摩寺。赞摩寺是于阗所建的第一座寺院，"是佛教始传我国西北地区的重要标志。因此，可以说赞摩寺是有史可考的我国西北地区最早的佛教寺院"。②

20 世纪初，瑞典探险家斯文赫定在新疆和田发现喀拉墩古城，1901 年斯坦因对古城进行初步发掘，后我国考古学家对古城遗址进行发掘清理，清理出两座佛寺遗迹，"平面均呈'回'字四方形"，从佛寺的"壁画和塑像风格看，喀拉墩佛教遗址似乎表现了中亚、印度与中国佛教文化之间的紧密联系，它与米兰佛教遗存更为接近，初步推断，其时代大致在公元 3—4 世纪前后，很有可能是目前发现的时代最早的中国佛教遗存之一"。③ 喀拉墩遗址，是我国最早的佛教遗存之一，其佛教壁画风格，也展现了从印度到中亚，再到中国的佛教东传过程。

"最初由北印度传入新疆之佛教，则大多为小乘教，彼毗卢折那在于阗所宣布者，即小乘教是也。"④ 因此，三国曹魏的朱士行到于阗求取佛经时，于阗依旧是小乘教兴盛，而"第三世纪之中顷，于阗及龟兹皆既盛行大乘教，是则当为西元后中印度、大月氏、安息、康居等地大乘教系之佛典已频频输入之明证也"。⑤ 朱士行在于阗求取《放光般若经》，可知大乘般若经典已在于阗流行，但是未得到王室的支持，因此朱士行受到小乘教徒的阻拦未能将其带回中原。

我国中原地区的佛教也是从中亚传入的，但传入的具体时间、方式，说法殊不一致，现在都无法确定，汤用彤对佛教入华诸传说进行了汇总。⑥ 而

① （唐）慧立、彦悰：《大慈恩寺三藏法师传》卷五，第 122 页。
② 介永强：《西北佛教历史文化地理研究》，北京：人民出版社，2008 年，第 19 页。
③ 伊弟利斯、高亨娜·迪班娜·法兰克福、刘国瑞、张玉忠：《新疆克里雅河流域考古调查概述》，《考古》1998 年第 12 期。
④ 〔日〕羽溪了谛：《西域之佛教》，第 42 页。
⑤ 〔日〕羽溪了谛：《西域之佛教》，第 42 页。
⑥ 汤用彤：《汉魏两晋南北朝佛教史》，第 1—10 页。

且，对于佛教东传中国时，最早是经海路还是陆路，学界一直有争议，特别是近二十年来，考古学界在佛教传入中原地区问题上，强调海路的重要性。

佛教传入中原地区时间的最早说法，是相传公元前 3 世纪，西域沙门就已到过咸阳。《佛祖统纪》记载："始皇四年（前 243 年），西域沙门室利房等十八人赍佛经来化，帝以其异俗，囚之。夜有丈六金神破户出之。帝惊，稽首称谢，以厚礼遣出境。"①《佛祖历代通载》亦载："沙门室利防等一十八人，来自西域，帝恶其异俗以付狱。俄有金刚神，碎狱门而出之，帝惧，即厚礼遣之。时国事区区，弗克敬奉。"②两书都提到秦王政四年，即有西域沙门室利房（防）等 18 人携带佛经来咸阳，但当时并未在中原传播。

西汉哀帝元寿元年（前 2 年），"博士弟子景卢，受大月氏王使伊存口授《浮屠经》"。③西域大月氏使臣伊存来朝，在长安向博士弟子景卢口授《浮屠经》，史称"伊存授经"，是为佛教传入中原地区之始。可知，"最初佛教传入中国之记载，其无可疑者，即为大月氏王使伊存授《浮屠经》事"。④自张骞通使以来，葱岭以西皆有使者来华，大月氏在受佛教影响后，随使臣至中原，亦将佛经带入中原。可知，"一、汉武帝开辟西域，大月氏西侵大夏，均为佛教来华史上重要事件。二、大月氏信佛在西汉时，佛法入华或由彼土。三、译经并非始于《四十二章经》，传法之始当上推至西汉末叶"。⑤但是，"伊存口授浮屠经。中土闻之，未之信了也"。⑥也就是说西汉时伊存授经，佛教传入中原，但是影响甚微。

相传在伊存授经的半个世纪后，东汉永平年间，汉明帝夜梦金人，言及佛徒，遂遣使往西域求法。"牟子曰：昔汉明皇帝，梦见神人，身有日光，

① （宋）志磐撰，释道法校注《佛祖统纪校注》卷三五《法运通塞志一》，上海：上海古籍出版社，2012 年，第 787 页。
② （元）念常：《佛祖历代通载》卷四，《大正藏》第 49 册，No.2036，第 503 页上。
③ （晋）陈寿撰，（南朝宋）裴松之注《三国志》卷三〇《魏书·乌丸鲜卑东夷传》，北京：中华书局，1982 年，第 859 页。
④ 汤用彤：《汉魏两晋南北朝佛教史》，第 34 页。
⑤ 汤用彤：《汉魏两晋南北朝佛教史》，第 36 页。
⑥ （北齐）魏收：《魏书》卷一一四《释老志》，第 3025 页。

飞在殿前，欣然悦之。明日，博问群臣，'此为何神'？有通人傅毅曰：臣闻天竺有得道者，号之曰佛，飞行虚空，身有日光，殆将其神也。于是上悟，遣使者张骞、羽林郎中秦景、博士弟子王遵等十二人，于大月支写佛经《四十二章》，藏在兰台石室第十四间。"①《后汉书·西域传》记载："世传明帝梦见金人，长大，顶有光明，以问群臣。或曰：'西方有神，名曰佛，其形长丈六尺而黄金色。'帝于是遣使天竺问佛道法，遂于中国图画形象焉。楚王英始信其术，中国因此颇有奉其道者。后桓帝好神，数祀浮图、老子，百姓稍有奉者，后遂转盛。"②此类记载还见于《四十二章经序》《佛祖统纪》等。据多种史籍记载，汉明帝夜梦金人，飞在殿前，于是询问群臣，傅毅以天竺之佛对答。永平七年（64），汉明帝派遣蔡愔、秦景、王遵等18人前往天竺求法，在大月氏遇到两位天竺高僧迦叶摩腾、竺法兰，便邀请他们来中原。学界大多认为，迦叶摩腾（摄摩腾）和竺法兰是天竺僧人来华的开端，其所译《四十二章经》有待考证，佛教也并未随之传播开来。"迦叶摩腾之来，仅可谓天竺人来华之始。至于确定佛教之传来期，应自安世高、支娄迦谶始。"③东汉桓帝建和二年（148），安世高从安息国来到洛阳，大月氏高僧支娄迦谶（简称支谶）也来到洛阳，开始大量译经，所以佛教传入中原的开端应该是安世高和支娄迦谶前来洛阳。佛教正式传入中原的年代，应在明帝以后之八十年，即汉桓、灵二帝时期，此说法应较为妥当，公元1世纪中叶佛教传入中原，比较接近史实。

佛教自西汉末年传入中原，起初传播范围有限，仅被视为神仙方术，依附道教，比附玄学，随着社会生活的变迁，这种外来宗教不断改变自己的面貌，以适应中国的本土文化。东汉初年，佛教虽已传入中原，但当时社会上层少数人士仅将其视为神仙方术，将黄老之道和祭祀浮屠结合在一起，如汉桓帝时，"宫中立黄老、浮屠之祠。此道清虚，贵尚无为，好生恶杀，省欲

---

① （梁）僧祐撰，李小荣校笺《弘明集校笺》卷一，上海：上海古籍出版社，2013年，第41页。

② （南朝宋）范晔：《后汉书》卷八八《西域传·天竺》，第2922页。

③ 蒋维乔：《中国佛教史》，北京：商务印书馆，2015年，第4页。

去奢。今陛下嗜欲不去，杀罚过理，既乖其道，岂获其祚哉！或言老子入夷狄为浮屠"。[1]汉桓帝宫中祭祀老子时，与浮屠并列祭祀。襄楷所讲的"好生恶杀，省欲去奢"的理论也成为历代规劝帝王的重要内容。楚王刘英则将祭祀浮屠与斋戒结合起来，《后汉书·楚王英传》载："晚节更喜黄老，学为浮屠斋戒祭祀"，"诵黄老之微言，尚浮屠之仁祠"。[2]汉桓帝等将浮屠祭祀与中国传统的祭祀、斋戒结合起来，佛教逐渐在社会上产生了影响，"其兴隆之由，虽在教法之渐明，而浮屠道术互相结合，必尤为百姓崇奉之主要原因也"。[3]

东汉明帝"遣郎中蔡愔、博士弟子秦景等，使往天竺，寻访佛法。愔等于彼遇见摩腾，乃要还汉地。腾誓志弘通，不惮疲苦，冒涉流沙，至乎洛邑。明帝甚加赏接，于城西门外立精舍以处之，汉地有沙门之始也。……腾所住处，今洛阳城西雍门外白马寺是也"。[4]天竺僧人摄摩腾和竺法兰被认为是最早来到中原的域外僧人，明帝为二僧建造寺院白马寺，此寺是佛教传入中原后建立的第一座寺庙，是为中原有僧寺之始。

随着佛教逐步弘传，佛寺逐渐增多。汉桓帝、灵帝之际，建造寺院，供僧人居住、翻译佛经等。如东汉末年的译经高僧安世高，在避乱至南方时建造寺院，"便达豫章，即以庙物造立东寺"。[5]"安清宣化，听者云集。严浮调在洛出家。桓帝奉佛，北宫已立浮屠之祠。而《道行经后记》洛阳城西有菩萨寺。《般舟三昧经记》言于洛阳佛寺校定，则东都确已有佛寺。而同记中，谓经在许昌寺校定。又《水经·汳水注》，襄乡浮图，汉熹平中某君所立，死因葬之，其弟刻石树碑。又《高僧传·安世高传》谓其曾至桑垣。而魏时《放光经》送到仓垣，其地有水南、水北二寺（《祐录》七《放光经

①（南朝宋）范晔：《后汉书》卷三〇《襄楷传》，第1082页。

②（南朝宋）范晔：《后汉书》卷四二《楚王英传》，第1428页。

③ 汤用彤：《汉魏两晋南北朝佛教史》，第55页。

④（梁）慧皎撰，汤用彤校注《高僧传》卷一《译经上·汉洛阳白马寺摄摩腾传》，北京：中华书局，1992年，第1—2页。

⑤（梁）僧祐撰，苏晋仁、萧錬子点校《出三藏记集》卷一三《安世高传》，第510页。

记》)。仓垣想即桑垣，其城亦临汜水。据此则洛阳以东，淮水以北，佛教已有流传。"①《四十二章经序》云："于是道法流布，处处修立佛寺。"②足见当时佛寺之多，佛教流传之广。

奉佛的楚王英以罪徙丹阳，"佛教或因之益流布江南。故汉末丹阳人笮融，在徐州、广陵间大起浮屠寺"。③最早见于正史记载的是笮融建造浮图，《三国志》载："笮融者，丹阳人……乃大起浮图祠，以铜为人，黄金涂身，衣以锦采，垂铜槃九重，下为重楼阁道，可容三千余人，悉课读佛经，令界内及旁郡人有好佛者听受道，复其他役以招致之，由此远近前后至者五千余人户。每浴佛，多设酒饭，布席于路，经数十里，民人来观及就食且万人，费以巨亿计。"④由此可知笮融建造浮图之大。每举办浴佛法会，规模宏大，参与民众有万人，社会影响力大，佛教有了相当的群众基础。自西汉至东汉末，"佛教从上层走向下层，由少数人信仰变为多数人信仰，其在全国流布，以洛阳、彭城、广陵为中心，旁及颍川、南阳、临淮、豫章、会稽，直到广州、交州，呈自北向南发展的趋势"。⑤

东汉末期以来，尽管寺院日渐增多，但是并没有以寺院为中心的佛教僧团的出现。此时期以域外僧人为主，故而尚未形成佛教僧团。魏晋之际，佛教逐渐为中土民众所接受，佛教寺院大量增加，出家僧侣逐渐增多，佛教僧团规模也逐步扩大。据《洛阳伽蓝记·序》载：永嘉间（307—313）洛阳一地，"唯有寺四十二所"。⑥又据《法苑珠林》所载："西晋二京，合寺一百八十所；译经一十三人，七十三部；僧尼三千七百人。"⑦大量佛寺兴建，大批民众出家为僧，而"佛寺之建，一是进行法事活动所需，二是为义学中

① 汤用彤：《汉魏两晋南北朝佛教史》，第 58 页。
② （梁）僧祐撰，苏晋仁、萧錬子点校《出三藏记集》卷六《四十二章经序》，第 242 页。
③ 汤用彤：《汉魏两晋南北朝佛教史》，第 58 页。
④ （晋）陈寿撰，（南朝宋）裴松之注《三国志》卷四九《吴书·刘繇太史慈士燮传》，第 1185 页。
⑤ 杜继文主编《佛教史》，第 88—89 页。
⑥ （北魏）杨衒之撰，周祖谟校释《洛阳伽蓝记校释》，序，第 22 页。
⑦ （唐）释道世著，周叔迦、苏晋仁校注《法苑珠林校注》卷一〇〇《传记篇·兴福部》，北京：中华书局，2003 年，第 2889 页。

心，居各地名僧为传译佛教经典之所"。^① 僧人数量激增，进而促使寺院数量大增，以高僧大德为中心的僧团逐渐形成，"其中影响最大有佛图澄僧团、道安僧团、鸠摩罗什僧团、慧远僧团等。他们依靠自己的德望修为，各有一整套规制维持着自己所领导的僧团的清净纯洁"。^② 随着僧团数量的增加和规模的扩大，僧团的统一和组织管理成为当时面临的一大问题。道安译传戒律，制定中国化的僧团制度来组织管理，但是当时的戒律相当不完备，他在《渐备经十住梵名并书叙》中说："云有五百戒，不知何以不至，此乃最急，四部不具，于大化有所阙。《般若经》乃以善男子善女人为教首，而戒立行之本，百行之始，犹树之有根，常以为深恨。若有缘便尽访求之理，先梵本有至信，因之勿零落。"^③ 五百戒最急，四部律不具于大化有阙，意识到僧团戒律不齐备、组织管理制度不完善，是当时制约佛教在中土发展的重要因素。道安参照当时不太完备的戒律制定了"僧尼轨范三例"，是佛教僧团组织管理制度的尝试。但是，该轨范极其简略，亟须完备的戒律来管理日渐庞大的僧团，因而搜寻戒律、完善僧团组织管理制度成为当务之急。

佛教在中土传播，其首要任务就是佛教典籍的翻译。作为外来的宗教，佛教不仅有着严密的思想理论体系，义理深奥、晦涩难懂，更重要的是佛教初传时，佛经因由胡文或梵文书写，需要加以翻译注解，才能进行佛教思想的弘传。当时域外僧人携来大量佛经，所以自佛教传入后，译经是来华僧人最重要且最艰巨的任务。此时期的译经，在中国佛经翻译史上有着极其重要的地位，是中国最早的大规模的佛经翻译活动。

自东汉桓帝建和二年（148）始，安息国的安世高、安玄，大月氏的支娄迦谶、支曜，以及天竺的竺佛朔等高僧来华弘法，此时涌现的译经大师中，最具代表性的是安世高和支娄迦谶。安世高到中夏宣译佛经，出"《安般守意》、《阴持入经》、《大小十二门》及百六十品等"，"其先后所出经凡

---

① 王永会：《中国佛教僧团发展及其管理研究》，成都：巴蜀书社，2003 年，第 15 页。
② 王永会：《中国佛教僧团发展及其管理研究》，第 15 页。
③ （梁）僧祐撰，苏晋仁、萧鍊子点校《出三藏记集》卷九《渐备经十住梵名并书叙》，第 333 页。

三十五部"。^①安世高的经论，"义理明析，文字允正，辩而不华，质而不野，凡在读者，皆亹亹而不倦焉"，^②文体偏重意译，对后世译经影响较大。汉灵帝光和、中平年间，支娄迦谶"传译胡文，出《般若道行品》《首楞严》《般舟三昧》等三经。又有《阿阇世王》《宝积》等十部经。……凡此诸经，皆审得本旨，了不加饰"。^③支谶的译经风格是典型的直译，力求遵循原文，往往"辞质多胡音"，多用音译，不加修饰。

汉灵帝时来洛阳的安息国僧人安玄，"渐练汉言，志宣经典"，常与沙门严佛调讲论道义，"共出《法镜经》，玄口译梵文，佛调笔受。理得音正，尽经微旨"。^④安玄来华后学习汉语，由其口授，佛调笔受译经。汉灵献帝时来华的康居国僧人康巨，翻译出《问地狱事经》，也是"言直理旨，不加润饰"。^⑤

由此可知，"古时译经仅由口授，译人类用胡言，笔受者译为汉言，笔之于纸。故笔受者须通胡语"。^⑥初期的佛经翻译，因语言不通，以及对佛经的理解有限，由外来僧人主持，但是这些高僧不懂汉语，而笔受者不懂胡语，且不理解教义，故所译经典难免有理解之误。

支谶所译《道行般若经》开后世般若学之源，至三国时期，《般若经》研究已经开始成为一门独立的学问，也就是般若学。曹魏和东吴都有讲习《般若经》之风气，朱士行就曾在洛阳开讲《道行般若经》，但"觉文章隐质，诸未尽善。每叹曰：'此经大乘之要，而译理不尽，誓志捐身，远求大本。'"^⑦支谶对有些难解处略而不译，首尾不连贯，翻译不善，朱士行深以为憾，欲西行求原本，遂于魏甘露五年（260）西渡流沙，赴于阗求得《放光般若经》（《大品般若》）的胡本。

① （梁）僧祐撰，苏晋仁、萧錬子点校《出三藏记集》卷一三《安世高传》，第508页。
② （梁）僧祐撰，苏晋仁、萧錬子点校《出三藏记集》卷一三《安世高传》，第508页。
③ （梁）僧祐撰，苏晋仁、萧錬子点校《出三藏记集》卷一三《支谶传》，第511页。
④ （梁）僧祐撰，苏晋仁、萧錬子点校《出三藏记集》卷一三《安玄传》，第511页。
⑤ （梁）慧皎撰，汤用彤校注《高僧传》卷一《汉洛阳支楼迦谶传附康巨传》，第11页。
⑥ 汤用彤：《汉魏两晋南北朝佛教史》，第47页。
⑦ （梁）慧皎撰，汤用彤校注《高僧传》卷四《晋洛阳朱士行传》，第145页。

魏晋以来，虽然佛教经典不断引进，翻译经典也在增多，但是佛经的传入不够系统，经典不齐备、译经不善等问题比较突出，加之佛教寺院增加、僧团力量壮大，而戒律的缺失不利于僧团组织管理，很多中土僧人想去佛教起源地探寻真经。面对当时中国佛教发展的诸多问题，以三国时的朱士行首开西行求法之先河，随后陆续有竺法护、法显、智严、宝云、智猛等大批僧人，为了探寻佛法真理，以坚忍不拔和为佛法舍身的精神，踏上了西行求法之路。

第二节　僧人西行求法动机

自张骞通西域后，汉朝与西域开始频繁往来。西域贵霜帝国国势强盛，推崇佛教，佛教兴盛并逐步东传。佛教传入中土后，很多僧人因佛典翻译不足、不齐备等，踏上了西行求法道路。关于僧侣的西行求法动机，梁启超认为，"一以求精神上之安慰，一以求'学问欲'之满足"。[①] 汤用彤认为，"西行求法者，或意在搜寻经典（如支法领），或旨在从天竺高僧亲炙受学（如于法兰、智严），或欲睹圣迹，作亡身之誓（如宝云、智猛），或远诣异国，寻求名师来华。（如支法领。参看僧肇《与刘遗民书》）"。[②] 法国学者弗朗索瓦－贝尔纳·于格也认为："对于到印度旅行的中国人来说……朝圣和寻找文本之间的特殊关系，是这项事业的特点。"[③] 概而言之，中古时期僧人西行求法的动机主要有广寻佛经、探寻戒律、巡礼圣迹和访学名师四种。

---

① 梁启超：《佛教教理在中国之发展》，《佛学研究十八篇》，第 112 页。
② 汤用彤：《汉魏两晋南北朝佛教史》，第 269 页。
③ Francois-Bernard Huyghe, "La Transformation par Le Voyage: Les Routes Du Bouddhisme Chinois," *Hermès*, Vol.22, No.1, 1988, pp.73–81.

一　广寻佛经

佛教初传，经典不齐、翻译不善，因此广寻完备的佛教原典，是僧人西行求法最主要的动机，尤其是晋宋西行求法之初。迨至唐代，所传译佛教经典众多，佛教体系基本成熟。但佛经译本较多，甚至对同一经典有巨大的诠释差异，常有理论差异，造成了对佛教义理理解的分歧，需要找到梵文原典来正本清源。

（一）佛教初传后的广寻群经

释迦牟尼创立佛教时，其佛教经典以师徒间口口相授的方式传布，并没有文字加以记录。口授佛典是佛教的传统做法，在公元 1 世纪以前，佛教经典全靠口头传诵。公元前 1 世纪前后，部分部派开始以文字记录经文片段；至公元 1 世纪佛教第四次结集时，佛典被系统整理并形成三藏经典。而佛典在传入中国之初，也是口授心传，如西汉"哀帝元寿元年（前 2 年），博士弟子秦景宪受大月氏王使伊存口授浮屠经"。[①]东汉时译经也多为口授，因口口相授，个体的认知差异，在传播过程中难免出现偏差。后来所传来佛经虽多，但篇章不全、移译失真者屡见不鲜，甚至到南朝刘宋时，河西沙门昙学、威德等八僧"结志游方，远寻经典。于于阗大寺遇般遮于瑟之会。……三藏诸学，各弘法宝，说经讲律，依业而教。学等八僧随缘分听，于是竞习胡音，析以汉义，精思通译，各书所闻，还至高昌，乃集为一部"。[②]这也是口授佛经，并将胡文转译成汉文的典型。

因佛教通过西域传入，东来弘法的僧人绝大多数来自西域，主要包括安息、康居、罽宾、迦湿弥罗等。或是从新疆于阗和龟兹间接传来，因此传入中原的佛教典籍也基本是大月氏、康居、安息等地文字的译本，即所谓"胡本"。古代西域的语言文字，曾经起过间接传译的媒介作用。现今大乘佛教

---

① （北齐）魏收:《魏书》卷一一四《释老志》，第 3025 页。
② （梁）僧祐撰，苏晋仁、萧鍊子点校《出三藏记集》卷九《贤愚经记》，第 351 页。

经典中的华严、方等、般若、法华、涅槃等经，小乘佛教经典中的中阿含、增一阿含等经，以及大小乘律论等经，几乎都是从大月氏传来的。① 因此，早期传入的佛教经典大都是以西域胡语转译，翻译佛典时难免会因语言不通而出现差异。"是以义之得失由乎译人，辞之质文系于执笔。或善胡义而不了汉旨，或明汉文而不晓胡意。"② 西域僧人对中原语言不太精通，中原僧人又不太擅长西域语言，起初多用西域胡语转译佛典，"初则梵客华僧，听言揣意，方圆共凿，金石难和，椀配世间，摆名三昧，咫尺千里，觌面难通"。③ 初译经典，不仅晦涩难懂、文义不通、结构混乱，且在转译时难以保持原始佛典本意。如《道行经》本是大乘佛法里的一部重要经典，由僧人支娄迦谶译出。但是传译者理解不透彻，删略很多，导致脉络模糊、晦涩不通，于是朱士行乃誓志捐身，远求大本，"发迹雍州，西渡流沙。既至于阗，果写得正品梵书，胡本九十章，六十万余言。遣弟子不如檀，晋言法饶，凡十人，送经胡本还洛阳"。④ "梵书胡本"，即梵（印度）本佛典的西域文译本。⑤ 朱士行派遣弟子不如檀（也作弗如檀，意译"法饶"）将经本送归洛阳。后来（291—303 年）由无叉罗、竺叔兰译为汉文。而且，朱士行的西行求法"乃重在学问，非复东汉斋祀之教也"，⑥ 对佛学理论的研习和传播意义重大。

自佛教东传开始，西域僧人即陆续来中土传译佛经，"自汉魏迄晋，经来稍多，而传经之人，名字弗说，后人追寻，莫测年代"。⑦ 早期旧译佛经多为胡本，在翻译时因语言不通，译经者理解力差异，以及对译经不满意等情况，或另行翻译，或修改前人译经，所以出现了很多不同的译本。如《首

---

① 贺昌群：《古代西域交通与法显印度巡礼》，第 27 页。
② （梁）僧祐撰，苏晋仁、萧鍊子点校《出三藏记集》卷一《胡汉译经文字音义同异记》，第 14 页。
③ （宋）赞宁：《宋高僧传》卷三《唐京师满月传》，范祥雍点校，北京：中华书局，1987 年，第 52—53 页。
④ （梁）僧祐撰，苏晋仁、萧鍊子点校《出三藏记集》卷一三《朱士行传》，第 515 页。
⑤ 贺昌群：《古代西域交通与法显印度巡礼》，第 27 页。
⑥ 汤用彤：《汉魏两晋南北朝佛教史》，第 107 页。
⑦ （梁）释慧皎撰，汤用彤校注《高僧传》卷五《晋长安五级寺释道安传》，第 179 页。

楞严》有支谶本、竺法护本、竺叔兰本,《维摩经》亦有支谦本、竺法护本和竺法兰本,支愍度见经卷多,校阅异译,慨然于其差异之大,于是集成了《首楞严》与《维摩经》两经的合本。①

魏晋正是佛经翻译盛行之时,因受传统文化影响,对佛教经典有着不同层面的认识,又为融合中华本土文化,而混杂民间神仙方术、谶纬迷信和禳灾祈福,以及儒家伦理纲常等思想,加之语言的隔阂和文化的差异,翻译不善。魏晋以来,佛教虽在中原广为传播,但因佛教经典不足,转译错讹突出,"对于佛经的理解,中国的文化人这时也不满足于转手接纳和现成套用",②寻求原典的愿望强烈。

"佛教入华,约在西汉之末,势力始盛在东晋之初。其时经典之传译未广,学者之理解不深。"③佛教经律论三藏纷繁庞杂,但是初期传入的佛教经籍并不多,"遇残出残,遇全出全"。广大中土僧众也不再满足于东来梵僧间接传来的佛教经典,以中土佛法未备而深以为憾。因佛经的不齐备,出于对原始经典的渴求,直接到佛教发源地寻求原典,取经和译经,便成为魏晋南北朝时期佛教界的大事。比如晋宋之际,中原地区佛教虽盛,然《般若经》等方部的经典还在西域,尚未能传布于中原,故僧人立志西行,求取经典,弘扬大道。如竺法护发愤立志弘法,随师游历西域。为寻求《方等》深经,竺法护随师游历西域,不但精通六经,且遍学西域语言文字,"遂大赍胡本,还归中夏。自燉煌至长安,沿路传译,写为晋文。所获大小乘经《贤劫》《大哀》《正法华》《普耀》等凡一百四十九部"。④凉州沙门道泰以"汉土方等既备,幽宗粗畅,其所未练,唯三藏九部。故杖策冒崄,爰至葱西。综揽梵文,义承高旨。并获其梵本十万余偈"。⑤刘宋元嘉年间,"获《大毗

---

① 汤用彤:《汉魏两晋南北朝佛教史》,第151页。
② 葛兆光:《中国思想史》中册《七世纪前中国的知识、思想与信仰世界》,上海:复旦大学出版社,2009年,第406页。
③ 汤用彤:《隋唐佛教史稿》,第1页。
④ (梁)僧祐撰,苏晋仁、萧鍊子点校《出三藏记集》卷一三《竺法护传》,第518页。
⑤ (梁)僧祐撰,苏晋仁、萧鍊子点校《出三藏记集》卷一〇《毗婆沙经序》,第383页。

婆沙》还，于凉都沮渠氏集众译出"，① 即取回《大毗婆沙经》等胡本 10 万余偈，由北凉沮渠氏集合僧众译出。此经是根本有部所依据的主要经典，道泰对有部经典做出的贡献，为佛教界所称道。

因佛经不齐备，或部分僧人没有明确目标，只为广寻佛经，完善佛教经典，如智严西行寻经是为了"广求经诰"，② 宝云也是为了"广寻群经"，③ 所以早期西行求法的动机多以取经求经为主。于法兰和于道邃甚至感叹"大法虽兴，经道多阙，若一闻圆教，夕死可也"，④ 乃远适西域，欲求异闻，虽卒于道，但其"朝闻道，夕死可矣"的求法精神却影响着后人。

在以寻求经典为动机的求法僧人中，自发取经者较多。尚有奉命西行取经的情况。慧常、进行、慧辩受道安所遣，到天竺寻求佛经，三人在凉州停留至少两年（372—373 年），至于是否继续西行不得而知，后托人将《渐备经》《光赞般若经》《首楞严经》《须赖经》等佛经送至道安处。释慧远"初经流江东，多有未备，禅法无闻，律藏残阙。……乃命弟子法净等远寻众经，逾越沙雪，旷载方还。皆获胡本，得以传译"。⑤

（二）唐代求法与完备佛经

唐代佛教兴盛，但仍有众多僧人赴印寻访佛经，掀起僧人西行求法活动的第二次热潮，究其原因，除却宗教热忱，还与当时佛教的发展状况有关。自两汉以迄隋唐，西域、印度高僧相继来中土传译阐扬佛经，使佛教在中土站稳了脚跟，与儒、道鼎足而立，不断适应中土社会发展，逐渐形成了真正中国化的宗派，佛教宗派的逐渐成立便是中土佛教发展的顶点。

① （唐）道宣著，范祥雍点校《释迦方志》卷下《游履篇第五》，北京：中华书局，2000 年，第 98 页。
② （梁）慧皎撰，汤用彤校注《高僧传》卷三《宋京师枳园寺释智严传》，第 98 页。
③ （梁）僧祐撰，苏晋仁、萧鍊子点校《出三藏记集》卷一五《宝云法师传》，第 578 页。
④ （梁）慧皎撰，汤用彤校注《高僧传》卷四《晋剡山于法兰传》，第 166 页。
⑤ （梁）僧祐撰，苏晋仁、萧鍊子点校《出三藏记集》卷一五《慧远法师传》，第 568 页。《高僧传》记载略同，但记载为"皆获梵本"。参见（梁）慧皎撰，汤用彤校注《高僧传》卷六《晋庐山释慧远传》，第 216 页。

唐初，学派佛教与宗派佛教交替发展。[①]虽然佛教流行已有数百年，唐初佛教已极盛，但是佛教自身还存在很多问题，佛教传入后，前来中土的西域、印度高僧不谙熟汉文，笔受之人又不通梵文，因此所译经典不准确甚至大有歧义者多，甚至对同一经典有巨大的诠释差异，造成了分歧与纷扰，如典籍较多，译本互异，学派阐释不同，常有理论差异。

玄奘在西行求法之前，已学习不少佛教经典，如广学北方佛教的诸家义理，游历各地，遍访名师，问学求法，质难问疑，多方参学。当时"玄奘的佛学是上承真谛绪统，研究了早已流行的毗昙、涅槃、成论之学，也研究了新兴的法相唯识学（《摄大乘论》为主），这和他以后佛学研究方向和赴印求法的目的都有联系"。[②]玄奘法师"既遍谒众师，备餐其说，详考其义，各擅宗途，验之圣典，亦隐显有异，莫知适从"。[③]佛教义理因译者学派不同，及"译典不全，异说纷纭"。此困惑在佛教义学上的焦点就是："远人来译，音训不同，去圣时遥，义类差舛，遂使双林一味之旨，分成当现二常；大乘不二之宗，析为南北两道。纷纭争论，凡数百年。率土怀疑，莫有匠决。"[④]想要祛除两大困惑，为唐朝带来完备的原典，让证据自己说话，以断定诸说之孰是孰非，是玄奘西行求法的主要动力。[⑤]据《慈恩传》载，玄奘遇到的"先贤之所不决，今哲之所共疑"的问题就有一百多条。[⑥]由此，"玄奘西行的动机之一就是为消弭学派佛教差别诠释所带来的混乱"，[⑦]因而发大愿西行求佛典。

玄奘虽广学大小乘佛典，但当时传入的佛典还不完备，对某些重要的

---

① 魏道儒主编《世界佛教通史》第 1 卷《印度佛教（从佛教起源至公元 7 世纪）》，第 331 页。
② （唐）玄奘、辩机原著，季羡林等校注《大唐西域记校注》，前言，第 104—105 页。
③ （唐）慧立、彦悰：《大慈恩寺三藏法师传》卷一，第 10 页。
④ （唐）慧立、彦悰：《大慈恩寺三藏法师传》卷一，第 22 页。
⑤ 释昭慧：《"详考其理，各擅宗涂"——玄奘西行求法的原委》，《弘誓》（双月刊）第 86 期，2007 年。
⑥ （唐）慧立、彦悰：《大慈恩寺三藏法师传》卷一〇，第 228 页。
⑦ 魏道儒主编《世界佛教通史》第 1 卷《印度佛教（从佛教起源至公元 7 世纪）》，第 331 页。

宗教义理理解不明，无所适从。他得知印度有弥勒菩萨所著的《瑜伽师地论》(《十七地论》)，是包括大小乘的三藏，认为这部经论能够解决"先匠之闻疑传疑"，"乃誓游西方以问所惑，并取《十七地论》以释众疑，即今之《瑜伽师地论》也"。① 到了印度后，戒贤法师问从何来，答曰："从支那国来，欲学瑜伽等论。"② 他也曾对戒日王说："远寻佛法，为闻《瑜伽师地论》。"③ 可见，玄奘到印度求法的动机非常清楚。王邦维也认为，玄奘赴印度，是因为"佛教东渐以来，中国佛教徒对教义理解不明，歧异纷纭，发生混乱，所以决定到印度求取'真经'，以求解决中国佛教存在的问题"。④

唐代求法僧中，对佛经义理有歧见，西行"问学求经"者，还有义辉论师，《大唐西域求法高僧传》记载的求法僧以法师最多，律师和禅师次之，且人数相差无几，而论师唯有义辉一人。因义辉"听《摄论》《俱舍》等，颇亦有功。但以义有异同，情生舛互，而欲异观梵本，亲听微言，遂指掌中天，还望东夏"。⑤

唐代佛教兴盛，大量佛经的翻译，佛教义理的丰富，将译经活动推到了顶峰，以寻访佛经为首要动机者不多，但不空比较特殊，他前往师子国（今斯里兰卡）求法的动机，按《行状》说，是"奉先师遗言"，⑥ 而碑铭载"有诏令赍国信使师子国"，⑦ 依据不空遗言，则为"先师寿终，栖托无依，凭何进业？是以远游天竺"。⑧《宋高僧传》也记载，"欲求学《新瑜伽五部三密

① （唐）慧立、彦悰：《大慈恩寺三藏法师传》卷一，第 10 页。
② （唐）道宣撰，郭绍林点校《续高僧传》卷四《唐京师大慈恩寺释玄奘传》，北京：中华书局，2014 年，第 111 页。
③ （唐）慧立、彦悰：《大慈恩寺三藏法师传》卷五，第 106 页。
④ （唐）义净著，王邦维校注《大唐西域求法高僧传校注》，代校注前言，第 2 页。
⑤ （唐）义净著，王邦维校注《大唐西域求法高僧传校注》卷上，第 99 页。
⑥ （唐）赵迁：《大唐故大德赠司空大辨正广智不空三藏行状》，《大正藏》第 50 册，No.2056，第 292 页下。
⑦ （唐）飞锡：《大唐故大德开府仪同三司试鸿胪卿肃国公大兴善寺大广智三藏和上之碑》，《代宗朝赠司空大辨正广智三藏和上表制集》卷四，记载不空为"北天竺婆罗门子也"。《大正藏》第 52 册，No.2120，第 848 页下。
⑧ （唐）不空：《三藏和上遗书一首》，《代宗朝赠司空大辨正广智三藏和上表制集》卷三，《大正藏》第 52 册，No.2120，第 844 页上。

法》，涉于三载，师未教诏。空拟回天竺"。① 可知，不空前往师子国主要是"为了求取四千颂瑜伽教法"。② 唐天宝元年（742），不空前往师子国求法。也因其师金刚智圆寂后，不空无法在大唐继续得到密法传承，于是赴密教兴盛的师子国求法学习。学成回来后，由于不空的"大力弘扬，以及诸代帝王的直接支持，密宗迅速达到了鼎盛阶段……密宗僧人也有前往印度等地传法者，实际上唐都长安，也是当时东亚密教的中心"。③

汤用彤将唐代僧人西行求法动机概括为："一在希礼圣迹，一在学问求经。迹其所得所求，亦可觇当时佛徒之注意所在。求得律藏，义净、道琳是矣；求得瑜伽，玄奘是矣；会宁之于涅槃，义辉之于摄论、俱舍；无行、玄照均常究心中观。凡此诸端，似为印土所流行，而中土人士所欲究心者也。"④ 这些僧人寻访的佛经，是对佛教义理的补充和完善，在唐朝佛教体系已经成熟，宗派基本形成的情况下，有些佛经的影响力已不足以撼动中国佛教体系，比如唯识宗、说一切有部律等。可见寻访佛经在唐代已非西行僧人的主要动机。

二　探寻戒律

戒律在佛教中占有举足轻重的地位，是"经律论"三藏之一，又居"戒定慧"三学之首，还是六度之一，是修法的基础，"佛教建立在戒律上，戒律是佛教的基础，其它定慧等学，都是它的上层建筑"。⑤《华严经》谓"戒是无上菩提本"。⑥ 佛教自西汉末年传入中原以来，经论先行，戒律传译相

---

① （宋）赞宁：《宋高僧传》卷一《唐京兆大兴善寺不空传》，第 7 页。
② 吕建福：《中国密教史》（修订版），北京：中国社会科学出版社，2011 年，第 332 页。
③ 吕建福：《中国密教史》（修订版），第 329 页。
④ 汤用彤：《隋唐佛教史稿》，第 72 页。
⑤ 参话：《律宗讲要》，张曼涛主编《现代佛教学术丛刊》第 88 册《律宗概述及其成立与发展》，台北：大乘文化出版社，1978 年，第 14 页。
⑥ （东晋）佛驮跋陀罗译《大方广佛华严经》卷六，《大正藏》第 9 册，No.0278，第 433 页中。

对滞后。"先是经法虽传，律藏未阐。"① 在曹魏之前尚未传授"比丘戒"，但佛经中也处处包含着对信徒的规范要求，"持戒为德，显自大经；性善可崇，明乎大论"。② 经与律同样起着规范导向作用，"以经义来约束自身，竟成了中土戒律的最早之形式"。③ 中土之有戒律，始于三国时期，曹魏嘉平二年（250），中天竺人昙柯迦罗在白马寺译出《僧祇戒心》和《四分羯磨》两种戒本。《魏书》记载："后有天竺沙门昙柯迦罗入洛，宣译诫律，中国诫律之始也。"④ "迦罗既至，大行佛法。时有诸僧共请迦罗译出戒律……乃译出《僧祇戒心》，止备朝夕。更请梵僧立羯磨法受戒。中夏戒律，始自于此。"⑤ 但因戒律大部未备，故无从弘扬。"中夏闻法，亦先经而后律。律藏稍广，始自晋末。而迦叶维部犹未东被。"⑥

早期戒律译本很少，没有规范的戒律来管理僧团。"自佛法东传，事多草昧。……魏晋之世，僧皆布草而食，起坐威仪、唱导开化，略无规矩。"⑦ 略无规矩，是指没有共同的准则。僧众在受戒、安居、唱导等集会仪式，甚至在日常生活中应当遵守的礼仪等都没有共同的准则，故不时遭到社会批评。据《高僧传》记载，天竺僧人耆域于晋惠帝末年到洛阳后，看到僧众因受都市生活的影响，很多衣着华丽，甚为奢靡，于是"讥诸众僧，谓衣服华丽，不应素法"。⑧ 慧皎亦曾抨击竺法度"食用铜钵，本非律仪所许，伏地相向，又是忏法所无"，⑨ 认为竺法度如此行为是违反戒律的。反映出中土需要戒律的传译，规范当时僧徒的行为仪轨。

① （梁）慧皎撰，汤用彤校注《高僧传》卷二《晋长安弗若多罗传》，第 60 页。
② （唐）释道世著，周叔迦、苏晋仁校注《法苑珠林校注》卷八二《六度篇·持戒部》，第 2373 页。
③ 严耀中：《佛教戒律与中国社会》，上海：上海古籍出版社，2007 年，第 36 页。
④ （北齐）魏收：《魏书》卷一一四《释老志》，第 3029 页。
⑤ （梁）慧皎撰，汤用彤校注《高僧传》卷一《魏洛阳昙柯迦罗传》，第 13 页。
⑥ （梁）僧祐撰，苏晋仁、萧錬子点校《出三藏记集》卷三《新集律来汉地四部记录》，第 116 页。
⑦ （宋）赞宁撰，富世平校注《大宋僧史略校注》卷上《受斋忏法》，北京：中华书局，2015 年，第 43 页。
⑧ （梁）慧皎撰，汤用彤校注《高僧传》卷九《晋洛阳耆域传》，第 365 页。
⑨ （梁）慧皎撰，汤用彤校注《高僧传》卷三《齐建康正观寺求那毗地传》，第 142 页。

佛教传入中土以后，佛经传译难免失真，僧众对佛教教义和理论理解不深，而戒律的缺失和不完备，使僧众行为难以规范，一些不如法的行为使社会非议渐增。戒律的缺失，使当时佛教僧团缺乏相应的管理制度，出现僧侣持戒混乱的局面，严重影响了佛教的规范发展。为有效指导和规范僧众修行，中土僧人渴求完备的戒律，在搜寻经典中，最突出的就是搜罗印度本土的佛教戒律。

（一）晋宋求法僧西行求律

戒律典籍在法显西行前的传译非常不完备，中原地区虽已有大量大小乘经典翻译和流传，但是律藏典籍不多，戒律制度尚不完善。

法显是专意求取律藏的僧人，他"慨律藏残缺"，而"至天竺寻求戒律"。法显和道整一行赴西域求律，但一路并未见到成文的律典，"既到中国（自注：中天竺），见沙门法则，众僧威仪，触事可观，乃追叹秦土边地，众僧戒律残缺"，[①]后在摩揭陀国和师子国分别寻得戒律赍回，对律藏传译的贡献极为突出。

东晋名僧释慧远，亦渴求律藏经典，曾遣书昙摩流支言："佛教之兴，先行上国，自分流以来，四百余年，至于沙门德式，所阙尤多。"[②]于是劝流支翻译律藏，后与鸠摩罗什共译出《十诵律》。慧远虽然未能躬身西行，但派弟子前往西域寻求经律。《高僧传》载："初经流江东，多有未备，禅法无闻，律藏残阙。远慨其道缺，乃令弟子法净、法领等，远寻众经。逾越沙雪，旷岁方反，皆获梵本，得以传译。"[③]法净、法领奉师命远赴西域寻经，在西域获得"《方等》新经二百余部"，[④]带回中原，进行传译。

东晋僧人智猛西行，于华氏国阿育王旧都求得"《大泥洹》梵本一部，

① （晋）法显撰，章巽校注《法显传校注》，第 120 页。
② （梁）慧皎撰，汤用彤校注《高僧传》卷二《晋长安昙摩流支传》，第 62 页。
③ （梁）慧皎撰，汤用彤校注《高僧传》卷六《晋庐山释慧远传》，第 216 页。
④ （梁）慧皎撰，汤用彤校注《高僧传》卷六《晋长安释僧肇传》，第 250 页。

又得《僧祇律》一部，及余经梵本"。① 据《出三藏记集》卷二《新集条解异出经录第二》载："《摩诃僧祇律》，释法显、释智猛，右一经二人异出。"② 智猛所得律为法显所获《摩诃僧祇律》的重出本。西晋时期，僧纯、昙充二僧曾游西域，至拘夷国（即龟兹国，今新疆库车③，于佛图舌弥大师处获得《比丘尼大戒本》（或《比丘尼戒本》），"《十诵比丘尼戒所出本末》一卷（第三出，僧纯于拘夷国得梵本，佛念为译，文繁，后竺法汰删改正之）"。④ 由竺佛念等译为汉文。《比丘尼戒本》，是《十诵律》的一部分，也属于说一切有部。

凉州僧人竺道曼，曾与敦煌僧人至龟兹，住留诸寺，学习戒律，了解并记载了龟兹佛寺僧团讲说戒律的仪轨。⑤ 南朝宋道泰，"志用强果，少游葱右，遍历诸国。得《毗婆沙》梵本十有万偈"，⑥ 后与浮陀跋摩一起译出。宋中叶以后，西行求律者渐少，元徽三年（475），释法献远适西域，誓寻《迦叶维律》，"而葱岭险绝，弗果兹典。故知此律于梁土众僧，未有其缘也"。⑦ 因路断未果。

除自发西行的求律僧外，还有公派求法僧。慧观法师"志欲重寻《涅槃后分》，乃启宋太祖资给，遣沙门道普，将书吏十人，西行寻经。至长广郡，舶破伤足，因疾而卒。普临终叹曰：'《涅槃后分》与宋地无缘矣。'"⑧ 此为公费资助求法僧的最早记载。北魏时期，宋云与僧人惠生被派遣至西域，采诸经律。《魏书·释老志》载："熙平元年诏遣沙门惠生使西域，采诸经律。正

---

① （梁）慧皎撰，汤用彤校注《高僧传》卷三《宋京兆释智猛传》，第126页。
② （梁）僧祐撰，苏晋仁、萧錬子点校《出三藏记集》卷二《新集条解异出经录第二》，第82页。
③ 拘夷国是龟兹国的异称，采用的是羽溪了谛的说法。参见〔日〕羽溪了谛《西域之佛教》，第190页。
④ （唐）智昇撰，富世平点校《开元释教录》卷四，北京：中华书局，2018年，第225页。
⑤ （梁）僧祐撰，苏晋仁、萧錬子点校《出三藏记集》卷一一《关中近出尼二种坛文夏坐杂十二事并杂事共卷前中后三记》，第418页。
⑥ （梁）慧皎撰，汤用彤校注《高僧传》卷三《宋河西浮陀跋摩传》，第97页。
⑦ （梁）僧祐撰，苏晋仁、萧錬子点校《出三藏记集》卷三《新集律来汉地四部记录第七》，第120页。
⑧ （梁）慧皎撰，汤用彤校注《高僧传》卷二《晋河西昙无谶传》，第80页。

光三年冬，还京师。所得经论一百七十部，行于世。"① 这是"中土首次公派求法即以求取戒律为务，这一方面反映了当时中土佛律残缺的情况，另一方面也揭示了佛律因在客观上对世俗统治具有辅助功能，而得到统治者的重视"。②

东晋南北朝以后，虽已有大量佛经传入，但戒律多有差异，僧人对戒律的理解也不同，导致戒律依旧混乱。"小乘各部派律之间及大小乘律之间的歧说，致使六朝僧尼在修行和生活规范上莫衷一是。"③ 直至唐初，这种情况依旧存在。

（二）唐代求法僧西行求律

唐代，随着佛教发展的需求，对佛教经论和律典的渴求，以及中西交通的发展等多种因素的推动，西行求法活动频仍。"有唐一代，到印度求法的中国僧徒不绝于路，形成一个高潮。人数之多，周游地区之广，历史上空前绝后。"④ 唐代西行求法僧中，以专门求律者为少，以广求经论、巡礼圣迹者为多，其中对律藏贡献最大者有义净和道琳。

义净所处时代，佛教不仅在三教争斗中逐渐站稳了脚跟，而且形成了具有中国特色的佛教，三论宗、天台宗、法相宗、华严宗等融合儒学特征的中国化佛教出现了。但是中国化的佛教体系除了自身的局限外，还存在教义混乱、戒律弛坏等问题。虽然此时期《十诵律》《僧祇律》《四分律》已得到了弘扬，但是并未能严格规范僧团，甚至戒律弛坏，出家僧众违背佛教戒律、世俗礼法的事情时有发生。道宣在其所著《四分律删繁补阙行事钞》中指出："今流俗僧尼，多不奉佛法。并愚教网，内无正信。见不高远，致亏大节。"⑤ 唐初，僧人在对佛教戒律的研究和解释的基础上，形成了专门宗派

---

① （北齐）魏收：《魏书》卷一一四《释老志》，第 3042 页。
② 杨梅：《中土西行求律考述》，《燕山大学学报》2010 年第 4 期，第 49 页。
③ 刘长东：《宋代佛教政策论稿》，成都：巴蜀书社，2005 年，第 213 页。
④ （唐）义净著，王邦维校注《大唐西域求法高僧传校注》，代校注前言，第 1 页。
⑤ （唐）道宣：《四分律删繁补阙行事钞》卷下三，《大正藏》第 40 册，No.1804，第 132 页下。

"律宗"。但是律宗内部，就戒律的理解和阐释也有诸多分歧，各行其是。

义净法师在受具足戒后，其轨范师慧智禅师即告诫他："大圣久已涅槃，法教讹替，人多乐受，少有持者。"①"他西行求法，在思想动机上似乎很受此影响。当时佛教中藏污纳垢，秽闻层出，不仅一般世俗群众不满，佛教徒中有识之士也深有所感。"②

关于义净西行求法的因缘，汤用彤曾指出："迹其所得所求，亦可觇当时佛徒之注意所在。求得律藏，义净、道琳是矣。"③义净主要着眼于佛教戒律与制度，并求取了律藏。吕澂在其《诸家戒本通论》中将其概括为三个方面：不满当时习律义学化的状态；不满当时中原地区习律诸部杂糅的状况；认为当时诸多律制多不合律，重新阐明律学、恢复戒律之需。他指出："义净慨然残缺，西行二十余载，备考印土当时僧伽制度一一寄归。而又重翻律藏，累二百卷，是诚有心人也。"④曹仕邦、王邦维、王亚荣、王建光、温金玉、释智悟等学者均认为义净西行的目的和动机在于寻求"律藏"或解决中土僧众持戒不严的问题。⑤如王邦维认为："义净最注意的不是教理上的问题，而是戒律方面的规定和僧伽内部的制度。义净的目的是想用印度'正统'的典范，来纠正当时中国佛教的偏误，矫治'时弊'，力挽颓风。"⑥据义净自述："来日从京重归故里，亲请大师曰：'尊既年老，情希远游，追览未闻，冀有弘益，未敢自决。'"⑦但年少就以法显和玄奘为榜样立志西行求法

---

① （唐）义净著，王邦维校注《南海寄归内法传校注》卷四《四十·古德不为》，第237页。
② （唐）义净著，王邦维校注《大唐西域求法高僧传校注》，代校注前言，第2—3页。
③ 汤用彤：《隋唐佛教史稿》，第72页。
④ 《吕澂佛学论著选集》（一），济南：齐鲁书社，1991年，第129页。
⑤ 曹仕邦：《从历史与文化背景看佛教戒律在华消沉的原因》，《中华佛学学报》第6期，1993年，第55—68页；（唐）义净著，王邦维校注《南海寄归内法传校注》，代校注前言，第34—35页；王亚荣：《隋唐时代的长安律师与律学、律宗》，释永信主编《少林寺与中国律宗论文集》，郑州：少林书局，2003年，第87页；王建光：《中国律宗通史》，南京：凤凰出版社，2008年，第224页；温金玉：《唐义净律师戒律观研究》，《中国哲学史》2009年第2期；释智悟：《论义净的戒律学贡献及其社会影响》，《德州学院学报》2019年第5期。
⑥ 王邦维：《唐高僧义净生平及其著作论考》，第28页。
⑦ （唐）义净著，王邦维校注《南海寄归内法传校注》卷四《四十·古德不为》，第239页。

的义净，在西行之初就应该有了明确目标，在西行求法过程中始终围绕核心目标，故取得了巨大的成就。

义净西行"经二十五年，历三十余国，以天后证圣元年（695）乙未仲夏，还至河洛，得梵本经律论近四百部，合五十万颂"。① 义净所求和传译的律典为《根本说一切有部律》。在义净看来，《根本说一切有部律》更系统纯正，他在印度时便着重《根本说一切有部律》的学习，并将其带回翻译且大力弘传，期望打破当时中国律宗五部律相互抵牾的混乱局面，通过遵循印度正统的典范《根本说一切有部律》，而令律学有典可依。义净从印度携归并翻译的佛经中，律典占据总数的四分之三，"净虽遍翻三藏，而偏攻律部"。② 义净翻译《根本说一切有部律》经典共计 18 部 209 卷，弘一大师称赞他"博学强记，贯通律学精微，非至印度之其它僧人所能及，是空前绝后的中国大律师"。③ 汤用彤评价义净称："特致力于律部，声名极一时之盛。"④但是，"佛教教门的腐朽败坏，并未因此而止，因为这不单只是一个守持戒律的问题。'病根'不在此，义净从印度借回的'药'，当然无能为力。所以他自己临终前还是念念不忘教诲弟子们持律守戒，言语之间，对那些不遵佛家戒律的僧徒，仍然是痛心疾首"。⑤ 可见，义净西行赴印专攻律藏，回国后专注于律典翻译和戒律推行。

唐代以后，在道宣等人的倡导下形成了《四分律》独尊的局面，中土僧人皆以《四分律》为修持的根本，义净所传的《根本说一切有部律》未能在中土得到弘传，仍未能改变中土戒律状况。虽然《根本说一切有部律》未能得到广泛弘传，但因义净"带回并翻译了完整的一切有部律，丰富了我国的戒律典籍，开启了中国佛教由注重义理的般若玄学时代到重视实修的教理实

---

① （宋）赞宁：《宋高僧传》卷一《唐京兆大荐福寺义净传》，第 1 页。
② （唐）智昇撰，富世平点校《开元释教录》卷九，第 559 页。
③ 释弘一：《律学要略》，《弘一大师全集》第 1 册，福州：福建人民出版社，1991 年，第 196 页。
④ 汤用彤：《隋唐佛教史稿》，第 68 页。
⑤ （唐）义净著，王邦维校注《大唐西域求法高僧传校注》，代校注前言，第 3 页。

践阶段，功标青史"。①

与义净同时期到印度寻求律藏、学习律学者还有道琳。道琳在中土时就严持戒律，"慨大教东流，时经多载，定门鲜入，律典颇亏，遂欲寻流讨源，远游西国。……经乎数载，到东印度耽摩立底国。住经三年，学梵语。于是舍戒重受，学习一切有部律"。②虽然道琳的西行动机是"律典颇亏"，欲寻流讨源，但是"非唯学兼定慧"，还到那烂陀搜览大乘经论等。道琳在东印度耽摩立底国③"舍戒重受，学习一切有部律"。④求法僧智弘在其他寺院学习经律论，最后可能在信者寺"就名德，重洗律仪"，如道琳舍戒重受一样。求法僧大津虽最终未能到印度，仅停留在南海的室利佛逝国，但是他也在此国学习了佛教律仪。在此国"洁行齐心，更受圆具"，其受具所依据之标准当是根本说一切有部律仪，其后所学亦应是《根本说一切有部律》。⑤

唐代西行求法僧中，有不少僧人就是"律师"，其主要动机并非"求律"，但这些律师原本就谙熟律学，后又在西域习律，更有益于戒律的发展。

自东晋法显到唐代义净、道琳西行求律，历时五六百年，在西行求律僧人的努力下，至唐代，律典基本传译完毕。唐代律学的繁荣，律宗和禅宗的兴盛，离不开律师们的努力。道宣在广泛参学后，整理其十余年来的律学心得，选择以《四分律》为本，为律学开宗，对中国律学的发展影响深远。

三　巡礼圣迹

中土僧众远赴西域求法的动机，除了到佛教起源地求取佛经，还有对佛

① 释智悟：《论义净的戒律学贡献及其社会影响》，《德州学院学报》2019 年第 5 期。

② （唐）义净著，王邦维校注《大唐西域求法高僧传校注》卷下，第 133 页。

③ 耽摩立底国，《法显传》译作"多摩梨帝国"，《大唐西域记》译作"耽摩栗底国"，故地在今印度西孟加拉邦米德纳普尔县的塔姆卢克附近。参见（唐）义净著，王邦维校注《大唐西域求法高僧传校注》卷上，第 91 页注（七）。

④ （唐）义净著，王邦维校注《大唐西域求法高僧传校注》卷下，第 133 页。

⑤ 冯相磊：《义净之外的中土求法僧与根本说一切有部律典之关系考——以〈大唐西域求法高僧传〉为中心》，学愚主编《佛教思想与当代应用》上册，北京：宗教文化出版社，2015 年，第 304—316 页。

陀遗物、佛陀道场、佛教遗迹的向往，期冀能遍瞻佛陀道场，亲睹圣迹。外来僧人讲述佛陀的种种神异事迹，以及佛陀遗物、佛教遗迹等，使中土僧侣对西方佛陀神像、佛教遗迹以及佛骨舍利等心生向往，瞻仰佛陀遗迹也就成为西行的重要动机之一。

（一）佛教圣迹和佛陀道场的形成

古印度是佛教发祥地，也是佛陀常住修行、说法处，佛教遗迹自然是佛教僧侣向往的圣地。在佛陀时代，释迦牟尼在菩提树下成道后，踏上阐弘佛法之途，在鹿野苑初转法轮，开始弘法；然后在王舍城、舍卫城、毗舍离等地，与其他僧人共同生活，教化弟子和其他众生。佛陀即将涅槃之时，弟子们担心其涅槃后，没有共同聚集的地方，会失去凝聚力。佛陀对阿难言："比丘、比丘尼、优婆塞、优婆夷，于我灭后，能故发心，往我四处，所获功德不可称计，所生之处，常在人天，受乐果报，无有穷尽。"[1]此四处所指，即佛陀生处蓝毗尼（今尼泊尔境内）、成道处摩揭陀国菩提树下、鹿野苑转法轮处、鸠尸那国[2]涅槃处。

因此，在佛陀时代，佛陀初转法轮的鹿野苑，佛陀常住说法的罗阅祇耆阇崛山（亦作鹫峰山）、憍萨罗国舍卫城祇树给孤独园、王舍城竹林精舍等，是佛教徒"向佛所住处合掌赞叹"[3]的礼敬之处，也是重要的"绕佛住处"[4]等修行之地。

佛陀入灭后，其弟子出于对佛陀的怀念、礼敬，在孔雀王朝阿育王时，发起大规模的参访、礼拜佛陀遗迹的活动。阿育王巡礼佛陀出生、常住说法、涅槃道场，在佛迹处"作相"标记，起塔纪念等，由此兴起了佛陀道场信仰。佛陀在菩提树下悟道得正等觉，修行成道的地方，专称为"菩提道

---

[1]　（东晋）法显译《大般涅槃经》卷中，《大正藏》第 2 册，No. 0007，第 199 页中—下。
[2]　鸠尸那，又作俱尸那或拘尸那，佛陀涅槃处。《法显传》称作拘夷那竭城，《大唐西域记》载为尸罗那揭罗国，《大唐西域求法高僧传》作俱尸国，位于今印度北方邦地区。
[3]　（南朝宋）求那跋陀罗译《杂阿含经》卷二〇，《大正藏》第 2 册，No. 0099，第 141 页下。
[4]　失译：《不退转法轮经》卷一，《大正藏》第 9 册，No. 0267，第 227 页下—228 页上。

场"，后来称为"菩提伽耶"（又被称作佛陀伽耶），赋予了修行成道的特别意义，成为佛教圣地。阿育王之后，形成了以佛生处、成道处、初转法轮处、佛涅槃处"四大圣地"为中心的佛陀道场信仰，这些地方成为中国求法僧众朝拜佛陀的必去之处。部派佛教时期，佛陀道场又增为"六大圣处"，"三处定者谓菩提树处、天上来下处、现大神变处。三处不定者谓生处、转法轮处、般涅槃处"。① 再后来甚至增为"八大圣地"，据宋代法贤译《佛说八大灵塔名号经》，"所谓第一迦毗罗城龙弥尔园是佛生处，第二摩伽陀国泥连河边菩提树下佛证道果处，第三迦尸国波罗奈城转大法轮处，第四舍卫国祇陀园现大神通处，第五曲女城从忉利天下降处，第六王舍城声闻分别佛为化度处，第七广严城灵塔思念寿量处，第八拘尸那城娑罗林内大双树间入涅槃处，如是八大灵塔"。② 对佛陀遗迹的崇拜，形成了佛陀道场的信仰。

据《长阿含经》记载，佛陀在中印度拘尸那入灭，荼毗后留下了佛牙、佛指、佛顶骨等不同类型的遗骨舍利，统称佛真身舍利。舍利最初由拘尸那末罗人保管，后摩揭陀国、毗舍离国、迦毗罗卫国等八国分而迎请，造塔供养。③《大般涅槃经》云："若见如来舍利即是见佛，见佛即是见法，见法即是见僧，见僧即是涅槃。"④ 佛陀舍利作为佛教界的圣物，备受僧徒信众的崇拜和敬奉。佛陀灭度后，不仅佛陀的遗骨舍利受到佛弟子的虔诚供养，据《法苑珠林》记载，释迦牟尼的发髻、双迹、钵杖、唾壶等，也都"树塔勒铭，标碣神异"。⑤ 佛陀使用过的遗物，与佛有特殊关系的遗迹，成了巡礼

① （唐）玄奘译《阿毗达磨大毗婆沙论》卷一八三，《大正藏》第 27 册，No.1545，第 917 页上。
② （宋）法贤译《佛说八大灵塔名号经》，《大正藏》第 32 册，No.1685，第 773 页上。
③ （后秦）佛陀耶舍、竺佛念译《长阿含经》卷四《游行经》，《大正藏》第 1 册，No.0001，第 29 页中—30 页上。
④ （唐）若那跋陀罗译《大般涅槃经后分》卷一，《大正藏》第 12 册，No.0377，第 902 页上。
⑤ （唐）释道世著，周叔迦、苏晋仁校注《法苑珠林校注》卷三三《兴福篇·述意部》，第 1033 页。

供养对象，形成了对佛陀"遗体、遗物、遗迹"的崇拜。①

阿育王时期，将佛顶骨及其他佛舍利从八塔中请出，向印度以外的国家和地区分别奉送舍利，建塔供养，由此扩大了佛教的影响力，也由此将圣地延伸到了印度以外的地区。通过佛本生故事再造圣迹，犍陀罗地区被塑造成了佛教中心。②

法国学者沙畹认为："印度佛教圣地有二：一在辛头河（印度河）流域，一在恒河流域。中夏巡礼之僧俗多先历辛头，后赴恒河。"③ 因此，这两个圣地中心便是中土僧人西行求法巡礼的重点区域。"佛教信徒通过重走释迦牟尼走过的地方，体验成道至涅槃之路，确认修行的信心和对佛教的信仰，这就是佛教古老的巡礼路线。"④

（二）晋宋求法僧向往的圣迹

汉魏以来，随着佛教的传入，佛经中描绘的佛陀事迹、佛教圣地，以及域外僧人带来的佛陀圣地、佛教遗迹等故事，都深深影响和吸引着中土僧众，因此，目睹圣迹，参拜佛陀道场，成为中土僧众西行的重要动机之一。

公元3世纪末，有中土僧人20许人，从蜀川牂牁道而出，赴摩诃菩提（莫诃菩提，意译为大觉寺）礼拜。⑤ 这些僧人西行动机应是赴佛陀成道处菩提伽耶巡礼，此圣迹也是后来僧众赴印巡礼的重要道场。5世纪，求法僧向往和必去的是佛陀"四大圣处"，即"佛生处，得道处，转法轮处，般泥洹处"。⑥

魏晋南北朝以来，中土僧人或听闻外来僧人关于佛教圣地的描述而心生向往。智猛"每见外国道人说释迦遗迹，又闻方等众经布在西域，常慨然

---

① 释印顺：《初期大乘佛教之起源与开展》（上），《印顺法师佛学著作全集》，北京：中华书局，2009年，第37—94页。
② 孙英刚、何平：《犍陀罗文明史》，第8页。
③ 〔法〕沙畹：《宋云行纪笺注》，冯承钧译《西域南海史地考证译丛六编》，北京：商务印书馆，1995年，第7页。
④ 〔日〕篠原典生：《西天伽蓝记》，兰州：兰州大学出版社，2013年，第60页。
⑤ （唐）义净著，王邦维校注《大唐西域求法高僧传校注》卷上，第103页。
⑥ （晋）法显撰，章巽校注《法显传校注》，第104页。

有感，驰心遐外"，① 于是发迹西行。智猛西行动机有二，即"释迦遗迹"和"方等众经"；宝云西行目的也是"躬睹灵迹"，因此"释迦影迹，多所瞻礼"，② 并供养佛钵。《名僧传》载宝云因"误中一犊子死，渐恨惆怅，弥历年所。隆安元年，乃辞入西域，誓欲眼睹神迹，躬行忏悔"。③ 他虽有躬行忏悔之意，但西行的主要目的还是躬睹灵迹。

中土求法僧侣的西行事迹，及其亲睹圣迹并带来的西域佛国的逸闻趣事，也吸引和感召着其他僧侣。昙无竭（又名法勇）"尝闻法显等躬践佛国，乃慨然有忘身之誓。……发迹北土，远适西方"。④ 为躬践佛国、瞻仰佛迹，昙无竭与沙门僧猛、昙朗等 25 人西行。法盛在高昌（今新疆吐鲁番）遇到西行归来的智猛，听闻智猛"述诸神迹，因有志焉"，对天竺佛教古迹心生向往，率师友等 29 人"远诣天竺。经历诸国，寻见遗灵，及诸应瑞，礼拜供养"。⑤ 南朝宋僧人法献也受智猛西行感召，"先闻猛公西游，备睹灵异，乃誓欲忘身，往观圣迹"。⑥

有些僧人或受佛经感召而决意西行求法。西晋僧人康法朗"尝读经，见双树鹿苑之处，郁而叹曰：'吾已不值圣人，宁可不睹圣处！'于是誓往迦夷，仰瞻遗迹"。⑦ 北朝隋初的僧人释道判受具足戒后，历求善友。"每阅像教东传，慨面不睹灵迹，委根归叶，未之或闻，遂勇心佛境，誓当瞻敬。"⑧ 乃于北周武成二年（560）结伴 21 人西行求法，但中途遇游兵干扰阻挠而未果。

还有僧人欲顶礼佛钵。如僧表亦欲往罽宾供养佛钵，至于阗时因道路不通而无奈返回；⑨ 竺法维、慧览都曾赴西域供养佛钵，"览曾游西域，顶戴佛

① （梁）僧祐撰，苏晋仁、萧錬子点校《出三藏记集》卷一五《智猛法师传》，第 579 页。
② （梁）僧祐撰，苏晋仁、萧錬子点校《出三藏记集》卷一五《宝云法师传》，第 578 页。
③ （梁）宝唱：《名僧传钞·宝云传》，《卍续藏经》第 134 册，第 26 页上。
④ （梁）慧皎撰，汤用彤校注《高僧传》卷三《宋黄龙释昙无竭传》，第 93 页。
⑤ （梁）宝唱：《名僧传钞·法盛传》，《卍续藏经》第 134 册，第 26 页上。
⑥ （梁）慧皎撰，汤用彤校注《高僧传》卷一三《齐上定林寺释法献传》，第 488 页。
⑦ （梁）慧皎撰，汤用彤校注《高僧传》卷四《晋中山康法朗传》，第 153 页。
⑧ （唐）道宣著，郭绍林点校《续高僧传》卷一二《隋终南山龙池道场释道判传》，第 407 页。
⑨ （梁）宝唱：《名僧传抄·僧表传》，《卍续藏经》第 134 册，第 25 页下。

钵"。① 还有心生向往但无法西行，便派弟子西行的庐山慧远，他"远闻天竺有佛影，是佛昔化毒龙所留之影……每欣感交怀，志欲瞻睹"，② 但无法亲往，于是派弟子支法净、法领远赴西域。

（三）唐代求法僧巡礼圣迹动机之转变

在佛教兴盛的唐朝，佛教经典齐备，译经事业亦盛。唐代僧众在本土已受到良好的佛教弘化，佛学积淀深厚，这些都成为西行求法的便利条件。据《大唐西域求法高僧传》记载，明远"重学经论，更习定门"；③ 义朗"善闲律典，兼解《瑜伽》"；④ 会宁"薄善经论，尤精律典"；⑤ 等等。或有僧人在赴印前已熟悉梵语，如师鞭"善禁咒，闲梵语"；⑥ 吐蕃奶母子"善梵语并梵书"；⑦ 运期"颇知梵语"；⑧ 灵运"极闲梵语"。⑨ 甚至有求法僧带着汉译佛经赴印，如道希不仅在大觉寺造唐碑一首，"所将唐国新旧经论四百余卷，并在那烂陀矣"，⑩ 亡故后，"汉本尚存，梵夹犹列"；⑪ 彼岸和智岸法师携带的"汉本《瑜伽》及余经论，咸在室利佛逝国矣"。⑫ 甚至出现了"佛教反向传播"现象。

因而，除获取完备佛教典籍、答疑释惑外，唐代求法僧西行更多的是对佛教圣迹的向往。据《大唐西域求法高僧传》记载，玄照"思礼圣踪"；⑬ 道希"观化中天……翘仰圣踪，经于数载"；⑭ 阿离耶跋摩"追求正教，亲礼

---

① （梁）慧皎撰，汤用彤校注《高僧传》卷——《宋京师中兴寺释慧览传》，第 418 页。
② （梁）慧皎撰，汤用彤校注《高僧传》卷六《晋庐山释慧远传》，第 213 页。
③ （唐）义净著，王邦维校注《大唐西域求法高僧传校注》卷上，第 67 页。
④ （唐）义净著，王邦维校注《大唐西域求法高僧传校注》卷上，第 72 页。
⑤ （唐）义净著，王邦维校注《大唐西域求法高僧传校注》卷上，第 76 页。
⑥ （唐）义净著，王邦维校注《大唐西域求法高僧传校注》卷上，第 39 页。
⑦ （唐）义净著，王邦维校注《大唐西域求法高僧传校注》卷上，第 65 页。
⑧ （唐）义净著，王邦维校注《大唐西域求法高僧传校注》卷上，第 81 页。
⑨ （唐）义净著，王邦维校注《大唐西域求法高僧传校注》卷下，第 168 页。
⑩ （唐）义净著，王邦维校注《大唐西域求法高僧传校注》卷上，第 36 页。
⑪ （唐）义净著，王邦维校注《大唐西域求法高僧传校注》卷上，第 88 页。
⑫ （唐）义净著，王邦维校注《大唐西域求法高僧传校注》卷上，第 96 页。
⑬ （唐）义净著，王邦维校注《大唐西域求法高僧传校注》卷上，第 9 页。
⑭ （唐）义净著，王邦维校注《大唐西域求法高僧传校注》卷上，第 36 页。

圣踪";① 慧业 "住菩提寺，亲礼圣踪";② 玄太 "礼菩提树";③ 常愍禅师 "冀得远诣西方，礼如来所行圣迹";④ 隆法师 "欲观化中天";⑤ 义朗 "思瞻圣迹";⑥ 大乘灯禅师颇览经书，"思礼圣踪，情契西极"。⑦ 这些求法僧大多向往中天，除问学求经外，还欲亲礼佛陀圣迹。

有些求法僧仅为了巡礼圣迹，如玄会 "至大觉寺，礼菩提树，睹木真池，登鹫峰山，陟尊足岭"，巡礼之后 "少携经教，思返故居"。⑧ 有些僧人甚至语言关未过，学习佛法受限，但依旧西行巡礼圣迹。如末底僧诃 "少闲梵语，未详经论";⑨ 北道一僧质多跋摩，"少闲梵语，复取北路而归";⑩ 道方 "既亏戒检，不习经书";⑪ 等等。

从唐代西行求法僧欲 "观化中天"，亲礼圣踪的动机来看，中天竺才是他们主要巡礼的目的地。并未提及犍陀罗地区佛教本生故事中的遗迹，以及佛钵、佛舍利等佛陀遗物，也可知中亚地区佛教已经衰落，唐代求法僧向往的是以中天竺为中心的印度腹地。而唐代僧众求法动机由 "广寻群经" 到 "学佛问法" "巡礼圣迹" 的转向，与印度佛教的衰落、中国佛教的兴盛，以及后来佛教中心的转移息息相关。

四　访学名师

寻访佛学名师，也是魏晋至唐中土西行求法僧人求法动机之一。自汉以

① （唐）义净著，王邦维校注《大唐西域求法高僧传校注》卷上，第40页。
② （唐）义净著，王邦维校注《大唐西域求法高僧传校注》卷上，第42页。
③ （唐）义净著，王邦维校注《大唐西域求法高僧传校注》卷上，第43页。
④ （唐）义净著，王邦维校注《大唐西域求法高僧传校注》卷上，第51页。
⑤ （唐）义净著，王邦维校注《大唐西域求法高僧传校注》卷上，第66页。
⑥ （唐）义净著，王邦维校注《大唐西域求法高僧传校注》卷上，第72页。
⑦ （唐）义净著，王邦维校注《大唐西域求法高僧传校注》卷上，第88页。
⑧ （唐）义净著，王邦维校注《大唐西域求法高僧传校注》卷上，第57—58页。
⑨ （唐）义净著，王邦维校注《大唐西域求法高僧传校注》卷上，第56页。
⑩ （唐）义净著，王邦维校注《大唐西域求法高僧传校注》卷上，第61页。
⑪ （唐）义净著，王邦维校注《大唐西域求法高僧传校注》卷上，第48页。

来，安世高、支娄迦谶、耆域等僧人相继前来，边译经，边弘传佛法。中土僧众最早拜这些域外僧人为师，并且随域外沙门国属为姓。后来，中土僧众对送来的佛经不满足，想要主动外出搜寻佛经，此时，寻访名师，并随之求学问法，也是西行的主要动机之一。

汉晋来中土的译经僧多来自西域，当时以犍陀罗为中心的西域一时成为佛教的中心。这里高僧辈出，特别是罽宾禅师辈出，名气远涉东西，翻译经书事业活跃。此时期很多中土僧人赴罽宾顶礼佛钵，并在罽宾访问名师，学习禅法。释智严曾两次西行求法，第一次西行目的是访学名师和广求经诰，与法显等人同行，至罽宾，在摩天陀罗精舍，师从佛驮先①比丘，谘受禅法。后"遇禅师佛驮跋陀罗，志欲传法中国，乃竭诚要请"。②智严竭诚邀请佛驮跋陀罗（意译"觉贤"）至中土弘法译经。后来智严"以受戒有疑，重往天竺，罗汉不决，为上天谘弥勒，告之得戒"，③后返至罽宾而卒。沮渠京声前往于阗是为了拜访名师，学习大乘佛法，"于衢摩帝大寺遇天竺法师佛陀斯那，谘问道义"。④衢摩帝大寺就是在于阗所建的赞摩寺。慧览在罽宾国随达摩比丘学习禅法。可见，晋宋之际，求法僧大多在罽宾求法，主要寻访师从的也是罽宾名僧。

唐代求法僧虽然少有明确提出寻访名师者，但玄奘和义净都曾寻访名师。玄奘在中土时即遍访名师，西游途中一路师从多位名师，遍学大小乘经论。到印度后，在那烂陀寺师从戒贤法师，在杖林山师从胜军法师。义净法师西行虽然是为了寻访戒律，但在印度也是遍访名师，他在《南海寄归内法传》中写道："其西方现在，则羝罗荼寺有智月法师，那烂陀中则宝师子大德。东方即有地婆羯啰蜜呾啰，南裔有呾他揭多揭婆，南海佛逝国则有释迦鸡栗底。斯并比秀前贤，追踪往哲。晓因明论，则思拟陈那；味瑜伽宗，实

① 佛驮先，梵名 Buddhasena，又音译作佛陀先、佛大先、佛陀斯那，意译为佛军、觉军。5 世纪罽宾国人，说一切有部之师，后为禅法之传持者，禅学大师。
② （梁）僧祐撰，苏晋仁、萧鍊子点校《出三藏记集》卷一五《智严法师传》，第 576 页。
③ （唐）道宣著，范祥雍点校《释迦方志》卷下《游履篇第五》，第 97—98 页。
④ （梁）僧祐撰，苏晋仁、萧鍊子点校《出三藏记集》卷一四《沮渠安阳侯传》，第 551 页。

馨怀无著。谈空则巧符龙猛，论有则妙体僧贤。此诸法师，净并亲狎筵机，餐受微言。"①

晋唐时期很多求法僧西行动机并不是单一的，一般具有多种动机，但是以求法和巡礼为主要动机，而在求法中又包含了"访学名师"或"遍访名师"。

小　结

古印度和中国是古代亚洲的两大文明古国，因为地理环境差异等，形成了特质鲜明的异质性文明。公元前 2 世纪前后，中西交通被打通，两国开始交往交流，又因以佛教文化为中心的文化交流，两大文明古国紧密相连。

创立于古印度的佛教，从印度北部逐渐传到中亚地区，再经西域传入中原地区。初传之际，西域高僧来中原地区传译佛典和弘法者众多，传法零散，并不系统，传来的典籍并不齐备。又因语言不通，文化差异大，对佛经理解有差异，转译误读、重复翻译等问题颇多。佛经不备和翻译不善，戒律不齐备，使中土僧众更加重视佛经的传译。因此，中土僧众变被动接受为主动向外探求，产生了直接到西域寻求经典原本的想法。

就求法僧内在动机而言，中土求法僧舍身西行，或广搜经要、访求佛经原本，获得佛陀真言教诲；或寻访名师，亲承音旨、求学问法，以获得正法教导；或迎请大师东来弘法，泽被中土；或瞻仰圣迹、躬拜圣迹，亲受佛陀的力量，获得无上功德。总体而言多出于中土佛教建设和发展的需要。这些动机激发了古代僧众的热情，激励着僧众坚定信念，不畏艰险，舍身求法，主动向外探索，促进了以佛教文化为核心内容的文化交流。

---

① （唐）义净著，王邦维校注《南海寄归内法传校注》卷四《西方学法》，第 207—208 页。

第二章
中古时期西行求法僧群体特征

　　中土僧人的西行求法活动始于曹魏，历经魏晋南北朝至隋唐，延续至宋代，数百年甚至近千年间，众多僧人不畏艰险，长途跋涉，远赴西域、天竺寻经求法。西行求法的僧侣，除法显、玄奘、义净三位著名高僧之外，还有众多僧徒赴险西行，实际上形成了人员众多的庞大西行求法僧人群体。以往多认为，"求法"是目的，而归来"弘法"才算是达成目的，因此多关注那些求法成功且成就突出的僧人，而对求法僧群体的研究不足，甚至忽略了那些求法"未成功者"。但实际上，那些看似"未成功"的求法僧，为后来西行者开辟先路、指引方向、提供借鉴，同样为求法活动、佛教发展和中印文化交流做出了贡献。无论求法成功与否，都是求法活动中的重要组成部分，将求法"成功者"和"未成功者"结合起来，作为求法僧群体开展研究，才能把握西行求法活动全貌。求法活动持续千余年之久，对中国佛教有影响力的也有五百余年。在漫长的历史时期，受佛教中心的变迁、中土佛教发展，以及西行道路的变迁等诸多因素影响，西行求法僧群体也表现出了不同的时代特征和地域特征。又因西行求法路途中未知的各种风险，求法僧在西行、求法和东归途中呈现出不同命运。

第一节　西行求法僧群体时代特征

域外佛教初传中土，是佛教与中华本土文化最初交融调试的阶段。从魏晋时期开始，佛教界不再满足于被动地接受，而是有意识地按照需求去求取佛教经典，曹魏朱士行开创了西行求法活动的先河。"从中国佛学史大量观察，可中分为二期：一曰输入期，魏晋南北朝是也；二曰建设期，隋唐是也。实则在输入期中，早已渐图建设，在建设期中亦仍不怠于输入，此不过举其概而已。输入事业之主要者，曰西行求法，曰传译经论……建设事业，则诸宗成立也。"① 因此，在中土佛教发展的输入期和建设期，因历史背景不同，佛教发展需求不同，西行求法活动在两个阶段表现出不同的时代特征。

一　西行求法僧群体时代分布

魏晋至唐末的西行求法僧人，见于史籍记载的有姓名可考者实乃沧海一粟，大多数并不见史籍记载而湮没于历史长河者，其人数确不可考。但就史籍中有姓名可考者或仅有事迹者进行相关统计和分析，他们在不同历史时期表现出不同的特征。

（一）西行求法僧人数量

最早对西行求法僧群体进行记载和统计的是唐代著名求法僧义净。在西行印度求法期间，义净根据所见所闻的求法僧事迹撰写《大唐西域求法高僧传》，其中所载唐代西行求法者加上义净本人共有 57 人，另外重归南海传又有 4 人，共 61 人。

---

① 梁启超:《中国佛法兴衰沿革说略》,《佛学研究十八篇》,第 12—13 页。

近代对西行求法僧群体进行研究的首推梁启超，他在《中国印度之交通》中，作"西行求法古德表"，统计出西行求法僧共有 105 人，而有姓名可考诸典籍者仅一小部分，佚名者尚有 82 人。[1] 冯承钧在《历代求法翻经录》中统计，自汉至唐求法翻经僧侣共 200 多人，其中西行求法僧有名有姓者 94人。[2] 贺昌群统计，"总计西行求法有中国僧徒，见于僧录史传的，自第三世纪朱士行以至第十世纪的继业，得一百零七人"。[3] 魏道儒估计，从 3 世纪至 8 世纪，"踏上西行求法之路的僧人数以千计"。[4] 景天星《丝路高僧传》一书对丝路东来僧人和西行求法僧人做了统计，从汉永平求法的 18 名使臣，至北宋宝元二年（1039）的求法僧人得安，西行求法僧人共计 763 人，而至唐末的悟空使团西行时也已有 294 人，[5] 其中还包含不少使臣，所以西行求法僧人的数目可能比景氏统计的略少。

另外，何方耀对晋唐经海路求法高僧群体的统计，认为晋唐经南海道西行求法僧俗共有 183 人，其中南朝梁西行印度的有 82 人，为梁武帝所遣使团，实无僧人经行海路求法，那么实际经南海道的求法僧俗为 101 人。[6]

三国末至唐，诸多僧人前赴后继，踏上西行求法的道路，但是平安抵达西域或印度巡礼学习求法者很少，而最终能安全返回者更是少之又少，如同义净所言："晋宋齐梁唐代间，高僧求法离长安。去人成百归无十，后者安知前者难。"[7] 所以具体人数难以具考。

（二）西行求法僧历史时期分布

学者又将这些僧人的西行时间进行了时代划分，如梁启超根据"西行求

① 梁启超:《中国印度之交通》,《佛学研究十八篇》, 第 129 页。
② 冯承钧编《历代求法翻经录》。
③ 贺昌群:《古代西域交通与法显印度巡礼》, 第 20 页。
④ 魏道儒:《中国僧人的西行求法》,《百科知识》2009 年第 14 期。
⑤ 景天星:《丝路高僧传》, 第 378—392 页。
⑥ 何方耀:《晋唐时期南海求法高僧群体研究》, 第 55 页。
⑦ （唐）义净:《题取经诗》,（清）彭定求等编《全唐诗》卷七八六, 北京: 中华书局, 1960 年, 第 8864 页。

法古德表"进行统计，认为：

> 求法运动，起于三国末年，迄于唐之中叶，前后殆五百年。区年
> 代以校人数，其统计略如下：
>
> 西第三世纪（后半）　　　　二人
>
> 第四世纪　　　　　　　　　五人
>
> 第五世纪　　　　　　　　　六十一人
>
> 第六世纪　　　　　　　　　十四人
>
> 第七世纪　　　　　　　　　五十六人
>
> 第八世纪（前半）　　　　　二十一人[1]

这是魏晋以至唐代中叶，经陆路和海路西行求法活动的整体情况，总共有 159 人。其时代分布特征是："留学运动最盛者，为第五、第七两世纪，而介在其间之第六世纪，较为衰颓。"[2]

从冯承钧在《历代求法翻经录》中对西行求法僧所做统计来看，总共近200 人中，西晋时西行求法僧 3 人；东晋时可考的有 37 人；南朝宋时有 70多人，其中多数佚名；元魏、北齐、北周西行求法的有 19 人；隋代无西行求经者；唐代 60 人，多经海路前往苏门答腊和印度、斯里兰卡。具体情况见表 2-1。

表 2-1 《历代求法翻经录》所载西行求法僧情况

单位：人

朝代	人数	求法僧代表
西晋	3	朱士行、竺叔兰、竺法护
东晋	37	法显、宝云、智严、智猛是其中最著名的几位高僧

---

① 梁启超：《中国印度之交通》，《佛学研究十八篇》，第 130 页。

② 梁启超：《中国印度之交通》，《佛学研究十八篇》，第 130 页。

续表

朝代	人数	求法僧代表
南朝宋	70 余	知名者仅沮渠京声、道泰、法盛、法献、法维、僧表等 16 人
元魏、北齐、北周	19	以惠生、宋云最为著名
南朝齐、梁、陈	0	
隋	0	
唐	60	玄奘、义净、悟空等

资料来源：冯承钧编《历代求法翻经录》。

由表 2-1 可知，西晋和北朝人数较少，而南朝齐、梁、陈三朝求法僧无史料记载。可知僧人西行求法有两个高峰阶段，即东晋南朝宋（本书统一简称晋宋）和唐代，求法人数比较集中，数量较多，时代分布也比较集中。

据贺昌群统计，"总计西行求法有中国僧徒，见于僧录史传的，自第三世纪朱士行以至第十世纪的继业，得一百零七人"。[①]

根据何方耀"晋唐时期南海求法高僧群体"统计，晋唐经南海道赴印求法僧人应为 101 人。其朝代分布为：东晋 10 人，南朝宋 3 人，南朝梁 0 人（除去使团人数），南朝齐、陈及隋均为 0 人，唐代 68 人，不详 20 人。[②]可见，南海道西行求法僧人的朝代分布，集中于晋宋和唐代，其他朝代人数较少，甚至南朝齐、梁、陈和隋朝人数基本为零。

在学者整理的中古西行求法僧人情况的基础上，本书进一步搜集史籍，钩沉索隐，剔除南朝梁时的使团，以及唐代僧人悟空的使团成员，整理出见于史籍记载的魏晋南北朝至隋唐年间西行求法僧人共 250 余人，将西行求法僧人的主要情况和事迹整理成表（参见附录），又根据僧人西行求法年代顺序，将西行求法僧人时代分布情况整理如表 2-2 所示。

① 贺昌群：《古代西域交通与法显印度巡礼》，第 20 页。
② 何方耀：《晋唐时期南海求法高僧群体研究》，第 55 页。

表 2-2 3—8 世纪中土西行求法僧时代分布

单位：人

时代	西行求法僧	人数
3 世纪	朱士行、竺法护	2
4 世纪	康法朗与同学 4 人、中土僧人 20 许人、慧常、进行、慧辩、僧建、于法兰、于道邃、释僧纯、昙充、竺道曼（与敦煌僧人）、支法领、支法净、支僧载、昙猛	约 40
5 世纪	法显及道整、慧景、慧应、慧嵬、智严、慧简、宝云、僧绍、僧景、慧达、智猛（及道嵩、昙纂等 15 人）、慧叡、沮渠京声、昙无竭（及僧猛、昙朗等 25 人）、昙学（及威德等 8 人）、法惠、道普、法盛等 29 人、竺法维、释僧表、慧览、道泰、道荣（道药）、法献、智严弟子（智羽、智达、智远 3 人）	101
6 世纪	宋云、惠生、法力、云启、智宣、智圆、宝暹（道邃、僧昙、智周、僧威、法宝、智昭、僧律等 10 人）	16
7 世纪	玄奘、玄照、道希、师鞭、阿离耶跋摩、慧业、玄太、玄恪、新罗二僧、佛陀达摩、道方、道生、常愍及弟子、末底僧诃、玄会、质多跋摩、吐蕃公主奶母二子、隆法师、明远、义朗与智岸及义玄、会宁、运期、木叉提婆、窥冲、慧琰、信胄、智行、大乘灯、僧伽跋摩、彼岸与智岸、昙润（一作闰）、义辉、唐僧三人、慧轮、道琳、昙光、唐僧一人、慧命、玄逵、义净、善行、灵运、僧哲、玄游、智弘、无行、法振、乘悟、乘如、大津、贞固、道宏、法朗、怀业	62
8 世纪	慧日、慧超、不空（及含光、慧辩等 27 人）、无漏、元表、悟真、悟空	33
总计		250 余

说明：据王邦维考证，经蜀川牂牁道赴印的 20 许中土僧人，其活动时间可追溯至 3 世纪晚期，时值西晋末，八王之乱起时，该群体跨 3、4 两个世纪，主要活动在 4 世纪；法显一行于东晋隆安三年（399）启程西行，因此被列入 5 世纪。

资料来源：（梁）僧祐撰，苏晋仁、萧鍊子点校《出三藏记集》；（梁）慧皎撰，汤用彤校注《高僧传》；（北魏）杨衒之撰，周祖谟校释《洛阳伽蓝记校释》；（唐）道宣著，范祥雍点校《释迦方志》；（唐）道宣撰，郭绍林点校《续高僧传》；（唐）释道世著，周叔迦，苏晋仁校注《法苑珠林校注》；（唐）义净著，王邦维校注《大唐西域求法高僧传校注》；（宋）赞宁《宋高僧传》。

从表 2-2 和图 2-1 可以看出，4—5 世纪的东晋至南朝刘宋时期，西行求法僧人数激增，而 6 世纪时人数减少，到 7 世纪时又陡增，从而反映出，西行求法活动虽从魏晋至唐末，甚至延续至宋代，但唯有六朝至唐朝是巅峰期，而且呈现出两个高峰值，即 5 世纪和 7 世纪两个世纪，其余历史时期西行求法僧人数较少。

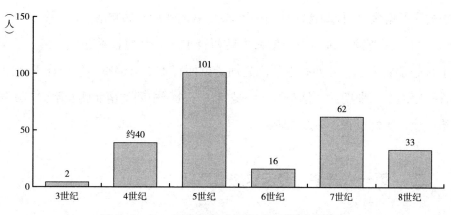

图 2-1　3—8 世纪中土西行求法僧时代分布

（三）求法僧时代分布特征

如前文所述，西行僧人的求法活动从曹魏朱士行开始（东汉永平年间的求法僧成光子等，都是官方派出的使者），到唐代为止的五六百年间，从西行求法僧时代分布和人数规模看，虽然僧人分散于各朝代，但是人数的多寡有明显差异，时代的分布也不平衡，有些朝代存在脱节的情况，有些朝代又比较集中和突出。

魏晋至唐朝僧人西行求法出现了两次巅峰期：第一次是魏晋南北朝时期，最盛于晋宋之间；第二次在唐初至唐中期，以玄奘为引领再次掀起西行求法热潮。根据统计数据，在人数顶点值上，表现出两个突出的兴盛阶段。

第一兴盛阶段是 4 世纪末 5 世纪初，确切来说是跨越 4、5 两个世纪的这个阶段，也可对应学界普遍认同的"晋宋时期"。"西行求法者，朱士行而后，以晋末宋初为最盛。"①"自朱士行取经于阗，陆续西去取经求法和观瞻圣迹的僧人不断，至于晋宋之际，掀起了一个高潮。"②

第二兴盛阶段是 7—8 世纪，以唐代为最盛，以玄奘和义净为引领，再次掀起西行求法热潮，西行求法后能平安返回，并对中国佛教界产生重大影响的高僧增多，西行求法僧对中国佛教发展的作用和影响增大。

自三国曹魏以来，中土僧人主动西行求法。曹魏甘露五年（260），朱士行赴于阗求法，开西行求法之先河。就西行求法活动整体历史来看，"一首一尾两个高潮期：一是东晋；一是唐代。处于中间的南北朝和隋代，虽不绝如缕，实处于衰落不振之阶段"。③

二 第一兴盛期：晋宋求法僧活跃

佛教东传，经西域传至中原，但初期因翻译经典不善，或者佛典不齐备，中原僧人主动西行寻访佛经、寻求佛法。而因西域佛教的兴盛、中西交通的畅通，以及晋宋佛教发展的需要，在两晋至南朝宋，中土僧人西行求法者众多，掀起了第一次求法活动热潮。

（一）西域佛教的兴盛

3—4 世纪的中原西行求法僧，"皆仅至西域而止，实今新疆省境内耳（内法护一人似曾出葱岭以西，又僧建所到月支，当为今阿富汗境内地）"。④ 5 世纪时，到葱岭以西的西北印度求法的僧人众多。公元前 3—前 2 世纪时，在阿育王的推崇下，佛教由印度向西域和南海地区弘传流布。孔雀王朝衰落后，印度再度走向分裂。之后的巽伽王朝，出身于婆罗门教的补砂密多罗王

---

① 汤用彤：《汉魏两晋南北朝佛教史》，第 269 页。
② 杜继文主编《佛教史》，第 165 页。
③ 何方耀：《晋唐时期南海求法高僧群体研究》，第 57 页。
④ 梁启超：《中国印度之交通》，《佛学研究十八篇》，第 130 页。

崇信婆罗门教，对其灭佛与否有所争议，[①]补砂密多罗王主要在中印度灭佛，中印度佛教元气大伤，呈现衰落的迹象，大量僧侣外逃，但在客观上也促进了北印度、南印度佛教的发展。[②]在希腊人对西北印度的殖民统治衰落之际，公元前后，贵霜翖侯丘就却攻灭四翖侯，自立为王，在西北印度地区建立起贵霜帝国，侵入西北印度，占领喀布尔，向东占领迦湿弥罗，势力一度发展到恒河上游。公元1世纪末至2世纪中叶，迦腻色迦王（罽腻迦王）统治时期，贵霜王朝进入极盛时期。迦腻色迦王崇信并扶持佛教，建造伽蓝，供养僧众，组织第四次结集，大乘佛教兴起并得以弘扬。贤圣大德辈出，"古来作论诸师那罗延天、无著菩萨、世亲菩萨、法救、如意、胁尊者等，皆此所出也"。[③]迦腻色迦王组织第四次佛教结集，促进了佛教理论建设，修建大量伽蓝和窣堵波（梵文 Stupa，即佛塔），还有众多佛教圣物，尤其是弗楼沙的佛钵、那竭国（今阿富汗贾拉拉巴德）的佛顶骨、陀历国的弥勒大像，以及众多的佛教遗迹等，"犍陀罗与迦湿弥罗成为西北印度两大佛教中心"。[④]西北印度的佛教和作为正法象征的佛钵，都吸引着僧人西行求法。此时期犍陀罗地区罽宾国高僧来华弘法者众，促进了中原地区佛教文化的传播，这些均是中土僧人纷纷西行求法巡礼的重要吸引力。

（二）晋宋时期中印交通之畅通

从中印交通而言，"西域方面，五世纪苻、姚二秦，与凉州以西诸国，交涉极密，元魏益收西域之半以为郡县，故华、印间来往利便"。[⑤]梁启超认为，前秦（351—394）和后秦（384—417），与五凉以西的西域诸国联

---

① 〔印〕R. 塔帕尔：《印度古代文明》，林太译，杭州：浙江人民出版社，1990年，第87—88页。
② 魏道儒主编《世界佛教通史》第1卷《印度佛教（从佛教起源至公元7世纪）》，第349—350页。
③ （唐）慧立、彦悰：《大慈恩寺三藏法师传》卷二，第39页。同见（唐）玄奘、辩机原著，季羡林等校注《大唐西域记校注》卷二，第233页。
④ 魏道儒主编《世界佛教通史》第1卷《印度佛教（从佛教起源至公元7世纪）》，第355页。
⑤ 梁启超：《中国印度之交通》，《佛学研究十八篇》，第130页。

系紧密，北魏（386—534）统一了北方，继前秦之后又结束了北方的分裂割据局面，使之复归统一，并将西域部分区域收归北魏，中印之间交往畅通。除此之外，还应特别留意的是在西北立国三百余年的吐谷浑政权，及其境内经行的一条丝路支线的作用。进入南北朝以后，地方纷争，战乱频仍，河西走廊时常阻塞不通。在这种形势下，由鲜卑慕容部所建吐谷浑在西部地区崛起，经数代人开拓经营，成为建立王朝 350 年（313—663），地跨"东西四千里，南北二千里"①的西部强大政权。吐谷浑也成为与南朝和北朝，以及与西域间政治经济交往的桥梁和通道，不仅是区域内通道，而且也是当时中西方国际贸易、文化交流通道，使丝绸之路吐谷浑道（青海道）在魏晋南北朝时期一度繁盛，甚至一度发挥丝绸之路主通道的作用。自汉代佛教传入中土以来，无论是在河西走廊阻塞时，还是在吐谷浑时期，吐谷浑道（青海道）成为东西、南北沟通交流的大动脉，西域与北朝、南朝使者和商人穿梭往来，还有很多东来弘法的高僧经吐谷浑道（青海道）到中原或南朝，而如昙无竭、法献、慧览、宋云和惠生等大批僧侣都曾先后经吐谷浑道西行求法。

（三）晋宋时期对佛法的需求

佛教初传中原时，传播较为缓慢，在社会上的影响力较小，此时期佛教多借助方术咒法神通传播。东汉时期，西域僧人来到洛阳，带来佛教典籍，洛阳最先成为佛教中心，后传到丹阳、彭城、广陵等江淮流域。三国西晋以后，佛教广泛流传。然而，"四世纪以前，佛教殆为无条理无意识的输入，殊不能满学者之欲望，故五世纪约百年间，相率为直接自动的输入运动"。②晋宋时期，尤其是"晋南渡后，释氏始盛"，③佛教逐渐盛行。从开始借助民

---

① （唐）魏徵、令狐德棻：《隋书》卷八三《吐谷浑传》，北京：中华书局，1973 年，第 1842 页；亦见（唐）李延寿《北史》卷九六《吐谷浑传》，第 3189 页。

② 梁启超：《中国印度之交通》，《佛学研究十八篇》，第 130—131 页。

③ （清）钱大昕：《十驾斋养新录》卷六"沙门入艺术传始于晋书"条，北京：商务印书馆，1935 年，第 136 页。

间巫术、道教的力量，到老庄玄学盛行，佛教与玄学合流，佛教在东晋南北朝时期形成了第一个兴盛阶段。然而，佛教初传，为了适应中土文化，混杂了民间神仙方术，谶纬迷信，又与玄学合流，而佛经的翻译也不尽如人意，或晦涩不通，或翻译不全，中原僧人对佛教被动输入不满足，欲主动寻求所需经典，有赴佛教发源地，或亲炙受学，或瞻礼圣迹的愿望，于是在晋宋时期掀起了西行求法活动的第一个高峰。

三　衰颓期：6世纪求法活动的衰颓

6世纪，即南朝齐、梁、陈，北魏中期至隋代，西行求法僧人数在晋宋骤升过后骤降。"南朝四朝君主都颇崇信佛教，除了以信佛出名的梁武帝派有三批使臣之外，并无真正自愿西行的求法僧，这一现象的确令人费解，值得深思。"[①]实际并不尽然，根据史料记载，南朝亦有自发西行的求法僧人，据《佛祖统纪》记载："梁，沙门智宣，往西竺得梵经还。陈，宣帝，沙门智圆往西天竺，隋文帝时得梵经还。"[②]北魏时期有宋云、惠生西行求法。北朝末至隋，"有齐僧宝暹、道邃、僧昙等十人，以武平六年相结同行，采经西域"。[③]但与前后两个阶段相比，此阶段形成鲜明的数值落差，因此6世纪为西行求法的"衰颓期"。

6世纪西行求法活动"衰颓"，或许有北齐僧人欲西行，但多次未果的经历，能反映当时西行求法僧较少的原因。据《续高僧传》记载：

> 释道判……每阅像教东传，慨面不睹灵迹……遂勇心佛境，誓当瞻敬。以齐乾明元年结伴二十一人，发趾邺都，将经周塞，关逻严设，

---

① 何方耀：《晋唐时期南海求法高僧群体研究》，第56页。
② （宋）志磐撰，释道法校注《佛祖统纪校注》卷五四，第1266页。
③ （唐）道宣撰，郭绍林点校《续高僧传》卷二《隋西京大兴善寺北贤豆沙门阇那崛多传》，第39页。

又照月光，踟蹰回互，义无逾越。忽值云奔月隐，乘暗度栈，遇逢游兵，特蒙释放。以周保定二年达于京邑，武帝赏接崇重，仍令于大乘寺厚供养之。经逾两载，上表乞循先志，又蒙开许，敕给国书，并资行调。西度砂碛，千五百里，四顾茫然，绝无水草，乘饥急行，止经七夕，便至高昌国。是小蕃附庸突厥，又请国书，至西面可汗所（此云天子治也）。彼土不识众僧，将欲加害，增人防卫，不给粮食，又不许出拾掇薪菜，但令饿死。有周国使人谏可汗云："此佛弟子也。本国天子大臣，敬重供养。所行之处，能令羊马孳多。"可汗欢喜，日给羊四口，以充恒食。判等放之，而自煮菜进啖。既见不杀众生，不食酒肉，所行既殊，不令西过，乃给其马乘，遣人送还，达于长安，住乾宗寺。①

从道判一行 21 人欲西行而未能如愿，且途中非常波折的经历来看，此阶段西行求法极为不易。道判欲亲睹圣迹，于北齐乾明元年（560）结伴 21 人西行，"将经周塞，关逻严设"，未能出关。两年后，上表请求西行，"敕给国书，并资行调"，西渡流沙，至高昌又请国书，至突厥可汗所，从彼土不识众僧，到将令饿死，到使者劝谏可汗，而得以还归长安，可谓一波三折，险象环生，差点命绝于突厥地。所以，梁启超认为"六世纪则突厥骤强，交通路梗，请求法者欲往末由"。②北魏宋云一行是作为使者赴西域，一路有国书，到访西域。而"齐僧宝暹、道邃、僧昙等十人，以武平六年相结同行，采经西域，往返七载，将事东归，凡获梵本二百六十部，回至突厥，俄属齐亡，亦投彼国……大隋受禅，佛法即兴，暹等赍经，先来应运，开皇元年季冬，届止京邑"。③宝暹等僧人采经西域返回而齐亡，在突厥停

① （唐）道宣撰，郭绍林点校《续高僧传》卷一二《隋终南山龙池道场释道判传》，第407页。
② 梁启超：《中国印度之交通》，《佛学研究十八篇》，第130页。
③ （唐）道宣撰，郭绍林点校《续高僧传》卷二《隋西京大兴善寺北贤豆沙门阇那崛多传》，第39页。

留至北朝战乱结束，隋朝建立。因而，北朝纷争，突厥占据西域，交通阻塞，是 6 世纪时西行求法僧少的原因之一。而 7 世纪初玄奘西行时，也因高昌王优待，给突厥可汗致国书予以通行，并提供行资，才得以通过西域道赴印度。

从 6 世纪开始，西域道阻塞，唐初大多数求法僧经吐蕃泥婆罗道西行，而从唐高宗、武则天时代开始，大多数求法僧经行南海道赴印求法。唐代海上交通和贸易的兴盛，促使西行求法活动进入第二个兴盛期。

四　第二兴盛期：唐代求法僧活跃

晋宋西行求法热潮后，"宋之中叶，以及齐梁，西行者较罕"。[①] 而至唐代，西行求法活动再度活跃，"到印度求法的中国僧徒不绝于路，形成一个高潮。人数之多，周游地区之广，历史上空前绝后。造成这种现象的原因是多方面的。一方面与中国佛教发展的状况有关，另一方面又是由于新的大一统王朝建立，封建社会经济繁荣，贸易发展，唐王朝政治势力及影响远布，中外通使频繁，因此为这种大规模的求法运动提供了物质的基础和交通上前所未有的便利，促成了它的实现。而这个时候在印度，佛教也正好达到了它发展的顶峰，后来就渐趋衰微"。[②] 唐代出现西行求法的第二次热潮，有着深刻的内外因素，与整个亚洲地区的经济文化发展、中外交通和贸易发展，以及与印度和中国佛教发展均有关，具体原因分析如下。

（一）7 世纪印度佛教一度兴盛

在贵霜帝国宗教宽容政策和迦腻色迦王大力崇佛的背景下，佛教在西北印度得以蓬勃发展，虽曾遭到婆罗门教势力的忌恨，导致法难，但法难历时

---

① 汤用彤：《汉魏两晋南北朝佛教史》，第 276 页。
② （唐）义净著，王邦维校注《大唐西域求法高僧传校注》，代校注前言，第 1—2 页。

短暂，佛教很快得以恢复。①贵霜王朝之后，西北印度又陷入分裂，室利·笈多（Sri Gupta）王国逐渐强大并进入兴盛期，笈多一世统一印度河、恒河流域，吞并孟加拉、阿萨姆、北方邦、阿尔瓦地区，以及南印度，势力甚至远达苏门答腊和爪哇。②笈多二世即超日王时代，几乎统一印度全境，疆域与孔雀王朝时期差不多，在宗教宽容政策下，大乘佛教蓬勃发展，瑜伽行派宗师无著和世亲在世，大乘佛教进入极盛期。

到7世纪前半叶，戒日王（606—647年在位）称雄北印度，以都城曲女城为中心，征伐四方，其疆域东到孟加拉湾，西迄旁遮普，几乎涵盖了整个北印度。戒日王虽信奉印度教，但也积极扶持佛教，修建数千座佛塔，广建精舍僧伽，供养僧众，是那烂陀寺的主要施主。屡次召开大法会弘扬佛教，鼓励各教派间交流。玄奘访印期间，正值戒日王统治时期，佛教兴盛，高僧大德辈出，"七世纪为陈那、护法、清辩、戒贤出现时代，佛教昌明，达于极点。其本身之力，自能吸引外国人之观光愿学"。③而当时的那烂陀寺是世界佛教中心和学术中心，吸引着各国僧人前来观光学习。那烂陀寺规模宏大，曾有多达900万卷的藏书，学者云集，最盛时有万余名僧人学者聚集于此，7世纪时已成为大乘佛学中心。

4—5世纪时，印度传统的婆罗门教（印度教）思想渐次泛滥，6—7世纪，印度教在印度逐渐取得优势地位，玄奘游居印度时，虽有大乘佛法在中天竺弘传的盛况，但也仅限于少数地区，大乘佛教逐渐被印度教同化，而趋向密教化。玄奘离开印度后，以及在戒日王死后，印度教也趁佛教衰落之机大力传播，印度佛教衰落，往来中土的印度僧人有所减少。

（二）7世纪中印交通发达

从中印交通发展情况来看，隋唐之际朝廷锐意凿通和经营西域，使西域

---

① 释圣严:《印度佛教史》，台北：法鼓文化事业股份有限公司，1999年，第162页。
② 魏道儒主编《世界佛教通史》第2卷《印度佛教（公元7世纪至20世纪）》，第474页。
③ 梁启超:《中国印度之交通》，《佛学研究十八篇》，第130页。

道畅通无阻。引人注目的是，从 8 世纪上半叶开始，西行求法取经的交通路线发生了巨大变化。但无论怎么变化，中西交通通道都畅通无阻，且对外交往频繁和兴盛，也促进了西行求法活动的兴盛。

陆路交通方面，"隋炀帝锐意凿通西域，及至唐初，威力震远，甚且发兵入中印度克名都，擒伪王，中外交通因之大辟。而玄奘西征，大开王路，僧人慕高名而西去求法者遂众多"。[①] 隋朝虽国祚短暂，但隋炀帝锐意凿通西域，及至唐初，威力远震，西域道通畅无比，唐贞观时期，与吐蕃交好，再辟一条"近而少险阻"的吐蕃泥婆罗道，唐初很多求法僧大多取吐蕃泥婆罗道西行。但是唐初也是西北地区政局动荡的时期，又因海路的畅通，传统西域通道不再受到青睐，经由西域道西行求法者日渐稀少。

海路交通方面，唐朝不仅政治稳定、国力强盛、经济繁荣，中外交通也异常繁盛。在陆路交通受阻时，唐以前就逐步发展的海上丝路异军突起，海上交通通道成为中印间的主要交通通道。唐代南方经济的发展、航海技术的不断提高，以及商业贸易的发展，为商人提供了绝好的外贸商机，促进了海外贸易的兴盛，繁荣的海外贸易也为僧侣的求法与弘法之行提供了更多交通上的便利。唐后期，中国与周边国家的海上贸易规模逐步超过陆上丝绸之路，中外交通空前发达。海上交通路线兴盛一时，海上交通通道成为中西交流的主要交通通道。从高宗朝起，往印度求法的僧人多由海路附舶西行，掀起了一场海上求法弘法的热潮。

（三）唐代佛教兴盛及发展需求

佛教"至六世纪时，所输入者已甚丰富，当图消化之以自建设，故其时为国内诸宗创立时代，而国外活动力反稍减焉"。[②] 到 7 世纪时，"则唐既定天下，威棱远播，如履户庭也"。[③] 而我国的佛教"及七世纪则建设进行

---

① 汤用彤：《隋唐佛教史稿》，第 71 页。
② 梁启超：《中国印度之交通》，《佛学研究十八篇》，第 131 页。
③ 梁启超：《中国印度之交通》，《佛学研究十八篇》，第 130 页。

之结果，又感资料不足，于是向百尺竿头再进，为第二期之国外运动。此实三百年间留学事业消长之主要原因也"。①

1. 唐代佛教宗派创立及佛教中心的确立

隋唐时期，国家稳定统一，推崇佛教，广建寺院，设置译馆，翻译佛经，派遣使者赴印交流等，推动了佛教的兴盛。传入中土的佛教完成了其"中国化"的过程，翻译和编撰了数千部卷次的"三藏"著作，实现了南北佛教的统一。由着重研究某一部经典为主而形成的学派，逐渐被有根本经典、专门理论、制度规范、独特教义、各成体系的宗派所取代。随着佛经的大量传译、宗派的创立、佛教理论的体系化，佛教中国化渐成趋势。这些佛教宗派大多数是与印度佛教一脉相承发展起来的，禅宗也离不开印度佛教的影响，是中印文化交流的结果。②而此时印度的佛教却急剧衰落，唐朝就成为当时亚洲的佛学中心，长安、洛阳一带各国僧人云集，入唐的日本求法僧圆仁就曾在长安遇到天竺、师子国、日本、新罗等国僧侣，③长安成为佛教文化交流的枢纽，许多外国僧人来华求学佛法，带回本国再度传播，我国的僧人也主动向外传播佛教，中国成为新的国际佛学中心。

2. 唐代佛教发展与溯本求源需求

尽管唐代的佛教基本完成了中国化进程，有成熟的宗派、完善的佛教理论，但是当时的佛教发展还面临一定的难题。一方面由于佛经翻译的问题，魏晋以来传入的许多佛经还存在版本众多、意义混淆的情况，引起了诸多争议，流派众多，还有很多问题在长期的争论中仍然悬而未决；另一方面佛教典籍和教义戒律仍有不完备的地方，僧团缺乏规范戒律的有效约束，甚至有些沙门无视戒律，故许多僧人认为有必要追根溯源，去佛教的发源地印度求法。如唐代初期的玄奘是为探究佛教各派学说分歧，并取《瑜伽师地论》以释众疑；而义净西行除了仰慕法显、玄奘西行壮举外，主要也是为了"问学

---

① 梁启超：《中国印度之交通》，《佛学研究十八篇》，第131页。
② 薛克翘：《中国印度文化交流史》，第180页。
③ 〔日〕圆仁著，白化文等校注《入唐求法巡礼行记校注》卷三，北京：中华书局，2019年，第403页。

求经"，主攻律藏。初唐盛唐之际，为西行求法活动全盛之时。唐代西行求法活动加强了中国与印度的文化交流，同时对中国佛教的发展产生了深远的影响。尤其是以玄奘和义净为代表，翻译出一大批佛经，丰富了中国佛教典籍，译经成就很高，极有价值。

　　而至 8 世纪后半期，因为印度本土的佛教已经衰微，同时唐朝"自玄宗以后，吐蕃强大，阻碍交通。又中国内乱，民力凋敝，因是求法西行，渐成绝响"。① 唐代中后期，也因为藩镇割据、安史之乱等，中土僧人已无余力西行求法，悟空或为"唐代最后之西游知名者"，② 之后中土的西行求法活动近于尾声。"第八世纪之后半世纪，印度婆罗门教中兴，佛教渐陵夷衰微矣。而中国内部亦藩镇瘭噬，海宇鼎沸，国人无复余裕以力于学。故义净、悟空以后，求法之业，无复闻焉。"③ "其后有宋一代，赴印求法的运动已成强弩之末，近于尾声。"④ 根本原因在于，唐代宗派成立，佛教已形成自己的体系，而印度佛教已处衰落阶段，唐朝已成为新的佛教中心。宋代以后，或有朝廷资助派遣，组团西行求法者，《佛祖统纪》载：乾德四年（966），宋太祖下诏"遣僧往西竺求法，时沙门行勤一百五十七人应诏"，⑤ 这是一次规模较大的官方派遣僧人赴印求法的史例。不过，"北宋之传经求法活动，只能视为佛教传播活动之余波；真正影响中国佛教发展的译经求法活动，在唐末便已结束"。⑥

　　总而言之，中古时期僧人的西行求法活动，从魏晋南北朝到隋唐，延续至宋代。从西行求法僧时代分布和人数规模来看，西行求法活动出现了两次巅峰，第一次是晋宋之间，相当于 5 世纪；第二次在唐初至唐朝中期，相当于 7 世纪。北宋初年的求法活动，应是西行求法活动的余绪。

① 汤用彤:《隋唐佛教史稿》，第 74 页。
② 汤用彤:《隋唐佛教史稿》，第 74 页。
③ 梁启超:《中国印度之交通》，《佛学研究十八篇》，第 131 页。
④ （唐）义净著，王邦维校注《大唐西域求法高僧传校注》，代校注前言，第 5 页。
⑤ （宋）志磐撰，释道法校注《佛祖统纪校注》卷四四《法运通塞志》，第 1019 页。
⑥ 何方耀:《晋唐时期南海求法高僧群体研究》，第 5 页。

第二节 西行求法僧群体地域特征

中古时期，尤其是晋宋和唐代两个高峰期，西行求法僧人以其籍贯而论，虽然分布广泛，但是极其不均衡，在地域分布上呈现出不同的特征。梁启超说："当时留学运动之消长，与学生南北籍贯之偏畸，其消息皆可略窥也。"[①] 法国学者弗朗索瓦－贝尔纳·于格说："对于一种宗教信仰来说，更重要的是通过征服、商业联系或旅行传教士来传播这三种古老的传播方式。……而精神扩张和物质运输之间的联系还有其他的后果：信仰传播的地图从来都不是从最初的中心辐射出来的同心圆的序列。它反映了地形、障碍、边界和主要的交通路线的偶然性。"[②] 与佛教传播地图相对应的，便是受地形、障碍、边界和交通路线的偶然性等因素影响的，佛教传播地域的不均衡，以及西行求法僧人地域分布之不均衡。

一 晋宋以北方求法僧为主

关于西行求法高僧之籍贯分布，梁启超在《中国印度之交通》中根据"西行求法古德表"分析，3—8世纪，见于史籍记载的西行求法高僧共有105人（佚名者尚有82人），从西行求法僧人的籍贯来看，"西游诸贤中有籍贯可考者六十五人，以隶今地，则各省所得统计略如下：甘肃十人，河南八人，山西七人，两广七人，四川六人，湖北五人，直隶四人，陕西四人，山东四人，新疆四人，辽东四人，湖南三人"。[③] 这是对陆路和海路西行求法僧人籍贯的首次整体考察。

---

① 梁启超：《中国印度之交通》，《佛学研究十八篇》，第141页。
② Francois-Bernard Huyghe, "La Transformation par Le Voyage: Les Routes Du Bouddhisme Chinois," *Hermès*, Vol.22, No.1,1988, pp.73–81.
③ 梁启超：《中国印度之交通》，《佛学研究十八篇》，第131—132页。

　　魏晋南北朝尤其是晋宋之际，是中土求法僧人集中西行的第一个高峰，根据相关史籍记载，此时期西行求法僧籍贯分布情况如表 2-3 所示。

表 2-3　魏晋南北朝西行求法僧籍贯分布

单位：人

西行求法僧	籍贯	人数
朱士行、道整、惠生	河南	3
法显	山西	1
康法朗、于法兰	河北	2
支僧载、昙猛	大月氏后裔	2
慧叡	山东	1
智猛	陕西	1
昙无竭	辽宁	1
竺法护（世居敦煌）、于道邃、竺道曼（与敦煌僧人）、智严、宝云、沮渠京声、释昙学（及威德共 8 人）、释僧表、慧览、道泰、宋云、法盛（原籍陇西，寓居高昌）	甘肃	20
法献	内蒙古	1
法惠、道普	新疆	2
康法朗同学 4 人，慧常（及进行、慧辩），20 名中土僧人，僧建、昙充、僧纯，支法领、支法净，法显同伴（慧景、慧应、慧嵬、慧简、僧绍、僧景、慧达），智严弟子（智羽、智达、智远），智猛同伴（道嵩、昙纂等 15 人），昙无竭同伴（僧猛、昙朗等 25 人），竺法维、道荣、法力、云启、智宣、智圆，宝暹（及同伴 10 人），法盛的同伴 28 人	不详	126
合计		160

　　资料来源：（梁）僧祐撰，苏晋仁、萧鍊子点校《出三藏记集》；（梁）慧皎撰，汤用彤校注《高僧传》；（北魏）杨衒之撰，周祖谟校释《洛阳伽蓝记校释》；（唐）道宣著，范祥雍点校《释迦方志》。

　　表 2-3 中所列的魏晋南北朝西行求法僧人中，因资料匮乏，籍贯确切可考者有 34 人，籍贯不详者有 126 人（虽籍贯不详者占比高，但多为上述有籍贯记载者的同伴，同行者籍贯相同或相近者居多）。其中，就籍贯可考的

求法僧而言，其地域分布为：河南 3 人，山西 1 人，河北 2 人，山东 1 人，陕西 1 人，辽宁 1 人，甘肃 20 人，内蒙古 1 人，新疆 2 人。求法僧籍贯确切可考者，首发之地为河南，但主要集中于甘肃，共有 20 人，占史籍所载有籍贯可考者的 58.8%。而且这些僧人又大多有同伴，或为同乡，如法盛一行 29 人，法显同伴慧简等，智严的弟子（智羽、智达、智远），宝暹的同伴道邃等 9 人，同行者众多，且这些僧人姓名和籍贯多不可考，盖亦有不少来自河西的僧人。其次有陕西、河南、河北等区域。籍贯分布特征的形成，主要有两方面的因素。

一是地理因素，也就是交通便利的区位优势。魏晋南北朝时期，河西不仅佛教发达，而且处于陆上丝绸之路的要冲，是中西交通之通衢，不仅有着中西交通要冲之区位优势，而且有着佛教文化发展的历史文化积淀。如梁启超所言："当前期（五世纪）运动最盛时，南北朝分立，西域交通，为北人所专享。"[1] 自两汉以来，佛教在向中土传播之际，首先在西北地区获得了较快的弘传和发展。"西方传教者，由陆路东来，先至凉州。因凉州为东西交通必由之路，而晋代中原大乱，士族多有避居者，故尤为文化交融之点。故此地至为重要。"[2] 凉州是丝绸之路上的重镇，是中西文化交流的孔道，中外高僧均来往于这条路线。因占据中西交通之枢纽，河西是西域进入中原的门户，"自佛之来西域也，河湟实为首被教化之地"。[3] 因此，"北方在魏平凉以前，佛教中心在凉州"。[4]

二是历史因素，即河西地区佛教的积淀深厚。河西地区向西与西域相连接，向东毗邻关中地区，因此，河西地区最早受到西域文化影响，也是最早接受佛教的地区之一。"两晋南北朝时期，佛教在西北地区东部有了较大的发展，形成了以凉州（今甘肃武威）为中心的一条较为狭长的河陇佛

① 梁启超：《中国印度之交通》，《佛学研究十八篇》，第 132 页。
② 汤用彤：《汉魏两晋南北朝佛教史》，第 268 页。
③ （清）龚景瀚编，（清）李本源校《循化厅志》卷六《寺院》，西宁：青海人民出版社，2016 年，第 217 页。
④ 张伟然：《南北朝佛教地理的初步研究（下篇）》，《中国历史地理论丛》1992 年第 1 期。

寺分布带。"① 因此河陇地区"曾一度成为地区性乃至全国性的佛教中心，中西文化首先在这里汇流与碰撞"。② 东晋十六国时期，高僧众多，"而以佛图澄、道安、慧远、鸠摩罗什四人最有高名，为当时佛教之泰斗，影响亦最大"。鸠摩罗什，先居凉州十六载，大弘佛教于凉州，促进了河西地区佛教的发展。由是，凉州高僧云集，"试检《高僧传》自竺佛念、竺法护以下至宝云、智严、道普、法盛等，凡初期之名僧，什九皆凉州、敦煌、高昌籍，可知两晋之世，陇西与关外（即今甘边与新疆），殆已别为一个混成的文化区域，而为中印灌注之枢"。③ 因此，魏晋南北朝时期，河陇地区是西北地区佛教的译经弘法中心，高僧云集，佛寺相对较多，佛教活动兴盛，这是西行求法僧籍贯可考者甘肃籍居多之因，或尚有籍贯不详者盖亦为甘肃籍僧人。

西行求法活动首发之地是洛阳。东汉明帝派遣使者秦景、王遵等前往大月氏求取经书，此时汉廷对佛教已经有相当的认识。"桓、灵时代，西域其他僧徒来到洛阳译经弘法者尚甚多，并有胡商热心佛事，足见当时洛阳朝野，佛教气氛必已相当浓厚。"④ 佛教东来，先至凉州，"由凉东下至长安，进至洛阳，俱为中国佛法之中心地点"。⑤ "东汉洛阳为首都，西通西域，遂为佛教重镇。"⑥ 在洛阳译经臻于盛的情况下，朱士行对译经不满意，欲求取梵文原经，首先发迹西行也是必然。西晋时，"佛教无疑以都城洛阳为中心，长安次之；其他关陇、河西走廊、大河南北、东至琅邪，南及汝南，淮阳（淮水之北），流布甚广；南方惟岭南，广州有疆良娄至译十二游经一事。至于淮南、江东则绝无一人。盖自吴之亡，康僧会死后，江南文化与佛教，皆与政治而俱息欤？"⑦ 魏晋南北朝还有惠生、道整等洛阳僧人西行。唐代除

---

① 介永强：《西北佛教历史文化地理研究》，第 28 页。
② 杨发鹏：《两晋南北朝时期河陇佛教地理研究》，成都：巴蜀书社，2014 年，第 3 页。
③ 梁启超：《佛教与西域》，《佛学研究十八篇》，第 99 页。
④ 严耕望：《魏晋南北朝佛教地理稿》，上海：上海古籍出版社，2007 年，第 3 页。
⑤ 汤用彤：《汉魏两晋南北朝佛教史》，第 268 页。
⑥ 汤用彤：《汉魏两晋南北朝佛教史》，第 60 页。
⑦ 严耕望：《魏晋南北朝佛教地理稿》，第 13—14 页。

著名求法僧玄奘之外，还有昙润、义辉、智弘、贞固、道宏等一行僧人，也赴印度取经求法。可见，河南亦是中国佛教中心之一。"公元 3 世纪下半叶的中国佛教是这种发展的标志。据载有佛教活动的地方均是坐落于丝绸之路东路的主要城市：敦煌、酒泉、长安、洛阳、陈留。"[①]

二 唐代以南方求法僧为主

据义净《大唐西域求法高僧传》记载，对唐代西行求法僧人的籍贯按照陆路和海路不同交通路线分类，有利于考察僧人的来源地与中印交通变迁之间的联系。笔者在《大唐西域求法高僧传》的基础上，参照其他相关史籍，对唐代西行求法僧人的籍贯分布情况汇总如表 2-4 所示。

表 2-4 唐代经陆路和海路西行求法僧籍贯分布

单位：人

籍贯/来源地	陆路西行求法僧	人数	海路西行求法僧	人数
河南	玄奘	1	昙润、义辉、智弘、贞固、道宏	5
河北		0	善行	1
新疆		0	彼岸、智岸	2
陕西	玄照、末底僧诃、玄会、悟空	4	乘如	1
山东	道希、师鞭	2	义净、慧日	2
山西	道方、道生	2	常愍、善行	2
四川		0	明远、义朗、智岸、义玄、会宁	5
湖北		0	道琳、昙光、慧命、无行、法振、乘悟、法朗、灵运	8
湖南		0	僧哲、大津	2

[①] 〔荷〕许里和：《佛教征服中国》，李四龙、裴勇等译，南京：江苏人民出版社，1998 年，第 79—81 页。

续表

籍贯 / 来源地	陆路西行求法僧	人数	海路西行求法僧	人数
江苏		0	玄逵	1
交州、爱州		0	运期、木叉提婆、窥冲、慧琰、智行、大乘灯	6
朝鲜半岛	阿离耶跋摩、慧业、玄太、玄恪、慧轮	5	玄游、新罗二僧、慧超	4
睹货苏利国（原籍）	佛陀达摩	1		0
康国（原籍）	僧伽跋摩	1		0
师子国（原籍）		0	不空	1
不详	隆法师、信胄、唐僧三人、吐蕃公主奶母二子	7	常愍弟子，唐僧一人，质多跋摩，怀业，含光及慧辩等 26 人	30
合计		23		70

资料来源：(唐) 道宣著, 范祥雍点校《释迦方志》;(唐) 道宣撰, 郭绍林点校《续高僧传》;(唐) 释道世著, 周叔迦, 苏晋仁校注《法苑珠林校注》;(唐) 义净著, 王邦维校注《大唐西域求法高僧传校注》;(宋) 赞宁《宋高僧传》。

由表 2-4 可见，有部分域外求法僧人列入此表，原因在于：这些域外僧人或是长期侨居唐朝的外侨后裔，有的甚至曾奉敕作为唐使出使印度；或先至唐朝求法习梵文，再与唐朝僧人、使者一同赴印"二次求法"。这些域外僧人的求法与唐朝僧人西行求法活动息息相关，所以列入其中一并考量。如僧伽跋摩、不空，二人均长期居住于唐朝，僧伽跋摩奉敕随唐使王玄策赴印度；自幼便来唐朝定居的僧人不空，一生主要活动在唐朝，甚至直接作为唐使出使师子国，是开元三大士之一，早已与唐人无异。今部分属于越南的交州、爱州，当时地属唐朝。还有几位来自朝鲜半岛的求法僧，他们大多先至唐长安学习梵语、佛法，再随唐朝僧人或使者西行，如玄恪、慧轮、玄太等；或西行求法前后均生活在唐朝的慧超，皆与唐朝联系紧密，是唐代僧人西行求法活动不可分割的组成部分。

（一）唐代西行求法僧地域特征

从表 2-4 可见，唐代西行求法僧来源地，确切可考的，经陆路者 16 人，经海路者 40 人；来源地不详的，经陆路者 7 人，经海路者 30 人。而不空等兼有使节身份，其余来源地不详者人数并不算多。可以看出，唐代经海路西行求法僧人数明显多于陆路。

唐代西行求法僧人地域分布较广，但极不平衡，以今属湖北为最多，共 8 人；今属广西、广东部分地区和越南北部的交州、爱州次之，为 6 人；今河南共 6 人，今四川为 5 人，如果仅统计海路求法僧，则河南和四川都为 5 人。可见，唐代西行求法僧主要集中于长江和黄河中游地区，即今湖北、交州和爱州、今四川、今河南等地区。在对晋唐时期南海道西行求法僧籍贯进行汇总分析后，有学者也认为经海路西行求法者之籍贯，"主要集中于长江和黄河中游地区，即湖北、四川、河南、湖南等省，达 20 人，约占有籍贯可考之海路求法僧总数的一半，南方之交州亦为重镇之一"。[①]

唐代，荆襄、交州、爱州和蜀地籍贯西行求法僧较多。荆楚和蜀地不仅是佛法重镇，佛教文化积淀深厚，又地处长江的上游、中游，自两晋以来即有海舶往来，有经行海路的交通优势，在文化因素和区位优势下，来自南方的西行求法僧经海路赴印者众多，也合乎情理。

（二）唐代求法僧以南方居多之缘由

南方地区佛教发展始于东汉末年，丹阳（今安徽宣城）人笮融在广陵、彭城一带造佛像而大兴佛教，佛教逐渐兴盛。东晋南朝以来，佛教在南方分布较密集的有三个区域："一是江东的丹阳、吴、会稽、吴兴四郡，这也是南北朝最为密集的地带。二是江汉沅湘的南郡和襄阳。三是益州的巴西、广汉、蜀郡。"[②] 此三处共同点在于，"都是各地的都会，位置重要，交通便

---

① 何方耀：《晋唐时期南海求法高僧群体研究》，第 69 页。
② 张伟然：《南北朝佛教地理的初步研究（上篇）》，《中国历史地理论丛》1991 年第 4 期，第 233 页。

利，因而都是政治和军事上的重镇。南方的几个中心，多沿长江分布，三个最大的中心分别占据长江的下、中、上游"。^①东晋南北朝南方高僧驻锡地，"以建康、会稽、荆（南郡、江陵）、益（蜀郡、成都）与庐山为盛，且甚稳定"。^②

1.晋唐荆州佛教兴盛与交通位置之重要

荆州，居长江中游，古称江陵、郢都，"禹划九州，始有荆州"，与四川盆地的益州和长江下游的扬州为襟带关系。荆州由于地理位置特殊，历来属于兵家必争之地。东吴黄武三年（224），天竺沙门维祇难、竺律炎到武昌译经传教，支谦与其共译《法句经》，^③这是见于文献记载的最早的译经活动，之后佛法渐兴。晋唐间，到荆州弘法的高僧数量众多，荆州成为南方佛教流播之要地，其中辛寺是译经传法、高僧云集之地，佛教极盛。

"荆襄佛教之盛，盖亦始于道安"，^④东晋哀帝时，道安受邀到襄阳弘扬佛法，"四方学士竞往师之"，^⑤四方闻风而至者不计其数，道安驻锡襄阳15年，襄阳佛教由此兴起。荆楚之地，佛教兴盛，高僧辈出，逐渐发展成可与关中、江南势力媲美之佛教重镇。据《高僧传》统计，两晋时期于荆州弘法的"义解"高僧达29人之众，远多于长安和建康地区的18人和12人，^⑥南朝时期荆州又成为西域僧人重要的驻锡地。"东晋南北朝时，东来者常由凉州南经巴蜀，东下江陵，以达江东。而南朝之西去者，亦有取此道者。（如法献）江陵（荆州）在东晋南北朝为政治军事之重地，其出北襄、樊以至关中，或洛阳。（如晋道安）或由巴蜀以至凉州。在南朝之地位，荆州之重要略比北方之凉州。故自晋道安以后，为佛教中心地点之一，高僧往往移锡其地。（如法汰、觉贤、法显、求那跋多罗）至隋唐统一以后，乃渐失其势

① 张伟然：《南北朝佛教地理的初步研究（下篇）》，《中国历史地理论丛》1992年第1期，第231页。
② 严耕望：《魏晋南北朝佛教地理稿》，第57页。
③ 汤用彤：《汉魏两晋南北朝佛教史》，第91—92页。
④ 汤用彤：《汉魏两晋南北朝佛教史》，第147页。
⑤ （梁）慧皎撰，汤用彤校注《高僧传》卷五《晋长安五级寺释道安传》，第179页。
⑥ 许展飞、陈长琦：《东晋荆州佛教崛起原因考》，《学术研究》2008年第4期。

焉。"①隋唐之际，因佛教文化底蕴深厚，许多高僧亦被吸引到荆州开坛讲经，促进了佛教的进一步发展。如智𫖮法师到荆州讲经时，"道俗延颈，老幼相携，戒场讲座，众将及万"。②玄奘前往荆州讲学，"时汉阳王以盛德懿亲，作镇于彼，闻法师至，甚欢，躬申礼谒。发题之日，王率群僚及道俗一艺之士，咸集荣观"。③几乎是万人空巷，盛况空前。

从地理位置而言，荆州"府控巴、夔之要路，接襄、汉之上游，襟带江、湖，指臂吴、粤，亦一都会也"。④"盖荆襄道北迄两京，南通岭表，西通黔、蜀，固较汴河水陆道为便捷。"⑤荆州地处长江中游交通要地，亦是南北交流枢纽。魏晋南北朝以来，因地理位置之优势，荆州便成为海舶来往之地，处于东西交通大动脉上。由西域经河南道（青海道）到益州下建康时，或者由南海到交州、广州，再北上洛阳、长安等地，荆襄之地都是必经之地，甚至是国际交通枢纽。如佛驮跋陀罗（觉贤）为关中罗什门下所摈，后至江陵，曾见印度五海舶至华，"遇外国舶至，既而讯访，果是天竺五舶，先所见者也"。⑥荆襄地区，"唐代中叶以后，河淮间若有叛乱，汴河水运受阻，则江南租赋往往集于江陵，至百万石以上，盖赖此水道漕运为多。汉水行舟，大者云可载三千石，宜其可为南北物资流通之大动脉也"。⑦中古时期，"江陵府为当时南中国中部最大都市，亦为长江中游最大都市"。⑧与成都府一样，"经济繁荣，人文蔚盛"。⑨晋唐以来，荆楚之地既是佛法重镇，又为

① 汤用彤：《汉魏两晋南北朝佛教史》，第268页。
② （唐）道宣撰，郭绍林点校《续高僧传》卷一七《隋国师智者天台山国清寺释智𫖮传》，第631页。
③ （唐）慧立、彦悰：《大慈恩寺三藏法师传》卷一，第8页。
④ （清）顾祖禹：《读史方舆纪要》卷七八《湖广四·荆州府》，贺次君、施和金点校，北京：中华书局，2005年，第3652页。
⑤ 严耕望：《唐代交通图考》第4卷《山剑滇黔区》，上海：上海古籍出版社，2007年，第1045页。
⑥ （梁）慧皎撰，汤用彤校注《高僧传》卷二《晋京师道场寺佛驮跋陀罗传》，第69—73页。
⑦ 严耕望：《唐代交通图考》第4卷《山剑滇黔区》，第1048页。
⑧ 严耕望：《唐代交通图考》第4卷《山剑滇黔区》，第1049页。
⑨ 严耕望：《唐代交通图考》第4卷《山剑滇黔区》，第1049页。

长江通海的航运枢纽，甚至还有印度海舶通航的记载，故此地僧人由海道赴印者较多，既得益于佛教兴盛之文化因素，又有水陆联运的地理优势。

2. 汉唐交州佛教与海路枢纽的兴起

交州是汉至唐初的行政区划名称，包括今中国广东、广西以及越南北部和中部地区。据《晋书》记载："案《禹贡》扬州之域，是为南越之土。"[①] 西汉武帝平南越国后，设立交趾（又名交阯）郡，"以其地为南海、苍梧、郁林、合浦、日南、九真、交阯七郡，盖秦时三郡之地。元封中，又置儋耳、珠崖二郡，置交阯刺史以督之"。[②] 东汉献帝将交阯刺史部改为交州，辖今中国广东、广西及越南北部、中部，州治番禺。三国东吴为便于治理，从交州中划出部分地区另设广州，"吴黄武五年，割南海、苍梧、郁林三郡立广州，交阯、日南、九真、合浦四郡为交州"。[③] 交州辖区由此缩小。唐代，交阯郡属岭南道，"武德五年曰交州，治交阯。调露元年曰安南都护府"。[④]

东汉末，士燮（137—226）任交阯太守，社会安定，中原士人来此避难者众，士燮倡导儒学，一时儒风兴起，儒士荟萃，思想文化活跃，且已有域外僧人在交阯活动。苍梧人牟子，较早接受了佛教思想，当时亦避乱至交阯，其所著《牟子理惑论》是最早阐扬和讨论佛教教义的华人著作。此著形成于交阯，说明"这里的佛教义学已相当成熟，与儒家'五经'和道家《老子》相调和，全力排斥道教神仙辟谷之术，为佛教的发展开路。据此可见，交阯的佛教最初也来自内地北方。但也有材料说明，交州佛教原是由海路南来，并由此北上中原，成为佛教传入内地的另一渠道"。[⑤]

自汉末以来，交阯即为通海夷道之要站，"是佛教沿海路传入中原的重要门户"。[⑥] 三国吴赤乌十年（247），抵达东吴建业的康僧会，虽为康居人，

① （唐）房玄龄等：《晋书》卷一五《地理志·交州》，北京：中华书局，1974年，第464页。
② （唐）房玄龄等：《晋书》卷一五《地理志·交州》，第464页。
③ （唐）房玄龄等：《晋书》卷一五《地理志·交州》，第465页。
④ （宋）欧阳修、宋祁：《新唐书》卷四三《地理志·岭南道》，北京：中华书局，1975年，第1111页。
⑤ 杜继文主编《佛教史》，第91—92页。
⑥ 杜继文主编《佛教史》，第90页。

但其父因经商移居交趾，康僧会亦成长于此地。魏晋南北朝以来，交趾更是西僧东来、华僧西行之出入港和集散地。交趾既是中西海路交通之要冲，又是晋唐南方佛法的重镇，从交趾沿海路求法的僧人数量位居第二，亦在情理之中。

3. 汉唐益州佛教兴盛与交通之便利

益州，是汉武帝设置的十三州之一。关于益州的佛教，学界已有不少研究，[①] 学界又根据早期佛教造像等考古资料，推测佛教传入益州地区的时间应是东汉时期，[②] 当时绵、梓、益三州"崇信道法，无敦释教"。[③] 到东晋时，先是高僧道安的同学法和为避"石氏之乱"，率众入蜀，法和入蜀后，"巴汉之士，慕德成群"。[④] 之后有慧岩、僧恭等在蜀地弘法，"先在岷蜀，人情倾盖"。[⑤] 后道安弟子慧持（慧远之胞弟）也入蜀，"大弘佛法，并络四方，慕德成侣"。[⑥] 高僧法和、慧持先后入蜀，对益州早期佛教的传播和发展做出了重要贡献。又因河南道（青海道）的通畅，梵僧东来和华僧经蜀地西行，客观上都促进了佛教在益州的发展。

隋末唐初，中原战乱不断，社会动荡，"四方多难，总归绵益"，[⑦] 僧人纷纷避难蜀中。隋末，道因法师"因避难三蜀，居于多宝寺。好事者素闻道誉，乃命开筵《摄论》《维摩》，听者千数"。[⑧] 唐初已经奠定了巴蜀佛教中心的地位。玄奘在蜀地，"二三年间，究通诸部。时天下饥乱，唯蜀中丰静，故四方僧投之者众，讲座之下常数百人，法师理智宏才皆出其右，吴、蜀、

---

① 雷玉华：《成都地区在南北朝佛教史上的重要地位》，《四川文物》2001 年第 3 期；黄夏年：《魏晋南北朝时期的成都佛教》，黄心川、释大恩主编《第三届玄奘国际学术研讨会论文集》，成都：四川辞书出版社，2008 年；段玉明等著，成都市佛教协会编《成都佛教史》，北京：宗教文化出版社，2017 年。

② 唐长寿：《乐山麻浩、柿子湾崖墓佛像年代新探》，《东南文化》1989 年第 2 期；吴焯：《四川早期佛教遗物及其年代与传播途径的考察》，《文物》1992 年第 11 期。

③ （唐）道宣撰，郭绍林点校《续高僧传》卷二〇《唐益州净慧寺释惠宽传》，第 786 页。

④ （梁）慧皎撰，汤用彤校注《高僧传》卷五《晋蒲坂释法和传》，第 189 页。

⑤ （梁）慧皎撰，汤用彤校注《高僧传》卷六《晋蜀龙渊寺释慧持传》，第 229 页。

⑥ （梁）慧皎撰，汤用彤校注《高僧传》卷六《晋蜀龙渊寺释慧持传》，第 230 页。

⑦ （唐）道宣撰，郭绍林点校《续高僧传》卷四《唐京师大慈恩寺释玄奘传》，第 96 页。

⑧ （宋）赞宁：《宋高僧传》卷二《唐益州多宝寺道因传》，第 25 页。

荆、楚无不知闻"。^① 玄奘还在蜀地参学、受具足戒，为后来僧人西行求法和研究法相唯识之学奠定了基础。^②

从交通地理因素而言，益州占据中印交通之区位优势。学界对佛教传入蜀地路线有过探讨和争议：一种观点认为，佛教是通过西南丝绸之路（即《汉书》称"蜀身毒道"，《大唐西域求法高僧传》中的蜀川牂牁道，梁启超所称"滇缅道"）^③ 入蜀；另一种观点认为，佛教是经西域丝绸之路北道，通过新疆，经行河南道（青海道）传入巴蜀。^④ 这从侧面反映出巴蜀地区在中印交通之便利。除这两条陆路交通路线之外，蜀地还占据水路之优势，"长江水道及沿岸陆路为中国南方东西交通之骨干，无论物资运输或军事行旅，皆依赖此水陆道，尤以水运为主。在中古时代，尚以岷江为长江之主源，故成都府为当时西南部最大都市，亦为长江上游最大都市"。^⑤ 此水陆道在益州物资运输、文化传播方面都发挥着重要作用。因此在唐代海上丝绸之路兴盛，诸多西行求法僧人经海路赴印度，而处于长江上游的益州占据着水运的优势，可经长江这条东西交通大动脉东行、南下，然后再取南海道赴印。

4. 晋唐江浙无西行求法僧之原因

南北朝以来，南方佛教分布密集的三个地带中，唯有江东地区无西行求法僧人，对此，梁启超在《中国印度之交通》中分析道：

> 最奇异之现象，则江淮浙人，竟无一也。此一带为教义最初输入发育之地，其人富于理解力，诸大宗派，多在此成立焉，独于当时之留学运动乃瞠乎其后者，其毋乃坚忍冒险之精神不逮北产耶？虽然，当前

---

① （唐）慧立、彦悰：《大慈恩寺三藏法师传》卷一，第 7 页。
② 黄运喜：《玄奘的四川之行》，《西南民族大学学报》2007 年第 1 期。
③ 何志国：《四川早期佛教造像滇缅道传入论——兼与吴焯先生商榷》，《东南文化》1994 年第 1 期；李竞恒：《滇蜀地区出土早期佛教造像与西南传播路线》，《中华文化论坛》2012 年第 1 期。
④ 吴焯：《青海道述考》，《西北民族研究》1992 年第 2 期。
⑤ 严耕望：《唐代交通图考》第 4 卷《山剑滇黔区》，第 1079 页。

期（五世纪）运动最盛时，南北朝分立，西域交通，为北人所专享；后期（七世纪）运动时，政治中心点亦在西北，则江表人士，因乏地理上之便利，不克参加于此运动，亦非甚足怪也。①

梁启超认为，因江淮浙人擅长佛教义解，无意求法，或许坚忍冒险不如北人，又因乏地理上之便利，而少有西行。此原因还有值得商榷之处，7世纪时，虽然北人便于经陆路西行，但因西域纷争而陆路阻塞，唐前期海路交通已较发达，中西交通已以海路为主，居江淮者大可沿海路西行。7世纪时，政治经济中心虽仍在西北，但从西行求法僧籍贯考察，该时期求法僧中西北籍者并不居于主流，而是以荆州、交州和益州僧人居多，可见"求法人数之多寡，与是否为政治中心并无直接关联。梁文所举第一点理由，即江南人之'坚忍冒险之精神不逮北产'，则似乎颇中肯綮"。②

从民情风俗而言，江南社会安定，物产丰富，谋生较易，民风文雅柔和，民众普遍不喜冒险；从佛门风尚而言，北方"重禅定、讲修持，侧重宗教实践"，而江南"长于义理分析"，"热衷著述立说"，重理解，不重仪式。"故晋唐时期，江南虽为与关中、河洛鼎峙之佛教重镇，然求法之事不为本籍僧俗所重，西行求法道上，除并未成行的玄达一人而外，难觅江南四众之踪影。"③东晋南朝以来，南方佛教义理兴盛。"汉魏之间，两晋之际，俱有学士名僧之南渡。学术之迁徙，至此为第三次矣。自此以后，南北佛学，风气益形殊异。南方专精义理，北方偏重行业。此其原因，亦在乎叠次玄风之南趋也。"④"北人信仰力坚，南人理解力强"，⑤北方重实践，而南方重思辨，探究经义，重视理解，不喜冒险求法。

---

① 梁启超：《中国印度之交通》，《佛学研究十八篇》，第132页。
② 何方耀：《晋唐时期南海求法高僧群体研究》，第72页。
③ 何方耀：《晋唐时期南海求法高僧群体研究》，第72—73页。
④ 汤用彤：《汉魏两晋南北朝佛教史》，第241页。
⑤ 梁启超：《佛教之初输入》，《佛学研究十八篇》，第36页。

至于作为南海道重要出入港的广州无西行求法者，"一是当时广州佛门有德行具诚牒者少；二是政府对僧道之管理相当混乱；三是当时广州土人落发为僧者，出于信仰者少，出于谋生者多"。[①] 所以，广州虽为南海商路之始发港，但往返于南海道之求法僧中不见广州本地僧众。

总体而言，从曹魏开始的西行求法活动，经晋宋之初的兴盛，南北朝至隋朝的衰颓，以至唐代再次掀起热潮。考察这些西行求法僧人的籍贯，第一个兴盛期，以甘肃籍僧人居多，陕西次之；第二个兴盛期，以湖北僧人居多，交州和爱州次之，河南和四川再次之。晋宋兴盛期西行求法僧以陆路西行为主，唐代兴盛期以海路西行为主。如果将僧人的籍贯和经行路线结合起来考察，可知籍贯所在地与西行路线之便捷是其中因素之一。

第三节　西行求法僧群体的命运走向

从曹魏朱士行始，不计其数的僧人前赴后继，不畏艰险，仗锡西行，舍身求法，虽然当时时局纷乱、行旅艰难，但他们轻生重道、履险若夷，或西跨大漠，或附舶沧溟、孑身犯险，巡礼周遍、求师访道、搜集经籍。魏晋至唐以来，有多少僧人西行求法已难以详考，但是因沿途地理环境的凶险、盗贼的出没、疾病的侵扰、海浪风险，历经艰险，九死一生而成功归来的僧人又是有限的，"致使去者数盈半百，留者仅有几人"，[②] 大多数求法僧人未能返回。

中古时期赴印度求法的僧众，其中不乏高士贤者，面对重重困难，在踏上西行求法道路之后，求法僧的命运注定会有不同的结局。无论陆路还是海路，道路地理背景虽异，但同样艰难异常，众多求法僧或卒于西行之路，或留学期间卒于异国他乡，或卒于归途，或不知所终，学成归来者甚少，因各

---

① 何方耀：《晋唐南海丝路弘法高僧群体研究》，第 39 页。
② （唐）义净著，王邦维校注《大唐西域求法高僧传校注》卷上，第 1 页。

种内外因素，西行求法僧呈现出了不同的命运走向。但无论求法成功还是"失败"，都对中西交通发展、中印文化发展做出了重要贡献。

一 西行：求法僧去途中的命运

无论是陆路还是海道，各道地理环境虽异，但均是雄关漫道，困难重重，艰辛漫长。在西行途中，严酷的自然条件、道路的艰难险阻、沿途的强盗劫匪，以及内外环境因素影响、长途颠沛流离等，或遭疾，或卒于中道，或失踪者甚多。还有一些僧人受各种因素影响而未能成行或中途退返。

（一）西行途中折返（包括未成行）者

因史料记载的匮乏，魏晋至隋唐西行求法僧人的实际数量不可考，而或因求法路途的艰难和危险，或因旅途遇险或生病等各种原因，还有不少僧人在临出发前或西行途中放弃西行，折返回程。据西行者相关资料，有史料可考的僧人中，未到印度而中途折返者，人数也难以确定（其中不包括达成了求法目的后即返回者）。现将中途折返（包括未成行）者情况梳理如表2-5所示。

表2-5　西行途中折返（包括未成行）者情况

西行求法僧	中途折返（包括未成行）情况	原因	资料来源
康法朗与同学4人	康法朗与同学4人从张掖出发西行，渡流沙，到达西域后，4人留在当地故寺，不复西行	到西域后，4人不复西行	《高僧传》卷四
智猛同行者15人	后秦弘始六年（404），智猛召集道嵩、昙纂等15人西行，从长安出发，至葱岭，9人畏难退返	到葱岭，9人畏难退返	《高僧传》卷三
法献	宋元徽三年（475），发踵金陵至于阗，欲越葱岭，栈道路绝而返。在于阗得佛牙一枚、舍利15身而返回	葱岭栈道不通而返	《高僧传》卷一三

续表

西行求法僧	中途折返（包括未成行）情况	原因	资料来源
僧表	欲往罽宾供养佛钵，至于阗，因道路不通不得前进。于阗王为其摹写佛钵及宝胜像，僧表持回凉州	至于阗，道路不通	《高僧传》卷二；《名僧传抄》
道判等21人	于北周武成二年（560）结伴21人西行，关逻严设，未能出行。保定二年（562）还于京邑。两年后，上表奏请西行，敕给国书，并资行调。经高昌国，至突厥，将欲加害，幸得使者相救，送还长安	第一次关逻严设未成行；第二次至突厥，不令西行	《续高僧传》卷一二
弘祎论师	莱州（今山东省莱州市）大觉寺僧人，专攻毗昙，是论师。本与义净结志同游，先至江宁找玄瞻，一起结夏。后改变初衷，欲与玄瞻共同修习净土法门，不复西行	弘祎、处一、玄瞻，更有三二诸德，与义净结志西行，均未成行	《大唐西域求法高僧传》卷下《义净自述》
处一法师	在长安与义净结志西游的玄法寺处一法师，因母亲患疾需侍奉而返回并州，未能成行		
玄瞻	玄瞻先下江南，在扬州结夏，后来改变了初衷，欲专修净土法门，不复西行		
玄逵	丹阳僧玄逵，欲与义净一同西行，至广州因染风疾，怅然而归，返锡吴楚。不久患病身亡	到广州因染风疾而返	《大唐西域求法高僧传》卷下
善行	晋州（今山西省临汾市）人，出来游学，志在律仪与明咒。义净弟子，随义净泛海到室利佛逝国，义净在此停留六个月，善行因病而返程回国	与义净至室利佛逝后，因病而返	《大唐西域求法高僧传》卷下
义净同行数10人	初至番禺，得同志数十人，及将登舶，余皆退罢。净奋力孤行	畏难而放弃	《宋高僧传》卷一
慧命	由南海道赴印求法，行至占波时，遭遇风暴，无法前行，中途而返	在占波遭遇风暴而返	《大唐西域求法高僧传》卷下
乘如	与法振、乘悟一起泛舶西行，至羯荼国，法振病卒，乘悟、乘如便附舶东归，归途中乘悟至占波又卒。乘如独自返回故里	同伴病卒，畏难而返	《大唐西域求法高僧传》卷下
大津同伴多人	大津振锡南海，爰初结旅，颇有多人，及其角立，唯斯一进。同伴退缩，大津唯有和唐使同行	畏难放弃	《大唐西域求法高僧传》卷下
无漏	欲游天竺礼佛。于是天宝年中经于阗，至葱岭大伽蓝寺，问行程凶吉，寺僧云：观师化缘合在唐土。遂中止西行，还归中夏	中止西行	《神僧传》；《宋高僧传》；《佛祖历代通载》

从表2-5可知，有不少僧人意欲西行，却由于各种因素未能成行或者中途折返。西行道路艰难险阻，以及各种未知的因素，使那些为求法而意欲西行的僧人，如拟与义净同行的十余人，拟与大津同行的多人，在临行前因畏难而放弃西行。义净从山东出发至长安，遇道友弘祎、处一、玄瞻等，原本欲结伴同行，但因各种原因，如当时去西域路途中，北有突厥，南有吐蕃，其常与大唐兵戎相见，道路受阻；加之玄瞻、弘祎想修净土，不再西行，处一家中有事而未能成行；玄逵坚定地想与义净同赴印度，但到广州后染疾而怅然退返。唯有小僧善行同行，但善行西行至第一站室利佛逝后，又因患病而无法继续西行，于是折返，唯余义净一人继续西行。也可见义净"匹士志难移"①的坚定信念，以及为法捐躯的西行求法精神。

西行求法僧人中途折返的主要因素有三。一是道路阻塞不通而折返。如法献到于阗后欲度葱岭，但因栈道路绝而折回；又有僧表，原本也想赴罽宾供养佛钵，但是因道路不通而折返。道路阻塞是外在的客观因素。这两位求法僧虽然未能越过葱岭，但都留在于阗学习佛法，并收获了佛牙等佛教遗物。

二是路途中遇到艰难险阻而退返。如陆路西域道，首先需要穿越八百里流沙，这是个危险区域，据法显记载："沙河中多有恶鬼、热风，遇则皆死，无一全者。上无飞鸟，下无走兽。遍望极目，欲求度处，则莫知所拟，唯以死人枯骨为标识耳。"②玄奘曾在无飞鸟走兽、无水无草的莫贺延碛艰难行走四夜五日，口腹干焦，几将殒绝。他记载曰："沙则流漫，聚散随风，人行无迹，遂多迷路。四远茫茫，莫知所指，是以往来者聚遗骸以记之。"③在穿越八百里流沙之后，面对的第二重生死考验就是翻越葱岭。葱岭地势高寒，冰川雪峰林立，高山峡谷交错，山上积雪终年不化，行旅艰难，是古丝绸之路最艰险的一段，中印交通的天然屏障，不少西行求法僧人殒命于此。智猛同行者15

---

① （唐）义净著，王邦维校注《大唐西域求法高僧传校注》卷下，第152页。
② （晋）法显撰，章巽校注《法显传校注》，第6页。
③ （唐）玄奘、辩机原著，季羡林等校注《大唐西域记校注》卷一二，第1031页。

人，到葱岭后，9人退返，具体原因未知，或遇艰险，或气候不适，或高寒生病，但也可知葱岭是西行求法的难关。就南海道而言，虽然海上交通已较为发达，但是海路依然充满未知的危险因素，从南海道西行求法僧人命殒中途者亦不少。因此，也有僧人在临登船舶时畏难而退，如欲与义净共同西行的数十人，临登海舶时退返；原本欲与大津同行的多人，临登海舶时退返。

三是患疾而不得不返回。如润州僧人玄逵，原本与义净同行赴印求法，行至广州时，玄逵"遂染风疾，以斯婴带，弗遂远怀。于是怅恨而归，返锡吴楚，年二十五六"，[①]回来后不久便亡故了。后来僧哲到印度，称玄逵已英年早逝，义净不禁叹曰："嗟尔幼年，业德俱修。传灯念往，婴瘤情收。慨乎壮志，哀哉去留。"[②]而原本计划与义净同行的（并部）处一法师、（莱州）弘袆论师，以及其他十位同行者，也因各种内外因素未能成行，唯余小僧善行随义净附舶西行，结果至室利佛逝后，善行又因患疾而返回，唯余义净一人独自踏上赴印之路。可见，原本与义净结志西游的有十余人，而最终顺利踏上西行之路，成功到达印度者，唯义净一人而已。义净感叹："神州故友，索尔分飞，印度新知，冥焉未会。"[③]明白了赴印此行之艰难，不禁感慨道："我行之数万，愁绪百重思；那教六尺影，独步五天陲。"[④]而乘如、法振、乘悟的西行旅途更是一路充满了惊险和危难，泛舶西行至羯荼国（今马来西亚吉打州）时，法振病卒，乘悟、乘如便附舶东归，归途中至占波（又作瞻波，即指林邑，故地在今越南横山以南的中部和南部部分地区）时乘悟又卒，唯余乘如独自一人黯然返回故里。

（二）卒于路途或失踪者

古代交通不便，出行充满未知的风险，求法之路艰辛异常，但是僧人以其坚韧卓绝的精神，力图克服道路上的困难，以达到求法的目的。求法

① （唐）义净著，王邦维校注《大唐西域求法高僧传校注》卷下，第145页。
② （唐）义净著，王邦维校注《大唐西域求法高僧传校注》卷下，第146页。
③ （唐）义净著，王邦维校注《大唐西域求法高僧传校注》卷下，第151页。
④ （唐）义净著，王邦维校注《大唐西域求法高僧传校注》卷下，第151页。

僧"为法忘身，背井离乡，万里迢迢，穿行在气候恶劣、人烟稀少的中西陆路交通大道上"。① 恶劣的自然环境、艰辛异常的西行道路，以及陌生的国度、不可预知的危险，求法僧人在西行赴印度的途中死亡或失踪的情况还是很多。"窃惟正法渊广，数盈八亿，传译所得，卷止千余。皆由逾越沙阻，履跨危绝，或望烟渡险，或附杙前身，及相会推求，莫不十遗八九。"② 大部分僧人因史料记载阙如而湮没于历史，表 2-5 中"壮志未酬身先死"的求法僧也是就见于史籍记载且姓名可考者而论，实际失踪或不知所终者情况难确指，黯然曝尸荒野者更不知凡几。根据史籍将西行求法僧卒于中道或不知所终者情况汇总如下。

1. 卒于途中者

从表 2-6 可知，在西行求法途中因各种内外因素而卒于旅途者很多，或因自然环境如雪山冻亡、南海道中船沉，以及因为路途中在内外环境交感下遭疾等，最终"壮志未酬身先死"。

表 2-6　求法僧卒于西行途中者

西行求法僧	具体情况	卒亡地点/原因	路线
于法兰	至交州遇疾，终于象林	交州/因疾	海路
于道邃	于交趾遇疾而终	交趾/因疾	海路
慧景	在小雪山寂于途中	小雪山/冻亡	陆路
慧应	在弗楼沙病故	弗楼沙/因疾	陆路
智猛同伴	智猛召集道嵩、昙纂等 15 人西行，至葱岭 9 人退返，过雪山 1 人卒	雪山/不详	陆路
智猛同伴道嵩	与智猛同行，至波沦国，卒于中道	波沦国/不详	陆路
昙无竭同行 20 人	过雪山时，同侣失 12 人 后入中天竺，8 人复寂于路，仅余 5 人同行复归	雪山/盖冻亡 天竺/不详	陆路
道普	第一次曾游西域，瞻仰圣迹；再次奉命拟西行求法，舶破伤足，因疾而卒	山东长广郡/舶破伤足生疾	海路

① 介永强:《佛教与中古中外交通》,《厦门大学学报》2010 年第 5 期, 第 122 页。
② （梁）慧皎撰，汤用彤校注《高僧传》卷三《齐建康正观寺求那毗地传》, 第 142 页。

续表

西行求法僧	具体情况	卒亡地点 / 原因	路线
常慜	至诃陵国，因商舶载物过重，沉船而亡	诃陵国 / 船沉	海路
常慜弟子	至诃陵国，船沉而亡	诃陵国 / 船沉	海路
益州智岸	至郎迦戌国，遇疾而亡	郎迦戌国 / 因疾	海路
新罗二僧	至室利佛逝西婆鲁师国，因疾俱逝	婆鲁师国 / 因疾	海路
彼岸	与使人王玄廓相随，泛海西行，途中遇疾卒。所携带汉译本经论尽在室利佛逝国	或室利佛逝 / 因疾	海路
高昌智岸	与使人王玄廓相随，泛海西行，途中遇疾卒。所携带汉译本经论尽在室利佛逝国	或室利佛逝 / 因疾	海路
昙润	由海路赴印，至诃陵北渤盆国时，遇疾而终	渤盆国 / 因疾	海路
唐僧一人	似沿海而去，卒于诃利鸡罗国	诃利鸡罗国 / 不详	海路
法振	在羯荼遇疾而卒	羯荼 / 因疾	海路
乘悟	与法振、乘如一起泛舶西行，至羯荼国。法振病卒，乘悟、乘如后便附舶东归，归途中乘悟至占波又卒。乘如独自返回故里	占波 / 不详	海路
法朗	在诃陵国，在彼经夏，遇疾而卒	诃陵国 / 因疾	海路

资料来源：（梁）僧祐撰，苏晋仁、萧鍊子点校《出三藏记集》；（梁）慧皎撰，汤用彤校注《高僧传》；（唐）义净著，王邦维校注《大唐西域求法高僧传校注》。

2. 求法途中不知所终者

魏晋至唐西行求法者不可计数，而根据史籍记载的有姓名可考者也是其中少数。又根据求法僧的见闻，还有不少求法僧人在西行求法途中失去了踪迹，将这些求法僧人情况整理如表 2-7 所示。

表 2-7 西行求法途中不知所终者

西行求法僧	西行途中不知所终者情况	失踪地点
慧常	道安著《合放光光赞略解序》云："慧常、进行、慧辩等将如天竺，路经凉州。"知三人有结侣西游事矣。三人结伴西行，将入天竺，路经凉州。在凉州停留两年，不知是否再西行	凉州
进行		
慧辩		

续表

西行求法僧	西行途中不知所终者情况	失踪地点
慧嵬	与法显同游西域。在焉夷与法显一行分别，慧嵬不知所终	焉夷（即焉耆）
慧简	为广求佛法，与智严、僧绍、僧景等西行，在张掖遇法显，至焉耆，慧简与智严、慧嵬遂返高昌求行资。其后是否与智严偕行，今无考	高昌
僧绍	与宝云等西行，到于阗后离开法显，显等西越葱岭，经阿富汗入印。绍独别去，随胡道人去罽宾，后不知所终	罽宾
智羽、智达、智远	智羽、智达、智远三人是智严的弟子。智严第二次由海道赴天竺时，三人跟随泛海经南海诸国到印度。沿陆路归国时，游历至罽宾，智严圆寂。三人后从陆路归国，归报智严圆寂消息，后复返天竺。后不知所终	不详
唐僧一人	《玄会传》附见与北道使人同行者一人，不知所终	北道
明远	由海路赴印，至师子国，欲潜取佛牙，携回本国供养，为国人所觉，颇被凌辱。传闻曾至大觉寺，后莫知所终。应是在路而终，莫委年几	天竺
义朗	与智岸、弟义玄三人由海路同行赴印。义朗经扶南、郎迦戍，抵达师子洲，渐之西国，后不知所终	师子洲
义玄	义朗之弟，与义朗、智岸偕行。与义朗抵达师子洲，渐之西国，后不知所终	师子洲
会宁	唐麟德年中由海道赴印，南行到诃陵州，停驻三载，与诃陵国僧人智贤译经，后往印度，不知踪绪	不详
唐僧三人	沿陆路到乌苌国，曾向佛顶骨处礼拜，后不知所终	乌苌国
僧哲	思慕圣迹，适化缘至东印。由海道赴印。既至海上，适化随缘，巡礼略周，归东印度，到三摩呾吒国，留学三摩呾吒国。义净在印，曾与相见。后不知所终	三摩呾吒国
昙光	南游溟渤，望礼西天，由海道赴印，泛海到达诃利鸡罗国。后不知所终	诃利鸡罗国

资料来源：（梁）慧皎撰，汤用彤校注《高僧传》；（唐）义净著，王邦维校注《大唐西域求法高僧传校注》。

由表2-6、表2-7可知，求法僧卒于途中或不知所终者很多。西行求法者"致使去者数盈半百，留者仅有几人"，西行求法道路上死亡率如此之高，反映出西行求法旅途中的困苦和长途旅居之艰险。古代的长途旅行面临的困难：一是自然环境造成的路途艰险；二是沿途强盗劫匪的攻击抢劫；三是身处异乡、水土不服而患病等。

（三）西行途中面临的艰难险阻

1. 复杂的地理环境是首要困难

无论是经陆路还是海路，或渡流沙、翻越雪山，或过沧溟，遭遇风暴等天灾，路途中遭遇劫贼等人祸，在远行路途或异国他乡因环境差异患病遘疾等，甚至殒命，复杂多变的地理环境是首要困难。

（1）沙漠里的热风与易迷路。若经行陆路西域道，则要渡过流沙，翻越雪山，据《法显传》记载："沙河中多有恶鬼、热风，遇则皆死，无一全者。上无飞鸟，下无走兽。遍望极目，欲求度处，则莫知所拟，唯以死人枯骨为标识耳。"[①]沙河中有热风、流沙，环境非常恶劣，很多人命丧于此，甚至以枯骨为标识，法显感叹"沙行艰难，所经之苦，人理莫比"。[②]后来西行的智猛也曾描写道："入流沙，二千余里，地无水草，路绝行人。冬则严厉，夏则瘴热。人死，聚骨以标行路。骆驼负粮，理极辛阻。"[③]玄奘只身穿越流沙茫茫、荒无人烟的莫贺延碛时写道："莫贺延碛，长八百余里，古曰沙河，上无飞鸟，下无走兽，复无水草。"[④]"沙则流漫，聚散随风，人行无迹，遂多迷路。四远茫茫，莫知所指，是以往来者聚遗骸以记之。乏水草，多热风。风起则人畜惛迷，因以成病。时闻歌啸，或闻号哭，视听之间，恍然不知所至，由此屡有丧亡，盖鬼魅之所致也。"[⑤]玄奘孤身行走于此，迷失方向、失水缺水，几乎丧命，他怀着"宁可就西而死，岂归东而生！"[⑥]的决心，以坚韧不拔的精神，最终走出了沙河。

---

① （晋）法显撰，章巽校注《法显传校注》，第6页。
② （晋）法显撰，章巽校注《法显传校注》，第11页。
③ （梁）僧祐撰，苏晋仁、萧鍊子点校《出三藏记集》卷一五《智猛法师传》，第579页。
④ （唐）慧立、彦悰：《大慈恩寺三藏法师传》卷一，第16页。
⑤ （唐）玄奘、辩机原著，季羡林等校注《大唐西域记校注》卷一二，第1030—1031页。
⑥ （唐）慧立、彦悰：《大慈恩寺三藏法师传》卷一，第17页。

（2）葱岭的高寒和难攀，是西域第二道严峻的关卡和考验。葱岭，即帕米尔高原的古称，是喜马拉雅山脉、喀喇昆仑山脉、昆仑山脉、天山山脉和兴都库什山脉等五大山脉交汇形成的巨大山脉。向来以险恶著称，绵延数千公里，平均海拔 4500 米以上，且终年积雪、缺氧极寒，是中西交通的天然屏障。法显一行度岭时记载，"葱岭冬夏有雪。又有毒龙，若失其意，则吐毒风，雨雪，飞沙砾石。遇此难者，万无一全。彼土人人即名为雪山人也"。①葱岭常年积雪，又有毒龙（今云雪崩），如遇雪崩则无人生还，经一月跋涉方可成功度岭。而至那竭国以南的小雪山即今塞费德科山脉，寒风骤起，与法显同行的慧景不堪复进，最终命丧于此。高山峻险，风雪高寒，也劝退了不少欲度岭西行的僧人，还有不少命殒于此，如智猛一行十五人西行时，"始登葱岭，而同侣九人退还。……三度雪山，冰崖皓然，百千余仞，飞缲为桥，乘虚而过，窥不见底，仰不见天，寒气惨酷，影战魂栗。汉之张骞、甘英所不至也"。②而昙无竭一行二十五人，"登葱岭，度雪山，障气千重，层冰万里，下有大江，流急若箭。于东西两山之胁，系索为桥。……及到平地相待，料检同侣，失十二人"。③人员近半数尽失。"度雪岭，攀悬崖，历万苦而求法，其生还者固有，而含恨以没，未申所志，事迹不彰，或至姓名失传，不知几人。先民志节之伟大，盖可以风矣。"④过葱岭时，智猛一行15人，9人退还，昙无竭一行25人，过葱岭时卒于途中者12人，可见葱岭之险。

据《大慈恩寺三藏法师传》记载：玄奘在度凌山（葱岭北隅）时，"其山险峭，峻极于天。自开辟以来，冰雪所聚，积而为凌，春夏不解，凝冱汗漫，与云连属，仰之皑然，莫睹其际。其凌峰摧落横路侧者，或高百尺，或广数丈，由是蹊径崎岖，登涉艰阻。加以风雪杂飞，虽复屡重装，不免寒战。将欲眠食，复无燥处可停，唯知悬釜而炊，席冰而寝。七日之后方始出

① （晋）法显撰，章巽校注《法显传校注》，第 21 页。
② （梁）僧祐撰，苏晋仁、萧錬子点校《出三藏记集》卷一五《智猛法师传》，第 579 页。
③ （梁）慧皎撰，汤用彤校注《高僧传》卷三《宋黄龙释昙无竭传》，第 93 页。
④ 汤用彤：《汉魏两晋南北朝佛教史》，第 276 页。

山，徒侣之中殪冻死者十有三四，牛马逾甚"。①玄奘一行经过七天的艰难跋涉才出凌山，而清点人数，同行者三至四成冻死在途中，牛马死亡更甚。玄奘由此感叹："若不为众生求无上正法者，宁有禀父母遗体而游此哉！"②若不是为求正法，弘化众生，谁愿意跋山涉水，舍命捐躯？路途充满艰辛，西行求法着实不易。玄奘越过多个名山大川，包括祁连山、帕米尔高原、昆仑山、慕士塔格峰、塔里木盆地、恒河、阿姆河及世界第二大高山湖泊伊塞克湖等，"及往西方，涉凌山、雪岭，遂得冷病，发即封心，屡经困苦"。③翻越过崇山峻岭，跋涉过江河大川的玄奘，在晚年时跌倒摔伤后一病不起，与当年西行时落下冷疾有关。

（3）南海航行的艰难险阻。当时航海水平十分有限，通常靠观测天象判断航向，且要面对风暴、海浪的威胁，远洋航行的艰险可想而知。义净感慨海上航行之艰险谓："长截洪溟，似山之涛横海；斜通巨壑，如云之浪滔天。"④法显自师子国附舶回国时，"得好信风"，开始航行，但"大海弥漫无边，不识东西，唯望日、月、星宿而进"，⑤夜晚与大浪相搏，漂泊航行九十日，乃至耶婆提国（又名诃陵、阇婆，今爪哇岛一带）。滞留五月余，复随其他商舶去广州，船行一月，又遇狂风暴雨，"天多连阴"，不辨方向，粮食、淡水将尽，昼夜十二日，才到长广郡。途中三易其船，漂流数岛，历时三年，海上航行亦超过两百日，甚至也是随船漂流至长广郡的，历尽磨难风险，才终于返回。开元二十九年（741），不空、含光等人西行泛舶海中，"遇巨鱼望舟，有吞噬之意"，⑥不空一行两次遭遇黑风暴，差点丧生。除风浪之虞，还有触礁之险、船沉之危，常愍及弟子取海道往印度，途中因"所附商舶载物既重，解缆未远，忽起沧波，不经半日，遂便沉没"。⑦可见海

---

① （唐）慧立、彦悰：《大慈恩寺三藏法师传》卷二，第27页。
② （唐）慧立、彦悰：《大慈恩寺三藏法师传》卷二，第33页。
③ （唐）慧立、彦悰：《大慈恩寺三藏法师传》卷九，第191页。
④ （唐）义净著，王邦维校注《大唐西域求法高僧传校注》卷下，第152页。
⑤ （晋）法显撰，章巽校注《法显传校注》，第142页。
⑥ （宋）赞宁：《宋高僧传》卷二七《唐京兆大兴善寺含光传》，第678页。
⑦ （唐）义净著，王邦维校注《大唐西域求法高僧传校注》卷上，第51—52页。

路航行之艰难。

2. 疾病是西行途中的重大威胁

客途受病是行旅者在路途中的重大考验。古代出行是不寻常之事，行旅在外，面对未知的自然环境等因素，基本的物质生活难以保障，容易罹患疾病。偶染微恙，难免使行旅步履维艰，轻则影响旅行目标的实现，重则因疾物故，客死他乡。求法僧赴印途中，或留学巡礼期间，有不少僧人遇疾身亡。根据《大唐西域求法高僧传》记载，以赴印求法僧为例，在 61 名求法僧中，未到达印度者共 21 人，其不知所终者 10 人（唐僧一人、明远、义朗、义玄、会宁、唐僧三人、僧哲、昙光）；而卒于中道者 11 人，包括道普（舶破）、常慜及弟子（舶沉海难）、益州智岸（因疾）、新罗二僧（因疾）、昙润（因疾）、唐僧 1 人（卒）、法振（因疾）、乘悟（卒）、法朗（因疾），其中因疾而卒 6 人，占比超过一半。还有不少僧人到印不久或东归途中病卒，甚至不少僧人正值青壮年，可见疾病是当时西行僧侣生命安全最大的威胁之一。

这些西行求法僧人，在远洋航行时无比艰辛，行旅者"大半"死于途中，或遇风暴海浪，或不适应当地水土气候而生病，或在远洋航行时染疾得不到救治而亡，或长期远洋漂泊，"漂薄风波，绝粮茹草"，淡水和粮食供应不足，若耽误行程无法补给，就会危及生命。远洋航行，多在赤道南北、热带和亚热带地区，"热带的炎热、潮湿和尘污给病菌提供了理想的生存条件"，"差不多一直到 19 世纪末，对人类造成最大危害的不是巨大动物而是微小生物"。① 因此远洋航行受传染病和维生素缺乏症的严重威胁。若遇到风暴，需要绕道而行，或长期漂流海上，不能及时靠岸获得补给，就会造成粮食和淡水匮乏等，基本的物质生活不能得到保障时，更容易体弱生病，若无法在航海中得到及时医治，即使轻微病症也容易导致卒亡。

经行西域道除要面临八百里沙河、雪山、县度（又作悬度）绳索桥等不

---

① 〔英〕弗雷德里克·F.卡特赖特、迈克尔·比迪斯:《疾病改变历史》，陈仲丹译，北京:华夏出版社，2018 年，第 160 页。

少艰难险阻外，还要面对自然环境变化导致的疾病。求法僧经行西域道时，要攀越高寒缺氧的葱岭，途经大头痛山、小头痛山。据《汉书·西域传》记载："（赴罽宾国）又历大头痛、小头痛之山，赤土、身热之阪，令人身热无色，头痛呕吐，驴畜尽然。"① 据考证，大小头痛山在今新疆塔什库尔干塔吉克自治县西南。②《通典》卷一九三引宋膺《异物志》谓："大头痛、小头痛山，皆在渠搜之东，疏勒之西。经之者身热头痛，夏不可行，行则致死。唯冬可行，尚呕吐，山有毒药气之所为也。"③ 认为这是大小头痛山有毒药气。于赓哲认为，此处《汉书》所记载的病症是典型的高山病病症。法显记载，"岭冬夏积雪，有恶龙吐毒风，雨沙砾"。④ 以往以为恶龙吐毒是鬼怪作祟，而《高僧传》载"登葱岭，度雪山，障气千重，层冰万里"，⑤ 障气千重是谓瘴气。于赓哲认为所谓的"恶龙吐毒"和"障气"皆为高原（山）反应。高原（山）反应指人在高海拔地带由于低压、低氧引起的病态（例如眩晕、气喘、恶心、疲乏）和疾病（例如心脏病、肺水肿、昏迷、红细胞增多症、血压异常症等）。⑥

3. 西行路途中盗贼横行

古代丝绸之路，也是商旅之路，途经者均是大队商旅，他们携带的大量贵重货物，便是盗贼劫掠的对象，有时候甚至因此危及性命。玄奘西去天竺的路途中，就曾五次遇贼，且危险程度越来越高，从最初的抢劫财物到最后的预备祭祀，幸得一次次脱险。其中最危险的一次是在殑伽河（又作弶伽河，即恒河）乘船时，遇到十余船贼，不仅抢劫财物，且差点将玄奘作为祭祀品，幸而当时"须臾之间黑风四起，折树飞沙，河流涌浪，船

---

① （汉）班固：《汉书》卷九六《西域传·罽宾国》，北京：中华书局，1962 年，第 3887 页。
② 复旦大学历史地理所主编《中国历史地名辞典》，南昌：江西教育出版社，1988 年，第 268 页。
③ （唐）杜佑：《通典》卷一九三《边防九·渴盘陀》，北京：中华书局，1988 年，第 5273 页。
④ （晋）法显撰，章巽校注《法显传校注》附录（一）《法显法师传》，第 158 页。
⑤ （梁）慧皎撰，汤用彤校注《高僧传》卷三《宋黄龙释昙无竭传》，第 93 页。
⑥ 于赓哲：《唐代疾病、医疗史初探》，北京：中国社会科学出版社，2011 年，第 120 页。

舫漂覆"。① 盗贼畏惧而弃，忏悔稽首皈依，劫具投河，所劫物资归还，并受五戒。曾有两波盗贼因玄奘劝服而放弃盗劫，皈依受戒。玄奘西行路途中可谓九死一生，"此等危难，百千不能备叙"。② 新罗僧慧超也记载，犍陀罗以南的地方盗贼众多："向南为道路险恶，多足劫贼。"③ 悟空西行求法途中也饱受盗贼劫掠之苦，他感慨道："或遇吉祥或遭劫贼，安乐时少，忧恼处多，不能宣心——缕说。"④

经行海路者亦常遇贼寇。东晋法显取海道返程时，"海中多有抄贼，遇辄无全"。⑤ 唐代大乘灯禅师，出家后在长安从玄奘受学，经海路赴天竺，途经耽摩立底国时遭到劫掠，"既入江口，遭贼破舶，唯身得存"，⑥ 被迫在此国滞留 12 年。后来义净到此国，与大乘灯相遇，并停驻学习一年梵语。从耽摩立底国到中天竺，"过大山泽，路险难通，要借多人，必无孤进"。⑦ 途中常有强盗侵扰，于是等待大批商人和僧侣途经时结伴而行。最终等到机会，时有几百名商人、二十许僧人欲前往中天竺，于是结伴同行，"于时净染时患，身体疲羸，求趁商徒，旋困不能及"。⑧ 义净因患病身体羸弱，落在队伍后面，夜晚山贼果至，不仅行资被劫，衣物被扒，甚至差点被血祭，"又彼国相传，若得白色之人，杀充天祭。既思此说，更轸于怀，乃入泥坑，遍涂形体，以叶遮蔽"，⑨ 才蒙混过关，最终被同伴找到。义净在印度求经巡礼十载，返程经耽摩立底国时，又"遭大劫贼，仅免剸刃之祸，得存朝夕之命"。⑩ 可见，从耽摩立底往返中天竺的这段路程，山贼肆虐，盗贼横行，

① （唐）慧立、彦悰：《大慈恩寺三藏法师传》卷三，第 56 页。
② （唐）慧立、彦悰：《大慈恩寺三藏法师传》卷一，第 17 页。
③ （唐）慧超原著，张毅笺释《往五天竺国传笺释·建驮罗国》，北京：中华书局，2000 年，第 78 页。
④ （唐）圆照：《游方记抄·悟空入竺记》，《大正藏》第 51 册，No.2089，第 981 页中。
⑤ （晋）法显撰，章巽校注《法显传校注》，第 142 页。
⑥ （唐）义净著，王邦维校注《大唐西域求法高僧传校注》卷上，第 88 页。
⑦ （唐）义净著，王邦维校注《大唐西域求法高僧传校注》卷下，第 153 页。
⑧ （唐）义净著，王邦维校注《大唐西域求法高僧传校注》卷下，第 153 页。
⑨ （唐）义净著，王邦维校注《大唐西域求法高僧传校注》卷下，第 153 页。
⑩ （唐）义净著，王邦维校注《大唐西域求法高僧传校注》卷下，第 154 页。

也是经南海道西行求法的一大难关。

可见，无论是陆路还是海路，都没有坦途可行，"地势极而南溟深，天柱高而北辰远"，关山难越，飓风海浪，崇山险关，加之猛兽、强盗、游兵、疾病，都成为西行僧的夺命刀斧，可知求法之艰辛。

二　留学：求法僧留学期间的命运

西行僧人主要是为求得正法，也有以巡礼佛教遗迹为主要目的的，他们历经千难万险、九死一生，远赴印度，求得正法后回国传法布教。因此，西行求法僧欲回归故里，以弘扬正教的观念比较强烈。"地理上及人事上种种障碍，实为隔梗中印文明之高阃深堑，而我先民能以自力冲破之。无他故焉，一方面在学问上力求真是之欲望，热烈炽然；一方面在宗教上悲悯众生牺牲自己之信条，奉仰坚决。故无论历何险艰，不屈不挠。常人视为莫大之恐怖罣碍者，彼辈皆夷然不以介其胸。此所以能独往独来，而所创造者乃无量也。呜呼！后之学子闻其风者，可以兴矣。"[①]但是，有很多西行求法僧人因为各种因素，未能如愿返回，最后客死异国他乡。现将西行求法僧人在留学期间卒于域外和滞留域外者情况整理如下。

（一）留学期间卒于域外者

从表 2-8 可知，西行求法僧人历经艰难险阻，终于到达佛教圣地，学习佛法、寻访佛经，期待能携经返回中土，译经弘法，却因各种原因而滞留域外，甚至最终抱憾卒于域外。或因道路受阻未能返回（如玄照和侍者慧轮），或因年老而无力返回（如大乘灯）等，还有不少僧人到印度不久后，便因疾而客死他乡（如道希、玄恪等）。

---

① 梁启超：《中国印度之交通》，《佛学研究十八篇》，第 143—144 页。

表 2-8 求法僧留学期间卒于域外者

西行求法僧	卒于域外者情况	卒亡地点/原因
朱士行	因读《道行经》觉文意隐质，诸未尽善，于是远赴于阗求《放光般若经》梵书，遣弟子弗如檀送归中原。本人留居于阗，于太康三年（282）终于于阗	于阗
中土僧人二十许人	有中土僧人二十许人，从蜀川牂牁道至天竺，朝礼摩诃菩提圣迹，王见敬重，遂施此地，以充停息，给大村封二十四所。于后唐僧亡没，村乃割属余人	不详，或终老天竺
智严	智严受戒有疑，于是智严第二次又和弟子智羽、智远泛海重到天竺，四处咨访高僧，然后一路往北，沿陆路归国，于罽宾无疾而终	罽宾/无疾而终
玄照	第二次赴印时，也是陆路而去，往北天竺迦湿弥罗国，取长年婆罗门卢伽逸多。后至西天竺罗荼国取长年药。并在那烂陀与义净相见，因陆路阻隔，无法返回，遗憾于中印度庵摩罗跋国染疾而卒。另有奉敕随行的侍者慧轮（因道路阻塞滞留印度）和玄恪（因疾病故于印度）。义净在中天竺遇到慧轮时，慧轮年方四十。滞留印度	中印度/因疾
玄恪	贞观年间，玄照第一次赴印时偕行，相随至天竺，在大觉寺留学，后因病卒于大觉寺。年不过不惑	印度/疾病
师鞭	玄照第二次赴印时偕行，到西天竺，卒于庵摩罗跋城王寺	印度/不详
阿离耶跋摩	贞观年间，从长安出发往天竺，曾到王舍城，在印度巡礼佛迹，住中天竺那烂陀，抄写众经，后寂于那烂陀寺	印度/不详
道方	并州人。出沙碛，到泥波罗。至大觉寺住，得为主人。经数年后，还向泥波罗，于今现在。既亏戒检，不习经书，年将老矣	或终老于泥婆罗国
道希	周游诸国，瞻仰圣迹，留学那烂陀寺学大乘，后因病而卒于庵摩罗跋国，春秋五十余	印度/因疾
慧业	巡礼圣迹，留学那烂陀寺，后终于那烂陀，卒年六十余岁	印度/不详
窥冲	交州僧人，为明远弟子，与明远同泛海西行到师子国；后在西印度遇玄照法师，共诣中天竺。首礼菩提树，到王舍城，后于王舍城竹园遘疾而终。年三十许	印度/因疾
信胄	由西域取北道到达天竺，留住信者寺，于信者寺而终，年三十五	印度/不详
智行	由海道赴天竺求法，遍礼尊仪，留住信者寺，于信者寺而终，年五十余	印度/不详
大乘灯	幼随父母，曾游印度。后矢志西行，住在耽摩立底国，留学12年，后参访中印度，在中天竺俱尸城涅槃，时年约六十	印度/终老

续表

西行求法僧	卒于域外者情况	卒亡地点／原因
木叉提婆	交州僧人木叉提婆泛海南行，经海路游诸国，到印度大觉寺，遍礼圣踪，后卒于此地。年可二十四五岁	印度／不详

　　资料来源：（梁）僧祐撰，苏晋仁、萧錬子点校《出三藏记集》；（梁）慧皎撰，汤用彤校注《高僧传》；（唐）义净著，王邦维校注《大唐西域求法高僧传校注》。

　　因小乘佛教徒的阻挠未能返乡者为西行求法第一人朱士行，他求得佛经后未能返乡，最终卒于于阗。朱士行在洛阳讲《道行般若》，感叹"此经大乘之要，而译理不尽"，[①]于是孤身远游，寻求大本。曹魏甘露五年从雍州出发西行，历经艰辛终于到了于阗，寻得梵书胡本大品《般若》，原本想立即送回中原，但因小乘佛教僧人的阻挠而未能成行。小乘佛教僧人认为"汉地沙门欲以婆罗门书惑乱正典"，[②]要求于阗王禁止朱士行携经至中原。朱士行便留在于阗，从260年至282年前后长达23年，最终于西晋太康三年派遣弟子弗如檀将佛经送回洛阳。这也反映了当时于阗的大小乘之争，朱士行坚守初心，派弟子将大本《般若》送至中原，开创了中原佛教的义学风气。

　　有僧人因道路阻塞而滞留域外，玄照法师第一次赴印时，在阇阑陀国[③]住留四年，"学经律，习梵文。……到莫诃菩提，复经四夏。……沉情《俱舍》。既解《对法》……后之那烂陀寺，留住三年。就胜光法师学《中》《百》等论，复就宝师子大德受《瑜伽十七地》。……住信者等寺，复历三年"。[④]玄照在印度求法学习14年，已有一定名望，王玄策回京时表其功德，于是唐高宗降敕令玄照回京，玄照取泥婆罗道返回，五个月时间便到达洛阳。后与洛阳的大德相见，商议译经事宜，但是带回的梵文经典未来

---

①　（梁）僧祐撰，苏晋仁、萧錬子点校《出三藏记集》卷一三《朱士行传》，第515页。
②　（梁）僧祐撰，苏晋仁、萧錬子点校《出三藏记集》卷一三《朱士行传》，第515页。
③　《大唐西域记》卷四作"阇烂达罗国"，其地即今印度旁遮普邦贾朗达尔。参见（唐）义净著，王邦维校注《大唐西域求法高僧传校注》卷上，第20页注（二一）。
④　（唐）义净著，王邦维校注《大唐西域求法高僧传校注》卷上，第10页。

得及翻译，麟德年中，玄照法师一行奉敕再次赴北印度取长年婆罗门。在西、北印度取长年药，巡礼圣迹，在信度国①安居四年，又游历南天竺，准备携带诸杂药返程回国，"但以泥波罗道土蕃拥塞不通，迦毕试途多氏捉而难度"，②无法返回，于是暂时滞留印度。"遂且栖志鹫峰，沉情竹苑。虽每有传灯之望，而未谐落叶之心。嗟乎！苦行标诚，利生不遂。思攀云驾，坠翼中天！"③可见其回国心切，玄照虽有传灯之愿，但最终于庵摩罗跋国④染疾而卒。

有的求法僧人或因年老体衰，无力回国，或因病而卒。如大乘灯禅师在求得正法时已经年老，虽有传灯之志，但是已经无力回国实现传法宏志。大乘灯禅师每叹曰："本意弘法，重之东夏，宁志不我遂，奄尔衰年，今日虽不契怀，来生愿毕斯志。"⑤道希法师周游诸国，翘仰圣踪，"住输婆伴娜，专攻律藏。复习声明，颇尽纲目。有文情，善草隶。在大觉寺造唐碑一首。所将唐国新旧经论四百余卷，并在那烂陀矣"。⑥道希不仅在印度习法求经，而且还将汉译佛经留在那烂陀，在大觉寺造唐碑等，为中国文化在印度的传播做出了重要贡献。道希虽"本意弘法"，却因遭疾卒于异国他乡。义净未能与道希相见，后来经过道希法师曾经的住所时，伤心感怀不已，题诗《道希法师求法西域终于庵摩罗跋国后》："百苦忘劳独进影，四恩在念契流通；如何未尽传灯志，溘然于此遇途穷！"⑦在域外百苦忘劳求得正法，欲归而传承佛法，却未能实现传灯之志，最终逝于异国他乡，令人唏嘘。

留学期间病逝的求法僧，甚至有不少正值壮年。如新罗僧玄恪（年不过

---

① 信度，即今印度河。信度国，其地在今巴基斯坦印度河中下游一带。参见（唐）义净著，王邦维校注《大唐西域求法高僧传校注》卷上，第32页注（五三）。
② （唐）义净著，王邦维校注《大唐西域求法高僧传校注》卷上，第11页。
③ （唐）义净著，王邦维校注《大唐西域求法高僧传校注》卷上，第11页。
④ 庵摩罗跋国，在中印度殑伽河北，地似在今比哈尔邦一带，但难确指何处。参见（唐）义净著，王邦维校注《大唐西域求法高僧传校注》卷上，第23～24页注（三三）。
⑤ （唐）义净著，王邦维校注《大唐西域求法高僧传校注》卷上，第88页。
⑥ （唐）义净著，王邦维校注《大唐西域求法高僧传校注》卷上，第36页。
⑦ （唐）义净著，王邦维校注《大唐西域求法高僧传校注》卷上，第36页。

不惑），病卒于大觉寺；交州僧窥冲（年三十许），病卒于王舍城；交州僧木叉提婆（年二十四五），卒于印度；信胄（年三十五），终于信者寺^①。这些求法僧均正值壮年，而且大多是到印度后不久便因病而卒。可见，西行求法除道路艰险外，在印度留学期间，还存在各种未知的因素，也还会面临生命危险。

首先是对热带地区气候的适应，印度所在的南亚次大陆，大部分属热带，小部分属温带，气候类型主要是热带季风气候，主要特点是全年高温，年平均气温在 22℃以上。恒河流域是全印度最热之地，夏季气温经常高达50℃。^②"时特暑热，地多泉湿。"^③充沛的降水，使植被茂密，粮食高产，但是潮湿加酷热，容易滋生病菌，水源和食物极易受到污染而引发各种疾病。加上古印度卫生条件有限，更增加了疾病传播的风险。所以，西行求法僧人到印度后，首先要适应气候、水土、饮食等，否则极易罹患各种疾病。义净在《南海寄归内法传》中就记载了古印度佛教仪轨和僧人的日常生活规范，包括对僧人的个人卫生、饮食、衣着、洗浴、卧息活动等方面进行的严格规定。

除了气候的影响，还有其他未知的危险因素，在威胁着西行求法僧的生命。

（二）留居域外未归者

除了前文所述的受各种外在因素影响而滞留域外未能返回者，还有几位求法僧人留在域外未归，这几位僧人因主观意愿留在了域外（见表 2-9），但从整体来看，这样的情况并不多见。

① 信者寺，又称信者道场，在殑伽河北庵摩罗跋国。据义净记载，玄照、末底僧诃、信胄、智行、慧轮、智弘等都在此住过。参见（唐）义净著，王邦维校注《大唐西域求法高僧传校注》卷上，第 24 页注（三四）。

② 魏道儒主编《世界佛教通史》第 1 卷《印度佛教（从佛教起源至公元 7 世纪）》，序章第 11 页。

③ （唐）玄奘、辩机原著，季羡林等校注《大唐西域记校注》卷二，第 164 页。

表 2-9 求法僧留居域外未归者

西行求法僧	留居域外情况	资料来源	留居地区
道整	跟随法显西行求法。同行十人中，安抵印境者惟整与显耳。道整因印度佛法之戒律遂留印不归	《法显传》，第 120 页	天竺
吐蕃公主奶母之息	在泥婆罗国，吐蕃公主奶母之息也。初并出家，后一归俗，住大王寺。善梵语并梵书，年三十五、二十五矣	《大唐西域求法高僧传校注》卷上，第 65 页	泥婆罗国
运期	会宁弟子。与会宁南行到诃陵州，会宁译经后遣其赍还交州府。后又独自南行，在室利佛逝还俗留住	《大唐西域求法高僧传校注》卷上，第 81 页	室利佛逝
慧琰	智行的弟子。随其师智行到僧诃罗国（即师子国），遂停彼国，莫知存亡	《大唐西域求法高僧传校注》卷上，第 86 页	师子国
玄游	高丽僧，随师僧哲泛海至师子国，在此出家，并住留师子国	《大唐西域求法高僧传校注》卷下，第 174 页	师子国
怀业	贞固弟子。永昌元年（689），与其师贞固随义净行至室利佛逝国。解昆仑语，颇学梵书，诵《俱舍论》偈。为义净侍者，协助翻译，时年十七。后义净、贞固返回广州时，留住室利佛逝	《大唐西域求法高僧传校注》卷下，第 238 页	室利佛逝

据梁启超统计，西行求法僧留而不归者共有七人，即"朱士行（留于阗）、道整、道希、慧业、玄恪、智行、大乘灯（并留印度）"，[①] 但实际上这些僧人中唯有道整是主动滞留不归。道整跟随法显一路西行，游历犍陀罗地区，巡礼佛教遗迹，东晋元兴三年（404），至中天竺，参访憍萨罗国舍卫城、迦毗罗卫国等地的佛陀道场。东晋义熙元年（405），到访摩揭陀国都城巴连弗邑（又称华氏城，约在今印度比哈尔邦巴特那附近），停留三年，学习梵书梵语，抄写经律。因当时中国佛教戒律缺失，尚未建立起完善的佛教体系，而道整至巴连弗邑时，被古印度规范的仪轨法则和众僧威仪深深吸引，追叹故国僧律的残缺，发誓"'自今已去至得佛，愿不生边地'。故遂

---

① 梁启超：《中国印度之交通》，《佛学研究十八篇》，第 133 页。

停不归"。① 道整留在了中天竺，而法显的初衷即寻求律典，于是一人踏上了归途。唐代尚有几位赴南海、印度、泥婆罗的求法僧，如运期、怀业、玄游、吐蕃公主奶母子等，因各种原因留在当地而不归，但是这样的情况并不多，只有这几位僧人是出于主观动机留下的，而其他诸多终老域外的求法僧人，则出于各种不同原因被迫滞留。

三 东归：求法僧归途中的命运

历经西行求法路途中的重重艰难险阻，又在西域、印度或南海求法游历中得以生还，原本就已经非常不容易，而做足充分准备，迈上东归的道路，需要再次面对路途中各种艰难险阻的考验。

（一）卒于归途（含失踪）者

西行求法是冒险活动，求法的道路异常艰辛，返回时需要再经历一次同样或更艰难的旅程，有的僧人因东归弘法心切，鼓足勇气踏上归程，但是未能安全地返回故里。其中见于史籍记载，又有姓名可考者统计如表 2-10 所示。

表 2-10 求法僧卒于归途（含失踪）者

西行求法僧	卒于归途（含失踪）情况	地点 / 原因	东归路线
智猛同伴 3 人	智猛召集道嵩、昙纂等 15 人西行，到天竺时剩余 5 人，自天竺而返，同行 3 人亡故，唯余 2 人返回	天竺 / 不详	海路
末底僧诃	与师鞭偕行，经泥婆罗道赴印，留学信者寺。归途经泥婆罗，病死	泥婆罗 / 因疾而卒	陆路
道生	取泥婆罗道到中天竺，在那烂陀寺学法。后赍经、像返回，行至泥婆罗遇疾而卒	泥婆罗 / 因疾而卒	陆路

① （晋）法显撰，章巽校注《法显传校注》，第 120 页。

续表

西行 求法僧	卒于归途（含失踪）情况	地点／原因	东归路线
玄会	游历天竺。经陆路返回，到泥婆罗国不幸而卒。年仅三十	泥婆罗／卒因不详	陆路
悟真	贞元五年（789），从长安出发，经陆路往中天竺求法，得《大毗卢遮那经》梵夹余经，返至吐蕃时身殁	吐蕃／卒因不详	陆路
隆法师	从北道到达北印度，欲观化中天，诵得梵本《法华经》，返回途中在犍陀罗遇疾而亡	犍陀罗／因疾而卒	陆路
义辉	由海道返程，至郎迦戍国遇疾而亡	郎迦戍／因疾而卒	海路
无行	与智弘为伴，同泛海西游，在那烂陀寺留学，后拟北向由陆路返程，不知所终	北道返程／不知所终	陆路
智弘	在中天竺近八年，后向北天竺迦湿弥罗，拟返程。与道琳为伴，途中遇贼再返北天竺，后不知所终	北道返程／不知所终	陆路
道琳	在耽摩立底国留三年，又游历中天竺，和智弘相随，拟从陆路返程，闻途中遇贼，为贼所拥，不遂所怀，又还北天竺，不知所终	北道返程／不知所终	陆路
佛陀达摩	性好游涉，九州岛之地无不履。和义净相见于那烂陀，后去北天竺	北道返程／不知所终	陆路
质多跋摩	与北道使人相逐至缚渴罗国。后取北路而归，莫知所至	北道返程／不知所终	陆路

资料来源：（梁）僧祐撰，苏晋仁、萧鍊子点校《出三藏记集》；（梁）慧皎撰，汤用彤校注《高僧传》；（唐）义净著，王邦维校注《大唐西域求法高僧传校注》；佚名《大唐青龙寺三朝供奉大德行状》，《大正藏》第 50 册，No.2057，第 295 页中。

从表 2-10 所反映的西行求法僧人情况，可见西行求法之困难与危险，故义净说："胜途多难，验非虚矣。"[①] 归途卒亡者，或原因不详，或因海难，或因疾，且因疾而亡者占比较高，可见疾病仍是当时西行僧侣生命安全的重要威胁。回国路线中取西域道、吐蕃泥婆罗道和南海道的占比差不多，但是

---

① （唐）义净著，王邦维校注《大唐西域求法高僧传校注》卷下，第 146 页。

比较明显的特征有：一是取吐蕃泥婆罗道者，主要在泥婆罗①因疾不幸而卒，如道生、末底僧诃；二是经北天竺取西域道者多不知所终，此与西域战乱频仍有关，如无行、智弘、道琳、佛陀达摩、质多跋摩等；三是经海道者，因海难而亡者不多，疾病依旧是主因，盖长途远航，气候水土不适应，粮食淡水储备不足等。

首先，传闻吐蕃泥婆罗道有毒药威胁。从表 2-10 可知，吐蕃泥婆罗道因"近而少险阻"，唐初的大部分求法僧和使臣王玄策等多取此道至印度。但此道亦充满艰难险阻，不仅有高山峻岭，在吉隆峡谷还有十三飞梯、十九栈道，末上加三鼻关等险要之处，沿途甚至还有贼寇。这条道路的关闭或许与唐蕃关系交恶，道路阻绝有关，但其利用率的骤减，还有另一个因素，如义净谓："泥波罗既有毒药，所以到彼多亡。"②求法僧经此道时正值此道兴隆之际，亦有道生遭疾而卒，末底僧诃遇患身死，玄会到泥婆罗国不幸而卒，甚至到贞元年间悟真归途中在吐蕃身亡。日本学者足立喜六解释，"是因为高山地区低气压，有毒矿物、毒瓦斯等原因所致"。③季羡林先生没有细究，"'毒药'指的是什么东西？我们不清楚"。④而梁启超认为，"吐蕃路，初唐时，因文成公主之保护，曾一度开通。……故永徽、显庆以后，吾国人经尼波罗者，辄被毒死，此路遂复闭矣"。⑤但足立喜六在其《唐代的泥婆罗道》中又认为："有原因不明的称做 La-dug 的风土病。在这里（吐蕃道）死的很多。义净说：'泥婆罗既有毒药，所以到彼多亡。'近世旅行家也把这原因归之于毒草、矿石、低气压等。我想这是在极峻的高原上长途旅行而伴随的一种风土病吧。"⑥而范祥雍认为，此假定似与末底僧诃、玄会之死因不合，缘

---

① 泥婆罗（Nepala），南亚古代国家，又译"尼波罗""泥波罗""尼华罗""尼人剌"等，今称尼泊尔（Nepal）。古代领土主要包括今加德满都所在的尼泊尔谷地一带。参见周伟洲、王欣主编《丝绸之路辞典》，西安：陕西人民出版社，2018 年，第 140 页。

② （唐）义净著，王邦维校注《大唐西域求法高僧传校注》卷上，第 59 页。

③ 参见（唐）义净著，王邦维校注《大唐西域求法高僧传校注》卷上，第 60 页。

④ 李南编《季羡林学术著作选集·佛教》，北京：新世界出版社，2016 年，第 111 页。

⑤ 梁启超：《中国印度之交通》，《佛学研究十八篇》，第 141 页。

⑥ 〔日〕足立喜六：《唐代的泥婆罗道》，《支那佛教史学》第 3 卷第 1 号，1939 年，转引自范祥雍《唐代中印交通吐蕃一道考》，朱东润等主编《中华文史论丛》1982 年第 4 辑，上海：上海古籍出版社，1982 年，第 195—227 页。

二人皆从印度至泥婆罗，非经过青藏高原而来。① 日本学者长泽和俊认为："从炎热的印度一转移到尼泊尔，好像有不少人患了此地的风土病（估计是疟疾），有众多的人在归途中病逝于泥波罗。道生、末底僧诃、玄会等人皆在其列。"② 于赓哲则认为这是高山病，"尼泊尔位于喜马拉雅山南麓，海拔很高，肯定经常有外来者因高山病死亡。所以才强调'到彼多亡'。又，吐蕃人也把高山反应当作中毒"。③ 并提出，多种史籍记载青藏高原有"瘴气"。④ 从贞观年间至显庆年间，玄照和随行侍者，使者王玄策和康国僧人僧伽跋都曾安全经行，玄太还两度经行，他返程至吐谷浑时，遇到西行的道希法师，"复相引致，还向大觉寺"，⑤ 并且再度平安返回。或许，从长安至青海，再到吐蕃，盖因海拔慢慢升高，身体有适应的过程，而在低海拔的印度生活一段时间，从印度返回途经泥婆罗时，海拔骤然升高，身体难以很快适应。

其次，经北天竺取西域道回国者多不知所终。从 7 世纪中叶开始，亚洲大陆的政治格局发生了重大变化，唐、吐蕃、大食在西域展开角逐。唐初期经营西域，消弭了东西突厥的霸权，确立了对西域的统治。而 7 世纪初，在西藏高原兴起了吐蕃政权，吐蕃与唐在西域反复争夺安西四镇，大食也开始介入西域的争夺，西域战乱，道路壅塞不通。唐高宗麟德年中，玄照奉敕第二次入印，完成使命准备回国时，"以泥波罗道土蕃拥塞不通，迦毕试途多氏捉而难度"。⑥ 咸亨年间，"吐蕃曾攻陷安西四镇，且于青海大非川大败唐军，此时，经由吐蕃往来各道为之壅塞，自是意料中事。所谓'迦毕试途多氏捉而难度'，则与大食东侵进程有关"。⑦ 大食又向东入侵，由是西域道不通亦是意料中事。因此，玄照、慧轮一行因道阻而无法返程，辗转流离

① 范祥雍：《唐代中印交通吐蕃—道考》，朱东润等主编《中华文史论丛》1982 年第 4 辑，第 195—227 页。
② 〔日〕长泽和俊：《丝绸之路史研究》，钟美珠译，天津：天津古籍出版社，1990 年，第 543 页。
③ 于赓哲：《唐代疾病、医疗史初探》，第 121 页。
④ 于赓哲：《唐代疾病、医疗史初探》，第 122—125 页。
⑤ （唐）义净著，王邦维校注《大唐西域求法高僧传校注》卷上，第 43 页。
⑥ （唐）义净著，王邦维校注《大唐西域求法高僧传校注》卷上，第 11 页。
⑦ 王小甫：《唐、吐蕃、大食政治关系史》，北京：中国人民大学出版社，2009 年，第 95 页。

于印度各寺院，玄照法师"虽每有传灯之望，而未谐落叶之心"，[①] 带着无法返回东土弘法的遗憾，最终病卒于中印度。无行、智弘、道琳也曾先后尝试经西域道返程回国，道琳与智弘相随，"拟归故国，闻为途贼斯拥，还乃覆向北天"，[②] "不知今在何所"。无行与义净交好，曾共同游历天竺，春秋五十六，年事已高，回国风险大，在"居西国"和"有意神州"间犹豫，但最终选择了冒险返程。垂拱元年（685），无行返程时义净"从那烂陀相送，东行六驿"，依依不舍，回国之路漫漫，生死未卜，"各怀生别之恨，俱希重会之心，业也茫茫，流泪交袂矣"。[③] 而最终的结局，确实如二人所担心的，无行"拟取北天归乎故里"，[④] 但是最终失去踪迹，莫辨存亡。此外，还有佛陀达摩和质多跋摩亦经北道返程，均失去踪迹，可见此时的陆路已很不安全。

当然，经行海路者，同样存在各种风险，东晋智猛一行15人经陆路赴印，至葱岭时9人退还，1人卒于中途，剩余5人一路游历求法，从中天竺返程，经海路返回，"同行三伴，于路无常，唯猛与昙纂俱还"。[⑤] 唐代求法僧义辉在经行海道返程时，因疾卒于郎迦戍国（又称郎迦、狼牙修，今马来半岛北部）。可见，南海道也不安全。根据《大唐西域求法高僧传》记载，61名求法僧中，有38名经行南海道赴印，而由海路经行南海诸国的求法僧共19人（会宁除外），染疾而卒及舶破而亡等卒于西行途中者11人。可见，经海路赴印求法，仍然是十分艰难的事情。另9名求法僧，也多因路途艰难而返回。而真正留于南海诸国弘法者仅怀业、法朗2人。

以上均是见于史籍且有姓名可考者，这些只是沧海一粟，还有很多僧人无姓名可考，如法盛一行29人西行求法，最终是否全部安全得返并不见记载；昙无竭一行25人西赴印度，过葱岭时失去一半人，到中天竺时8人又

---

① （唐）义净著，王邦维校注《大唐西域求法高僧传校注》卷上，第11页。
② （唐）义净著，王邦维校注《大唐西域求法高僧传校注》卷下，第134页。
③ （唐）义净著，王邦维校注《大唐西域求法高僧传校注》卷下，第183页。
④ （唐）义净著，王邦维校注《大唐西域求法高僧传校注》卷下，第183页。
⑤ （梁）慧皎撰，汤用彤校注《高僧传》卷第三《宋京兆释智猛传》，第126页。

卒于途中，游历天竺取海道回国时仅剩余 5 人，而其余的 20 人无姓名可考，盖有更多不见于历史记载的求法僧湮没于历史。

除西行赴印途中死亡或失踪者，以及到印度不久即亡故者外，甚至经受住西行与留学双重考验者，也还有很多未能安全返回故国，求法僧想要从印度回国，需要再经受一次旅途中各种风险因素的考验。因此，一些年老的西行求法僧人已无力回国，如大乘灯、道希、智行等，即使艰难返程，也难免如无行禅师一般发生意外。因此，如大乘灯、道希等求法僧人，有"传灯之志"，却难以如愿。

（二）最终学成归国的求法僧

历代西行求法高僧有 200 多人，其中有已经到印度学成后安返者，也有仅仅到达西域或南海求法，而未深入印度腹地即返者。现将梁启超在《中国印度之交通》中所统计的西行求法僧成功返回者情况列于表 2–11。

表 2–11 《中国印度之交通》所统计西行求法僧成功返回者

最终到访国家或地区	人数	西行求法僧
西域	16 人	朱士行、慧常、进行、慧辩、僧建、慧简、慧嵬、慧应、昙学及其同行者 7 人
印度（包括北印度犍陀罗地区）	42 人	法护、法领、法显、智严、智羽、智远、宝云、僧景、慧达、沮渠京声、康法朗、慧叡、智猛、昙纂、法勇、道普、道泰、法盛、慧览、道荣、惠生、宋云、宝暹及其同行者 7 人、玄奘、玄照、运期、智弘、大津、义净、慧日、慧超、不空、含光、悟空、继业
合计	58 人	

资料来源：梁启超：《中国印度之交通》，《佛学研究十八篇》，第 132 页。

表 2–11 中，根据梁氏统计，最终到访西域后成功返回者有 16 人，到访印度（这里包括北印度犍陀罗地区）后成功返回者 42 人，但实际在晋宋时期，大多数求法僧人仅到犍陀罗地区求法，并未深入中印度地区。

从表 2-12 可见，"五百年间，从海路抵达天竺取得经像而又成功返回中土者仅寥寥 12 人，仅占海路求法僧总数的 6%，占有姓名可考者总数的 22%。另外，昙裕、宝云、大津、道宏、贞固虽亦成功返回中国，但均未能抵达印度，只是到了扶南、室利佛逝等南海国家。即使加上他们 5 人，取经返回者也只有 17 人，仅占求法僧总数的 9%，占有姓名可考的求法僧人数的 32%。如此低的成功率，如此高的死亡率，求法旅途之艰险可以想见"。[①]

表 2-12　晋唐经南海道西行求法成功返回者

最终到访国家或地区	人数	西行求法僧
印度	12 人	法显、灵运、法勇、郝骞、谢文华、义净、道宏、慧日、不空、含光、慧辩和慧超
南海	5 人	昙裕、宝云、大津、道宏、贞固
合计	17 人	其中，郝骞、谢文华、昙裕、宝云都是使者

资料来源：何方耀《晋唐时期南海求法高僧群体研究》，第 67 页。

笔者在前辈学者研究的基础上，经过对求法僧人相关资料的再梳理，对魏晋至隋唐间西行求法僧人学成后成功返回者情况加以梳理，统计如表 2-13。

表 2-13　晋唐西行求法僧学成返回者

单位：人

到访地区	西行求法僧	人数
西域（我国新疆及犍陀罗地区）	竺法护、康法朗、僧建、释僧纯、昙充、竺道曼（与敦煌僧人）、支法领、支法净、宝云（和僧景、慧达）、沮渠京声、昙学（及威德等八僧），法惠、法盛、释僧表、慧览、道泰、道荣、法献、宋云和惠生、法力、宝暹（与道邃等 10 人）	41

---

① 何方耀：《晋唐时期南海求法高僧群体研究》，第 67 页。

续表

到访地区	西行求法僧	人数
中天竺	支僧载、昙猛、法显、智猛和昙纂、竺法维、昙无竭、慧叡、智宣、智圆、玄奘、灵运、义净、慧日、慧超、元表、不空、含光、慧辩、悟空	20
南海	大津、道宏、贞固	3
合计		64

资料来源：梁启超《中国印度之交通》，《佛学研究十八篇》，第132页；〔印〕谭中、〔中〕耿引曾《印度与中国——两大文明的交往和激荡》，第283—291页；何方耀《晋唐时期南海求法高僧群体研究》，第38—53页；景天星《丝路高僧传》，第378—392页。

从表2-13的统计数据来看，正如义净所言，求法之旅途危险重重，留学生活艰难困苦，求法归来者九死一生，"致使去者数盈半百，留者仅有几人"，[①]诚非虚言。佛典的赍归，佛法的传入，是无数求法者历经艰辛困苦乃至生命换来的。正如义净法师所论：

观夫自古神州之地，轻生徇法之宾，显法师则创辟荒途，奘法师乃中开王路。其间或西越紫塞而孤征，或南渡沧溟以单逝。莫不咸思圣迹，罄五体而归礼；俱怀旋踵，报四恩以流望。然而胜途多难，宝处弥长，苗秀盈十而盖多，结实罕一而全少。实由茫茫象碛，长川吐赫日之光；浩浩鲸波，巨壑起滔天之浪。独步铁门之外，亘万岭而投身；孤漂铜柱之前，跨千江而遣命。或亡餐几日，辍饮数晨，可谓思虑销精神，忧劳排正色。致使去者数盈半百，留者仅有几人。设令得到西国者，以大唐无寺，飘寄栖然，为客遑遑，停托无所，遂使流离萍转，罕居一处。身既不安，道宁隆矣！呜呼！[②]

魏晋至唐，求法僧不畏艰险，前往五天竺巡礼求法，"佛道长远，勤苦

---

① （唐）义净著，王邦维校注《大唐西域求法高僧传校注》卷上，第1页。
② （唐）义净著，王邦维校注《大唐西域求法高僧传校注》卷上，第1页。

旷劫，方始得成"。^①从整体情况来看，有姓名可考者只占求法僧群体的少数，还有大量的僧人客死途中、不知所终、居留域外（或主动或被动），而取得经论成功返回者少之又少。梁启超根据"西行求法古德表"总结出："学成平安归国之人确凿可考者，约占全体四分之一；死于道路者亦四分之一；中途折回者似甚多；而留外不归之人确凿可考者数乃颇少也。"^②又据何方耀对南海道求法僧的统计，中国僧人经海路求法，死于途中或目的地者 19 人，不知所终者 10 人，居留不归者 4 人，成功抵达天竺并求取经像且成功返回者只有 12 人，到达南海又成功返回者 5 人。^③

综上所述，笔者在前人研究基础上，钩深索隐，爬梳史料，对古代僧传、佛教古籍等史籍进行梳理，对中古时期西行求法僧人进行整理和统计，最终统计出见于史籍记载的西行求法僧人共 250 余人（参见表 2–2 和附录），而最终得以安全返回者仅 64 人。但从表 2–13 可以看出，求法僧仅至西域而成功返回者占比较高，约占成功返回者总数的 64%，约占全体西行求法僧总数的 16%，是因为此数据中包括不少仅至于阗、龟兹求法者，因路程较短、安全性高，所以返回率较高。而求法僧至印度后成功返回者约占全体西行求法僧总数的 8%，成功返回者的占比较低。所以综合而言，至印度求法者成功返程率还是很低，都不到 10%，确如义净所言："晋宋齐梁唐代间，高僧求法离长安。去人成百归无十，后者安知前者难。"^④

如今，有多少僧人西行艰难求法已难以详考，九死一生而成功归来的僧人又有限，因沿途地理环境的凶险、盗贼猛兽的攻击、疾病的侵扰、海上风浪的袭击，大多数求法僧人未能重返。而求法僧遭遇的重重困难和险象环生的艰难旅程，只有在那几位成功归来僧人所撰写的行记中，才能寻得最可靠和直接的记载。可以毫不夸张地说，西行求法僧为中古时期交通的开拓和发展做出了积极贡献，同时也做出了极大的牺牲。

---

① （宋）赞宁：《宋高僧传》卷一一《唐汾州开元寺无业传》，第 247 页。
② 梁启超：《中国印度之交通》，《佛学研究十八篇》，第 134 页。
③ 何方耀：《晋唐南海丝路弘法高僧群体研究》，第 77—78 页。
④ （唐）义净：《题取经诗》，（清）彭定求等编《全唐诗》卷七八六，第 8864 页。

小 结

中古时期僧人西行求法活动，是中印佛教文化交流的主要方式，众多的西行求法僧人成为最早的中印文化交流使者。这一活动延续的时间长达千年，从魏晋至隋唐，曾盛极一时，求法僧人众多，但因史籍阙如，无法准确统计总体情况。自朱士行西行求法伊始，西行求法活动便逐渐兴起并开展，5 世纪的晋宋时期和 7 世纪的唐代，是两个比较兴盛的时期。而赵宋时期的西行求法活动，"其可称佛徒留学史之掉尾运动者，则有宋太祖乾德二年至开宝九年敕遣沙门三百人入印度求舍利及梵本之一事。其发程时，上距义净之入寂既二百五十二年矣。此在求法史中，最为大举，然衔朝命以出，成为官办的群众运动，故其成绩乃一无足纪也"。[①] 宋元明之际虽也有西行求法活动，甚至有时官派的西行求法者人数也很多，但是，此时期，中国佛教已完善成熟，形成了具有中国特色的佛教宗派，因此，此阶段西行求法的贡献和影响力不及魏晋至隋唐时期，所以，本书仅以魏晋至隋唐的西行求法活动为主要考察内容。

关于魏晋至唐的西行求法活动，考析这些西行求法僧人籍贯（来源地）后发现，在第一兴盛期——晋宋，以甘肃籍僧人居多，陕西次之，即以河西僧人和陕西僧人居多；第二兴盛期——唐代，以湖北籍僧人居多，交州和爱州次之，四川和洛阳再次之。再分析求法僧西行道路：第一兴盛期以陆路西行为主；第二兴盛期以海路西行为主。将僧人的籍贯（来源地）和经行路线联系起来考察，可知籍贯（来源地）与西行道路之便捷是其中因素之一。魏晋南北朝，河西不仅佛教发达，而且处于陆上丝绸之路的要冲，是中西交通之通衢，不仅有着中西交通要冲之区位优势，而且有着佛教文化发展的历史文化积淀。唐初，南海道开始兴盛，离南海较近的荆州、交州、爱州，及有

---

① 梁启超:《中国印度之交通》,《佛学研究十八篇》, 第 131 页。

水道相通的蜀地，便成为求法僧聚集较多之地，除佛教兴盛之外，西行道路的便捷也是其中因素之一。

以往多认为"求法"是目的，归来"弘法"才算是成功达成了西行目的，因而忽略了那些西行求法没有归来的"未成功者"。而看似"未成功"的求法僧，为后来者开辟道路、指引方向、提供借鉴，同样为求法活动和中外文化交流做出了贡献。本章从西行、留学和归途三个方面，总结了西行求法僧人"未成功"的各种原因。求法道路困厄艰辛不言而喻，自然环境恶劣、西行道路艰险、对外在环境不适应，以及疾病的困扰，还有各种人为因素，一路多艰难险阻，能到达目的地者不到一半。安抵目的地后平安留住者又减少，大多数僧人终老或病卒天竺，或亡于途中，最终安全返回并弘扬教法者更是少之又少。"去人成百归无十"，突出反映了西行求法之艰辛。

第三章
中古时期僧人西行求法路线及其变迁

　　中国与印度之间的文化交流历史悠久，早在上古时期，两国之间就有密切交往。"上古之世，西方文明之邦，与我最近而最易于交通者莫若印度。"[①]而古代中印之间的文化交流，主要是围绕着佛教文化的传播，"佛教为异域宗教，根据自在传译。故印度中国之交通道路，其通塞改易，均与我国佛教有关"。[②]中国僧人西行求法所经行的道路，也是印度佛教传入中国的路线，还是古代中西商贸通道。古代中印的交通路线一般认为有两条：经今新疆去印度的陆上西域道，以及经海上丝绸之路去印度的南海道。近年来学界又提出西南丝绸之路——滇缅道，经我国四川、云南到缅甸再到印度的西南路。唐初随着唐蕃友好往来，新辟的一条交通通道兴盛一时，就是从我国西藏经尼泊尔去印度的路线。而自唐麟德年间（664—665）以来，中西交通路线发生了重大转变，在此之前由唐入印以陆路为主，此后南海道逐渐兴盛，取代了陆路，成为西行僧人入印的主要交通路线。在不同的历史时期，每条道路的通行、兴盛程度和发挥的作用并不一致，西行求法僧选择经行路线，受内外环境和佛教发展等因素影响。

---

① 张星烺编注《中西交通史料汇编》第 6 册，北京：中华书局，2003 年，第 7 页。
② 汤用彤：《汉魏两晋南北朝佛教史》，第 266 页。

第一节　西行求法僧经行的陆路交通线

汉唐时期中国和印度之间的交通路线，学界关注最多的就是陆上丝绸之路。这条交通路线将中国和西域、印度连通起来，在中国古代为中印之间政治交往、商贸往来、文化交流等活动提供了交往通道。其中，最重要的也是学界关注最多的就是西北陆上丝绸之路，即从中原出发经河西走廊，穿越我国新疆，进而进入中亚、南亚、东欧的陆上交通路线。近年来，南方丝绸之路和经唐蕃古道到尼泊尔、印度的吐蕃泥婆罗道也引起了学界的关注，认为这两条通道在古代中印交往中也发挥了重要作用。

一　开辟既久的蜀身毒道

所谓的蜀身毒道，也就是现在学界所称的南方（或西南）丝绸之路，指的是川滇缅印通道，就是从四川经云南，出缅甸到达印度的陆上通道。南方丝绸之路，其"主线在汉晋称'蜀身毒道'，可分为零关道（牦牛道）、五尺道、滇缅永昌道、南夷牂柯道、滇越进桑道。这些陆上交通路线以四川成都平原为中心，向南辐射，连系今东南亚的泰国、越南、缅甸和南亚印度诸国，甚至可达今大夏及西亚地区，往南可与南方海上丝路相连"。[①] 对于蜀身毒道，历史上还有不同的称谓，如滇缅道、川滇缅印道、蜀川牂柯道等。"传统认为西北陆上丝绸之路开通于公元前二世纪，南方海上丝绸之路开通于汉代，兴盛则在公元七世纪，这样，多数学者认为公元前二世纪以前的中缅印交流则应完全借助于中缅印这条陆路了。"[②]

（一）蜀身毒道的历史

西汉元狩元年（前 122），张骞从西域回到长安，向武帝报告："臣在大

---

① 蓝勇：《南方丝绸之路》，重庆：重庆大学出版社，1992 年，第 12 页。
② 蓝勇：《南方丝绸之路》，第 1 页。

夏时，见邛竹杖、蜀布。问曰：'安得此？'大夏国人曰：'吾贾人往市之身毒。身毒在大夏东南可数千里。其俗土著，大与大夏同，而卑湿暑热云。其人民乘象以战。其国临大水焉。'"①

又据《史记》卷一一六《西南夷列传》记载：

> 及元狩元年，博望侯张骞使大夏来，言居大夏时见蜀布、邛竹杖，使问所从来，曰"从东南身毒国，可数千里，得蜀贾人市"。或闻邛西可二千里有身毒国。骞因盛言大夏在汉西南，慕中国，患匈奴隔其道，诚通蜀，身毒国道便近，有利无害。于是天子乃令王然于、柏始昌、吕越人等，使间出西夷西，指求身毒国。至滇，滇王尝羌乃留，为求道西十余辈。岁余，皆闭昆明，莫能通身毒国。②

张骞出使至大夏国时，见到蜀地的布和邛竹杖，听说是从身毒国传来的，由是推测，在我国西南部，从蜀地出发经过滇缅地区，通过民间商道与印度相连通，蜀地的物产通过这条商路运输至印度，再通过印度远销至大夏国。民间商贸往来可能仍在进行，甚至可能更早。如云南汉墓出土的汉代钱币和天竺、掸国（缅甸）齿贝货币等，这些中外钱币共同出现在史料记载的西南丝绸之路上，已向人们展现出中外商贸交流的概貌。而此道主要路线正是起于我国四川经云南，出缅甸，止于印度。③ 但是，没有官方的保护，这个渠道只能进行小规模的民间贸易。直到东汉建武时期（25—56），哀牢隶属于东汉，西南夷地区才被完全纳入汉朝的版图。永平十年（67），东汉朝廷在此设立永昌郡。之后，东汉修建桥梁，增设驿站，自此，中国西南地区与印度、缅甸的贸易往来顺畅、频繁。据《华阳国志》记载："永昌郡，属县八，户六万，去洛六千九百里，宁州之极西南也，有闽濮、鸠獠、僄越、

---

① （汉）司马迁：《史记》卷一二三《大宛列传》，第3166页。
② （汉）司马迁：《史记》卷一一六《西南夷列传》，第2995—2996页。
③ 周智生：《中国云南与印度古代交流史述略（上）》，《南亚研究》2002年第1期。

裸濮、身毒之民。"①其地有"身毒之民",这就更加证实了这条通道的重要作用。

（二）经蜀身毒道的中印佛教交流

关于佛教传入我国南方地区,除了海路之外,有学者主张佛教还通过西南丝绸之路传入蜀地,②就是由印度经今缅甸,再经我国云南一线入川。不过学界对此分歧较大。③另有学者认为佛教经北方陆路传入,即经中亚、新疆,再经青海道（河南道）沿岷江而下至益州（今成都）。学者研究发现,中国早期佛教考古图像实物,"多出在长江上游的四川地区。而长江中、下游地区,即三国时期的东吴辖区……有的贴塑着坐佛形象……或铸有佛像","这类文物可以说明,东吴、西晋时期佛教已在一定程度上流行到长江中、下游一带的社会基层"。④这些也是佛教通过滇蜀道传入我国的实物证据。

我国僧人最早经蜀身毒道赴印的记载,见《大唐西域求法高僧传》,义净记载:

> 那烂陀寺东四十驿许,寻殑伽河而下,至蜜栗伽悉他钵娜寺（唐云鹿园寺也）。去此寺不远,有一故寺,但有砖基,厥号支那寺。古老相传云是昔室利笈多大王为支那国僧所造（支那即广州也。莫诃支那即京师也。亦云提婆弗呾罗。唐云天子也）。于时有唐僧二十许人,从蜀川牂牁道而出（蜀川去此寺有五百余驿）,向莫诃菩提礼拜。王见敬重,遂施此地,以充停息,给大村封二十四所。于后唐僧亡没,村乃割属余

---

① （东晋）常璩：《华阳国志》卷四《南中志》,北京：商务印书馆,1958年,第60页。

② 史占扬：《西南川滇缅印古道探论——兼述早期佛教之南传入蜀》,《东南文化》1991年第Z1期；何志国：《试谈绵阳出土东汉佛像及其相关问题》,《四川文物》1991年第5期；黄剑华：《西南丝路与四川早期佛教造像》,《西南交通大学学报》（社会科学版）2005年第2期；李竞恒：《滇蜀地区出土早期佛教造像与西南传播路线》,《中华文化论坛》2012年第1期。

③ 吴焯：《佛教蜀身毒道传播说质疑》,《东南文化》1992年第5期。

④ 贺云翱等编《佛教初传南方之路文物图录》,北京：文物出版社,1993年,前言,第11页。

人。现有三村入属鹿园寺矣。准量支那寺，至今可五百余年矣。现今地属东印度王，其王名提婆跋摩，每言曰："若有大唐天子处数僧来者，我为重兴此寺，还其村封，令不绝也。"诚可叹曰：虽有鹊巢之易，而乐福者难逢。必若心存济益，奏请弘此，诚非小事也。[①]

根据义净记载，约 3 世纪末，中土僧人二十许人经蜀川牂牁道，赴古印度的摩诃菩提礼拜。梁启超称："《求法高僧传》所记古代唐僧二十许人遵此路。《求法传》言五百年前有僧二十许人，从蜀川牂牁道而出，注云：'蜀川至此寺五百余驿。'计当时由云南经缅甸入印也。"[②]其路线即经今滇、川边境及缅甸北部往阿萨姆的道路。据王邦维考证："则此二十余唐僧赴印时间亦在三世纪末。其时中国正当西晋末，八王之乱起，北方动荡，南方僧人要想从北道往印度比较困难，所以下文说唐僧'从蜀川牂牁道出'。"[③]吴焯则持否定观点，他认为："根据牂柯道开发的最基本史料，并结合《慧轮传》所称'支那'的含义，公元三世纪末室利笈多大王之时，唐僧二十许人赴印的路线应由牂柯道自四川走贵州，浮江至广州，复由广州循海路而至。"[④]其并非学界惯称的"滇缅道"。并且再次撰文考证张骞所指的身毒道，应该是"罽宾乌弋山离道"。[⑤]从后面的论述可知，此结论或有误。

3 世纪末，就有中国僧人赴天竺，到佛陀成道处摩诃菩提巡礼，印度室利笈多国王颇为感动，于是布施土地修建了专门的寺院支那寺，供从中国来的求法巡礼僧人居住，并配备了相应的供养布施。7 世纪，在义净游历印度时，该支那寺已经荒废不存，唯有遗址尚在。当时统辖此地的东印度国王表示，如果从大唐来此地的僧人数量增多，国王会重新修复

---

① （唐）义净著，王邦维校注《大唐西域求法高僧传校注》卷上，第 103 页。
② 梁启超：《中国印度之交通》，《佛学研究十八篇》，第 140 页。
③ （唐）义净著，王邦维校注《大唐西域求法高僧传》卷上，第 105—106 页。
④ 吴焯：《佛教蜀身毒道传播说质疑》，《东南文化》1992 年第 5 期，第 166 页。
⑤ 吴焯：《张骞指求的身毒国道应该是哪条路线》，《南亚研究》1998 年第 1 期。

该寺院，并且供养该寺。但至少也说明在义净求法时期，此寺依旧是荒废的。

南北朝亦有西行求法僧沿此道赴印求法。如《高僧传》载："释慧叡……常游方而学，经行蜀之西界……游历诸国，乃至南天竺界。"①《释迦方志》亦载："宋元嘉中，冀州沙门惠睿游蜀之西界，至南天竺，晓方俗音义，还庐山，又入关，又返江南。"②对慧叡（或慧睿）西行赴南天竺的路线，有学者认为是从益州经青海道至西域，再经西域道至印度。③梁启超则认为，慧叡经行的就是滇缅道（即蜀身毒道），"《慧睿传》称：'睿由蜀西界至南天竺。'所遵当即此路。果尔，则此为东晋时一孔道矣。第六之滇缅路，即张骞所欲开通而卒归失败者也。自南诏独立，此路当然梗塞。故数百年间，无遵由者"。④而在南诏独立以后，此蜀身毒道阻塞，再不见有僧人经此道西行求法。4—5世纪，除这些中国僧人经此道到印度求法巡礼外，尚未发现有佛教经此道传入的历史记载。⑤

（三）唐以来蜀身毒道的变迁及路线走向

汉晋时期所称的蜀身毒道（或滇缅道、蜀川牂牁道），到唐代已发展为"安南通天竺道"⑥。据《北梦琐言》记载："先是，唐咸通中，有天竺三藏僧经过成都，晓五天胡语，通大小乘经律论。以北天竺与云南接境，欲假途而还。为蜀察事者识之，系于成都府。"⑦唐代佛教文化交流是南方丝绸之路的重要内容，"大乘佛教禅宗、藏密从中原、西藏传入云南。7世纪初，滇密

---

① （梁）慧皎撰，汤用彤校注《高僧传》卷七《宋京师乌衣寺释慧叡传》，第259页。
② （唐）道宣著，范祥雍点校《释迦方志》卷下《游履篇第五》，第98页。
③ 吴焯：《青海道述考》，《西北民族研究》1992年第2期。
④ 梁启超：《中国印度之交通》，《佛学研究十八篇》，第140—141页。
⑤ 蓝勇：《南方丝绸之路》，第208页。
⑥ 《新唐书》记载唐德宗时贾耽提出"安南通天竺道"，描述了唐贞元年间从大理前往骠国（缅甸）、天竺（印度）的具体路线和里程。参见（宋）欧阳修、宋祁《新唐书》卷四三《地理志》，第1149页。
⑦ （五代）孙光宪：《北梦琐言》逸文卷第二《许存斩三王》，贾二强点校，北京：中华书局，2002年，第395页。

（阿叱力、阿阇黎）也同印度阿萨姆、缅甸经大理传入，小乘佛教也通过缅甸传入我国云南"。① 但是，南北朝至隋唐求法僧人经行此道至印度者，不见于史籍记载。

唐代求法僧行记中对此通道多有记载。如玄奘在《大唐西域记》卷一〇中记载："（迦摩缕波国）此国东，山阜连接，无大国都，境接西南夷，故其人类蛮獠矣。详问土俗，可两月行，入蜀西南之境。然山川险阻，嶂气氛沴，毒蛇毒草，为害滋甚。国之东南，野象群暴，故此国中象军特盛。"② 玄奘对迦摩缕波国与唐朝西南夷地区之间通行所需时间比较了解，并熟知两地的自然环境，如山川、瘴气、毒蛇、毒草、野象等都成为交通阻隔的因素。义净在《寄归传》中说："从那烂陀东行五百驿，皆名东裔。乃至尽穷，有大黑山，计当土蕃南畔，传云是蜀川西南行可一月余，便达斯岭。"③ 由此可知，西晋末至唐代，从蜀地经滇缅之地可至天竺，是一条便捷通道，但道路非常艰险。北宋国力较弱，管辖范围仅达大渡河，故往返此道的僧人大减。

蜀身毒道开辟时间较早，虽然与天竺相距近捷，但此道依然充满艰难险阻，"此山路与天竺至近，险阻难行，是大唐与五天陆路之捷径也，仍须及时。盛夏热瘴毒虫，不可行履，遇者难以全生。秋多风雨，水泛又不可行。冬虽无毒，积雪沍寒，又难登陟。唯有正、二、三月乃是过时，仍须译解数种蛮夷语言，兼赍买道之货，仗土人引道，辗转问津，即必得达也。山险无路，难知通塞，乃为当来乐求法巡礼者故作此说，以晓未闻也"。④ 所以，见于史籍记载的经此道赴印度的求法僧实际较少。

---

① 蓝勇：《南方丝绸之路》，第 208 页。
② （唐）玄奘、（唐）辩机著，季羡林校注《大唐西域记校注》卷一〇，第 538 页。
③ 王邦维注：大黑山，应即《新唐书》卷四三下《地理志七下》载"安南通天竺道"中之"黑山"，或即今缅甸西南若开山脉。参见（唐）义净著，王邦维校注《南海寄归内法传校注》卷一，第 12 页。
④ （唐）慧琳：《一切经音义》卷八一，《大正藏》第 54 册，No.2128，第 825 页上。

二 两汉以来开辟的西域道

由于喜马拉雅山脉、帕米尔高原的阻隔，古代中印之间交通很不方便，但是中印之间的交流却比较早，早在旧石器、新石器时代，中国西南地区如西藏、四川就与印度之间有商贸往来和交流。而两汉以来西域道畅通，张骞奉汉武帝之命出使西域，开辟了中原与西域的通道，此后东西商贸、文化交流不断。东西方文化交流以佛教文化为主，而且交通的通塞改易也与佛教相关。

（一）西域道分支及其走向

两汉以来的丝绸之路西域道，其路线走向基本形成，起点是长安或洛阳，经当时的西域越葱岭西行。最初丝绸之路中段路线，据《汉书》记载："自玉门、阳关出西域有两道。从鄯善傍南山北，波河西行至莎车，为南道；南道西逾葱岭则出大月氏、安息。自车师前王廷随北山，波河西行至疏勒，为北道；北道西逾葱岭则出大宛、康居、奄蔡焉。"[1] 到魏晋之际，又增加了新道，据《三国志》记载："从敦煌玉门关入西域，前有二道，今有三道。从玉门关西出，经婼羌转西，越葱领，经县度，入大月氏，为南道。从玉门关西出，发都护井，回三陇沙北头，经居卢仓，从沙西井转西北，过龙堆，到故楼兰，转西诣龟兹，至葱领，为中道。从玉门关西北出，经横坑，辟三陇沙及龙堆，出五船北，到车师界戊己校尉所治高昌，转西与中道合龟兹，为新道。"[2] 汉初从龟兹出葱岭的"北道"改称"中道"，由此形成了南、北、中三道。但具体的路线并不固定，而且使用频率亦不相同。

汤用彤认为："印度中国之交通道路，其通塞改易，均与我国佛教有关系。""我国北部与印度之通路，自多经今之新疆及中亚细亚。"[3] 我国北方与

---

[1] （汉）班固：《汉书》卷九六《西域传上》，第 3872 页。

[2] （晋）陈寿撰，（南朝宋）裴松之注《三国志》卷三〇《魏书·乌丸鲜卑东夷传》，第 859 页。

[3] 汤用彤：《汉魏两晋南北朝佛教史》，第 267 页。

印度间交通往来多取西域道。汤用彤对中印通道记载甚详，亦分为南北二道："在新疆则分为南北二路。一路由凉州出关至敦煌，越沙漠，以至鄯善。乃沿南山脉以达于阗。又西北进莎车。是为南道。由南道则经巴达克山南下，越大雪山而达罽宾（迦湿弥罗）。一路由敦煌之北，西北进至伊吾，经吐番、焉耆进至龟兹，而至疏勒。是为北道。再经葱岭西南行至罽宾。此二者为通常由行之路。"[1] 由此可知，于阗和疏勒出葱岭的二道，是中印间常通行之路，尤其是晋宋时期，西行求法僧主要经西域二道往来。

至唐代，由于西域各国兴衰变化，西行道路亦随之变更，另有一条路线，从凉州到玉门关，经高昌和龟兹，然后过天山，再至大清池（又名特穆图淖尔、热海，今伊塞克湖）、飒秣建（今乌兹别克斯坦撒马尔罕附近），最后到犍陀罗，即玄奘西去印度时所经之路线。[2] 玄奘西行的天山路称为北道，并将于阗和疏勒出葱岭的二道通称为南道。北道路途遥远且艰险，也因唐代西域的政治格局所致，此条道路唯有玄奘经行，常用的道路是西域南道。

（二）西域南道路线走向及利用

魏晋求法僧人多取西域南道往来于中印间，东来弘法的域外僧人也常经行此道。此条通道作为魏晋南北朝求法僧主要经行通道，受内外因素影响。

1. 西域渴槃陀路

晋唐间中印交通路线，梁启超总结为海路、西域路、吐蕃泥婆罗路、滇缅路，又将西域路分为西域渴槃陀路、西域于阗罽宾路、西域天山路，由此共合为六条路线。[3] 其中，5世纪时"西域路之由莎车、子合度渴槃陀者最为通行"。[4] 渴槃陀者，"今塔什库尔干，即《汉书》之依耐，《佛国记》之竭叉也。地为葱岭正脊，旅行者或由疏勒，或由子合，或由莎车，皆于此度

① 汤用彤:《汉魏两晋南北朝佛教史》，第267—268页。
② 参见汤用彤《隋唐佛教史稿》，第71页。
③ 梁启超:《中国印度之交通》,《佛学研究十八篇》，第139—141页。
④ 梁启超:《中国印度之交通》,《佛学研究十八篇》，第141页。

岭。岭西则经帕米尔高原、阿富汗斯坦以入迦湿弥罗。此晋、唐间最通行之路也"。① 他又将西域渴槃陀路分为三条支线："（甲）经疏勒。宋云、惠生等出归皆遵此路。昙无竭出时遵此路。（乙）经子合。法显出时遵此路。（丙）经莎车。玄奘归时遵此路。"② 梁氏所言经由莎车的路线，就是汤用彤所称的天山南路，是"由凉州出关至敦煌，越沙漠（《僧传》谓之沙河，或曰流沙）以至鄯善。乃沿南山脉以达于阗。又西北进莎车。是为南道"。③ 也就是从天山南路，经渴槃陀（今新疆喀什），再翻越葱岭然后至印度的路线。

梁启超所言西域渴槃陀道，也就是现在通称的丝绸之路新疆段南道，经疏勒（今新疆喀什）越葱岭至西域，然后再根据不同走向分别到南亚、西亚等，越过大雪山，经罽宾可到达天竺。此道唐代道宣在《释迦方志》中有记载，即"中道"，④ 从鄯州经凉州、沙州、鄯善、于阗、佉沙（又作竭叉、疏勒）、渴槃陀，翻越葱岭，到达犍陀罗地区，也就是西域南道。

2. 西域南道支线罽宾道

汉代以来，我国与南亚间的西域南道还有一条支线，虽然艰险，却是中印间的一条捷径，求法僧经行者较多。此通道也就是梁启超所称"西域于阗罽宾路。僧绍、宝云遵此路。此路不经葱岭正脊，从拉达克度岭南直抄迦湿弥罗，实一捷径也。与法显同行之僧绍，在于阗与显分路，即遵此行。又《宝云传》称其'从于阗西南行二千里登葱岭入罽宾'。当亦即此路"。⑤

两《汉书》之西域传均记载了此交通通道，⑥ 其始发地是归属于阗的皮

---

① 梁启超：《中国印度之交通》，《佛学研究十八篇》，第 139—140 页。
② 梁启超：《中国印度之交通》，《佛学研究十八篇》，第 139 页。
③ 汤用彤：《汉魏两晋南北朝佛教史》，第 267—268 页。
④ （唐）道宣著，范祥雍点校《释迦方志》卷上《遗迹篇第四》，第 14—15 页。
⑤ 梁启超：《中国印度之交通》，《佛学研究十八篇》，第 140 页。
⑥ 据《汉书·西域传》记载："皮山国，王治皮山城……西南至乌秅国千三百四十里，南与天笃接……西南当罽宾、乌弋山离道……自玉门、阳关出南道，历鄯善而南行，至乌弋山离，南道极矣。"（汉）班固：《汉书》卷九六《西域传》，第 3881 页。又据《后汉书·西域传》记载："皮山西南经乌秅，涉悬度，历罽宾，六十余日行至乌弋山离国……前世汉使皆自乌弋以还，莫有至条支者也。"（南朝宋）范晔：《后汉书》卷八八《西域传》，第 2917 页。

山，从皮山出发越过喀喇昆仑山口，然后南下进至罽宾。此路"或亦属天山南路，难以断言"。[①] 有学者认为，罽宾道不仅是古代丝绸之路（新疆段）南道主道的一条支线，[②] 而且还是主要支线。"汉代丝绸之路以南道为重，连接中印始发于阗所属皮山的罽宾道，系南道的主要支线。"[③] 汉代，此通道已是中印间通道的主要支线。唐代道宣在《释迦方志》中曾提及"陀历道"，"后燕建兴末，沙门昙猛者从大秦路入，达王舍城。及返之日，从陀历道而还东夏"。[④] 此"陀历"即《法显传》所载之陀历国，"故址在今克什米尔西北部印度河北岸达地斯坦（Dardistan）之达丽尔（Dārel）"。[⑤]《大唐西域记》卷三载："达丽罗川，即乌仗那国旧都也。"[⑥] 季羡林注："达丽罗川是古代度葱岭后进入印度的极险峻而又必经的孔道，我国西行僧人多经过此地。"[⑦] 此陀历道，即汉代的罽宾道。

据上述记载可知，"这条由皮山通过乌秅向罽宾的路线，亦即当初塞人（Saka）南迁之路，系汉代中印官道"。[⑧] 此条道路在吉尔吉特附近，沿途有很多石头涂鸦，其中有绘着佛塔的佛教石刻（见图3-1），中原政权使节西行也有经此路线的足迹，今巴基斯坦在罽宾道沿线发现了数以千计的岩刻文字题词，其中位于哈勒德伊基什（Haldeikish）附近"洪札灵岩"（Sacred Rock of Hunza）的二号岩刻群中，就有"大魏使谷魏龙今向迷密使去"的汉文题刻（见图3-2）。据考证，这一汉文题记可能就是北魏太平真君十年

① 麻天祥：《西行求法运动的黄金通道——梁启超汤用彤研究之比较》，《五台山研究》2021年第2期，第9页。
② 〔德〕豪普特斯曼：《巴基斯坦北部印度河上游古代文物研究——兼论丝绸之路南线岩画走廊的威胁与保护》，边钰鼎译，李崇峰主编《犍陀罗与中国》，北京：文物出版社，2019年，第422—473页。
③ 殷晴：《6世纪前中印陆路交通与经贸往来——古代于阗的转口贸易与市场经济》，《中国经济史研究》2017年第3期，第82页。
④ （唐）道宣著，范祥雍点校《释迦方志》卷下《游履篇第五》，第97页。
⑤ （晋）法显撰，章巽校注《法显传校注》，第23页。
⑥ （唐）玄奘、辩机原著，季羡林等校注《大唐西域记校注》卷三，第295页。
⑦ （唐）玄奘、辩机原著，季羡林等校注《大唐西域记校注》卷三，第297页。
⑧ 殷晴：《6世纪前中印陆路交通与经贸往来——古代于阗的转口贸易与市场经济》，《中国经济史研究》2017年第3期，第83页。

图 3-1　喀喇昆仑公路上的佛教石刻

a　　　　　　　　b

图 3-2　中巴公路"洪扎灵岩二号"题铭及摹本

（449）前北魏使节留下的题词遗迹。①

　　魏晋南北朝时期与罽宾间的佛教文化交往非常频繁，来华的罽宾高僧有佛驮什、佛陀耶舍等。② 梁启超认为佛教输入中国分为三期，即东汉三国的西域期，两晋南朝刘宋的罽宾期，萧梁、魏、隋的天竺期。③ 晋宋之际，也是西行求法的"罽宾期"。"3 世纪是中亚地区僧徒进入中国的时期；4—5 世纪成为中国和印度，主要是北印度地区之间，佛教僧徒直接交往的时期，其规模之大前无古人。"④ 此时期，东来弘法僧来源地和西行求法僧目的地，共同指向一个中心——罽宾，罽宾成为中印间交通的重要联结点。罽宾也是佛教盛传之地，中原地区僧人西行求法，往往经喀喇昆仑山口，取道波沦⑤、陀历到达罽宾和乌苌⑥，然后继续南行深入天竺腹地。

　　梁启超称："于阗、罽宾路，本较便易，而行人罕遵者，其故难明也。"⑦ "皮山至罽宾的路程 3590 公里，其中两个重要节点是乌秅和悬度。"⑧《汉书》记载了县度之艰险，"县度者，石山也，溪谷不通，以绳索相引而度云"。⑨ 法显一行越过葱岭，即到陀历国，从陀历国到乌苌国时，"其道艰岨，崖岸险绝，其山唯石，壁立千仞，临之目眩，欲进则投足无所。下有水，名新头河。昔人有凿石通路施傍梯者，凡度七百，度梯已，蹑悬缅过河，河两

①　马雍：《巴基斯坦北部所见"大魏"使者的岩刻题记》，《西域史地文物丛考》，北京：文物出版社，1990 年，第 129—137 页。马雍根据此岩刻题词，对从皮山至罽宾的具体路线走向进行了推测。

②　《出三藏记集》所载来华的罽宾高僧即有僧伽跋澄、僧伽提婆、佛陀耶舍、佛驮什、求那跋摩、昙摩蜜多、弗若多罗、卑摩罗叉、僧伽罗叉、昙摩卑等十余人。

③　梁启超：《佛教与西域》，《佛学研究十八篇》，第 98 页。

④　〔日〕桑山正进：《巴米扬大佛与中印交通路线的变迁》，王铖编译，《敦煌学辑刊》1991 年第 1 期，第 84 页。

⑤　波沦，又作波伦，唐时称勃律，在今克什米尔巴尔蒂斯坦一带。

⑥　乌苌国，《洛阳伽蓝记》作"乌场国"，《大唐西域记》作"乌仗那国"，故地在今巴基斯坦北部斯瓦特河流域。

⑦　梁启超：《中国印度之交通》，《佛学研究十八篇》，第 141 页。

⑧　殷晴：《6 世纪前中印陆路交通与经贸往来——古代于阗的转口贸易与市场经济》，《中国经济史研究》2017 年第 3 期，第 82 页。

⑨　（汉）班固：《汉书》卷九六上《西域传·乌秅国》，第 3882 页。

岸相去减八十步"。① 可见此道虽然甚为艰险，但实际经行的西行求法僧较多，是主要经行通道。如沙畹认为："盖中印通道中，直达中印度之尼泊尔一道，在唐代以前似尚不知有之。常循之路，盖为葱岭，南达克什米尔与乌苌之路。"② 桑山正进也认为："至少从四世纪到六世纪初，连接印度方面和塔里木盆地的经常性道路是喀拉昆仑西翼和兴都库什东脉相交的所谓喀拉昆仑道路。这条道路之所以在极其困难的自然环境中却被频繁地利用着，是因为对佛教徒来说犍陀罗是当时印度佛教的中心。"③

需要指出的是，罽宾道虽然充满艰险，但依旧是晋宋之际求法僧西行的主要通道，究其原因有二：一是此通道直线距离较近；二是罽宾佛教兴盛，是当时的佛教中心。也就是说，佛教文化因素和地理位置优势是罽宾道兴盛的主要因素，因此吸引东晋南北朝的不少僧人经行此道。

后秦弘始六年（404），智猛一行从长安出发，也是从于阗西南登葱岭，过雪山，渡辛头河，到罽宾国，再赴迦毗罗卫国，最后抵达中天竺华氏城。④南朝宋永初元年（420），昙无竭与僧猛、昙朗一行西行求法，其入竺路线为，经西域竭叉，到波沦、陀历、乌苌，然后至罽宾国。北朝僧人法盛一行曾经行陀历国，瞻礼牛头栴檀弥勒像，法盛应也是经行西域南道之罽宾道。北魏神龟元年（518），灵太后遣宋云、惠生往西域取经，宋云一行亦循罽宾道，从渴槃陀越葱岭，从波沦经县度，到达乌苌国，后来又抵达犍陀罗国（今白沙瓦一带），拜谒了诸多佛教遗迹，取得佛经而返。

余太山在对法显、智猛、昙无竭入竺求法路线进行研究后，认为："五世纪中国僧侣入竺通常取西域南北道，抵达竭叉（Gasiani，今Tāshkurghān），然后越葱岭（今喀喇昆仑山 Mintaka Pass 或 Kirik Pass），历

---

① （晋）法显撰，章巽校注《法显传校注》，第 22 页。
② 〔法〕沙畹：《宋云行纪笺注》，冯承钧译《西域南海史地考证译丛六编》，第 7 页。
③ 〔日〕桑山正进：《与巴米扬大佛的建立有关的两条路线（下）》，徐朝龙译，《文博》1991年第 3 期，第 64 页。
④ 〔日〕长泽和俊：《释智猛的入竺求法行》，《东洋学术研究》第 14 卷第 3 号，1975 年；余太山：《关于法显的入竺求法路线——兼说智猛和昙无竭的入竺行》，余太山、李锦绣主编《欧亚学刊》第 6 辑，第 138—153 页。

波沦（Bolor，今 Gilgit）、陀历（Darada，今 Dārel），至乌苌（Uddiyāna，今 Mingōla），再从乌苌赴犍陀卫即罽宾（Gandhavat，今喀布尔河中下游）和那竭（Nagarahāra，今 Jalalabad），然后东向赴华氏城以远。"① 此即西域南道的主要线路走向，法显是从于阗到竭叉国出葱岭，而智猛则是从于阗西南出葱岭，可见西域南道的两条支线出葱岭后又差不多汇合，很多学者将其越过葱岭后的重要支线称为"罽宾道"、"皮山罽宾道"、"喀喇昆仑山道"② 或"罽宾乌弋山离道"等。

3. 西域南道的变迁

6 世纪中叶以后，北印度政治形势发生变化。"崛起于中亚的突厥，联合萨珊波斯，共同打击嚈哒，使其迅速衰落。嚈哒大约在 568 年灭亡，此后突厥势力进入阿姆河以南的吐火罗地区，喀喇昆仑山的道路变得不再安全，很快衰败下去。"③ 北朝末年至隋初，北印度僧人阇那崛多和达摩笈多来华，"两人都经过了迦臂施，翻越兴都库什山西麓，进入吐火罗地区，由这里向东，通过蒲特山和瓦汉，到达塔什库尔干的路线。一句话，他们全使用的是兴都库什山西足道路"。④ 隋朝裴矩编纂的《西域图记》记载了三条从敦煌出发至东罗马、萨珊波斯和印度的道路，其中"南道从鄯善、于阗、朱俱波、喝槃陀，度葱岭，又经护密、吐火罗、挹怛、帆延、漕国，至北婆罗门，达于西海"。⑤ 护密或称休密，即隋唐时期阿富汗东北境之瓦罕（Wakhan）走廊，"自塔什库尔干翻越帕米尔，经瓦汉、吐火罗、嚈哒、巴米扬、迦毕试（即漕国——桑山注），到达印度"。⑥ 也就是隋唐时期我国

① 余太山：《关于法显的入竺求法路线——兼说智猛和昙无竭的入竺行》，余太山、李锦绣主编《欧亚学刊》第 6 辑，第 151 页。
② 〔巴基斯坦〕艾哈默德·哈桑·达尼：《喀喇昆仑公路沿线人类文明遗迹》，赵俏译，北京：中国国际广播出版社，2011 年。
③ 石云涛：《三至六世纪丝绸之路的变迁》，北京：文化艺术出版社，2007 年，第 190 页。
④ 〔日〕桑山正进：《巴米扬大佛与中印交通路线的变迁》，王钺编译，《敦煌学辑刊》1991 年第 1 期，第 90 页。
⑤ （唐）魏徵、令狐德棻：《隋书》卷六七《裴矩传》，第 1579 页。
⑥ 〔日〕桑山正进：《巴米扬大佛与中印交通路线的变迁》，王钺编译，《敦煌学辑刊》1991 年第 1 期，第 90 页。

往印度经行瓦罕走廊的通道。唐贞观十七年（643），玄奘从印度回国时即经过瓦罕谷地，再经疏勒、于阗返回中原。而唐玄宗天宝十载（751），车奉朝随着张韬光等出使罽宾时，所循之路即安西路，至疏勒国，度葱岭，抵达罽宾东都乾陀罗（犍陀罗），①经行的是安西道。随着北印度政治局势变化，迦毕试（魏晋南北朝时称为迦湿弥罗，隋唐时改称迦毕试，故址在今阿富汗喀布尔以北的贝格拉姆）途为大食人所阻，西域道逐渐衰落。义净在《大唐西域求法高僧传》中提到，唐中后期虽然亦有僧人经西域道赴印，但具体路线不甚明确，又据《玄照传》载"迦毕试途多氏捉而难度"，②"迦毕试途为大食人所阻，亦足注意"。③经北道返程的求法僧大多失踪，玄照也滞留印度未能回国。西域道由此衰落，而南海道逐渐取而代之。

（三）西域北道路线走向及利用

据《隋书》记载：西域北道具体路线走向，"从伊吾，经蒲类海铁勒部，突厥可汗庭，度北流河水，至拂菻国，达于西海"。④据《释迦方志》，汉唐至印度交通三道之"北道"，即丝绸之路新疆段北道，从京城出发，经瓜州、莫贺延碛、伊州、高昌、焉耆、龟兹、跋禄迦（姑墨）西行，翻越葱岭，经飒秣建国、羯霜那国（史国）、铁门、睹货罗（吐火罗）、缚喝国、迦毕试至北印度。⑤

此条道路"由敦煌之北，西北进至伊吾，经吐番、焉耆进至龟兹，而至疏勒。是为北道。再经葱岭西南行至罽宾"。⑥路线的具体走向是："凉州—玉门关—高昌（今吐鲁番）、阿耆尼（今焉耆）—屈支（龟兹，今之库车）—逾越天山—大清池（今特穆尔图泊）—飒秣建（中亚细亚之 Samarkand）—

---

① 聂静洁：《唐释悟空入竺、求法及归国路线考——〈悟空入竺记〉所见丝绸之路》，余太山、李锦绣主编《欧亚学刊》第 9 辑，北京：中华书局，2009 年，第 161—179 页。
② （唐）义净著，王邦维校注《大唐西域求法高僧传校注》卷上，第 11 页。
③ 汤用彤：《隋唐佛教史稿》，第 71—72 页。
④ （唐）魏徵、令狐德棻：《隋书》卷六七《裴矩传》，第 1579 页。
⑤ （唐）道宣著，范祥雍点校《释迦方志》卷上，第 1—27 页。
⑥ 汤用彤：《汉魏两晋南北朝佛教史》，第 268 页。

铁门（在今 Derbent 之西八英里）—大雪山（今之 Hirndu Kush）东南行至健驮罗（Gandhara 为印度境）。"[1] 此条道路较远，且甚艰险，是玄奘西行赴印时所循之道。"天山北路，玄奘去时之所经历也。路迂回远经中亚细亚，大异于法显所经。盖尔时突厥强大，中印间诸国多臣服之，西行者必诣突厥王庭，请求通过。故齐僧宝暹东归，阇那崛多西去，均过突厥。（见《开元录》卷七）而玄奘则必西行至大清池左近素叶城见突厥可汗，请得致诸国书而后西行也。"[2] 北齐求法僧宝暹一行赴西域取经，返程到突厥，与阇那崛多相遇，暂留突厥共同译经论道。[3] 后二人均至长安，约经西域北道。梁启超也认为，"西域天山北路。玄奘出时遵此路。此路由拜城出特穆尔图泊，经撒马罕以入阿富汗。除玄奘外未有行者"。[4]

玄奘西行求法之路即取西域北道，这条路线从龟兹（今库车），经姑墨（今温宿）、温肃（今乌什），翻越凌山，经热海（今伊塞克湖）北岸到碎叶城（又名素叶城，今吉尔吉斯斯坦托克马克西南阿克·贝希姆古城），然后向西到怛罗斯（接近哈萨克斯坦的塔拉兹，曾称江布尔），即现在通称的丝绸之路新疆段北道。

综上所述，从东汉明帝永平年间，秦景等 12 名使者"从雪山南头悬度道入，到天竺，图其形像，寻访佛法"，[5] 一直到北魏神龟元年，宋云、惠生到西域取经，这 450 多年间，西行求法者多经行罽宾道。[6] 经西域南道翻越葱岭，过塔什库尔干瓦罕谷地，越明铁盖达坂（山口）等处，可南下吉尔吉特（在今克什米尔），进而抵达乌苌、犍陀罗等地，便进入北天竺，这是中国与北印度之间最早的一条陆路，[7] 是多数中土求法僧人选择的西行道路。

---

① 汤用彤：《隋唐佛教史稿》，第 71 页。
② 汤用彤：《隋唐佛教史稿》，第 71 页。
③ （唐）道宣撰，郭绍林点校《续高僧传》卷二《隋西京大兴善寺北贤豆沙门阇那崛多传》，第 39 页。
④ 梁启超：《中国印度之交通》，《佛学研究十八篇》，第 140 页。
⑤ （唐）道宣著，范祥雍点校《释迦方志》卷下《游履篇》，第 96 页。
⑥ 李崇峰：《佛教考古：从印度到中国》，上海：上海古籍出版社，2014 年，第 707—736 页。
⑦ 石云涛：《三至六世纪丝绸之路的变迁》，第 186 页。

晋宋时期罽宾道盛行的原因有二：一是地理位置优越，该道是中土与犍陀罗地区之间最便捷的道路，比西域北道要便捷很多；二是中国与罽宾紧密联系的佛教背景，罽宾是当时的佛教中心，是众多来华弘法高僧主要来源地，也是中土僧人西行求法地。因佛教背景和环境而联系紧密，犍陀罗地区与中土之间佛教文化交流非常频繁。这里不仅佛法兴盛、高僧云集，而且汇集了诸多佛教遗迹和佛陀遗物，尤其是作为佛教标志和符号的佛钵，是中古时期僧人争相赴印礼拜的传法信物，"佛顶骨、佛牙、佛影、锡杖、袈裟、佛发、佛钵、佛足迹、晒衣石等佛教圣物，广泛分布在犍陀罗、斯瓦特和今阿富汗南部的广大地区"。[①] 因此，犍陀罗地区是晋宋僧人求法和巡礼的主要目的地。但随着6—7世纪中亚地区局势和唐初政局的变化，中亚地区战乱不止，不再安全，罽宾道逐渐衰落。

三　初唐兴盛的吐蕃泥婆罗道

至唐初，由于中西交通的发展，唐朝国力的强盛，对外交流的需要，中外文化交往极为频繁和活跃，中印佛教文化交流进入了前所未有的兴盛期。吐蕃逐渐兴起，先后与泥婆罗、唐朝和亲。一条从长安出发到逻些（今拉萨），再延伸至泥婆罗达印度的路线畅通，在很长一段时期内，从长安到逻些达印度的这条通道，成为中印交通的主动脉。有学者将此通道称为吐蕃路（道）、泥婆罗道、吐蕃泥婆罗道、唐梵路、蕃尼道、吉隆道、中印藏道等。唐代沿此路赴印求法僧人的情况，对整体的西行求法活动而言是至关重要的部分，值得关注和研究。

（一）吐蕃泥婆罗道的畅通

吐蕃泥婆罗道有着悠久的历史，在有文献记载之前就已存在。考古发现证明，人类在青藏高原上的活动，可以追溯到距今数万年的旧石器时代晚

---

① 孙英刚、何平：《犍陀罗文明史》，第418页。

期。①有人类活动的区域就有交往和迁徙，也就有了道路。

根据藏文文献记载，吐蕃松赞干布曾派人前往泥婆罗请婚，639年，泥婆罗国王光胄将赤尊公主（名布里库蒂）嫁给吐蕃赞普，由泥婆罗王臣等送至泥婆罗与芒域（今西藏吉隆一带）交界处，由于道路狭窄，难以通行，诸多珍宝通过溜索运送，而赤尊公主和背负两尊佛像的侍者都徒步前行。②唐贞观十五年（641），文成公主进藏，松赞干布亲至柏海（今青海鄂陵湖）迎接，"赞蒙文成公主由噶尔·东赞域送迎至吐蕃之地"。③泥婆罗赤尊公主嫁吐蕃赞普，从加德满都谷地通向西藏南部的班尼巴到固蒂山口的商路筑成，交通有了改善。唐蕃和亲之际，吐蕃动员大批人力将通往黄河曼头岭（Mutulyin）的道路进行整修，此后长安至逻些的道路畅通无阻。④吐蕃泥婆罗道是唐初中印双方使节往来、文化交流最主要的通道。

（二）吐蕃泥婆罗道的路线走向

最早记载长安—逻些—泥婆罗道的史籍，是唐代高僧道宣的《释迦方志》。道宣记述了汉唐间至印度的东、中、北三条通道，中道和北道相当于《汉书·西域传》中的南道和北道，东道是唐代新开辟的通道，称为"吐蕃泥婆罗道"，是由长安出发，经青海入西藏，再从尼泊尔到中印度的国际通道。三道之中，东道最近。《释迦方志》详细记载了这条道路的路线和里程：

> 自汉至唐往印度者，其道众多，未可言尽。如后所纪，且依大唐往年使者，则有三道。依道所经，且睹遗迹，即而序之。
>
> 其东道者，从河州西北度大河，上漫天岭，减四百里至鄯州。又西减百里至鄯城镇，古州地也。又西南减百里至故承风戍，是隋互市地

---

① 霍巍：《从考古发现看西藏史前的交通与贸易》，《中国藏学》2013年第2期；王邦维：《唐初的中尼交通：资料的再审视》，《藏学学刊》2019年第2期。
② 巴卧·祖拉陈瓦原著，黄颢、周润年译注《贤者喜宴——吐蕃史译注》，北京：中央民族大学出版社，2010年，第57页。
③ 王尧、陈践译注《敦煌本吐蕃历史文书》，北京：民族出版社，1992年，第145页。
④ 沈福伟：《中西文化交流史》，上海：上海人民出版社，2017年，第132页。

也。又西减二百里至清海，海中有小山，海周七百余里。海西南至吐谷浑衙帐。又西南至国界，名白兰羌，北界至积鱼城，西北至多弥国。又西南至苏毗国，又西南至敢国，又南少东至吐蕃国，又西南至小羊同国。又西南度呾仓法关，吐蕃南界也。又东少南度末上加三鼻关，东南入谷，经十三飞梯、十九栈道。又东南或西南，缘葛攀藤，野行四十余日，至北印度尼波罗国（此国去吐蕃约为九千里）。①

　　上述记载基本勾勒出了东道——唐蕃古道的路线，分为两段：其中从长安至鄯州（青海），再向西南行至吐蕃逻些，此段称为吐蕃道或唐蕃古道；然后再从吐蕃至泥婆罗，最后至天竺。这是《大唐西域记》和其他同时代史籍均未记载的通道，道宣的记载史料价值不可低估。《新唐书·地理志》"鄯州西平郡"条，不仅详细记载了从鄯城（今西宁）至吐蕃驿的路线走向，而且还有相应的驿程。②但是，此通道中从吐蕃到泥婆罗的路线，因史料语焉不详，只能加以推测。有学者关注到，从西藏通往尼泊尔和印度的路线，称为班尼巴至固蒂山口的商路。③但是因为缺乏史料的记载而难以确定。1982年，范祥雍详细地考证了吐蕃道的路线。④

　　1990年，在吉隆县发现了《大唐天竺使出铭》摩崖石刻，是唐代使节王玄策出访印度时留下的摩崖题铭，国内学者就此展开了讨论。⑤应该说，

---

① （唐）道宣著，范祥雍点校《释迦方志》卷上《遗迹篇第四》，第14—15页。
② 《新唐书·地理志》"鄯州西平郡"条记载了从鄯城到逻些近郊的整个行程和里数。日本学者佐藤长就青海至拉萨道程进行了详细考证。参见〔日〕佐藤长《清代唐代青海拉萨间的道程》，梁今知译，西宁：青海省博物馆筹备处，1983年。
③ 陈翰笙：《古代中国与尼泊尔的文化交流——公元第五至十七世纪》，《历史研究》1961年第2期，第97页。
④ 范祥雍：《唐代中印交通吐蕃一道考》，朱东润等主编《中华文史论丛》1982年第4辑，第195—227页。
⑤ 参见霍巍《〈大唐天竺使出铭〉及其相关问题研究》，京都大学人文科学研究所编《东方学报》第66册，1994年，第253—270页；陆庆夫：《关于王玄策史迹研究的几点商榷》，《敦煌研究》1995年第4期；林梅村：《大唐天竺使出铭》校释》，《汉唐西域与中国文明》，北京：文物出版社，1998年；霍巍：《〈大唐天竺使出铭〉相关问题再探》，《中国藏学》2001年第1期；李宗俊：《唐敕使王玄策使印度事迹新探》，《西域研究》2010年第4期。

此摩崖题铭也以实物证实了吐蕃泥婆罗道的存在及其具体的出山位置，是此条国际通道的标志性实物证据。

根据《大唐天竺使出铭》，有学者认为"唐代和唐以前吐蕃通往泥婆罗的主干道和出境口岸即为'吉隆道'，由此我们可以将'蕃尼古道''泥婆罗道'或'泥婆罗·吐蕃道'也以其出山口岸作为标志，统称为'吉隆道'。从吉隆河谷直抵中尼边境界河吉隆河上的热索桥，即可通向尼泊尔境内，并由尼泊尔的加德满都盆地再通往印度中天竺等地"；[①]并且认为"范成大在《吴船录》中所记载的宋代僧人继业归国时所经行的'磨逾里'"，"很可能是来自藏文中的'芒域'（mang yul）"。[②]芒域的具体位置，"藏族史家们比较倾向于认为就是今天后藏日喀则西南部以吉隆为中心的这片区域"。[③]

《新唐书》中对从长安至吐蕃逻些的路线记载较详，而对吐蕃至泥婆罗的路线语焉不详。霍巍根据《大唐天竺使出铭》，考证了从吐蕃至泥婆罗的路线走向，认为具体路线是："自吐蕃首府逻些出发，沿雅鲁藏布江溯江西上，抵达吐蕃西南之'小羊同'（即《使出铭》所记之'小杨童'）境，过吐蕃国西南之'涌泉'（今西藏西南部著名的间歇泉'搭格架喷泉'），再西行至'萨塔'（今西藏日喀则地区之萨噶县）；由萨塔南渡雅鲁藏布江，南行至咀'仓法关'（即藏语中的'答仓·宗喀'，今吉隆县城所在地，亦即碑铭发现地），由咀仓法关'东南入谷，经十三飞梯，十九栈道'（吉隆藏布峡谷），抵中尼边境之界桥'末上加三鼻关'（约可比定为中尼边境的传统界桥热索桥），由此出境至泥婆罗（今尼泊尔）境，再经今加德满都盆地至北印度。"[④]虽然学界也还有一些不同的见

---

① 霍巍：《宋僧继业西行归国路经"吉隆道"考》，《史学月刊》2000 年第 8 期，第 26—27 页。

② 霍巍：《宋僧继业西行归国路经"吉隆道"考》，《史学月刊》2000 年第 8 期，第 27 页。

③ 霍巍：《宋僧继业西行归国路经"吉隆道"考》，《史学月刊》2000 年第 8 期，第 27 页。

④ 霍巍：《〈大唐天竺使出铭〉及其相关问题研究》，《东方学报》第 66 册，1994 年，第 253—270 页；霍巍：《〈大唐天竺使出铭〉相关问题再探》，《中国藏学》2001 年第 1 期，第 45 页。

解，但基本廓清了从吐蕃逻些至泥婆罗的吐蕃泥婆罗道，以芒域（吉隆）为出山口的具体路线走向。

（三）唐初求法僧经吐蕃泥婆罗道赴印

自唐蕃和亲、友好交往以来，自长安至吐蕃、吐蕃至泥婆罗的道路由此畅通，途经吐蕃的这条道路变得重要起来，吐蕃泥婆罗道成为唐初中印之间主要的国际通道。由于中西交通的发展，朝廷使臣出使泥婆罗和印度甚为频繁，加之隋唐之际佛教在中国的兴盛，为了弘法或求法，很多僧人经吐蕃泥婆罗道往返于中印间。

唐初，求法僧人和大唐使节大多经行吐蕃泥婆罗道赴印。根据《大唐西域求法高僧传》记载，唐初经吐蕃泥婆罗道赴印的求法僧有 14 人，包括玄照、道希、师鞭、玄太、玄恪、道方、道生、末底僧诃等。根据《大唐西域求法高僧传》等资料，将唐代经吐蕃泥婆罗道赴印求法僧情况整理如表 3-1。

表 3-1　唐代经吐蕃泥婆罗道赴印求法僧

西行求法僧	籍贯/国属	赴印时间	西行求法僧行迹
玄照	太州仙掌（今陕西华阴）	贞观十五年（641）之后，麟德二年（665）	贞观中，先经行西域北道，过葱岭，践铁门，登雪岭，途经速利，过吐火罗，远跨胡疆，到吐蕃。蒙文成公主送往北天。高宗麟德二年，复奉敕往，再经吐蕃赴印，后因道路壅塞而无法返回。后因疾卒于庵摩罗跋国。
玄恪	新罗	贞观十五年之后	贞观年间，玄照第一次赴印时偕行，相随至天竺，遇疾而卒
道生	并州（山西太原）	贞观末年	取泥婆罗道，经过吐蕃到中天竺学法。停驻多载。后赍经像返归，行至泥婆罗遇疾而卒
慧轮	新罗	麟德二年	麟德二年，奉敕作为玄照侍者西行，同赴天竺，游历留学，义净游印时尚存，年向四十
师鞭	齐州	麟德二年	玄照第二次赴印时偕行，随玄照赴天竺，遇疾卒于庵摩罗跋城王寺

续表

西行 求法僧	籍贯 / 国属	赴印时间	西行求法僧行迹
末底僧诃	京师 (陕西)	麟德二年或乾封 元年(666)	与师鞭偕行,经泥婆罗道同赴印。归途经泥婆 罗,遇患身卒
道希	齐州	永徽六年(655)	经泥婆罗道抵达天竺,周游诸国,瞻仰圣迹,留 学那烂陀寺,因病卒于庵摩罗跋国
道方	并州(山 西太原)	不详	经泥婆罗道赴天竺求法,留学大觉寺,得为主人 经数年。数年后又返回泥婆罗
玄会	京师 (陕西)	不详	从北印度入迦湿弥罗国,后南游至大觉寺,游历 巡礼。经陆路返回,到泥婆罗国不幸而卒
玄太	新罗	永徽年间	永徽年间,取泥婆罗道,经吐蕃、泥婆罗到中天 竺。返途中,在吐谷浑遇道希法师,"复相引致, 还向大觉寺"。后返唐,莫知所终
吐蕃公主 奶母之 二子	不详	不详	在泥婆罗国,初并出家,后一归俗住大王寺
僧伽跋摩	康国	显庆年间	年少时来长安,显庆年间奉敕与使人(王玄策) 相随,礼觐西国,送佛袈裟至泥婆罗国,复经吐 蕃泥婆罗道
悟真	新罗	贞元五年(789)	建中二年(781)入唐,向惠果和尚学习秘法。 贞元五年前往中天竺,求得《大毗卢遮那经》梵 夹,返程至吐蕃身殁

资料来源:(唐)义净著,王邦维校注《大唐西域求法高僧传校注》;佚名《大唐青龙寺三朝供奉大德行状》,《大正藏》第 50 册,No.2057,第 295 页中。

据《大唐西域求法高僧传》记载:玄照"杖锡西迈,挂想祇园。背金府而出流沙,践铁门而登雪岭。漱香池以结念,毕契四弘;陟葱阜而翘心,誓度三有。途经速利,过睹货罗,远跨胡壃,到土蕃国。蒙文成公主送往北天,渐向阇阑陀国"。① 玄照此行与玄奘出行时所经路线相似,经流沙到铁门,再至中亚吐火罗之后,原本南下即可抵达天竺,但玄照却向东折行至吐蕃,在吐蕃受文成公主关照,并被护送至北印度。对于玄照赴印的具体经行

---

① (唐)义净著,王邦维校注《大唐西域求法高僧传校注》卷上,第 9—10 页。

路线，有学者将从吐蕃至西域的路线称为"麝香之路"，[1] 或称为吐蕃中道——食盐之路，[2] 并认为经行此道的除玄照一行外，还有隆法师、信胄以及大唐三僧等。[3] 玄照第一次返程时，"路次泥波罗国，蒙国王发遣，送至土蕃。重见文成公主，深致礼遇，资给归唐。于是巡涉西蕃，而至东夏。以九月而辞苦部，正月便到洛阳，五月之间，途经万里"。[4] 他应是经行吐蕃泥婆罗道，并得到文成公主再次资助，更重要的是五个月时间便回到洛阳，可见此道近而便捷。第一次赴印的具体路线记载不详，或依旧取吐蕃泥婆罗道，后准备返程时因西域道和吐蕃道均受阻，而未能返回唐朝，辗转游历于印度，后因病卒于中印度。

（四）初唐后吐蕃泥婆罗道的持续使用

虽然唐初经行吐蕃泥婆罗道的求法僧和使者众多，但是有不少僧人返程至泥婆罗时身卒，义净记载，"泥波罗既有毒药，所以到彼多亡"。[5] 加之，唐高宗咸亨元年（670），唐蕃在大非川（今青海共和县境内）交兵，据《资治通鉴》记载："仁贵退屯大非川，吐蕃相论钦陵将兵四十余万就击之，唐兵大败，死伤略尽。"[6] 因此，"吐蕃道的关闭在咸亨元年大非川战役之时或其明后年，这是出于政治变化之故"。[7] 大非川战争导致了吐蕃泥婆罗道的关

---

[1] 孙晓岗认为，在中印交通中还存在一条西接丝绸之路，东连吐蕃泥婆罗道的交通路线，其走向大致是，先至犍陀罗，再逆印度河至勃律国，转而向东，经过羊同国，然后东行至古时闷域，亦称芒域之地，翻越喜马拉雅山口，进入泥婆罗国，最后达中印度的摩揭陀国。他认为，玄照赴印路线即经行此路。参见孙晓岗《玄照法师求法印度经行路线考》，段文杰、〔日〕茂木雅博主编《敦煌学与中国史研究论集》，兰州：甘肃人民出版社，2001 年，第 253—257 页。

[2] 王小甫：《唐、吐蕃、大食政治关系史》，第 21—22、36—37 页。

[3] 王小甫：《唐、吐蕃、大食政治关系史》，第 36 页。

[4] （唐）义净著，王邦维校注《大唐西域求法高僧传校注》卷上，第 10 页。

[5] （唐）义净著，王邦维校注《大唐西域求法高僧传校注》卷上，第 58 页。

[6] （宋）司马光编著《资治通鉴》卷二一〇，高宗咸亨元年八月丁巳条，北京：中华书局，1956 年，第 6364 页。

[7] 范祥雍：《唐代中印交通吐蕃一道考》，朱东润等主编《中华文史论丛》1982 年第 4 辑，第 223 页。

闭。① 玄照在麟德中第二次奉敕赴印寻找长年药，在游历多年准备返回时，"以泥波罗道土蕃拥塞不通"，② 而未能返回大唐，可知当时此通道已经壅塞不通。

唐建中二年（781），新罗国僧悟真入唐，至"青龙寺向惠果和尚学习秘法，受胎藏毗卢遮那及诸尊持念教法"。③ 后从长安出发赴印求法，"贞元五季，往于中天竺国，大毗卢遮那经梵夹余经，吐蕃国身殁"。④ 悟真从长安出发赴印求法时，曾经行吐蕃，说明吐蕃道有时还在继续使用。

宋代释志磐《佛祖统纪》也对中国通往印度的三条道路进行了详细记载，其中就对自吐蕃至泥婆罗、印度的道路有记载：

> 东土往五竺有三道焉，由西域度葱岭入铁门者路最险远，奘法师诸人所经也；泛南海达诃陵至耽摩梨底者，路甚近，净三藏诸人所由也；《西域记》云："自吐蕃至东女国、尼婆国、弗粟特、毗离邪为中印度，唐梵相去万里，此为最近而少险阻。"且云："比来国命率由此地。"⑤

此处所载"三道"，包括西域道、南海道和吐蕃泥婆罗道。最后所引《西域记》记载的即吐蕃泥婆罗道，是三条通道中"最近而少险阻"者。宋代，此道仍为宋人所熟知，因其"最近而少险阻"而加以持续利用。有学者考证宋僧继业一行西行返程时经行西藏西南磨逾里（即芒域）的"吉隆道"，认为"唐蕃道即使是在唐蕃之间时战时和、关系最为紧张的时期，官方和民

---

① 霍巍：《〈大唐天竺使出铭〉及其相关问题的研究》，《东方学报》第66册，1994年，第257页。
② （唐）义净著，王邦维校注《大唐西域求法高僧传校注》卷上，第11页。
③ 黄有福、陈景富编著《海东入华求法高僧传》，北京：中国社会科学出版社，1994年，第81页。
④ 佚名：《大唐青龙寺三朝供奉大德行状》，《大正藏》第50册，No.2057，第295页中。
⑤ （宋）志磐撰，释道法校注《佛祖统纪校注》卷三三《世界名体志》第十五之二附"西土五印之图"，第730页。

间以宗教为纽带的交往也从未中断过"。①直到宋初，该道对往来中原地区的使者和僧人似乎并未完全封闭，甚至到明代仍然作为官道使用。11—12世纪，西藏僧人前去尼泊尔、印度求学也都经行此道，此道一直在使用，是中尼主通道之一。

（五）唐初吐蕃泥婆罗道的优势

根据《大唐西域求法高僧传》记载，57位入印求法僧中，除去路线不明者，经陆路赴印的有19人，而其中经吐蕃泥婆罗道往返中印的求法僧有13人。②"在短时间内这样多的人走尼波罗道，是空前的，也是绝后的。"③

有唐一代，西行求法僧经行吐蕃道者相对较少，但经行主要时间段非常集中，自唐贞观十五年唐蕃交好起，至高宗麟德年间止。究其原因，在于唐蕃建立友好关系，吐蕃道通畅无阻且西行求法僧至吐蕃时可获得文成公主资助和护送。而经行西域道时，此条通道连通的政权众多，且各不统属，凡商人僧侣过境，都需要沿途各国的允准，给予通关文牒才能通行。不仅路途远，而且山高水险，旅程充满艰险。

路程短而少险阻，是吐蕃泥婆罗道成为唐初中印官方主通道的主要原因之一。玄照从印度返唐时，"以九月而辞苦部，正月便到洛阳，五月之间，途经万里"。④五个月时间，便已经返回洛阳，说明吐蕃道虽然也多艰难险阻，但与其他路线相比路程大大缩短，可以说是一条捷径。据《旧唐书》卷一九六《吐蕃传》记载："吐蕃，在长安之西八千里。"⑤而据《安多政教史》记载："自圣域金刚座向北，据说经百由旬，有具祥萨迦大寺。"⑥圣域金刚

---

① 霍巍：《宋僧继业西行归国路经"吉隆道"考》，《史学月刊》2020年第8期，第30页。
② （唐）义净著，王邦维校注《大唐西域求法高僧传校注》，附录"求法僧一览表"，第247—252页。
③ 季羡林：《中印文化关系史论文集》，第274页。
④ （唐）义净著，王邦维校注《大唐西域求法高僧传校注》卷上，第10页。
⑤ （后晋）刘昫等：《旧唐书》卷一九六《吐蕃传》，北京：中华书局，1975年，第5219页。
⑥ 智观巴·贡却乎丹巴绕吉：《安多政教史》（上），西宁：青海人民出版社，2017年，第3页。

座，就是中天竺菩提伽耶，是佛陀证觉成道之地，那么，"从印度菩提道场至位于后藏的萨迦大寺，距离一百由旬左右，一由旬'约合一十二公里许'（参见《安多政教史》注释），则总计约1200公里，而从萨迦到逻些（拉萨）距离593公里，则从菩提伽耶到逻些是3600里左右"。[①] 唐代初期开辟的吐蕃泥婆罗道，起初因为"近而少险阻"，唐初的大部分求法僧、使臣王玄策等多取此道至印度。但是，实际此道路也不甚安全，这条道路的关闭或许与唐蕃关系交恶，道路阻绝有关，或也与义净所言"泥波罗既有毒药，所以到彼多亡"有关。[②]

第二节　西行求法僧经行的海路交通线

从三国曹魏朱士行西行开始，到唐末的600多年里，众多中土求法僧远赴西域求法巡礼。除通过陆路赴西域外，还有很多僧人泛海舶、渡重溟，取道海上航道远赴南海、天竺。这条海上航道以中国的东南沿海港口为起点，途经中国南海、南洋诸国，穿过马六甲海峡，经安达曼海进入印度洋，最后抵达印度等。这条联结中国和西方的海上航路，既是中西物质交流的商贸之路，也是中西佛教文化交流之路，是古代中国与印度以及印度以西国家海上交通的必经之地。

一　六朝渐兴的南海道

魏晋南北朝时期，由于政权割据和地理位置等因素，北朝的对外交通以陆路为主，而吴、东晋南朝（简称"六朝"）主要利用海路与海外国家交往。

---

① 陈楠：《唐梵新路与西域求法高僧》，彭勇主编《民族史研究》第13辑，北京：中央民族大学出版社，2017年，第3—21页。
② （唐）义净著，王邦维校注《大唐西域求法高僧传校注》卷上，第58页。关于此问题的论述详见本书第二章第三节，此处不再赘述。

（一）六朝以来的南海道

历史意义上的南海，指中国以南到印度尼西亚的广大海域，史书记载，南海航线在西汉时已经开通。《汉书·地理志》云："自日南障塞、徐闻、合浦船行可五月，有都元国……有黄支国……黄支之南，有已程不国，汉之译使自此还矣。"[①] 西汉时期，我国与南海诸国及印度的海上交通线已开辟，但因造船和航海技术不发达，中西交通主要还是通过陆路来实现。

六朝时期，正是佛教持续传入中土的阶段，"在南朝，与天竺交通多由海程"。[②] 此时期西行求法僧虽少见于史料记载，但是中印间"南海北陆，在两晋之际已经贯通，形成了一个佛教文化循环遨游的大圆圈。这个圆圈到南北朝，流转的速度骤然加快，往来的僧众明显增多"。[③] 最早约于 3 世纪，就有经海路来华弘法的西域僧人支疆梁接、迦摩罗、耆域等，此后越来越多的西域（包括中亚、印度、斯里兰卡）僧人沿着海上丝绸之路到达中国南方，[④] 海上航线因此也增加了佛教文化传播功能。

随着海上交通的畅通，六朝使者、商人接踵前往海外，域外僧人也通过海上交通路线来到中国。三国两晋以来，循海路来华的域外僧人逐渐增多。这条海上路线为南天竺—师子国—交趾或者南海郡（今广州）等地。天竺高僧求那跋陀罗、真谛和罽宾高僧求那跋摩来华都是在南海郡登岸，再至建康。而西凉僧人智严第一次西行入竺即陆去海归，经陆路到罽宾求法，并邀请罽宾高僧佛驮跋陀罗赴华弘法，最终泛海而归，从印度经缅甸，到达越南，再换乘船舶至山东青岛。

（二）六朝求法僧经行南海道入竺

梁启超认为晋唐中印海路可分为三条路线："（甲）由广州放洋。义净、

① （汉）班固：《汉书》卷二八《地理志》，第 1671 页。
② 汤用彤：《汉魏两晋南北朝佛教史》，第 266 页。
③ 杜继文主编《佛教史》，第 164 页。
④ 石云涛：《六朝时期的海上交通与佛教东传》，杭州佛学院编《吴越佛教》第 8 卷，北京：九州出版社，2013 年，第 451 页。

不空等出归皆遵此路。唐代诸僧，什九皆同。昙无竭归时遵此路。（乙）由安南放洋。明远出时遵此路。觉贤来时遵此路。（丙）由青岛放洋。法显归时遵此路，道普第二次出时遵此路。凡泛海者皆经诃陵（即爪哇）①、师子（即斯里兰卡）等国达印度也。"②放洋港口有广州、安南和青岛。而汤用彤认为，南朝海路在中国的交通口岸主要有广州、龙编（即交趾）、梁安郡（今地不可考）、胶州一带。③六朝西行求法僧经海路归来或出行的登陆地点和出发港口主要有如下三地。

一是广州，昙无竭求法归来时的登陆地点。南朝宋永初元年（420），昙无竭等人经陆路西域道赴竺，至天竺求法巡礼，"后于南天竺，随舶泛海达广州"，④可知在广州登陆。

二是交趾，与法显曾在西行途中相遇，又独自先去罽宾的智严，学习禅法后，又邀请罽宾高僧佛驮跋陀罗来中土。据《高僧传》载，"跋陀嘉其恳至，遂共东行。于是逾沙越险，达自关中。常依随跋陀，止长安大寺"。⑤貌似经陆路返回。但是据佛驮跋陀罗传记载，他们一起经海路，到达交趾，再换乘船，最后在东莱郡登岸。"至交趾，乃附舶循海而行，经一岛下……顷之，至青州东莱郡。"⑥智严晚年再赴天竺时，带着弟子们取南海道入竺，此次出港口不详。

三是胶州一带，是法显回国后最后的登陆地点。经海路回国的求法僧人，法显是见于史籍记载的第一人。法显乘坐师子国商船东返，预备在广州登陆，但遇到黑风暴，船失方向，随风漂流，最后在青州长广郡崂山登陆。高昌僧人道普，受南朝宋文帝资助，欲再赴天竺寻《涅槃后经》，"至长广

① 王邦维则认为："诃陵似不在爪哇，而在今加里曼丹岛西部。"参见（唐）义净著，王邦维校注《大唐西域求法高僧传校注》卷上，第54—55页。
② 梁启超：《中国印度之交通》，《佛学研究十八篇》，第139页。
③ 参见汤用彤《汉魏两晋南北朝佛教史》，第266—267页。
④ （梁）僧祐撰，苏晋仁、萧錬子点校《出三藏记集》卷一五《法勇法师传》，第582页；亦见（梁）慧皎撰，汤用彤校注《高僧传》卷三《宋黄龙释昙无竭传》，第94页。
⑤ （梁）慧皎撰，汤用彤校注《高僧传》卷三《宋京师枳园寺释智严传》，第99页。
⑥ （梁）慧皎撰，汤用彤校注《高僧传》卷二《晋京师道场寺佛驮跋陀罗传》，第70页。

郡，舶破伤足，因疾而卒"。① 可知他当时准备从长广郡出港。

　　法显之后，取南海道回国或入印度，如智严、昙无竭等，其弟子们再经西域道回国，可知当时陆路和海路皆通畅，陆去海归或海去陆归形成循环圈。1—6世纪时，扶南国②控制了中南半岛，东西方海上往来必经扶南国海域。因此南朝梁与扶南国交往甚密，曾派遣三批使团赴扶南国，如沙门释云宝曾随使往扶南国迎佛发等。③ 7世纪前，扶南国是南海道的交通枢纽和中西交流的海上桥梁。

二　唐代兴盛的南海道

　　唐代对外交通颇为发达。唐贞元中，宰相贾耽较全面地考述了当时的交通状况，并总结说："考方域道里之数最详，从边州入四夷，通译于鸿胪者，莫不毕记。"④ 所谓"绝域之比邻，异蕃之习俗，梯山献琛之路，乘舶来朝之人，咸究竟其源流，访求其居处。阛阓之行贾，戎貊之遗老，莫不听其言而掇其要"。⑤ 其入四夷之道路最要者有七："一曰营州入安东道，二曰登州海行入高丽渤海道，三曰夏州塞外通大同云中道，四曰中受降城入回鹘道，五曰安西入西域道，六曰安南通天竺道，七曰广州通海夷道。"⑥ 而这"七道"中，最为重要和发达的就是"广州通海夷道"。

　　唐代主要对外交通线中，"广州通海夷道"占据重要地位，此航道起点为广州，共"经历90余个国家和地区，航期89天（不计沿途停留时间），是8、9世纪世界最长的远洋航线，也是唐朝最重要的对外贸易海

---

① （梁）慧皎撰，汤用彤校注《高僧传》卷二《晋河西昙无谶传》，第80页。
② 扶南国，是1世纪至7世纪初中南半岛上有名的古国，在今柬埔寨和越南南部。参见（唐）义净著，王邦维校注《大唐西域求法高僧传校注》卷上，序第8页注（九）。
③ （唐）姚思廉：《梁书》卷五四《扶南传》，北京：中华书局，1973年，第790页；同见（唐）李延寿《南史》卷七八《扶南国传》，北京：中华书局，1975年，第1954页。
④ （宋）欧阳修、宋祁：《新唐书》卷四三《地理志七下》，第1146页。
⑤ （后晋）刘昫等：《旧唐书》卷一三八《贾耽传》，第3785页。
⑥ （宋）欧阳修、宋祁：《新唐书》卷四三《地理志七下》，第1146页。

上交通线"。①

南海交通线路不止"广州通海夷道"一途。《大唐西域求法高僧传》中记载有 39 位求法僧，取南海道往返唐朝与西域，这些赴印求法僧出发港口主要有广州、交趾、占波。但其中的"广州通海夷道"，是唐朝主要的海外贸易通道。梁启超也认为，7 世纪时交通之主线是由广州放洋的海路。② 唐代僧人西行时十有八九选择的出港口是广州。

需要说明的是，7 世纪时南海交通中心已不再是扶南国，而是"向马六甲海峡和巽他海峡地区转移，扶南在南海交通中的地位被海峡地区的室利佛逝和诃陵取代"。③ 求法僧人一般先从内地来到出港口广州等地，等待秋冬季风时节，然后搭乘商舶出行。大致遵循贾耽所记载的广州通海夷道，一般从广州或交州出港，或经停室利佛逝，或经停诃陵等南海诸国中转，然后穿越马六甲海峡，进入印度洋，最后抵达印度等。"就海路佛僧最为通常的航行路线而论，南中国海，以室利佛逝（今印度尼西亚苏门答腊岛之巨港）为中心的南海诸岛国，马六甲海峡、安达曼海和孟加拉湾，是所有中西佛僧的必经之路。"④

（一）经室利佛逝中转

唐代求法僧人由南海道经停室利佛逝、末罗瑜（又译末罗游，在今占碑地区）等地而入竺者，如著名的义净、无行禅师和智弘律师等。

对南海道经行航线和航程记载最为详细者莫如"无行禅师传"，与无行同行的智弘记载了刚出发时的一段行程："幸遇无行禅师，与之同契。至合浦升舶，长泛沧溟。风便不通，漂居匕景。覆向交州，住经一夏。既至冬末，复往海滨神湾，随舶南游，到室利佛逝国。"⑤ 大部分的行程记载见于无

① 李庆新：《唐代南海交通与佛教交流》，《广东社会科学》2010 年第 1 期，第 119 页。
② 梁启超：《中国印度之交通》，《佛学研究十八篇》，第 141 页。
③ 周中坚：《古代南海交通中心的变迁》，《海交史研究》1982 年年刊，第 110 页。
④ 何方耀：《晋唐时期南海求法高僧群体研究》，序言，第 6 页。
⑤ （唐）义净著，王邦维校《大唐西域求法高僧传校注》卷下，第 175 页。

行禅师传，具体行程如下：

> 无行禅师者，荆州江陵人也。（中略）与智弘为伴，东风泛舶，
> 一月到室利佛逝国。国王厚礼，特异常伦，布金花，散金粟，四事供
> 养，五体呈心，见从大唐天子处来，倍加钦上。后乘王舶，经十五
> 日，达末罗瑜洲。又十五日到羯荼国。至冬末转舶西行，经三十日，
> 到那伽钵亶那。从此泛海二日，到师子洲，观礼佛牙。从师子洲复东
> 北泛舶一月，到诃利鸡罗国。此国乃是东天之东界也，即赡部洲之地
> 也。停住一年，渐之东印度，恒与智弘相随。此去那烂陀途有百驿。
> 既停息已，便之大觉。[①]

按照无行和智弘的行程，盖从广西合浦出发，经行合浦—匕景（约在今
越南）—交州—（1 个月）—室利佛逝—（15 日）—末罗瑜洲—（15 日）—
羯荼国—（30 日）—那伽钵亶那[②]—（2 日）—师子洲—（1 个月）—诃利鸡
罗国—东印度。

义净在无行禅师传中详细记载了南海道的航线和航程，是研究南海道交
通航线和行程的珍贵史料。

关于义净赴印的海上航线及行程，《大唐西域求法高僧传》记载：

> 随至广府，与波斯舶主期会南行。（中略）未隔两旬，果之佛逝。
> 经停六月，渐学声明。王赠支持，送往末罗瑜国。今改为室利佛逝也。
> 复停两月，转向羯荼。至十二月，举帆还乘王舶，渐向东天矣。从羯荼
> 北行十日余，至裸人国。（中略）从兹更半月许，望西北行，遂达耽摩
> 立底国，即东印度之南界也，去莫诃菩提及那烂陀可六十余驿。[③]

① （唐）义净著，王邦维校注《大唐西域求法高僧传校注》卷下，第 181—182 页。
② 古代南印度港口，在今印度泰米尔纳德邦。
③ （唐）义净著，王邦维校注《大唐西域求法高僧传校注》卷下，第 151—153 页。

　　按义净由南海道赴印所经行航线，他是从广州出发，向西南航行，不到两旬就到达室利佛逝。经停半年，然后穿越马六甲海峡，到达羯荼、裸人国（又名裸国，故地一般认为在今尼科巴群岛），最后到印度东入海港口耽摩立底国，停留学习一年后赴中印度。可知，义净回国时曾在羯荼停留近一年时间，按王邦维推算，从羯荼经过裸人国，西北航行到达印度南界，恒河口岸的耽摩立底国，经停一年，然后赴中印度那烂陀。义净西行求法后归国的路线不见详载，但义净所译佛经的一条注中曾提及：

　　　　（耽摩立底）即是升舶入海归唐之处，从斯两月泛舶东南，到羯荼国，此属佛逝。舶到之时，当正二月。若向师子洲，西南进舶，传有七百驿。停此至冬，泛舶南上，一月许到末罗游洲，今为佛逝多国矣。亦以正二月而达，停止夏半，泛舶北行，可一月余，便达广府，经停向当年半矣。若有福力扶持，所在则乐如行市。如其宿因业薄，到处实危若倾巢。①

　　此时应是垂拱二年（686），从二月停留至冬天再次乘船，回到末罗游，盖垂拱三年二月，再回到室利佛逝，并在室利佛逝停驻四年，译经、著书，一直到长寿二年（693）夏天乘船返回广州。前后一共六年多。② 义净在室利佛逝停留时间较久，西行时曾在此地学习梵语、佛教仪轨。返程时先在此地译经、著书，然后再回国。

　　义净求法路线，发自广州，历室利佛逝、末罗游、羯荼、裸人国、耽摩立底；无行和智弘自合浦出发，暂停交州，复经室利佛逝、末罗游、羯荼、那伽钵亶那等国。此外，还有大津、彼岸、智岸等僧人，或途经室利佛逝，或以室利佛逝为目的地。室利佛逝是义净西行和东归的中转站，唐朝僧人西

①　（唐）义净译《根本说一切有部百一羯磨》卷五，《大正新修大藏经》第 24 册，第 477 页下。

②　王邦维：《唐高僧义净生平及其著作论考》，第 12—13 页。

行时先在此地学习梵语和熟悉佛教仪轨，再赴印度求法。因此，室利佛逝也是唐代诸多入竺求法僧的中转站，此地将在僧人求法巡礼部分作为南海道中转站进行讨论。

（二）经诃陵国（爪哇岛）中转

诃陵国在 7 世纪时佛教极为兴盛，是唐代取南海道入天竺僧人重要的中转站。如益州僧人明远从益州南下，"振锡南游，届于交阯。鼓舶鲸波，到诃陵国。次至师子洲"。[①] 他曾在诃陵国中转，然后赴南印度，后不知所终。会宁曾前往诃陵国译经，"泛舶至诃陵洲。停住三载，遂共诃陵国多闻僧若那跋陀罗于《阿笈摩经》内译出如来焚身之事"。[②] 他令小僧运期赍经送至京城长安，然后继续西行。常愍法师与弟子"至海滨，附舶南征，往诃陵国。从此附舶，往末罗瑜国"。[③] 他们的出发港不详，到诃陵国，再至末罗瑜国，又欲从此地出发去中天竺，无奈船只沉没，共沉于大海。道琳也是经由南海道西行，发足地不详，"越铜柱而届郎迦，历诃陵而经裸国。……经乎数载，到东印度耽摩立底国"。[④] 经行路线为铜柱—郎迦—诃陵—裸人国—耽摩立底国—中天竺。不空赴师子国时，"离南海至诃陵国界，遇大黑风"，[⑤] 后来风浪平息，平安到达师子国。不空一行是否在诃陵登岸停留过，文献无考，但商舶也是经过诃陵国界直达师子国。

也有从广西出港的僧人，如义朗、智岸和义玄三人则是从乌雷（今广西钦州市一带）附商舶，"越舸扶南，缀缆郎迦"。[⑥] 经行路线为扶南—郎迦戍—师子国—天竺。或直接横渡印度洋，先至师子国，再北上至东印度入海口耽摩立底国，或沿着越南海岸线航行。

---

① （唐）义净著，王邦维校注《大唐西域求法高僧传校注》卷上，第 68 页。
② （唐）义净著，王邦维校注《大唐西域求法高僧传校注》卷上，第 76 页。
③ （唐）义净著，王邦维校注《大唐西域求法高僧传校注》卷上，第 51 页。
④ （唐）义净著，王邦维校注《大唐西域求法高僧传校注》卷下，第 133 页。
⑤ （宋）赞宁：《宋高僧传》卷一《唐京兆大兴善寺不空传》，第 7 页。
⑥ （唐）义净著，王邦维校注《大唐西域求法高僧传校注》卷上，第 72 页。

总而言之，从晋至唐的中印南海交通航线，"印度方面，其东海岸之各主要港口，南方之锡兰，都是东来梵僧之启航港和西行求法华僧之登岸处；中国方面，交州湾、广州、福建泉州、山东青州，都是西来梵僧之登岸处和西行求法华僧之始发港"。① 而这些循南海道往返中印的 30 多位僧人，大部分是从广州出发的（义净等人以广州为起点，昙无竭以广州为终点），其次才是交州。可见，至唐代广州已取代交州，成为当时中国最大的港口。这从一个侧面说明唐代中外商业贸易的繁荣，以及广州作为当时中印商贸港口之一的兴盛。

综合上述资料可知，求法僧人经行的南海道航线，就出港口而言，除广州外，还有交趾、合浦、乌雷以及占波等，中转港口也不尽相同，如经室利佛逝或诃陵，到达东印度耽摩立底；或从羯荼赴师子国再至东印度等。义净的记载反映了当时中外海上交通的频繁与范围的广大，这样中印之间便形成了畅通便利的海路网络，也足见唐代中西海路交通的发达。

第三节　西行求法僧经行交通路线的改变

自汉以来，中印之间主要通过陆路往来，"晋之苻秦与其后之北魏均兵力及乎西域。而当魏全盛，威权及于今之新疆及中亚细亚（月氏故地）。故中印间之行旅商贾，多取此途。经像僧人由此来者，亦较南方海程为多"。② 陆路交通在当时中外交通往来中占主导地位。唐初兴盛一时的吐蕃泥婆罗道，也因唐蕃战争而壅塞受阻。西域战乱纷争不断，中西陆路交通受阻，中外交通重心遂转移到了东南海路。大致以唐高宗麟德二年为转折点，在此之前由唐入印以陆路为主，此后南海道兴盛，海路的地位提高，其重要性逐渐高于陆路西域道，成为唐高宗以后西行求法僧入印主要交通路线。究其缘由，受诸多内外因素影响。

---

① 何方耀：《晋唐时期南海求法高僧群体研究》，序言，第 6 页。
② 汤用彤：《汉魏两晋南北朝佛教史》，第 267 页。

一　晋宋时期以陆路交通为主

魏晋至唐代，中土僧人西行求法的交通路线主要分为陆路和海路两种，而陆路又可分为西域道（分为西域北道和南道）、蜀身毒道（滇缅道）、吐蕃泥婆罗道三条。至唐初，随着唐蕃关系友好，一条"近而少险阻"的道路——吐蕃泥婆罗道畅通，唐初以此条道路为中印间主要的交通通道，使者和僧侣经行往来。虽南海道已有发展，但晋宋之际以陆路通道为主。

（一）陆路是晋宋求法僧西行主路线

3—7世纪初，中印之间的通道有多条，道宣《释迦方志》所言中印间通道有三条，分别为北道、中道和东道，相当于西域北道、南道和吐蕃道；梁启超认为有六条，分别为海路、渴槃陀路、于阗罽宾路、天山路、吐蕃泥婆罗路和滇缅路；[①] 汤用彤认为有五条，分别为天山南路、天山北路、高昌于阗路、吐蕃道、海路。[②] 除汤用彤未提及滇缅道之外，其他道路稍有不同，但路线有交叉。总而言之，陆路通道主要有西域道（分南北道）、滇缅道、吐蕃泥婆罗道。

自曹魏朱士行开西行求法活动之先河以后，中古时期数以千计的僧人踏上了西行求法的道路。而自朱士行先行通过陆路西域道，从雍州赴于阗求法，此后的诸多求法僧人如法显等，都经西域道赴西域求法巡礼。在魏晋至初唐的三四百年间，大多数僧人经行陆路至西域求法。

六朝时期南海道已有发展，中原王朝与印尼群岛诸国互通使节，开展诸多以佛教文化为中心的交流，但求法僧赴印者不多。由南海道返程者有法显、智猛、昙无竭等，人数亦不多。梁启超认为，西行求法活动中，从陆路跋涉西行到印度的僧人无论如何比循海路的多，循陆路者111人，循海路者

---

① 梁启超：《中国印度之交通》，《佛学研究十八篇》，第139—141页。
② 汤用彤：《隋唐佛教史稿》，第71—72页。

34 人。[①] 冯承钧在《历代求法翻经录》中统计，西行循陆路者 114 人，循海路者 36 人。[②] 梁启超和冯承钧均认为，中国古代求法僧人经陆路去往印度的比海路多。

（二）晋宋西行求法僧以陆路为主之因

魏晋至唐初，西行求法僧经行陆路者较多，有学者认为其原因有二："首先是陆路比较安全，因为出了玉门关以后，所经多数是西域佛教国度，僧俗在域外既易找到挂单借宿的寺院，同时佛教国的君主臣属对佛教徒会比较客气。……其次是循海西行多在唐中叶以后，那时中国对外的海上交通比较发达。"[③] 但未就这方面的原因展开深入论述，现就具体缘由分析如下。

1. 与丝绸之路兴衰息息相关

我国古代的对外活动，通商贸易和佛教僧人的海外往来构成了古代海外交通史的主要部分。[④] 僧侣弘法求法之路也是贸易之路，对外贸易是文化交流的基础，佛教的传播亦随着丝绸之路贸易的盛衰而变迁。古代的中国与印度之间道路险阻，在交通不便的时代，背井离乡长途跋涉者，除了奉命出行的使臣之外，还有往来贸易的商人和行脚的僧侣，"商贸之路即是传法之途，贩客商贾遂成为佛门法侣"。[⑤] 商人的资助使佛僧的长途旅行得以实现，商人是僧人旅途的伴侣和主要资助者，僧人也利用自己所学和技能帮助商人。商人和僧人一起构成了古代中外文化交流的两个方面。[⑥] 商贸活动与文化传播关系密切。因此，东来弘法和西行求法僧人经行选择道路，与道路的兴盛有关，也与商贸发展有关。因此，自汉通西域以来，中国和中亚、欧洲的商

---

① 梁启超：《中国印度之交通》，《佛学研究十八篇》，第 113—127 页。
② 循陆路者，编号为 11、24、56—65、76—78、80—84、97—99、146—153、155—156、158—162、171、174、178—179、197—199；循海路者，编号为 79、153、157、164—173、175—176、180—196。参见冯承钧编《历代求法翻经录》。
③ 曹仕邦：《中国佛教求法史杂考》，张曼涛主编《现代佛教学术丛刊》第 100 册《佛教史杂考》，第 300—301 页。
④ 黎小明：《广州与古代僧人的海外往来》，《法音》1988 年第 8 期。
⑤ 何方耀：《晋唐时期南海求法高僧群体研究》，第 82 页。
⑥ 何方耀：《晋唐时期南海求法高僧群体研究》，第 81—93 页。

贸往来迅速发展，陆上丝绸之路连接亚非欧，成为古代中西商业贸易重要交通动脉，也成为中西方之间交流的主要通道，是中国、印度、希腊文化交流的桥梁，此条连接亚欧的交通路线也成为佛教文化传播的通道。佛教僧侣与商人结伴而行，丝路西域道空前繁荣，唐中叶以后，西域道受阻，南海道兴起并取而代之。

2. 区位优势与政治势力影响

汉朝统一西域后，为了管理西域，并加强中原与西域的联系，西汉宣帝神爵二年（前60），建西域都护府，所辖地区包括塔里木盆地、葱岭以西、天山以北地区。东汉之时，朝廷无力经营西域，魏晋时西域诸政权长期纷争，前秦时平定西域。之后的五凉与西域关系密切，北魏统一北方，龟兹归属北魏。"西域正路，自苻秦以来，葱左诸邦，半皆服属；元魏盛时，威及葱右。自玉门至吐火罗（即汉时月氏辖境）在政治上几为中国之附庸区域，所以行旅鲜阻而西迈者相接也。及北齐、北周分裂，突厥病隋，兹路稍榛莽矣。"[1] 西域道的通畅与前秦、北魏势力在西域的扩张有关，如北魏孝明帝神龟元年，宋云与崇立寺沙门惠生、法力等奉胡太后之命出访北天竺，《宋云纪行》记载，向沿途各国送公文和诏书、礼物，作为使节，访问嚈哒、波知、赊弥、乌苌等国，与西域诸政权联系紧密。

唐初边疆并不稳定，但经唐朝的拓边与经略，西域道曾达到鼎盛状态。贞观四年（630），唐朝平北突厥。"隋伊吾郡。隋末，西域杂胡据之。贞观四年，归化，置西伊州。"[2] 原臣服东突厥的伊吾来降，由此打开了中原通往西域的门户。贞观十四年，唐平高昌，设立西州、庭州，置安西都护府。贞观十八年、二十二年，平焉耆、龟兹等地，置安西四镇。显庆二年（657）平西突厥。"由是修亭障，列蹊隧，定疆畛，问疾收胔，唐之州县极西海矣"，[3] 极大地拓展了唐朝管辖范围。唐贞观年间，随着唐蕃友好关系的建立，

---

① 梁启超：《中国印度之交通》，《佛学研究十八篇》，第141页。
② （后晋）刘昫等：《旧唐书》卷四〇《地理志》，第1643页。
③ （宋）欧阳修、宋祁：《新唐书》卷一一一《苏定方传》，第4138页。

从长安经青海，通往吐蕃、泥婆罗，最后至印度的吐蕃泥婆罗道畅通，在唐初成为中印之间最主要的交通路线。

3. 西域是佛教初传来源地

佛教自公元前后传入西域的于阗、龟兹等地，随后经天山南北麓、河西走廊进入中原并逐渐传播开来，"西域各国中，以罽宾、于阗、龟兹三国为交通重镇。其地佛教之性质，影响于我国者至大"。[①] 所以，西域之陆路是西行求法必经之路。很多中原僧人是受西域译经弘法僧人的影响，听闻西域的佛法与佛教遗迹而心生向往。汉末，西域僧人众多，尤以罽宾僧人居多，中土僧人便追随来华弘法僧人的脚步去寻法。"西域佛教国本身便是参学的好场所，中国僧侣往往仅到西域求法为已足，不一定要远涉天竺。"[②] 中原与西域长期的商贸往来、文化交流，也为佛教传入奠定了基础。而中原僧人西行求法，在途经西域时，人身安全能够得到保障，一路也能得到较好的照应。

魏晋南北朝时期，罽宾是西域佛教的中心，罽宾不仅佛法兴盛、高僧云集，而且还有众多中原僧人向往的佛教遗迹，象征佛法的佛钵，以及佛顶骨舍利、佛发、佛齿等佛陀遗物，是中原僧人向往的佛教圣地。中原与罽宾间的佛教文化交流成为这时期最主要的交流内容，罽宾道是中原经西域到罽宾的最近且最方便的通道。晋宋之际，以罽宾为中心的犍陀罗地区才是求法僧的主要目的地，求法僧至罽宾一带，求访名师大德，广寻佛经，巡礼佛教圣迹，顶礼佛钵。甚至众多求法僧人在犍陀罗地区求法巡礼后，便不再深入天竺腹地，而是踏上返程之路。

二 唐代求法僧经行路线的改变

唐初，中外交通发达，玄奘西行大开王路，西行求法僧人陡增。而自

---

① 汤用彤：《汉魏两晋南北朝佛教史》，第 268 页。
② 曹仕邦：《中国佛教求法史杂考》，张曼涛主编《现代佛教学术丛刊》第 100 册《佛教文史杂考》，第 300—301 页。

唐高宗以后,海上交通日渐发达,许多求法僧选择经海路赴印度,反映出中印主要交通方式的改变。"从义净这个时期开始,海路就逐渐成为主要的通道。"[1]

据《大唐西域求法高僧传》记载,西行求法的 61 名僧人,其中经行陆路者 19 人,经行海路者 38 人,路线不详者 4 人。[2] 季羡林曾引用足立喜六的统计:往路,陆路 23 人,海路 40 人,不明 2 人;返路,陆路 10 人,海路 9 人,不明 5 人。[3] 往返合计,循海路者 49 人次,循陆路者 33 人次。又据长泽和俊研究,关于入竺僧人的往返路线,加再度入竺者,"经西域路者 14 人,经吐蕃道者 8 人,经南海路者 41 人,路线不明者 2 人"。[4]

何方耀对晋唐时期经南海道西行求法僧人进行统计,并制作了表格,现在其统计基础上略做调整如表 3-2 所示。

表 3-2 晋唐往来南海道之僧俗人数一览

单位:人

朝代	西行求法人数	东来传教人数
三国至西晋		4
东晋	10	6
南朝宋	3	25
南朝齐	0	6
南朝梁	82 人使团	4
南朝陈	0	1
隋	0	0
唐	68	9
合计	183(姓名可考者 51 人,另有 20 人具体年代不详)	55

资料来源:在何方耀《晋唐南海求法高僧群体研究》"晋唐各代往来南海道之高僧大德人数一览表"基础上略做修改调整而成。

---

[1] (唐)义净著,王邦维校注《大唐西域求法高僧传校注》,代校注前言,第 10 页。
[2] (唐)义净著,王邦维校注《大唐西域求法高僧传校注》,附录一,第 247—252 页。
[3] (唐)玄奘、辩机原著,季羡林等校注《大唐西域记校注》,前言,第 101 页。
[4] 〔日〕长泽和俊:《〈大唐西域求法高僧传〉小考》,《丝绸之路史研究》,第 524—525 页。

根据统计，晋初至唐代经行南海道往来的弘法和求法的僧人共有238人，其中西行求法僧俗共183人（见表3-2）。除去南朝萧梁时派出的三批使臣共82人，见于史料记载的实际经南海道西行求法僧，晋宋时期有13人，唐代有68人。可见，唐代西行求法僧主要经行南海道，中印间通道以南海道为主通道。

在本书第二章表2-4的基础上，对唐代求法僧籍贯与西行道路的选择情况进行统计分析，二者的关联情况如图3-3所示。

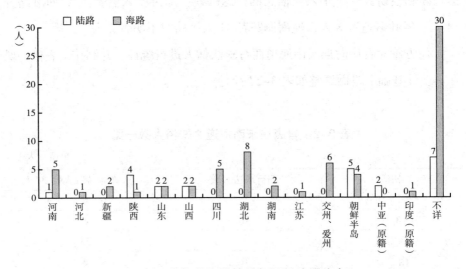

图3-3　唐代求法僧籍贯与西行路线分布

注：图中所显示的中亚和北印、朝鲜半岛求法僧，大多或是域外后裔，或自幼便长居唐朝，或来唐学习佛法，奉敕与唐朝使者、僧人同行赴印求法，是唐代求法活动整体不可分割的一部分，由此一并考量。

根据图3-3，可以总结出两点特征：一是唐代求法僧西行路线明显呈现经海路者多于陆路的情况，而经陆路者以唐初兴盛一时的吐蕃泥婆罗道为主；二是求法僧籍贯与西行道路的选择呈现南方僧人选择海路者居多，但亦有北方僧如高昌僧人智岸、彼岸不远万里，依旧选择海路，以及来自北方洛阳等地的僧人贞固、道宏和来自山东的义净等，都选择南下至番禺，乘商舶经行南海道赴印。可见，海路成为唐代求法僧经行主要通道。

3—6 世纪时，中国僧人经陆路赴印度取经者明显多于海路。但唐高宗麟德年以后，中国僧人经海路求法者大为增加，经海路西行求法僧人也多于陆路求法僧。义净《大唐西域求法高僧传》所载 61 位求法僧人，其中经行海路者共有 38 人，占求法僧人总数的 62.3%。[①] 而海路求法僧从唐麟德年以后明显增加，说明海上交通和贸易飞速发展，海路已成为佛教传播主要通道。

三　唐代求法僧经行路线改变之因

关于唐前期中印交通由陆路为主改变为海路为主的原因，梁启超论曰：求法最盛为 5、7 两个世纪，而 6 世纪仍"较为衰颓"。因"六世纪则突厥骤强，交通路梗，请求法者欲往末由"。[②] "而当时海通事业，日益发荣，广州已专设市舶司，为国家重要行政之一，且又南北一家，往来无阂，故海途乃代陆而兴也。"[③] 陆路交通梗阻，故海路成为 7 世纪以后中印交通主通道。"在初唐以前，陆路是最重要的道路。由海路来往的比较少。但是，到了初唐，由于航海技术的突飞猛进，走海路的和尚一下子多了起来。"[④] 按照《大唐西域求法高僧传》所记载求法僧经行路线由陆路到海路的改变，"从义净文中对年代时间的记载推断，这种转变大致发生在高宗麟德年以后"。[⑤] "海路在这一时期成为重要通道，有两个原因：一方面是由于政治形势的变化，一方面还是社会经济发展的结果。"[⑥] 此外，东晋以来经济重心南移后，"唐代社会经济繁荣……与海路交通直接有关的造船技术和航海技术在这时有了新的提高和发展，也是促使这种形势出现的一个重要因素"。[⑦] 但学者并未

---

① （唐）义净著，王邦维校注《大唐西域求法高僧传校注》，附录一，第 247—252 页。
② 梁启超：《中国印度之交通》，《佛学研究十八篇》，第 130 页。
③ 梁启超：《中国印度之交通》，《佛学研究十八篇》，第 142 页。
④ （唐）玄奘、辩机原著，季羡林等校注《大唐西域记校注》，前言，第 101 页。
⑤ （唐）义净著，王邦维校注《大唐西域求法高僧传校注》，代校注前言，第 8 页。
⑥ （唐）义净著，王邦维校注《大唐西域求法高僧传校注》，代校注前言，第 10 页。
⑦ （唐）义净著，王邦维校注《大唐西域求法高僧传校注》，代校注前言，第 11 页。

就此问题展开探讨，笔者在以往研究成果的基础上，将唐初中印间主要交通方式改变的原因总结为：一是西北地区政局的影响；二是唐初中印间海上交通的兴盛；三是海上交通的便捷。

（一）西域政局不稳对唐初交通的影响

7世纪上半叶，唐蕃友好交往，开辟了中印新通道。但是自龙朔年间（661—663）起，唐与吐蕃开始争夺西域。唐咸亨元年（670），"吐蕃寇陷白州等一十八州，又与于阗合众袭龟兹拨换城，陷之。罢安西四镇"。① 唐廷派薛仁贵率军讨伐，不料唐军在大非川败于吐蕃，由此吐蕃控制了安西四镇所在的西域地区。安西都护府迁回西州，中印交通受阻。调露元年（679）七月，在西域各族支持下，裴行俭擒拿都支，"留王方翼于安西，使筑碎叶城"。② 唐又收复了安西四镇。《册府元龟》载："调露元年，以碎叶、龟兹、于阗、疏勒为四镇。"③ 这也是唐朝第三次置安西四镇。武则天垂拱二年（686），吐蕃侵入南疆，唐拔四镇。长寿元年（692），唐廷"大破吐蕃，复取四镇。置安西都护府于龟兹，发兵戍之"。④ 唐朝又重新确立了对西域地区的统辖。

但8世纪上半叶以后，大唐、吐蕃、突厥和大食在西域角逐。大食势力不断向东推进，越过中亚，又与唐朝发生直接冲突。"神龙以后，黑衣大食强盛，渐并诸国，至于西海，分兵镇守焉。"⑤ 天宝十载（751），西域诸胡国与大食在怛罗斯打败唐军，大食势力已控制中亚大部甚至西北印度。安史之乱后，吐蕃"尽取河西、陇右之地"，⑥ 西北陆路壅塞阻绝，中外交通转向以南海道为主。

---

① （后晋）刘昫等：《旧唐书》卷五《高宗本纪第五》，第94页。
② （宋）司马光编著《资治通鉴》卷二〇二，唐高宗调露元年七月己卯条，第6392页。
③ （宋）王钦若等编《册府元龟》卷九六七《外臣部（十二）》，南京：凤凰出版社，2006年，第11200页。
④ （宋）司马光编著《资治通鉴》卷二〇五，则天皇后长寿元年十月丙戌条，第6488页。
⑤ （唐）杜佑：《通典》卷一九一《边防七·西戎三·西戎总序》，第5199页。
⑥ （宋）司马光编著《资治通鉴》卷二二三，唐代宗广德元年七月条，第7146页。

据《大唐西域求法高僧传》记载，因西北地区战乱动荡，义净时代，从陆路通道返程的求法僧人基本失败了。彼时大食控制中亚地区，吐蕃泥婆罗道也受阻，玄照、慧轮等一行因道阻无法回国，滞留于中印度，无行、智弘、道琳先后尝试经西域道返程，最终无行命殒中途，道琳与智弘不知所终，其他未见史书记载者尚不知有多少人。唐德宗建中元年（780），法界（悟空）返回时，河西路阻塞，又绕行回鹘牙帐，回到长安。法界归途历时约10年，"历时既久，道阻且回，时局变化使然"。[①] 相比较而言，"海路比绿洲、草原和西南丝路都更为通畅和安全，在中西交往中具有明显的地理优势"。[②] 此后中外交通主线转移至南海道。

（二）唐代海上交通的兴盛

六朝以来，海上交通和海外贸易逐渐兴起。至唐代，随着中国经济重心的南移，南方经济的发展，以及海外贸易的繁盛，南海道空前兴盛，逐渐取代了陆路的主通道地位。

1. 造船业发展和造船技术提高

东晋南朝以来，南方经济繁荣发展，造船技术也得以大幅提升。西晋时期为伐吴，"乃作大船连舫，方百二十步，受二千余人。……其上皆得驰马来往"。[③] "《义熙起居注》云，卢循新作八槽舰九枚，起四层，高十余丈。"[④] 此时虽已有高大船舶，但还不具备远洋航行的能力，南海上最大的商舶还是师子国所造，东晋法显返回之时所乘坐的就是师子国的商舶。[⑤] 法显也记载所乘商舶可容纳两百人，可见船舶之大。当时师子国处于印度洋海上贸易中心，海上商贸繁荣。李肇《唐国史补》记载："南海舶，外国船也。每岁至

---

① 聂静洁：《唐释悟空入竺、求法及归国路线考——〈悟空入竺记〉所见丝绸之路》，余太山、李锦绣主编《欧亚学刊》第9辑，第161—179页。
② 刘永连：《唐代中西交通海路超越陆路问题新论》，《陕西师范大学学报》（哲学社会科学版）2013年第1期，第114页。
③ （唐）房玄龄等：《晋书》卷四二《王濬传》，第1208页。
④ 汪叔子编《文廷式集》卷五《起居注类》，北京：中华书局，2018年，第543页。
⑤ 〔日〕桑原骘藏：《蒲寿庚考》，陈裕菁译订，北京：中华书局，2009年，第1页。

安南、广州。师子国舶最大，梯而上下数丈，皆积宝货。"①

隋朝虽国祚短暂，但在开凿运河、建造船舶以及发展海上交通方面做出了不小的贡献。唐朝造船业进一步发展，唐太宗和高宗初期，曾几次大规模制造海船，"敕越州都督府及婺、洪等州造海船及双舫千一百艘"。②到盛唐，造船业更为繁盛，水路交通发达，"天下诸津，舟航所聚，旁通巴、汉，前指闽、越，七泽十薮，三江五湖，控引河洛，兼包淮海。弘舸巨舰，千轴万艘，交贸往还，昧旦永日"。③

六朝以来，所造船只种类逐渐增多，稳定性能增强，航海性能提高。当时船只普遍采用钉接榫合法，唐人李皋设计了由转轮驱动的车船，"挟二轮蹈之，翔风鼓浪，疾若挂帆席"，④具备远程航海能力。贞观年间（627—649），"洪州造浮海大航五百艘"。⑤在南海与波斯湾间的航线上有很多来自中国的商舶。据《中国印度见闻录》记载，中国海上贸易发达，"货物从巴士拉、阿曼以及其他地方运到尸罗夫（Siraf），大部分中国船在此装货"。⑥并且"在尸罗夫发现铸着汉字的（中国）铜钱"。⑦在尸罗夫和马斯喀特"当中有一处叫漩涡谷，紧夹在两个暗礁之间的航道只有小船才能通过，中国船只却是无法通过的"，⑧可见中国船舶吨位之大。从马斯喀特到印度，要先开往故临（Koulam-Malaya，今印度奎隆），故临"对中国船只征收关税；每艘中国船交税一千个迪尔汗（dirhems），其他船只仅交税十到二十个迪纳尔（dinar）"。⑨或因中国船舶载重量大，税额是他国船舶的 1.5—5 倍。由此可

---

① （唐）李肇：《唐国史补》，上海：上海古籍出版社，1979 年，第 63 页。
② （宋）司马光编著《资治通鉴》卷一九九，贞观二十二年八月丁丑条，第 6261 页。
③ （后晋）刘昫等：《旧唐书》卷九四《崔融传》，第 2998 页。
④ （后晋）刘昫等：《旧唐书》卷一三一《李皋传》，第 3640 页。
⑤ （宋）欧阳修、宋祁：《新唐书》卷一〇〇《阎立德传》，第 100 页。
⑥ 穆根来、汶江、黄倬汉译《中国印度见闻录》，北京：中华书局，1983 年，第 7 页。尸罗夫，是波斯和阿拉伯货物集散地，在今伊朗波斯湾港口。
⑦ 穆根来、汶江、黄倬汉译《中国印度见闻录》，第 99 页。
⑧ 穆根来、汶江、黄倬汉译《中国印度见闻录》，第 8 页。
⑨ "对中国船收税比其他国家的要重得多，1000 迪尔汗（银币）等于 50 个迪纳尔（金币），其原因可能因为中国货船贵重，或许而因为中国船舶的吨位大，也可能因为对不同国家区别对待的缘故。"参见穆根来、汶江、黄倬汉译《中国印度见闻录》，第 7 页；第 43—44 页注释。

知，因造船技术的进步，中国船舶船体较高、载重量大，而且唐朝航海业的发展，也为海上交通提供了安全保证。

2. 航海技术的提高

古代远洋航行主要是借助自然力即风力和洋流，东汉以来人们就懂得利用季风来航行。据《农候杂占》载："吴中梅雨过风弥日，海人谓之舶䑲风，是日舶䑲初回云，此风与海䑲俱至。谚云，白䑲风云起。"[1] 船䑲风，就是指"随时令变化，定期定向而来的风，即季候风"。法显乘师子国商舶回国时，就是利用季风规律出航，"得好信风"[2] 东下，但还是遇到了大风暴，导致船舶漏水，海中又不识方向，"唯望日、月、星宿而进"。[3] 经 90 日许，到了耶婆提。在此停驻五月，应也是等待季风，然后再随商舶往广州航行时，又遇到狂风暴雨，只能随波逐流，经 70 余日不见海岸，粮食淡水将尽，再经 12 个昼夜，才至山东崂山南岸，可见当时海上航行之艰险。

到了唐代，利用季风航海的方法更加成熟。"古代航海，全借自然风力。南海和印度洋上，每年季风交替，冬季为东北风，夏季为西南风。"[4] 当时主要利用定期而至、随季节变换方向的信风航行。西行求法僧先经陆路或水路到广府，在广府寻找西行的商舶，等待冬天的季风，然后附舶西行。义净于咸亨二年初秋至广府，与波斯舶主商议附舶南行，到十一月季风时节才起程。"于时广莫初飙，向朱方而百丈双挂；离箕创节，弃玄朔而五两单飞。"[5] 广莫即北风，义净乘商舶出发时正值东北信风盛行，顺风往西南方向航行。虽然当时已掌握了指南针的原理，但是在航海中不见有使用指南针导航的历史记载，而是根据季风规律，测算季风来决定出航时间。唐宋时期的航海，按季风南下和北上，再参以星辰定南北，盖能满足当时的航海条件，如宋代朱或《萍洲可谈》所言，"舶船去以十一月、十二月，就北风；来以五月、

---

① （清）梁章钜：《农候杂占》卷三《风占》，北京：中华书局，1956 年，第 72 页。
② （晋）法显撰，章巽校注《法显传校注》，第 142 页。
③ （晋）法显撰，章巽校注《法显传校注》，第 142 页。
④ 王邦维：《唐高僧义净生平及其著作论考》，第 14 页。
⑤ （唐）义净著，王邦维校注《大唐西域求法高僧传校注》卷下，第 152 页。

六月，就南风"。①

航海技术的突飞猛进还表现为船舶航行速度的大幅提高。《汉书·地理志》记载："自日南障塞、徐闻、合浦船行可五月，有都元国。"②汉代的都元国在今天印尼的苏门答腊岛或爪哇附近，徐闻至苏门答腊岛的航行时间，汉代需五个月（150天）。《法显传》记载，法显从耶婆提出发到达广州，正常航行条件下需要花费50天时间。可知晋代从耶婆提到广州需要50天，虽然广州比徐闻远一些，但还是能说明晋代船舶航速的大幅提升。而至唐代，澧州僧大津与唐使相逐，"泛舶月余，达尸利佛逝洲"，③即一月余便到达室利佛逝国。无行和智弘"东风泛舶，一月到室利佛逝国"。④而义净自广州出发，"未隔两旬，果之佛逝"，⑤即不到20天便至室利佛逝国。从广州（或徐闻）出发到苏门答腊，从汉代的航行时间差不多150天，到晋代的50天，至唐代的30余天，再至唐代义净时的不到两旬时间，可见汉唐以来商舶航行速度得到很大提高。无行禅师从室利佛逝，"经十五日达末罗瑜洲。又十五日到羯茶国。……经三十日，到那伽钵亶那。从此泛海二日，到师子洲，观礼佛牙。从师子洲复东北泛舶一月，到诃利鸡罗国。此国乃是东天之东界也"。⑥可知，自南海郡出发，到达东印度入海口的耽摩立底国，总计需要75—85天，不到三个月，可谓非常快捷。关于航行时间的这些记载，也反映了航海技术的不断提高。"由于航海技术的突飞猛进，走海路的和尚一下子多了起来。"⑦

3.唐代海上贸易的兴盛

经南海至印度洋的海上航道，在秦汉之际南越国时期已经贯通，但还没有定期航行的船舶，"海路之通，虽远溯汉代，然其时必无定期航行之船，

① （宋）朱彧：《萍洲可谈》卷二，李伟国点校，北京：中华书局，2007年，第133页。
② （汉）班固：《汉书》卷二八《地理志》，第1671页。
③ （唐）义净著，王邦维校注《大唐西域求法高僧传校注》卷下，第207页。
④ （唐）义净著，王邦维校注《大唐西域求法高僧传校注》卷下，第182页。
⑤ （唐）义净著，王邦维校注《大唐西域求法高僧传校注》卷下，第152页。
⑥ （唐）义净著，王邦维校注《大唐西域求法高僧传校注》卷下，第182页。
⑦ （唐）玄奘、辩机原著，季羡林等校注《大唐西域记校注》，前言，第101页。

盖可推定"。① 番禺作为南越国都城，以及南海贸易的主要港口，奠定了作为南海交通枢纽的地位。《汉书》记载："自日南障塞、徐闻、合浦船行可五月，有都元国；……有黄支国……黄支之南，有已程不国，汉之译使自此还矣。"② 汉武帝派遣使者从徐闻、合浦等地前往南海地区，最远可到达印度南部的黄支国（今印度马德拉斯西南）和已程不国（印度半岛或斯里兰卡的古国名）。六朝时期，朝廷注重经略南海，南方安定的环境，加上造船和航海技术的进步，为海上贸易的发展提供了有利条件。从中国南海，途经印度洋最终到达波斯湾的海上交通空前畅达，远洋贸易频繁，广州和交州成为此条海上贸易通道主要港口。

唐代国力强盛、经济繁荣，经济重心进一步南移，对外交流范围扩大，海上贸易空前繁荣。唐以前诸王朝尚未设置管理海上贸易的机构，唐朝在广州始设市舶使，管理海上贸易，促进了海上贸易的发展。早在南北朝时期，广州已成为世界性的大港口，海外诸国自海路与我国交往，唐人形容广州为"涨海奥区，番禺巨屏，雄藩夷之宝货，冠吴越之繁华"，③ 是全国性的贸易中心，商舶云集，珍宝积聚，财富充盈，盛况空前，不仅是当时中国最大的港口，也是当时世界闻名的对外贸易港口。"广府是船舶的商埠，是阿拉伯货物和中国货物的集散地。"④ 唐朝宰相贾耽在《皇华四达记》中记录了广州通海夷道，详细考证了通往海外各国的道路、方位和距离，贯穿南海、印度洋、波斯湾和东海岸的90多个国家和地区，⑤ 是中古时期最长的远洋航线。唐天宝七载（748），大和尚鉴真第五次东渡日本失败，遇到风暴漂到海南岛，北归时途经广州回扬州，看到并记载了当时广州海上贸易的盛况，"（广州）江中有婆罗门、波斯、昆仑等舶，不知其数；并载香药、珍宝，积载如

---

① 梁启超：《中国印度之交通》，《佛学研究十八篇》，第141页。
② （汉）班固：《汉书》卷二八《地理志》，第1671页。
③ （清）董诰等编《全唐文》卷八二七《授陈佩广州节度使制》，北京：中华书局，1983年，第8717页。
④ 穆根来、汶江、黄倬汉译《中国印度见闻录》，第7页。
⑤ （宋）欧阳修、宋祁：《新唐书》卷四三《地理志七·岭南道》，第1153—1154页。

山。其舶深六、七丈。师子国、大石国、骨唐国、白蛮、赤蛮等往来居住，种类极多"。[①] 婆罗门（印度）、波斯、师子国的大量商船来华。中外贸易的繁荣，扩大了唐王朝的国际影响力，对外开放包容，也吸引了大批外商留居。据《中国印度见闻录》记载，唐代，在广州城内居住的外国商人至少有12万人。[②] 足见当时在广州经商的外商之多，及海外贸易之繁盛。商业和海上贸易的兴盛，造船业、航海业的进步，为僧人往来中印提供了前所未有的便利。

（三）海路相比陆路的优势

虽然走海路需横渡沧溟，难免恶风巨浪，有葬身大海之险，但唐以来造船和航海技术的提高，使海上航行风险大大降低。而且如果按照季节确定航行方向，最大限度地利用好季风，顺风航行，则能很快顺利抵达。据古代文献记载，船舶航行正与季风的变化特点相符合。顺着季风航行，航行速度会比较快。如前文所论，根据无行禅师西行航程测算，坐海船自广州出发，到东印度耽摩立底国，需要 75—85 天，可见海路之方便与快捷。

陆路则不然，不仅路途遥远，要穿越沙漠荒地，攀登雪山峻岭，或遇盗匪劫徒，充满艰难险阻和未知的风险。玄奘回国时，其实可以选择海路，海上贸易发达、航线固定，相对安全便捷。鸠摩罗王也一度建议他走海路，并说"师取南海去者，当发使相送"，[③] 即若取南海道，可以派遣使者护送，但若走陆路，需通过西域，面临不少艰难险阻，使者难以护送。但是，玄奘为了践行回国时再访高昌的承诺，因此放弃海路，重走陆路。从贞观十七年启程，直到贞观十九年才回到长安。而唐初新开辟的吐蕃泥婆罗道向来以"近而少险阻"著称，以王玄策经吐蕃道使印为例，《王玄策传》云："粤以大唐贞观十七年三月内爰发明诏，令使人朝散大夫行卫尉寺丞上护军李义表、副

---

① 〔日〕真人元开著，汪向荣校注《唐大和上东征传》，北京：中华书局，2000 年，第 74 页。
② 穆根来、汶江、黄倬汉译《中国印度见闻录》，第 96 页。
③ （唐）慧立、彦悰：《大慈恩寺三藏法师传》卷五，第 113 页。

使前融州黄水县令王玄策等送婆罗门客还国。其年十二月至摩伽陀国。"① 可知，大唐使节王玄策一行经九月方抵达北印度。玄照第一次西行印度返回唐朝时，经吐蕃道"以九月而辞苫部，正月便到洛阳，五月之间，途经万里"。② 此为陆路旅程最快的，但也花费了近五个月的时间。

因此，海路明显优于陆路，陆路主要交通工具是骆驼或马匹，甚至徒步行旅，都是一种极其普遍的行旅方式。陆路行旅不仅费时费力，而且运输量极其有限，返程时不方便携带太多佛经或佛像之类的佛教相关物品。而海运则呈现出明显优势，不需耗费人力，商舶承载量大，方便携带较多的经像、经籍。陆路不仅路途遥远，而且有边关盘查验牒，甚至有很多欺盗抢匪，生命财产安全受到极大威胁。海路不易受到关隘牵制，可以自由通航，旅途中不易受沿途国家安定与否的影响。搭乘商船或使者官船，经海道往来于中印两国间，既经济又方便，还能得到同行使臣或商人的庇护和资助。远洋航行的商舶一般会储备好生活物资，相比陆路商队，在安全、生活等方面有较好的保障。

因此，在海上交通兴起后，因交通方式的便捷、安全方面的保障、物资储备方面的优势等，随海上商贸船舶赴印求法者再度掀起热潮，海上交通逐渐取代陆路交通，成为唐麟德年以来主要的交通方式。

小　结

古代中国与印度交往的通道有四，其中包括三条陆上通道和一条海上通道：一是以长安为起点，经河西走廊越新疆西行，经帕米尔高原西行的西域道（分为北道和南道）；二是从西安出发，经青海及西藏，经行尼泊尔，再至印度的吐蕃泥婆罗道；三是从四川出发经云南，入缅甸或越南，再越

---

① （唐）释道世著，周叔迦、苏晋仁校注《法苑珠林校注》卷二九《感通篇》，第 911 页。
② （唐）义净著，王邦维校注《大唐西域求法高僧传校注》卷上，第 10 页。

孟加拉国到印度的身毒道（西南路，或称川缅道）；四是经南海至印度的南
海道。

又因时代不同，西行求法僧对各道利用的多少亦有变化。晋宋时期，求
法僧经行西域道者最多，经行蜀身毒道（川缅道）者少。玄奘西行所经行的
是西域北道，因路程太远，并不常用。晋宋时期，求法僧西行路线使用频率
较高的是西域南道，除因经于阗到罽宾，直线距离较近之外，还因当时罽宾
很多高僧来华弘法，华僧追随来华梵僧的脚步，经西域南道西行。

随着西突厥势力的日渐强盛，"六世纪则突厥骤强，交通路梗，请求法
者欲往末由。观玄奘之行，必迂道以求保护于叶护，可窥此中消息"。①"控
弦数十万，霸有西域"，②突厥骤强，丝绸之路西域道一度被阻塞。

随着唐蕃关系友好，唐长安经吐蕃、泥婆罗到印度的吐蕃泥婆罗道畅
通，中印使者、商人、僧侣经行此道往来。唐初有不少高僧沿此道赴印度。
沙门玄照等求法僧经行此道时，蒙受文成公主关照并派人相送。此道虽近而
少险阻，但也有风险。加之唐安史之乱后，吐蕃乘机占据陇右与河西一带，
河西干道交通阻塞，吐蕃道也不复通行，此道作为官道的作用逐渐弱化。

隋唐以来，陆路交通不仅因西域时而不宁，且因翻山越岭、道路条件恶
劣，长途跋涉、运输力有限等因素，逐渐被兴起的海上交通替代。到唐高宗
麟德年以后，南海通道的重要性已经超越陆路通道，在中西交通中占据主导
地位，西行求法僧人多经海道入印。

---

① 梁启超：《中国印度之交通》，《佛学研究十八篇》，第 130 页。
② （后晋）刘昫等：《旧唐书》卷一九四《突厥传》，第 5181 页。

第四章
中古时期西行僧人求法巡礼活动

　　中古时期僧人西行动机，"一在希礼圣迹，一在学问求经"。[①] 因而，"求法"和"巡礼"，既是中古时期僧人西行求法动机，也是僧人西行期间的主要内容，甚至有些僧人仅为巡礼圣迹。而学界以往对西行求法活动的研究存在两点不足：一是多注重"求法"，而长期忽略"巡礼"，西行求法僧参访之地、参礼之佛教古迹，甚至如玄奘等著名求法僧曾参访之地也都不为外界所知；二是对求法活动，也多关注那些相关资料丰富、求法成就突出的名僧，对西行求法僧群体的求法活动尚未开展综合考察。求法和巡礼，是实现西行求法目标的关键，也是西行求法活动的主要内容，其重要性不言而喻。唯有整理出求法僧曾到访之地，参访的佛教古迹，才能形成对中古时期僧人西行求法活动的整体认识。中古时期，因佛教中心的转移、求法路线的变迁等，僧人西行求法巡礼活动在晋宋和唐代两个兴盛阶段，分别呈现出不同的时空特征。

---

　　①　汤用彤：《隋唐佛教史稿》，第 72 页。

第一节 西域：求法首站和陆路中转站

公元前 1 世纪前后，佛教首先经葱岭传入西域，也就是今天我国新疆地区。塔里木盆地的南北两沿，是丝绸之路西域道的南北两端，丝路北道以龟兹为中心，丝路南道以于阗为中心，"于阗与龟兹约一千年前，亦为今之新疆境内所谓南北两道各佛教界之中心地者也"。① "龟兹和于阗当为佛教沿着丝绸之路从中亚传入内地的两个必经地区，这里的佛教应该是中国佛教的开端。"② 因此，于阗和龟兹是佛教传入我国较早的地区。中西僧侣往来云集，成为当时西域佛教最兴盛的地区。于阗是丝绸之路西域道的枢纽，中原僧人经西域道西行求法时首选此地，求法僧在此停留学习语言、搜寻佛经，或达到了求法目的而直接返回中原，或将此地作为中转站，之后继续西行。

一 在于阗寻访大乘经典

佛教传入于阗后，受于阗王高度敬信和大力弘扬，作为连接中西交通的枢纽，于阗成为佛教文化交流的中心。大量的佛教经典和佛教舍利遗物等从印度辗转到此聚集，并且远播中原腹地。因此，对于中原僧人而言，此时期的于阗便是佛教中心，也是著名的佛教学术中心，是此时期汉传佛典所用梵文原本的来源地之一。于阗作为魏晋南北朝求法僧人的首站，其佛教文化对中原佛教传播有着直接的影响，成为中原僧人西行求法的发祥地。

朱士行是中原沙门西行求法第一人，曹魏甘露五年（260），朱士行从雍州出发到于阗求法，足见此时期于阗在佛教中的地位和影响。《出三藏记集》卷二载："《放光经》，二十卷。右一部，凡二十卷。魏高贵公时，沙门

---

① 〔日〕羽溪了谛：《西域之佛教》，第 6 页。
② 魏道儒主编《世界佛教通史》第 3 卷《中国汉传佛教（从佛教传入至公元 6 世纪）》，第 16 页。

朱士行以甘露五年到于阗国，写得此经正品梵书胡本十九章，到晋武帝元康初，于陈留仓垣水南寺译出。"①朱士行寻得《大品般若经》（又称《放光般若经》）的梵本，"遣弟子不如檀，此言法饶，送经梵本还归洛阳。未发之顷，于阗诸小乘学众，遂以白王云：'汉地沙门欲以婆罗门书，惑乱正典。王为地主，若不禁之，将断大法，聋盲汉地，王之咎也。'王即不听赍经。士行深怀痛心，乃求烧经为证，王即许焉"。②于阗小乘信徒将《大品般若经》视为"婆罗门书"，作为异端邪说加以抵制。可见，公元3世纪中叶的于阗，大乘佛教虽有流传，但居于正统的还是小乘佛教。经过多方周折，直到西晋武帝太康三年（282），朱士行才派遣弟子弗如檀将《放光般若经》送回洛阳，自己则终老于于阗。朱士行西行求法虽仅寻获一部佛经，但开佛教史上西行求法之先河，功不可没。

自朱士行开西行求法之先河后，有不少求法僧赴于阗求法，如西晋的支法领"得《华严》前分三万六千偈"，③北凉沮渠京声"受《禅秘要治病经》"，④释昙学、威德获《贤愚经》胡本十三卷，⑤法献获《观世音忏悔除罪咒经》《妙法莲华经·提婆达多品》，⑥这些佛教经典皆从于阗寻获。昙无谶翻译的《大涅槃经》四十卷，除前十二卷在中印度寻得外，其余二十八卷皆在于阗获得。法显记载于阗"众僧乃数万人，多大乘学"。⑦玄奘到访瞿萨旦那国（于阗）时，也记载其"崇尚佛法。伽蓝百有余所，僧徒五千余人，并多习学大乘法教"。⑧西行求法僧在于阗所获经典也大多属于大乘经典。

① （梁）僧祐撰，苏晋仁、萧錬子点校《出三藏记集》卷二《朱士行传》，第31—32页。
② （梁）慧皎撰，汤用彤校注《高僧传》卷四《晋洛阳朱士行传》，第145页。
③ （梁）慧皎撰，汤用彤校注《高僧传》卷二《晋京师道场寺佛驮跋陀罗传》，第73页。
④ （梁）慧皎撰，汤用彤校注《高僧传》卷二《晋河西昙无谶传》，第80页。
⑤ （梁）僧祐撰，苏晋仁、萧錬子点校《出三藏记集》卷二《新集撰出经律论录》，第59页。
⑥ （梁）僧祐撰，苏晋仁、萧錬子点校《出三藏记集》卷二《新集撰出经律论录》，第64页。
⑦ （晋）法显撰，章巽校注《法显传校注》，第11—12页。
⑧ （唐）玄奘、辩机原著，季羡林等校注《大唐西域记校注》卷一二，第1002页。

据统计，从于阗传入中原并翻译出的大乘经典共有 44 种之多。① 法显在于阗停留三月余，观看了盛大的行像活动。玄奘也停留较久，在于阗居住讲经说法七八个月，僧俗百姓听者云集，盛况空前。

对中原佛教发展影响最大者，"在岭东，则于阗、龟兹"，而中原求取佛法的发祥地，"舍于阗莫属也。尤有一特色最当记者，则汉译大乘经典，殆无一不与于阗有因缘，若朱士行之得《放光般若》，支法领之得《华严》，昙无谶之得《大般涅槃》，其最著也"。② "则唐以前，于阗盖已具备诸部大乘经典，如《起信论》等为大乘论之要重典籍，亦尝流行于于阗。"③ 可知，"于阗是当时西域大乘的中心，殆无可疑"。④

于阗也有密教，如法献在"于阗国得观世音忏悔咒胡本"。⑤ 此外，僧表曾在于阗获得佛钵画像和宝胜金像，而法献曾获得佛牙舍利，几经流转，今供奉在北京西山灵光寺。法显、宋云、惠生在西行途中，都曾在于阗中转停留，并得到于阗王的资助，参访了于阗的佛教寺塔，观看了佛教行像仪式等。玄奘归国时，曾在于阗停留讲法，所讲经论，是在印度各地寺院里学过的论书。⑥

于阗在中国佛教发展史上地位之重要，学界已达成共识，"于阗不仅仅是大乘佛典的传播中心，于阗自身也孕育发展出来若干佛教经典，或为某些佛典添加了出自当地的内容"。⑦ 我国大乘佛典，若华严、方等、般若、法华、涅槃诸部经原本，大多来自于阗；从曹魏朱士行起至晋宋以来的西行求法僧，或以于阗为求法目的地，或以于阗为中转站，在于阗学习语言、搜寻佛经，之后继续西行赴印度求法。

---

① 详参〔日〕羽溪了谛《西域之佛教》，第 169—171 页。
② 梁启超：《又佛教与西域》，《佛学研究十八篇》，第 104 页。
③ 〔日〕羽溪了谛：《西域之佛教》，第 173 页。
④ 吕澂：《中国佛学源流略讲》，北京：中华书局，1979 年，第 41 页。
⑤ （梁）僧祐撰，苏晋仁、萧鍊子点校《出三藏记集》卷二，第 63—64 页。
⑥ 汤用彤：《隋唐佛教史稿》，第 142—144 页。
⑦ 张广达：《于阗佛寺志》，张广达、荣新江：《于阗史丛考》，上海：上海书店，1993 年，第 280 页。

二　在龟兹寻访戒律佛典

佛教传入西域后，龟兹成为西域佛教的重要传播地之一，并对中原佛教文化产生了重大影响。佛教何时传入龟兹，史书没有相关记载，一说可追溯到阿育王之子法益时代，① 但此并非信史。佛教传入龟兹的时间，应在白氏王朝创建之后。② 在贵霜迦腻色迦王时期，龟兹已经形成了译经中心。法国学者莫尼克·玛雅尔指出："在迦腻色迦王朝（Kanichka, Kani ka）国王皈依佛教之后，一股强大的佛教传法活动便发展起来了，北路的龟兹逐渐在传播佛教的过程中占据了特殊的地位，因为在那里创建了一个非常活跃的译经中心，由梵文译成龟兹文。"③ 足见龟兹佛教的兴盛。来中原传教译经的龟兹译师也较多，如帛法巨、帛法立、帛延（亦称白延）、尸梨蜜、鸠摩罗什等。

龟兹作为西域北道的枢纽，西域与中原往来，龟兹是必经地之一，故受佛教影响较早。"龟兹之佛教，自西历第三世纪中期以来，已臻于隆盛之域。"④ 龟兹的佛教向来注重戒律，"大乘律之外，萨婆多部（一切有部）之小乘律亦流行。……罗什在龟兹时，尝从卑摩罗叉修《十诵律》，则当时龟兹必亦流行《十诵律》，固亦（无）疑义。故罗什亦自译有《十诵比丘戒本》一卷。吾人论龟兹之戒律，不可不注意其最初由此国传入支那之比丘尼戒本"。⑤ 龟兹较早就建立了比丘尼制度，且戒律严格，《出三藏记集》记载："右三寺比丘尼统，依舌弥受法戒。……此三寺尼，多是葱岭以东王侯妇女，为道远集斯寺，用法自整，大有检制。亦三月一易房，或易寺。出行

---

① （前秦）昙摩难提译《阿育王息坏目因缘经》，《大正藏》第50册，No.2045，第175页上。
② 汉和帝永元元年（89），班超大破龟兹，废尤利多，将之俘送洛阳，并立其弟白霸为王，即为被东汉扶立的第一个龟兹王。史学界通常认为白氏王朝始于白霸。参见薛宗正、霍旭初《龟兹历史与佛教文化》，北京：商务印书馆，2016年，第37、40页。
③ 〔法〕莫尼克·玛雅尔：《古代高昌王国物质文明史》，耿昇译，北京：中华书局，1995年，第61页。
④ 〔日〕羽溪了谛：《西域之佛教》，第193页。
⑤ 〔日〕羽溪了谛：《西域之佛教》，第188—189页。

非大尼三人不行，多持五百戒，亦无师一宿者辄弹之。今所出《比丘尼大戒本》，此寺常所用者也。"①龟兹国乃比丘尼制之中心地，"葱岭以东之王族妇女，不辞跋涉，远道来龟兹集于尼寺以修梵行"。②

凉州僧人竺道曼，与敦煌僧人结伴到龟兹住寺，了解并记载龟兹佛寺僧团讲说戒律的仪轨。③"《比丘尼大戒》，一卷，右一部，凡一卷。晋简文帝时，沙门释僧纯于西域拘夷国得胡本，到关中，令竺佛念、昙摩持、慧常共译出。"④当时龟兹部派佛教高僧佛图舌弥不准将此大乘经典传至中原，僧纯坚决恳请，最终使中原获得戒本的正本，推动了中原佛教戒律尤其是比丘尼戒律的完善。"《比丘尼戒本》亦属萨婆多部"，以佛图舌弥在龟兹的影响力，可想而知在4世纪中叶，"龟兹尚流行萨婆多部之律"。⑤宋齐之际，高昌僧人法惠曾到龟兹修习禅律，返回高昌弘宣经律，修持精进超群，是高昌比丘尼的依止师。冯尼建议法惠"往龟兹国金花寺，帐下直月间，当得胜法"。⑥法惠听从，再至龟兹国直月座下聆听佛法。

两晋以来，僧纯、昙充、竺道曼均曾至龟兹求取佛经、学习戒律，获得《比丘尼大戒》，促进了中原比丘尼戒律的完善。此外，疏勒、高昌等其他西域政权，佛教也较为兴盛，智猛至疏勒瞻拜佛迹与石造佛唾壶等。法献曾在高昌获"《妙法莲华经》并有《提婆达多品》"；⑦沮渠京声在高昌求得《观世音》《弥勒》二观经各一卷；玄奘西行途中，还被高昌王麹文泰礼请至高昌，给予了丰厚行资，大力支持玄奘西行。

---

① （梁）僧祐撰，苏晋仁、萧錬子点校《出三藏记集》卷一一《比丘尼戒本所出本末序》，第410页。

② 〔日〕羽溪了谛：《西域之佛教》，第193页。

③ （梁）僧祐撰，苏晋仁、萧錬子点校《出三藏记集》卷一一《关中近出尼二种坛文夏坐杂十二事并杂事共卷前中后三记》，第418页。

④ 〔梁〕僧祐撰，苏晋仁、萧錬子点校《出三藏记集》卷二《新集撰出经律论录》，第46页。

⑤ 〔日〕羽溪了谛：《西域之佛教》，第189—190页。

⑥ （梁）释宝唱著，王孺童校注《比丘尼传校注》卷四《伪高昌都郎中寺冯尼传》，北京：中华书局，2006年，第189页。

⑦ （梁）僧祐撰，苏晋仁、萧錬子点校《出三藏记集》卷二《新集撰出经律论录》，第64页。

第二节　犍陀罗：晋宋求法僧主要参访地

公元前6—前5世纪，佛教自古印度兴起，而在释迦在世期间佛教传播范围也多在恒河流域。公元前2世纪，阿育王将佛教传至希腊人统治的大夏，佛教得到了广泛传播。公元1世纪，大夏被大月氏征服，大月氏以犍陀罗为基地，建立起了横跨中亚的强大帝国——贵霜帝国。佛教也继续发展。公元2—4世纪，随着贵霜帝国的兴起，迦腻色迦王对佛教的大力推崇，佛教正法信物的佛钵被带至犍陀罗，犍陀罗地区一跃成为佛教中心。因此，法国学者沙畹认为："印度佛教圣地有二：一在辛头河（印度河）流域，一在恒河流域。中夏巡礼之僧俗多先历辛头，后赴恒河；……有不少巡礼之人，如宋云、惠生之徒者，且不远赴中印度，而以弗楼沙国或呾叉尸罗为终点也。犍陀罗在佛教传播中夏中任务重大之理，盖不难知之矣。"[①]可知，中古时期僧人主要的求法巡礼之地，一是印度河流域的犍陀罗地区，二是恒河流域的中印度地区。

处在亚欧大陆中心位置的犍陀罗地区，曾是丝绸之路的贸易中心和交通枢纽。犍陀罗故地也曾是佛教中心，有诸多佛教遗迹。犍陀罗核心区域白沙瓦平原，以"富楼沙"、"弗楼沙"或"布路沙布逻"（Puruṣapura，今白沙瓦）等不同地名，频繁见于汉文史籍，足以说明它与中国联系密切。当求法僧人经西域南道越过葱岭后，途经波沦、陀历，到达乌苌国，往西越过兴都库什山，就是那竭国，有醯罗城（Hidda）[②]和那揭罗曷城（Nagarahara），那竭国的西北是梵衍那国（今巴米扬，Bamiyan）。犍陀罗故地，"除了作为文明中心的布路沙不逻和位于印度河以东的塔克西拉，还有北边的斯瓦特，位于贝格拉姆（Begram）地区的迦毕试故地，保存众多佛陀圣物的那竭和哈

---

① 〔法〕沙畹：《宋云行纪笺注》，冯承钧译《西域南海史地考证译丛六编》，第7页。
② 醯罗城，今阿富汗贾拉拉巴德城南五里之醯达村。参见（晋）法显撰，章巽校注《法显传校注》，第40页；（唐）玄奘、辩机原著，季羡林等校注《大唐西域记校注》卷二，第230页。

达，汉文文献中提到的乌仗那国（布特卡拉遗址所在地）、马尔丹县的塔拜克遗址等……今天阿富汗的首都喀布尔以及巴基斯坦的白沙瓦地区，都在犍陀罗的文化和地理范围之内"。[1] 因此，犍陀罗大体涵盖今阿富汗东部、巴基斯坦大部，以及印度西北部地区。

一　犍陀罗地区及其佛教的兴盛

在佛教传入中国的过程中，犍陀罗所起的作用非常突出。而犍陀罗地区也是晋宋西行求法僧求法巡礼的主要目的地。梁启超将佛教传入中土的时间分为三期："第一，西域期，则东汉三国也。第二，罽宾期，则两晋刘宋也。第三，天竺期，则萧梁、魏、隋也。"[2] 晋宋之际，是佛教传入中土的罽宾期，罽宾僧人来中土弘法者众多。而中土西行求法僧人，往往前往罽宾求法取经或参拜佛迹。罽宾"后虽为北印度之一部，然当迦腻色迦王以前，实一独立国，其文化亦不与印度同，故我国人别之于天竺焉"。[3] "魏晋南北朝时期汉文史料中出现的'罽宾'，比如《汉书·西域传》所指的罽宾，并不是今天的克什米尔，而是犍陀罗地区。在魏晋南北朝时期，犍陀罗是佛教的中心，这里'多出圣达，屡值明师，博贯群经，特深禅法'，而且保存着数量众多的佛陀圣物，还有最高的佛教建筑雀离浮图。在印度本土，佛教反而衰落了。所以，很多西行巡礼僧人，在犍陀罗巡礼圣物和学习之后，并不渡过印度河继续前行，而是打道回府。"[4]

（一）犍陀罗地区

犍陀罗（Gandhāra），意译为香行、香遍、香风国等，因此也被称为"芳香之国"。在汉文典籍中，犍陀罗起初译作"犍陀卫""乾陀罗""健驮

---

① 孙英刚、何平：《犍陀罗文明史》，第2页。
② 梁启超：《佛教与西域》，《佛学研究十八篇》，第98页。
③ 梁启超：《佛教与西域》，《佛学研究十八篇》，第98页。
④ 孙英刚、何平：《犍陀罗文明史》，第4页。

逻"等。犍陀罗位于亚欧大陆交界之处，以巴基斯坦的白沙瓦为中心，在今巴基斯坦西北部。而犍陀罗艺术分布范围更广，也就是说广义的犍陀罗，"既包括印度河西侧的白沙瓦谷地，也包括印度河东侧的呾叉始罗（今译塔克西拉），北到斯瓦特河谷，西至阿富汗喀布尔河流域上游的哈达、贝格拉姆等地"。[①]现在所称犍陀罗故地，均指广义的犍陀罗地区。

自公元前 6 世纪开始，犍陀罗地区就成为中亚各强国争夺之地，政治局势不断变化，曾先后被波斯的阿契美尼德王朝（Achaemenid）、马其顿的亚历山大大帝（Alexander the Great）征服，后来又被印度孔雀王朝的旃陀罗笈多（Chandragupta Priyadarsana）征服和管辖。在孔雀王朝第三代君主阿育王统治时期，佛教开始传入印度西北部。在印度孔雀王朝衰落后，公元前 3 世纪中叶，犍陀罗地区又被希腊巴克特里亚王朝统治一个多世纪。故犍陀罗地区受到古波斯、古希腊、古印度文化的多重影响，成为多元文明的交汇之地。

（二）贵霜王朝佛教的兴盛

公元 1—4 世纪，犍陀罗地区被贵霜帝国[②]征服后，在罗马帝国、安息之后，建立起了庞大的帝国，统治着中亚和印度的广大地区，到迦腻色迦王时，贵霜帝国发展到了极盛时期。迦腻色迦王作为贵霜帝国成就卓著的帝王，在印度史上产生了重要影响，尤其是他对佛教的崇信和支持，使贵霜帝国发展成佛教中心之一，迦腻色迦王也被颂扬为佛教史上著名的护法王，有"阿育王第二"之称。

---

① 〔巴基斯坦〕穆罕默德·瓦利乌拉·汗：《犍陀罗——来自巴基斯坦的佛教文明》，陆水林译，北京：五洲传播出版社，2009 年，序言，第 1 页。

② 关于贵霜帝国，学者们围绕建立者、迦腻色迦王以及其他方面展开过相关的研究，包括羽田亨「大月氏及び貴霜に就いて」『史學雜誌』第 41 編第 9 号、1930 年；余太山《塞种史研究》，北京：商务印书馆，2012 年；〔法〕沙畹等《大月氏都城考》，冯承钧译，北京：中国国际广播出版社，2013 年；余太山《贵霜史研究》，北京：商务印书馆，2015 年；〔日〕小谷仲男《大月氏——寻找中亚谜一样的民族》，王仲涛译，北京：商务印书馆，2017 年。

图 4-1 迦腻色迦带有佛陀形象的金币

注：头光和身光环绕的立像被认为是最早出现在钱币上的佛陀形象，左手持莲花，右手结无畏印，头顶肉髻。

首先，犍陀罗地区有一批高僧大德，"国多贤圣，古来作论诸师那罗延天、无著菩萨、世亲菩萨、法救、如意、胁尊者等，皆此所出也"。[①] 并将佛陀圣物"佛钵"带至首都布路沙布逻（弗楼沙）供养。据马鸣菩萨传记载，当时迦腻色迦王进攻中印度时，摩揭陀国战败求和，迦腻色迦王借此将佛钵和马鸣菩萨带到了犍陀罗，马鸣菩萨作为他的宗教顾问，教化民众。马鸣菩萨是大小乘兼弘德大师，而龙树是大乘佛教兴起时期的代表人物，"迦腻色迦王对二人的供养，对大乘在西北印度的弘传起到了极大的推动作用"。[②] 出于对佛钵的崇信和供奉，魏晋南北朝时期众多僧人展开了瞻仰佛钵的巡礼活动。

其次，修建寺塔，雕造佛像，为了表现佛陀本生故事和菩萨诸行，迦腻色迦王在布路沙布逻（弗楼沙）和迦湿弥罗等地大量建造精舍和佛塔，供奉佛陀舍利，供养僧众。值得注意的是，犍陀罗地区建造了众多佛陀庄严石像，并在钱币上刻佛陀之像。[③] 2 世纪前后所造陀历国的木刻弥勒大像，以及 6 世纪初所造巴米扬大佛等，反映了一种新的佛教艺术形式——犍陀罗佛

① （唐）慧立、彦悰：《大慈恩寺三藏法师传》卷二，第 39 页；亦见（唐）玄奘、辩机原著，季羡林等校注《大唐西域记校注》卷二，第 233 页。

② 魏道儒主编《世界佛教通史》第 1 卷《印度佛教（从佛教起源至公元 7 世纪）》，第 353 页。

③ 魏道儒主编《世界佛教通史》第 1 卷《印度佛教（从佛教起源至公元 7 世纪）》，第 353 页。

教艺术兴起。这些佛陀造像受到希腊艺术的影响，形成了具有希腊特点的造像，称为犍陀罗造像（艺术），具有划时代的意义，对中国等东亚国家的佛教产生了重大影响。

迦腻色迦王组织了佛教第四次结集，促成了说一切有部经典的系统化整理。鉴于此时期佛教派别众多，异说纷纭，"迦腻色迦王与胁尊者招集五百贤圣于迦湿弥罗国，作《毗婆沙论》"。[①]《阿毗达磨大毗婆沙论》"是有部阿毗达磨的集大成之作，确立了迦湿弥罗东方师学说的正统性，而判犍陀罗西方师学说为旁流"。[②] 由此说一切有部的理论体系得以确立，并在印度西北部得到发展。据称，这次结集，经、律、论三藏各成 10 万颂，共计 30 万颂960 万言，不仅推进了有部理论建设，而且迦腻色迦王对马鸣的支持，也推进了大乘佛教在印度西北部的弘传，使佛教在西北印度蓬勃发展，"犍陀罗和迦湿弥罗成为西北印度的两大佛教中心"。[③]

二　在犍陀罗地区的寻经求法

公元 1—3 世纪，罽宾被贵霜王朝吞并。贵霜王朝统治时期，在迦腻色迦王对佛教的宽容和保护政策下，罽宾发展成佛教中心。迦腻色迦王时，形成了以犍陀罗为中心的，首都在弗楼沙的，一切有部的根据地。[④] 在部派佛教中，瑜伽通于各派。而对于说一切有部的诸大德而言，他们内修禅观、外究法义，禅和教相互参证，并渐渐形成定论。[⑤] 由罽宾来华的高僧，也将罽宾的有部禅法论著传入了中国，罽宾的禅法成为中国早期禅思想的主要来源。

---

① （唐）玄奘、辩机原著，季羡林等校注《大唐西域记校注》卷二，第 265 页。
② 魏道儒主编《世界佛教通史》第 1 卷《印度佛教（从佛教起源至公元 7 世纪）》，第 355 页。
③ 魏道儒主编《世界佛教通史》第 1 卷《印度佛教（从佛教起源至公元 7 世纪）》，第 355 页。
④ 〔英〕渥德尔：《印度佛教史》，王世安译，北京：商务印书馆，1987 年，第 318 页。
⑤ 印顺：《说一切有部为主的论书与论师之研究》，台北：正闻出版社，1992 年，第 614—615 页。

（一）罽宾国：求法僧习禅求法

罽宾高僧大德云集，"罽宾多出圣达，屡值明师，博贯群经，特深禅法"。[①] 又因经丝绸之路西域道南道上，从西域渴槃陀向南直抵罽宾的道路——罽宾道的兴盛，罽宾成为东来西往的佛教高僧经行要道。当时到中土传教弘法的罽宾僧人居多，是晋唐之际翻译佛经的主要力量。"罽宾是说一切有部的势力范围，此部的思想对南北朝佛教的影响极深。"[②]

东晋时期与法显同行的僧人智严，"周流西国，进到罽宾。入摩天陀罗精舍，从佛驮先比丘谘受禅法，渐深三年，功逾十载"。[③] 可知智严曾师从佛驮先学习禅法三年，功逾十年，佛驮先对他甚为器重。智严返回时，又邀请佛驮先的弟子佛驮跋陀罗到中土传布教化。佛驮跋陀罗，"此云觉贤，本姓释氏，迦维罗卫人……少以禅律驰名，常与同学僧伽达多，共游罽宾……少受业于大禅师佛大先。先时亦在罽宾"。[④] 佛驮跋陀罗师从罽宾高僧佛驮先受禅法，属于小乘一切有部。后来同意随智严到中土弘法，终至长安，弘扬禅法。佛驮跋陀罗的门徒有数百人，弟子有智严、宝云、慧观等。鸠摩罗什当时亦在长安，二人"共论法相，振发玄绪，多有妙旨"。[⑤] 但因佛驮跋陀罗的禅法一脉相承，与鸠摩罗什师承不同，二人产生了隔阂，佛驮跋陀罗被排斥，至庐山译经弘法，译出《修行方便禅经》二卷，由此也影响了慧远。后来佛驮跋陀罗又至京师建康，传习禅法和传译佛经，与法显共译《摩诃僧祇律》《大般泥洹经》，翻译支法领取回的《华严经》等。佛驮跋陀罗的传译为大乘瑜伽学说传入中国做出了重要贡献。罽宾禅法弘传还有达摩比丘一途，自少以禅观见称的慧览，也曾游西域，

---

① （梁）僧祐撰，苏晋仁、萧錬子点校《出三藏记集》卷一四《昙摩蜜多传》，第545页；又见（梁）慧皎撰，汤用彤校注《高僧传》卷三《宋上定林寺昙摩蜜多传》，第120页。
② 杜继文主编《佛教史》，第180页。
③ （梁）慧皎撰，汤用彤校注《高僧传》卷三《宋京师枳园寺释智严传》，第98页。
④ （梁）慧皎撰，汤用彤校注《高僧传》卷二《晋京师道场寺佛驮跋陀罗传》，第70页。
⑤ （梁）僧祐撰，苏晋仁、萧錬子点校《出三藏记集》卷一四《佛驮跋陀传》，第541页。

"仍于罽宾从达摩比丘谘受禅要。达摩曾入定往兜率天，从弥勒受菩萨戒。后以戒法授览，览还至于填，复以戒法授彼方诸僧，后乃归"。① 慧览到罽宾求法，师从达摩比丘，请教领受禅法。达摩曾入定中上兜率天感见弥勒，得受弥勒亲自传授菩萨戒，可谓戒源清净，慧览承其学，西行求法归来后又将禅法传至于阗。

4—5 世纪时，罽宾盛行禅法，由佛驮先和达摩比丘综合弘传，求法僧智严和慧览分别受学于这两位罽宾高僧，智严先是邀请佛驮先的弟子佛驮跋陀罗来华弘法，后来佛驮先也来华，在于阗弘传禅法。沮渠安阳侯西行求法至于阗，于瞿摩帝大寺遇佛驮先，便"从受《禅秘要治病经》，因其梵本，口诵通利。既而东归……及还河西，即译出《禅要》，转为晋文"。② 沮渠安阳侯师从佛驮先习禅法，并译出《禅要》。从佛驮跋陀罗的行迹可知，他受智严邀请来中土，在长安见到了鸠摩罗什，宝云随其学禅法，后又在建康遇到法显，并与法显共同译经。他们大多重视禅观，或跟随学习，或共同译经，交往密切。③

（二）寻访佛经、学习语言等

晋宋之际，还有其他求法僧在犍陀罗地区学习西域各国语言，寻访佛经，游历西域。西行求法僧或曾寻获《法华》等经律，如西晋竺法护"随师至西域，游历诸国，外国异言三十六种，书亦如之，护皆遍学，贯综诂训，音义字体，无不备识。遂大赍梵经，还归中夏。自燉煌至长安，沿路传译，写为晋文。所获《贤劫》《正法华》《光赞》等一百六十五部。孜孜所务，唯以弘通为业。终身写译，劳不告倦。经法所以广流中华者，护之力也"。④ 可知竺法护曾游历西域，通西域 36 种语言，获《贤劫》等佛经 150 余部，

---

① （梁）慧皎撰，汤用彤校注《高僧传》卷一一《宋京师中兴寺释慧览传》，第 418 页。
② （梁）慧皎撰，汤用彤校注《高僧传》卷二《晋河西县无谶传》，第 80 页。
③ 〔日〕宫治昭：《涅槃和弥勒的图像学——从印度到中亚》，李萍、张清涛译，北京：文物出版社，2009 年，第 341 页。
④ （梁）慧皎撰，汤用彤校注《高僧传》卷一《晋长安竺昙摩罗刹（竺法护）传》，第 23 页。

终生译经不辍，是鸠摩罗什之前成就最突出的译师之一。东晋支法领、支法净，奉师慧远之命，在西域寻访佛经多年，获"《方等》新经二百余部"。①

求法僧也寻访比丘尼戒法，如东晋咸康（335—342）中，沙门僧建"于月支国得《僧祇尼羯磨》及《戒本》。升平元年二月八日，洛阳请外国沙门昙摩羯多，为立戒坛"。②比丘尼戒法由此传入中原，又洛阳请高僧昙摩羯多建戒坛传戒，此为中原比丘尼之滥觞。

学习西域语言的有与法显同行的宝云，在游历西域、参访佛迹、顶礼佛钵后返回，"云在外域，遍学梵书，天竺诸国音字诂训，悉皆备解"。③南朝刘宋僧人昙无竭等一行"进至罽宾国，礼拜佛钵。停岁余，学胡书竟，便解胡语。求得《观世音受记经》梵文一部。无竭同行沙门余十三人，西行至辛头那提河，汉言师子口。缘河西入月氏国，礼拜佛肉髻骨，及睹自沸水船。后至檀特山南石留寺，住僧三百余人，杂三乘学。无竭便停此寺，受具足戒"。④高昌僧人道普，亦"经游西域，遍历诸国"，⑤所获佛经甚多。凉州沙门道泰，在宋元嘉中，"西游诸国，获《大毗婆沙》还"。⑥《大毗婆沙经》等胡本10万余偈，为有部依据的主要经典，道泰为有部经典做出的贡献为释家称道。

北魏时，受冯太后派遣，作为外交使节的宋云与僧人惠生一同西行，肩负着出使西域和采诸经律的双重任务。他们越过葱岭，到访钵和国、嚈哒国、波知国、赊弥国、乌苌国、犍陀罗国、那竭国等，"凡得一百七十部，皆是大乘妙典"。⑦北齐僧人"宝暹、道邃、僧昙等十人，以武平六年相结同行，采经西域，往返七载，将事东归，凡获梵本二百六十部"。⑧"大隋受禅，

① （梁）慧皎撰，汤用彤校注《高僧传》卷六《晋长安释僧肇传》，第250页。
② （梁）释宝唱著，王孺童校注《比丘尼传校注》卷一《晋竹林寺净捡尼传》，第2页。
③ （梁）慧皎撰，汤用彤校注《高僧传》卷三《宋六合山释宝云传》，第103页。
④ （梁）僧祐撰，苏晋仁、萧炼子点校《出三藏记集》卷一五《法显法师传》，第581页。
⑤ （梁）慧皎撰，汤用彤校注《高僧传》卷二《晋河西昙无谶传》，第80—81页。
⑥ （唐）道宣著，范祥雍点校《释迦方志》卷下《游履篇第五》，第98页。
⑦ （北魏）杨衒之撰，周祖谟校释《洛阳伽蓝记校释》卷五《城北》，第168—169页。
⑧ （唐）道宣撰，郭绍林点校《续高僧传》卷二《隋西京大兴善寺北贤豆沙门阇那崛多传》，第39页。

佛法即兴，暹等赍经，先来应运。"①可知，"大抵隋代所译经论原本，多出（宝）暹等所赍归也"。②

综上所述，晋宋时期西行求法僧人大多游历西域，而且大多仅至犍陀罗地区就返回。诸多求法僧中，唯有法显、道整、智猛、昙纂、昙无竭、法盛等僧人曾从犍陀罗地区继续南下造访中天竺。因此，晋宋时期求法僧大多以西域地区为求法和巡礼参访的主要目的地。求法僧在西域寻访携归佛经较多，所获佛经也以《方等》《华严》《法华》等大乘佛经为主。而犍陀罗地区经贵霜帝国对佛教的再造，佛教遗迹遍布，晋宋求法僧在该地游历巡礼者甚多。

6世纪初，宋云到访犍陀罗，曾记载该地"本名业波罗国，为嚈哒所灭，遂立敕懃为王。……不信佛法，好祀鬼神。国中人民，悉是婆罗门种，崇奉佛教"。③可知此时该地已被嚈哒占领，国王已不信佛法，但民众还继续崇信佛教。玄奘到访时，犍陀罗故地佛教已衰落，中亚地区纷争不断，少有求法僧到访。玄奘参访了犍陀罗地区重要的佛教遗迹，也曾沿途一路学习，④但玄奘西行的终极目标是参访中印度那烂陀寺，在戒贤法师门下学习《瑜伽师地论》。唐后期的僧人法界（悟空）在迦湿弥罗国受具足戒，学习律仪，听闻"萨婆多学"，即根本说一切有部，学习梵语、钻研佛法，又在犍陀罗国、乌苌国等巡礼圣踪，携回佛牙舍利和经本。⑤新罗僧人慧超也曾到访这些地方，但以游历为主。

---

① （唐）智昇撰，富世平点校《开元释教录》卷七，第457页。
② 梁启超：《中国印度之交通》，《佛学研究十八篇》，第120页。
③ （北魏）杨衒之撰，周祖谟校释《洛阳伽蓝记校释》卷五《城北》，第195页。
④ 根据《三藏法师传》记载，玄奘在缚喝罗国，学《毗婆沙论》；在迦湿弥罗国，师从僧称法师学习《俱舍论》《顺正理论》《因明》《声明》等；在磔迦国大庵庙林，学《经百论》《广百论》；在至那仆底国，随调伏光学《对法论》《显宗论》《理门论》；在阇烂达罗国，师从月胄，学《众事分毗婆沙》等。参见（唐）慧立、彦悰《大慈恩寺三藏法师传》卷二，第33—47页。
⑤ 聂静洁：《唐释悟空生平考》，余太山、李锦绣主编《欧亚学刊》第8辑，北京：中华书局，2008年，第99—114页。

三 在犍陀罗地区的参访巡礼

犍陀罗地区作为当时的佛教中心，"建造了很多的窣堵波和佛寺，其中以佛传浮雕和佛、菩萨像为主的雕刻为数众多"，[①] "佛陀本生故事和佛传故事是犍陀罗艺术的重要主题"。[②] 犍陀罗地区原本非佛教的起源地，远离佛陀释迦活动过的佛教故里中印度地区，释迦也未曾到访过犍陀罗地区，而"正因为犍陀罗没有与释迦有关的'圣地'，所以人们就创造出了'前世'的'圣迹'"，[③] 再造了圣地。"圣迹和圣物是一个地方成为宗教圣地的重要依据。佛教虽然不发源于犍陀罗，但犍陀罗后来崛起成为新的佛教中心。对于犍陀罗而言，尤其是贵霜帝国的君民而言，'制造'犍陀罗本地的圣迹，就具有了重要意义。"[④] 于是很多佛本生故事发生的地点被放在犍陀罗地区，如割肉贸鸽的尸毗王本生处、施眼的善目王本生处、舍身饲虎的萨埵那太子本生处，以及施头的月光王本生处等。燃灯佛为未来的释迦牟尼佛授记的故事发生地，不在佛陀故乡，而是定在那竭国。"很多在中土流传的佛本生和佛传故事，很可能是犍陀罗的发明，是犍陀罗塑造自己佛教中心运动的一部分。"[⑤] 由此，最终实现了犍陀罗地区的"圣地再造"，佛教中心也由中印度转移至犍陀罗地区。

除本生故事及其遗迹外，对佛陀之物和佛骨舍利等的信仰，是犍陀罗地区佛教信仰的另一特征。犍陀罗核心区域白沙瓦，是东晋南北朝求法僧向往的圣地，因为此地供奉有佛钵，修建有号称"西域浮图第一"的雀离浮图（迦腻色迦大塔）；位于今斯瓦特谷地的乌苌国有弥勒菩萨大像；那竭国有佛顶骨、佛齿塔、佛锡杖精舍、佛影窟。这些地区是中国求法僧人巡礼的

---

① 〔日〕宫治昭：《犍陀罗美术寻踪》，李萍译，北京：人民美术出版社，2006 年，第 79 页。
② 孙英刚、何平：《犍陀罗文明史》，第 244 页。
③ 〔日〕宫治昭：《犍陀罗美术寻踪》，第 80 页。
④ 孙英刚、何平：《图说犍陀罗文明》，北京：生活·读书·新知三联书店，2019 年，第 21 页。
⑤ 孙英刚、何平：《图说犍陀罗文明》，第 21 页。

重要地区。在那竭国西北还有玄奘到访过的梵衍那国，有巴米扬大佛，还有耆贺滥寺佛袈裟、佛锡杖等佛迹，以及众多佛本生故事遗迹，乌苌国佛陀足迹、佛陀度化恶龙处，宿呵多国有佛陀本生时割肉贸鸽故址、佛陀本生时以眼施人的遗迹，等等。按照世人理解，西行求法巡礼的中国高僧，本应前往佛教的发祥地——今印度恒河流域求法朝观，但实际上，4—5 世纪时，"以朝观佛钵然后西行去那竭（今贾拉拉巴德）朝观为荣耀"。[①]

（一）在犍陀罗国巡礼佛钵

犍陀罗国的中心区域白沙瓦是贵霜帝国迦腻色迦王统治时期的首都故址，法显称其为弗楼沙国[②]，在迦腻色迦王的统治和经营下，此地不仅是国家的政治中心，还是佛教中心。迦腻色迦王将佛钵从中印度摩揭陀国抢来后，妥善安置在此地以供瞻仰。"佛钵被运到富楼沙后，以佛法——佛钵为中枢，犍陀罗逐渐取代印度本土成为佛教中心。"[③]晋宋时期求法僧多以巡礼佛钵为目的到犍陀罗求法巡礼。"至少是 4—5 世纪的犍陀罗，以佛法核心——佛钵为中枢，成为僧俗共同的一大佛教中心地。该地保存至今的大量佛教寺院遗址，也充分证明了这点。"[④]

佛钵，是指佛陀在世时所持用之食钵、食器。佛陀涅槃后将佛钵留存于吠舍离车部族，"如来留钵，为作追念"，[⑤] 佛钵作为佛陀日常用品受到尊崇和供奉。释迦在世时托钵乞食，教化众生，佛钵已然具备教化的象征意义。公元 1 世纪前后，贵霜君王迦腻色迦王攻打摩揭陀国，"时彼国王即以马鸣

---

① 孙英刚、何平：《犍陀罗文明史》，第 225 页。
② 弗楼沙国，弗楼沙（梵语 Purusapura，即布路沙布逻），是犍陀罗故地，为贵霜原来之国都，即《魏书·西域传》所载富楼沙（Purasapura）、《洛阳伽蓝记》卷五《宋云行记》所载之"乾陀罗城"、《大唐西域记》卷二所载犍陀罗国布路沙布逻城（Purasapura），位于今白沙瓦。
③ 孙英刚：《迦腻色迦的遗产——中国中古时期的历史记忆及影响》，《佛学研究》2017 年第 2 期，第 160 页。
④ 〔日〕桑山正进：《巴米扬大佛与中印交通路线的变迁》，王铖编译，《敦煌学辑刊》1991 年第 1 期，第 86 页。
⑤ 〔唐〕玄奘、辩机原著，季羡林等校注《大唐西域记校注》卷七，第 598 页。

及与佛钵一慈心鸡，各当三亿"求和，"王大欢喜，为纳受之"，[①] 于是迦腻色迦王将佛钵带走，供奉于贵霜国都布路沙布逻。

图 4-2　佛钵

　　佛钵由中印度传至犍陀罗地区，从佛陀日常食器演变为佛陀圣物，甚至成了佛教正法的象征和符号。在汉文文献中，佛钵"一方面是中古时代西行求法高僧礼拜佛钵的记录，另一方面是佛教关于佛钵作为传法信物的观念深入人心"。[②] 东晋时，襄阳的习凿齿致书道安，述及"月光将出，灵钵应降"，[③] 这种佛教救世主信仰，使佛钵成为与弥勒信仰、月光童子观念密切相关的圣物或符号，这种宗教和政治意涵，对中古中国产生了重要影响，于是4—6世纪中国掀起了到犍陀罗巡礼佛钵的热潮。桑山正进推断，这一时期佛钵崇拜和带有佛钵崇拜的犍陀罗浮雕艺术品，表明犍陀罗才是当时佛教的中心，无怪乎大批有志于研究佛法的信徒从各地云集犍陀罗，其中包括相当数量来自中国的求法僧。[④] 他还提出犍陀罗地区通过佛陀圣物再造佛教圣迹

① （北魏）吉迦夜共昙曜译《付法藏因缘传》卷五，《大正藏》第 50 册，No.2058，第 315 页中。
② 孙英刚、何平：《犍陀罗文明史》，第 216 页。
③ （梁）慧皎撰，汤用彤校注《高僧传》卷五《晋长安五级寺释道安传》，第 180 页；亦见（唐）释道世著，周叔迦、苏晋仁校注《法苑珠林校注》卷一六《弥勒部第五》，第 545 页。
④ 〔日〕桑山正进：《巴米扬大佛与中印交通路线的变迁》，王钺编译，《敦煌学辑刊》1991 年第 1 期。

的说法。[1]

东晋安帝元兴元年（402）夏，法显一行到达弗楼沙，法显是见于史籍记载较早瞻礼佛钵的中国高僧，他详细记载了佛钵的形态以及供养仪式等。《法显传》记载：

> 到弗楼沙国。……佛钵即在此国。……可有七百余僧，日将中，众僧则出钵，与白衣等种种供养，然后中食。至暮烧香时复尔。可容二斗许，杂色而黑多，四际分明，厚可二分，甚光泽。贫人以少华投中便满；有大富者，欲以多华而供养，正复百千万斛，终不能满。[2]

这段记载说明，一是佛钵供养在弗楼沙国；二是有隆重的佛钵供养仪式，一日两次供养，日中众僧出钵，与白衣等种种供养，日暮烧香时仪式一样；三是介绍了佛钵的大小、形态和厚度，质地细腻有光泽；四是佛钵之神秘。反映了佛钵被视为圣物，受到虔诚而恭敬的供养。

南朝宋永初元年（420），昙无竭召集僧猛、昙朗等 25 人，"进至罽宾国，礼拜佛钵。停岁余，学胡书竟，便解胡语。求得《观世音受记经》梵文一部"。[3] 高昌僧人道普曾"供养尊影，顶戴佛钵"。[4] 河西僧人慧览"曾游西域，顶戴佛钵"。[5] 竺法维亦曾到弗楼沙瞻礼供养佛钵，《水经注》引竺法维之记载曰："佛钵在大月支国，起浮图，高三十丈，七层，钵处第二层，金络络锁悬钵，钵是青石。"[6] 可见，昙无竭一行与道普、慧览、竺法维等僧

---

[1] Koichi Shinohara, "The Story of the Buddha's Begging Bowl: Imagining a Biography and Sacred Places," in *Pilgrims, Patrons and Place: Localizing Sanctity in Asian Religions*, Vancouver: University of British Columbia Press, 2003, pp.68—107.

[2] （晋）法显撰，章巽校注《法显传校注》，第 33—34 页。

[3] （梁）僧祐撰，苏晋仁、萧錬子点校《出三藏记集》卷一五《法勇法师传》，第 581 页；（梁）慧皎撰，汤用彤校注《高僧传》卷三《宋黄龙释昙无竭传》，第 93 页。

[4] （梁）慧皎撰，汤用彤校注《高僧传》卷二《晋河西昙无谶传》，第 80—81 页。

[5] （梁）慧皎撰，汤用彤校注《高僧传》卷一一《宋京师中兴寺释慧览传》，第 418 页。

[6] （北魏）郦道元著，陈桥驿校证《水经注校证》卷二《河水》，北京：中华书局，2007 年，第 35 页。

先后到此地朝见并顶礼佛钵。

还有僧人欲瞻礼佛钵而未能如愿，于是带回佛钵画像加以供养。僧表"闻弗楼沙国有佛钵，钵今在罽宾台寺"。[①] 但至于阗时，路阻不通，未能如愿。于阗王为其描摹佛钵及宝胜像，僧表遂将画像请回凉州。后经过蜀地，应沙门道汪的请求，将佛钵画像留在当地供养。说明当时中原地区即有佛钵的信仰崇拜，顶礼佛钵便成为僧人西行求法巡礼的重要内容，无法前往西域亲瞻并顶戴佛钵，能求得佛钵的画像加以供养也很难得。

6 世纪上半叶，宋云和惠生一行到访犍陀罗地区，但未提及供养佛钵之事。7 世纪玄奘游历犍陀罗都城布路沙布逻时，佛钵已不在此地，唯余荒废的佛钵宝台。据《大唐西域记》记载："王城内东北有一故基，昔佛钵之宝台也。如来涅槃之后，钵流此国，经数百年，式遵供养，流转诸国，在波剌斯。"[②] 彼时佛钵已从犍陀罗流转至波斯国，"波剌斯国……释迦佛钵在此王宫"。[③] "波剌斯国，非印度所摄……佛钵在王宫中。"[④] 因而，玄奘及之后的唐代求法僧均未能见到佛钵，玄奘关于佛钵的记载，是汉文文献中最后的直接记载，此后关于佛钵的信息再不复见。

佛钵是佛陀遗物，释迦涅槃后，佛钵被视为传法的信物和符号，"佛钵是佛教信仰非常独特的符号和象征：正法的流行和佛钵的存世紧密相关"。[⑤] 贵霜迦腻色迦王将佛钵从摩揭陀国带至弗楼沙，并在犍陀罗地区创建了以佛钵为圣物的一系列新的佛教建筑。又因为兴佛措施，至少在 4—5 世纪，犍陀罗以佛法核心——佛钵为中枢，成为佛教中心。5 世纪初法显西行求法时，佛教在西域的繁荣度已超过了印度部分地区。因此，当时佛教中心在中亚，

---

① （梁）宝唱：《名僧传抄·僧表传》，《卍续藏经》第 134 册，第 25 页上—下。

② （唐）玄奘、辩机原著，季羡林等校注《大唐西域记校注》卷九，第 236—237 页。又据《大慈恩三藏法师传》记载："王城东北有置佛钵宝台。钵后流移诸国，今现在波剌拏斯国。"参见（唐）慧立、彦悰《大慈恩寺三藏法师传》卷二，第 39 页。

③ （唐）玄奘、辩机原著，季羡林等校注《大唐西域记校注》卷一一，第 939 页；亦见（唐）慧立、彦悰《大慈恩寺三藏法师传》卷四，第 93 页。

④ （唐）释道世著，周叔迦、苏晋仁校注《法苑珠林校注》卷二九《感通篇》，第 915 页。

⑤ 孙英刚、何平：《犍陀罗文明史》，第 230 页。

今天的西北印度、巴基斯坦、阿富汗，中亚诸国、中国新疆等地区。①

在这些因素影响下，犍陀罗的佛钵吸引着众多中土僧人前往巡礼，掀起了晋宋时期中土僧人西行求法的高潮，也成为东晋南北朝时期西行求法巡礼的重要内容。

图 4-3　供养佛钵

（二）在犍陀罗国参访雀离浮图

贵霜的迦腻色迦王除将佛钵从佛陀故地运到犍陀罗国安置外，还在犍陀罗国的都城布路沙布逻修建了当时最为高大恢宏的纪念碑性质的建筑——迦腻色迦大塔，又作"雀离浮图""雀离佛图""雀离浮屠"，后以"雀离"泛指佛寺、佛塔。中国西行求法僧人大多在此地瞻礼雀离浮图，该建筑也通过求法僧人对中国的佛塔等佛教建筑产生了重要影响。

5 世纪法显西行至弗楼沙，参访了迦腻色迦塔。关于此塔之由来，《法显传》记载，佛陀僧游历此地，预言"吾般泥洹后，当有国王名罽腻伽于此处起塔"。后来迦腻色迦王来此地，天帝释化身牧羊小儿，"当道起塔"，予以启示。迦腻色迦王于是在小儿塔上起大塔，"高四十余丈，众宝校饰。凡所经见塔庙，壮丽威严都无此比。传云：'阎浮提塔，唯此为上。'"②

---

① 孙英刚、李建欣：《月光将出、灵钵应降——中古佛教救世主信仰的文献与图像》，《全球史评论》2016 年第 2 期。

② （晋）法显撰，章巽校注《法显传校注》，第 33 页。

北魏道荣游历西域，亦曾参访雀离浮图，对此窣堵波的修建缘起及具体的形制等记载甚详。《洛阳伽蓝记》所引《道荣传》载，佛陀预言有国王迦腻色迦在此处起浮图，当迦腻色迦王游观时，见四童子堆累牛粪起三尺之小塔，即发正信深敬佛法，于彼小塔上建大塔，"其高三丈……凡十三级"，"多置金银及诸宝物"，"塔内佛事，悉是金玉，千变万化，难得而称。旭日始开，则金盘晃朗；微风渐发，则宝铎和鸣。西域浮图，最为第一"。[①] 此高大浮图在《魏书》和《北史》中皆有记载，"高七十丈，周三百步，即所谓'雀离佛图'也"。[②]

北魏正光元年（520），宋云一行入犍陀罗，此国已被嚈哒所灭，佛教已渐趋衰落。宋云一行在此国见到了迦腻色迦王所造的雀离浮图，"宋云以奴婢二人奉雀离浮图，永充洒扫。惠生遂减割行资，妙简良匠，以铜摹写雀离浮图仪一躯，及释迦四塔变"。[③] 二人留奴婢两名供奉、洒扫雀离浮图，并描摹了雀离浮图带回。据说北魏灵太后主持修建的永宁寺塔，就受到了雀离浮图的影响。[④] 据《洛阳伽蓝记》记载："永宁寺，熙平元年灵太后胡氏所立也……中有九层浮图一所，架木为之，举高九十丈。上有金刹，复高十丈；合去地一千尺。去京师百里，已遥见之。"[⑤] 永宁寺塔是中国古代第一高塔，一百里外都可见，是在宋云西行之际修建，应是受法显、道荣等僧人所载雀离浮图的影响。宋云、惠生西行带着描摹雀离浮图及其他佛塔和佛像构

---

① （北魏）杨衒之撰，周祖谟校释《洛阳伽蓝记校释》卷五《城北》，第 202—205 页。又见《法苑珠林》所引《西域志》，内容与《道荣传》相同。参见（唐）释道世著，周叔迦、苏晋仁校注《法苑珠林校注》卷三八《敬塔篇》，第 1222 页。

② 据《魏书》载："（乾陀国）所都城东南七里有佛塔，高七十丈，周三百步，即所谓'雀离佛图'也。"参见（北齐）魏收《魏书》卷一〇二《西域传》，第 2280 页。又《北史》亦载："（乾陁国）所都城东南七里有佛塔，高七十丈，周三百步，即所谓'雀离佛图'也。"参见（唐）李延寿《北史》卷九七《乾陁传》，第 3233 页。

③ （北魏）杨衒之撰，周祖谟校释《洛阳伽蓝记校释》卷五《城北》，第 205 页。

④ 有学者认为，北魏灵太后在掌政初期所建的永宁寺塔，乃是模仿自犍陀罗国迦腻色迦王所建的雀离浮图。由于雀离浮图意为"轮王之塔"，因此这一做法的意义，似在告知天下灵太后所具有的佛教转轮王身份和形象。参见周胤《北魏灵太后"转轮王"与"佛"形象的建构》，《南都学坛》2017 年第 6 期。

⑤ （北魏）杨衒之撰，周祖谟校释《洛阳伽蓝记校释》卷一《城内》，第 1—3 页。

造等具体规制的任务，摹本带回国后雀离浮图为国人所知，各地纷纷以此为摹本修建寺塔，北齐邺城（今河北邯郸市临漳县）即建有"雀离"佛寺。[①]

7世纪，玄奘到访犍陀罗国时，此国佛教衰落，佛钵也已流转至波斯，僧伽蓝已"摧残荒废，芜漫萧条"。到布路沙布逻城时，城外东南八九里有毕钵罗树，"其侧又有窣堵波，是迦腻色迦王所造，高四百尺，基周一里半，高一百五十尺，其上起金刚相轮二十五层，中有如来舍利一斛。大窣堵波西南百余步有白石像，高一丈八尺，北面立，极多灵瑞，往往有人见像夜绕大塔经行"。[②]玄奘看到的这座窣堵波，已是该塔第四次被毁后所建，[③]佛塔中供奉着舍利。塔西南还有白石佛像，有寺院和舍利塔等，也是迦腻色迦所建。

古正美认为，"'大窣堵波'及'故伽蓝'的遗址，就是迦腻色迦王所造的'转轮王僧伽蓝'的遗址。'转轮王僧伽蓝'是当时全国佛教政治发展的执行总部，即统管全国各地'如来神庙'之中心。迦腻色迦王建立'大窣堵波'的用意既也是使其成为'雀离浮图'，为全国最高的塔，'大窣堵波'西之'故伽蓝'，自然就是迦腻色迦王时代的佛教政治发展总部或大寺"。[④]雀离浮图和迦腻色迦伽蓝是迦腻色迦王推行的大乘佛教的中心"转轮王僧伽蓝"。

随着佛教在犍陀罗地区的衰落，雀离浮图也不再见于历史记载，直到20世纪初，雀离浮图遗址才被发掘出来（部分塔基细部见图4-4）。从1909年开始，司鹏纳（D. B. Spooner）带队在白沙瓦发掘迦腻色迦大塔遗址，在塔基底座的地宫里又发掘出了迦腻色迦青铜舍利函（见图4-5）。[⑤]

---

① 李澜:《有关雀离佛寺的几个问题》,《敦煌研究》2009年第4期。

② （唐）慧立、彦悰:《大慈恩寺三藏法师传》卷二，第39页。

③ 〔巴基斯坦〕穆罕默德·瓦利乌拉·汗:《犍陀罗——来自巴基斯坦的佛教文明》，第77页。

④ 古正美:《贵霜佛教政治传统与大乘佛教》，台北：允晨文化实业股份有限公司，1993年，第487页。

⑤ 孙英刚、何平:《图说犍陀罗文明》，第103—104页。

图 4-4　迦腻色迦大塔塔基细部

图 4-5　迦腻色迦青铜舍利函

（三）在陀历国瞻礼弥勒大像

陀历国（Darada），又译作陀罗陀、捺罗泥、捺罗那、达罗陀等，是法显越过葱岭后首先到达的国家。《法显传》曰："度岭已，到北天竺。始入其境，有一小国名陀历。"①陀历，"故址在今克什米尔西北部印度河北岸达地斯坦（Dardistan）之达丽尔（Dārel）"。②

法显越葱岭后首先到达此国，并瞻礼了此国的弥勒大像。据《法显传》记载："其国昔有罗汉，以神足力，将一巧匠上兜术天，观弥勒菩萨长短、色貌，还下，刻木作像。前后三上观，然后乃成。像长八丈，足趺八尺，斋日常有光明，诸国王竞兴供养。今故现在。"③根据传说，罗汉用神通将巧匠带至兜率天，观察弥勒菩萨的相貌后，再返回世间用木雕刻弥勒像。该弥勒菩萨大像高八丈，每当斋戒时此像大放光明，诸国国王竞相前来供养。从这段记载可知，弥勒在北天竺是小乘佛教徒所信奉的，由罗汉发起，以神通力上兜率天观弥勒菩萨相貌，明确指称弥勒菩萨像，而未言及弥勒佛或弥勒佛像。

当地的僧人问法显："佛法东过，其始可知耶？"显云："访问彼土人，皆云古老相传，自立弥勒菩萨像后，便有天竺沙门赍经、律过此河者。像立在佛泥洹后三百许年，计于周氏平王时。由兹而言，大教宣流，始自此像。非夫弥勒大士继轨释迦，孰能令三宝宣通，边人识法。固知冥运之开，本非人事，则汉明之梦，有由而然矣。"④根据法显的说法，弥勒菩萨像"立在佛泥洹后三百许年"，也就是公元前2世纪前后。自立弥勒菩萨像后，大教宣流，佛法开始东传，便有西域沙门到中土传教。

由此，佛法越过葱岭传入西域，渐次传入中原地区，两晋以来传入了不少弥勒经典，如《弥勒菩萨所问本愿经》《弥勒下生经》等。"弥勒信仰在传

---

① （晋）法显撰，章巽校注《法显传校注》，第22页。
② （晋）法显撰，章巽校注《法显传校注》，第23页。
③ （晋）法显撰，章巽校注《法显传校注》，第22页。
④ （晋）法显撰，章巽校注《法显传校注》，第22—23页。

入内地后得到迅速传播，其中以往生兜率净土的信仰尤为盛行。"① 前秦高僧道安"于弥勒前立誓，愿生兜率"，②"誓生兜率，仰瞻慈氏"。③ 六朝时期的求法僧西行目的之一就是瞻礼此弥勒大像。

与法显同行的僧人也都曾参礼此大像。据《名僧传》记载：宝云"于陀历国见金薄弥勒成佛像，整高八丈，云于像下毕诚启忏五十日，夜见神光照烛，皎然如曙，观者盈路，彼诸宿德沙门，并云灵辉数见"。④ 记载甚为详细。高昌僧人法盛等一行人，也在"忧长国东北，见牛头栴檀弥勒像，身高八寻，一寻是此国一丈也"。⑤ 相传"佛灭度后四百八十年中，有罗汉名可利难陀，为济人故，舛兜率天，写佛真形，印此像也。常放光明，四众伎乐四时笑乐。远人皆卒从像悔过，愿无不克，得初道果"。⑥ 与法显等人的记载大致相同。甚至法盛和五百僧俗在陀历国住留十年，愿求舍身，而祈见弥勒，"岁有十数，盛与诸方道俗五百人，愿求舍身，必见弥勒，此愿可谐。香烟右旋，须臾众烟合成一盖，右转三币，渐渐消尽（云云）"。⑦ 从宝云传和法盛传可知当时陀历国弥勒信仰之盛，诸方道俗五百人，毕诚启忏，祈见弥勒，观者盈路。"由于宝云与法盛的传记是梁宝唱所写，其间多少反映的是宝唱生活时代的中国弥勒信仰状况，不仅对弥勒菩萨与弥勒佛不做严格区分，而且差不多是以弥勒佛代替了弥勒菩萨，连兜率天宫的弥勒菩萨也称作了佛。"⑧ 法显、宝云、法盛是在5世纪初至中叶参访此弥勒菩萨像，所记内容也大体相同。

约两百年后，玄奘至乌苌国旧都达丽罗，参礼了此弥勒像，据《大唐西域记》记载："达丽川中大伽蓝侧，有刻木慈氏菩萨像，金色晃昱，灵鉴潜

---

① 任继愈主编《中国佛教史》第 1 卷，第 600 页。
② （梁）慧皎撰，汤用彤校注《高僧传》卷五《晋长安五级寺释道安传》，第 183 页。
③ （梁）慧皎撰，汤用彤校注《高僧传》卷五《晋荆州上明竺僧辅传》，第 196 页。
④ （梁）宝唱：《名僧传抄·宝云传》，《卍续藏经》第 134 册，第 26 页上。
⑤ （梁）宝唱：《名僧传抄·法盛传》，《卍续藏经》第 134 册，第 26 页上。
⑥ （梁）宝唱：《名僧传抄·法盛传》，《卍续藏经》第 134 册，第 26 页上。
⑦ （梁）宝唱：《名僧传抄·法盛传》，《卍续藏经》第 134 册，第 26 页上。
⑧ 王雪梅：《法显与弥勒信仰》，《兰州学刊》2011 年第 7 期，第 174 页。

图 4-6 礼敬佛教的信徒

图 4-7 弥勒立像（台座上是礼拜
佛钵的场景）

图 4-8 佛陀足迹雕刻

通，高百余尺，末田底迦阿罗汉之所造也。罗汉以神通力，携引匠人升睹史多天，亲观妙相。三返之后，功乃毕焉。自有此像，法流东派。"[①] 玄奘的记载较为简略，记此木刻慈氏菩萨像还贴有黄金叶片，造此大像的罗汉是末田底迦。根据佛教文献，末田底迦是奉命到罽宾弘扬佛法之人，他把佛教带到了中亚和西域，此弥勒大像便是传教的重要标志。"罗汉以神通力上至兜率天，观弥勒容貌而写生的传说，以及有神通力的罗汉，反映了弥勒信仰的流行。"[②]

法显谓"大教宣流，始自此像"，而玄奘记载"自有此像，法派东流"，[③] 肯定了弥勒大像与佛教东传中国的密切关系。"陀历的弥勒像，位于连接印度世界和中国世界的道路上，而且占据着它的连接点，反映了陀历的地理和历史状况……佛法东流，即由此像开始。"[④]"弥勒作为释迦牟尼的传法者，矗立在往东方的交通要道上（巴米扬等地的大佛像也是如此），从空间上成为佛法流传的纪念碑。"[⑤] 这尊弥勒像，宝云记载为"弥勒成佛像"，玄奘记载为慈氏菩萨像。日本学者宫治昭推测，陀历的弥勒大佛可能是 4 世纪后半叶造立，[⑥] 这是"由禅定获得神通力的罗汉在实际见到弥勒之后的造像，所以是真正的弥勒下生像"。[⑦]

（四）在那竭国参礼佛影窟

那竭国，《法显传》作"那竭国"，《洛阳伽蓝记》作"那迦罗阿国"，《大唐西域记》作"那揭罗曷国"。据《大唐西域记》卷二记载，那揭罗曷国"在今阿富汗的贾拉拉巴德（Jelālābād），位于喀布尔河南岸"。[⑧] 该国最

---

①　（唐）玄奘、辩机原著，季羡林等校注《大唐西域记校注》卷三，第 295—296 页。

②　〔日〕宫治昭：《涅槃和弥勒的图像学——从印度到中亚》，第 340 页。

③　（唐）玄奘、辩机原著，季羡林等校注《大唐西域记校注》卷三，第 296 页。

④　〔日〕宫治昭：《涅槃和弥勒的图像学——从印度到中亚》，第 342 页。

⑤　孙英刚、何平：《犍陀罗文明史》，第 523 页。

⑥　〔日〕宫治昭：《涅槃和弥勒的图像学——从印度到中亚》，第 343 页。

⑦　〔日〕宫治昭：《涅槃和弥勒的图像学——从印度到中亚》，第 340 页。

⑧　（唐）玄奘、辩机原著，季羡林等校注《大唐西域记校注》卷二，第 221 页。

著名的城市醯罗城，不仅藏有佛顶骨、佛牙、佛发、佛眼、袈裟、锡杖，城西南还有佛影窟。因此，那竭国是晋唐西行求法僧巡礼的重要地点，法显、慧达、宋云、惠生、玄奘、慧超等都曾到此瞻礼参拜。

相传佛影窟中有佛影显现，故名。关于佛影的故事传至中国，在僧俗界引起了极大反响。佛影窟是晋唐西行求法僧巡礼的重要地点，而不同时期求法僧关于佛影窟的记载，也反映出了此地佛教的兴衰。

5 世纪初法显一行就曾到佛影窟，并有过最早的记载。402 年底，法显、道整、慧景等到此瞻礼。据《法显传》记载："那竭城南半由延，有石室，搏山西南向，佛留影此中。去十余步观之，如佛真形，金色相好，光明炳著，转近转微，仿佛如有。诸方国王遣工画师摹写，莫能及。彼国人传云，千佛尽当于此留影。"① 关于佛影窟，法显的记载简洁明快，将佛影窟中的景象描绘得生动形象，读之如亲临现场。也可知当时法显等人参观佛影窟时很快就看到了佛影，如佛真形，甚为清晰。但是诸国遣画工来摹写却画不出佛影形态。佛影向西百步许，有佛发、佛爪，旁边有寺，此处还有罗、辟支佛塔等千数，遗迹、佛塔很多，法显等一并观瞻。

北魏的道荣亦曾参观佛影窟（瞿波罗窟），据《洛阳伽蓝记》记载："至瞿波罗窟，见佛影。入山窟，去十五步，西面向户遥望，则众相炳然；近看则瞑然不见。以手摩之，唯有石壁。渐渐却行，始见其相。容颜挺特，世所希有。窟前有方石，石上有佛迹。窟西南百步，有佛浣衣处。窟北一里，有目连窟。"② 道荣在瞿波罗窟见到了较为清晰的佛影，并感叹其为世间所稀有。

7 世纪玄奘到访那竭国时，此国已衰落，去瞻礼时佛影亦多不得见。因此道路也有点荒废，途中多盗贼，往返极为困难，少有人往，佛影不仅难得一见，纵然能看到也模糊不持久。"瞿波罗龙之所居也。……昔有佛影，焕若真容，相好具足，俨然如在。近代已来，人不遍睹，纵有所见，仿佛而

---

① （晋）法显撰，章巽校注《法显传校注》，第 39 页。
② （北魏）杨衒之撰，周祖谟校释《洛阳伽蓝记校释》卷五《城北》，第 207—208 页。

已。至诚祈请，有冥感者，乃暂明视，尚不能久。"①《大慈恩寺三藏法师传》对玄奘参观佛影窟的过程记载甚为详细：

> 既至窟所，窟在石涧东壁，门向西开，窥之窈冥，一无所睹。老人云："师直入，触东壁讫，却行五十步许，正东而观，影在其处。"法师入，信足而前，可五十步，果触东壁。依言却立，至诚而礼，百余拜一无所见。自责障累，悲号懊恼，更至心礼诵《胜鬘》等诸经、诸佛偈颂，随赞随礼，复百余拜，见东壁现如钵许大光，倏而还灭。悲喜更礼，复有槃许大光，现已还灭。益增感慕，自誓若不见世尊影，终不移此地。如是更二百余拜，遂一窟大明，见如来影皎然在壁，如开云雾忽瞩金山，妙相熙融，神姿晃昱，瞻仰庆跃，不知所譬。佛身及袈裟并赤黄色，自膝已上相好极明，华座已下稍似微昧，左右及背后菩萨、圣僧等影亦皆具有。见已，遥命门外六人将火入烧香。比火至，欻然佛影还隐，急令绝火，更请方乃重现。六人中五人得见，一人竟无所睹。如是可半食顷，了了明见，得申礼赞，供散华香讫，光灭尔乃辞出。所送婆罗门欢喜，叹未曾有，云："非法师志诚愿力之厚，无致此也。"窟门外更有众多圣迹，相与归还，彼五贼皆毁刀杖，受戒而别。②

玄奘以至诚之心去瞻礼，叩拜百余，却一无所见。玄奘又一心礼诵佛经，再度诚礼拜，妙相庄严的佛陀影像终于出现在岩壁上，胁侍菩萨和罗汉也清晰可见。住在附近为玄奘引路的老人和被感化的盗贼甚是欢喜，盗贼放下屠刀，向玄奘求受五戒后离去。

从法显到玄奘的记载，佛影也从"去十余步观之"，到至诚礼拜祈请，礼拜了两百多次后才慢慢显现，逐渐清晰。玄奘去佛影窟的前两三年内，瞻礼佛影者大多未见其显现，甚至道路荒芜，路途多盗贼，去的人更少。甚至

---

① （唐）玄奘、辩机原著，季羡林等校注《大唐西域记校注》卷二，第224页。
② （唐）慧立、彦悰：《大慈恩寺三藏法师传》卷二，第38—39页。

图 4-9　燃灯佛授记

住在附近引路的老者，在此之前都未曾见到过佛影。由此可知，5—7 世纪那竭国佛教逐渐衰落。

（五）佛顶骨舍利的流转与求法僧巡礼

佛顶骨舍利（梵文 usnisa），或如来顶骨，又称"乌率腻沙"。[1] 自佛陀在拘尸那国入灭后，八王分舍利，阿育王集合后再分。据佛经记载，佛顶骨被安置在东方吐火罗国。而见于中土求法僧记载的是，佛顶骨流布于那竭国醯罗城，部分小佛顶骨流布迦毕试国旧王伽蓝，后来由唐使王玄策带回长安。作为佛舍利的重要组成部分，佛顶骨舍利首先在南亚地区流传，并被视为佛陀圣物，自然受僧徒信众礼敬和供奉，中土西行求法僧多前来参礼佛顶骨舍利。

1. 那竭国的佛顶骨舍利

最早瞻礼佛顶骨舍利并有记载的是法显，5 世纪初，法显一行游历至那

---

① （唐）义净著，王邦维校注《大唐西域求法高僧传校注》卷上，第 32 页。

竭国瞻礼佛顶骨舍利。那竭国都城醯罗城建有佛顶骨精舍，内供奉有佛顶骨舍利，每日奉出并举行供养仪式。据《法显传》记载：

> 至那竭国界醯罗城。中有佛顶骨精舍，尽以金薄、七宝校饰。国王敬重顶骨，虑人抄夺，乃取国中豪姓八人，人持一印，印封守护。清晨，八人俱到，各视其印，然后开户。开户已，以香汁洗手，出佛顶骨，置精舍外高座上，以七宝圆椹椹下，琉璃钟覆上，皆珠玑校饰。骨黄白色，方圆四寸，其上隆起。每日出后，精舍人则登高楼，击大鼓，吹螺，敲铜钹。王闻已，则诣精舍，以华香供养。供养已，次第顶戴而去。从东门入，西门出。王朝朝如是供养、礼拜，然后听国政。居士、长者亦先供养，乃修家事。日日如是，初无懈倦。供养都讫，乃还顶骨于精舍。中有七宝解脱塔，或开或闭，高五尺许，以盛之。精舍门前，朝朝恒有卖华香人，凡欲供养者，种种买焉。诸国王亦恒遣使供养。精舍处方四十步，虽复天震地裂，此处不动。①

佛顶骨被供奉在解脱塔里，每日迎请出来，安置于寺院外高台上，供国王、百姓瞻礼供养。法显不仅详细描述了王国安置、保护和供养佛顶骨舍利的情况，并首次描述了佛顶骨的颜色、形状等，详述了佛顶骨舍利供奉仪式盛况，从国王到百姓，每天首先要瞻礼供奉佛顶骨舍利，然后才各自做事，而且周边其他国家的国王也经常遣使来供养佛顶骨舍利。那竭国佛陀遗物和遗迹较多，有佛齿塔，佛齿"供养如顶骨法"；② 也有牛头旃檀做的佛锡杖，供养在专门的精舍内；还有佛衣（僧伽梨），在精舍内供养，天旱时请出礼拜供养以求雨等，法显一行一并瞻礼。

北魏宋云、惠生一行曾瞻礼佛顶骨舍利。据载，他们"至那迦逻国，有

---

① （晋）法显撰，章巽校注《法显传校注》，第38—39页。
② （晋）法显撰，章巽校注《法显传校注》，第39页。

佛顶骨及佛手书梵字石塔铭"。①《洛阳伽蓝记》记载："至那迦罗阿国，有佛顶骨，方圆四寸，黄白色，下有孔，受人手指，阒然似仰蜂窠。"②其中对佛顶骨记载较略，并未记载佛顶骨的供养仪式。

玄奘到访那竭国参礼佛顶骨。据《大唐西域记》载：醯罗城"第二阁中有七宝小窣堵波，置如来顶骨。骨周一尺二寸，发孔分明，其色黄白，盛以宝函，置窣堵波中"。③又据《大慈恩寺三藏法师传》记载："佛顶骨城。城有重阁，第二阁中有七宝小塔，如来顶骨在中。骨周一尺二寸，发孔分明，其色黄白，盛以宝函。"④《续高僧传》卷三载："城南不远，醯罗城中，有佛顶骨，周尺二寸，其相仰平，形如天盖。……奘奉睹灵相，悲泪横流，手拨末香，亲看体状，倍增欣悦。即以和香，印其顶骨，睹有嘉瑞，又增悲庆。"⑤《法苑珠林》卷二九载："又城东三十余里有醯罗城，中有重阁，上安佛顶骨，周尺二寸，其色黄白，发孔分明。欲知善恶，用香泥印之，及观香泥，随心而现。"⑥从以上资料可知，佛顶骨舍利安置在那竭国醯罗城多层楼阁的七宝舍利塔宝函内。佛顶骨舍利颜色基本相同，即黄白色，但大小略有不同。

法显时代，佛顶骨受国王敬重、华香供养，上至国王，下至百姓，每日隆重供养。从法显时代只可远观瞻礼，到玄奘时代瞻礼佛顶骨需要收费，"诸欲见如来顶骨者，税一金钱。若取印者，税五金钱"。还可取印定凶吉，"但欲知罪福相者，磨香末为泥，以帛练裹，隐于骨上，随其所得以定吉凶"。⑦虽然瞻礼和取印皆需要收费，但观礼者依然很多。玄奘时代，不再有隆重的供养仪式，虽观瞻者甚众，但交钱即可近观顶骨舍利，甚至可以香泥取印来测善恶，可知佛顶骨舍利地位的下降，佛教在犍陀罗地区

① 《北魏僧惠生使西域记》，《大正藏》第 51 册，No.2086，第 867 页中。
② （北魏）杨衒之撰，周祖谟校释《洛阳伽蓝记校释》卷五《城北》，第 206 页。
③ （唐）玄奘、辩机原著，季羡林等校注《大唐西域记校注》卷二，第 228 页。
④ （唐）慧立、彦悰：《大慈恩寺三藏法师传》卷二，第 37 页。
⑤ （唐）道宣撰，郭绍林点校《续高僧传》卷四《唐京师大慈恩寺释玄奘传》，第 100 页。
⑥ （唐）释道世著，周叔迦、苏晋仁校注《法苑珠林校注》卷二九，第 892 页。
⑦ （唐）慧立、彦悰：《大慈恩寺三藏法师传》卷二，第 37 页。

渐趋衰落。

玄奘到达那竭国醯罗城，当在唐贞观二年（628），[①] 与法显所瞻礼佛顶骨舍利位置相同。可知此时佛顶骨舍利依旧在那竭国的都城醯罗城。但不知何因，亦不知从何时始，原先供奉在那竭国醯罗城的佛顶骨舍利，又分出一部分供奉在了迦毕试国。[②]

2. 迦毕试国的佛顶骨舍利

据《大唐西域记》记载，在迦毕试国王城旧王伽蓝，"有如来顶骨一片，面广寸余，其色黄白，发孔分明。又有如来发，发色青绀，螺旋右萦，引长尺余，卷可半寸。凡此三事，每至六斋，王及大臣散花供养"。[③]《法苑珠林》卷二九亦载：古王寺"有佛顶骨一片，广二寸余，色黄白，发孔分明。……又此寺有佛发青色，螺旋右萦，引长丈余，卷可寸许"。[④] 迦毕试国佛顶骨"面广寸余"，明显比那竭国的佛顶骨要小。

唐代尚有几位求法僧曾参礼此佛顶骨舍利。玄照于麟德年间（664—665）"至迦毕试国，礼如来顶骨，香花具设，取其印文，观来生善恶"。[⑤]道琳"次往迦毕试国，礼乌率腻沙。自尔之后，不委何托"。[⑥] 道琳也到迦毕试国瞻礼佛顶骨舍利。还有大唐三僧，"从北道到乌长那国，传闻向佛顶骨处礼拜。今亦不委存亡，乌长僧至，传说之矣"。[⑦] 王邦维认为，此"佛顶骨处指迦毕试国"，[⑧] 该国在乌苌国以西。

3. 犍陀罗国的佛顶骨舍利

中唐时期，法界曾在犍陀罗瞻礼佛顶骨，据《悟空入竺记》记载："（法界）经游四年……出迦湿蜜国入乾陀罗城。……罽腻咤王演提洒寺，此寺复

---

① 杨廷福:《玄奘年谱》，上海：上海古籍出版社，2011 年，第 139 页。
② （唐）玄奘、辩机原著，季羡林等校注《大唐西域记校注》卷二，第 137 页。
③ （唐）玄奘、辩机原著，季羡林等校注《大唐西域记校注》卷二，第 154—155 页。
④ （唐）释道世著，周叔迦、苏晋仁校注《法苑珠林校注》卷二九，第 891 页。
⑤ （唐）义净著，王邦维校注《大唐西域求法高僧传校注》卷上，第 11 页。
⑥ （唐）义净著，王邦维校注《大唐西域求法高僧传校注》卷下，第 134 页。
⑦ （唐）义净著，王邦维校注《大唐西域求法高僧传校注》卷上，第 99 页。
⑧ （唐）义净著，王邦维校注《大唐西域求法高僧传校注》卷上，第 100 页。

有释迦如来顶骨舍利。"①罽腻咤王，指迦腻色迦王，演提洒寺即迦腻色迦王所建。有学者认为，醯罗城和犍陀罗城相邻，"从此（醯罗城）东南山谷中行五百余里，至健驮逻国"，②"恐演提洒寺所供'释迦如来顶骨舍利'乃从醯罗城分出"。③

4. 佛顶骨舍利流转传入唐朝

唐显庆五年（660），有西域人进献佛顶骨舍利。据《法苑珠林》卷三八记载："至显庆五年春三月，下敕请舍利往东都，入内供养。时西域又献佛束顶骨至京师。人或见者，高五寸，阔四寸许，黄紫色。又追京师僧七人，往东都入内行道。敕以舍利及顶骨出示行道。僧曰：此佛真身，僧等可顶戴供养。……其佛顶骨用珍宝赎之，计直四千匹绢。遂依其数，以蕃练酬之。顶骨今见在内供养，即是螺髻束发小顶骨。然大顶骨犹未至此。"④此顶骨舍利并非那竭国之大顶骨，其源流不可考。

唐龙朔元年（661），唐使王玄策赍归佛顶骨舍利，供奉在皇宫。据《法苑珠林》卷二九记载，"古王寺，有佛顶骨一片，广二寸余，色黄白，发孔分明。至大唐龙朔元年春初，使人王玄策从西国将来，今现宫内供养"。⑤《佛祖统纪》卷三九亦载："龙朔元年，王玄策进西天所得佛顶舍利。"⑥可知，由王玄策携归的佛顶骨舍利来自迦毕试国旧王伽蓝。自唐至宋，或有西域僧来献佛顶骨，或有西行求法僧携归佛顶骨舍利，但源流都不详。南京牛首山佛顶宫的佛顶骨舍利是世界现存唯一的佛顶骨舍利（见图4-10）。

---

① 参见（唐）圆照《大唐贞元新译十地等经记》，《大正藏》第17册，No.0780，第716页上—中。

② （唐）玄奘、辩机原著，季羡林等校注《大唐西域记校注》卷二，第232页。

③ 王孺童：《佛顶骨舍利源流考》，《法音》2012年第8期，第29页。

④ （唐）释道世著，周叔迦、苏晋仁校注《法苑珠林校注》卷三八，第1214—1215页。

⑤ （唐）释道世著，周叔迦、苏晋仁校注《法苑珠林校注》卷二九，第891页。

⑥ （宋）志磐撰，释道法校注《佛祖统纪校注》卷三九，第923页。

图 4-10　佛顶骨舍利

注：佛顶骨舍利（佛顶真骨）是佛祖释迦牟尼的头顶骨舍利，周长 35 厘米，直径 10 厘米，颜色黄黑，是有清晰发孔的完整头骨。佛顶骨舍利出土于南京市秦淮区宋长干寺（明大报恩寺）地宫的阿育王塔中，是世界现存唯一一枚佛祖真身顶骨舍利，供奉于南京牛首山的佛顶宫中。

　　值得一提的是，玄奘曾游历梵衍那国，参访了著名的巴米扬大佛（见图 4-11、图 4-12），并留下了珍贵记载，据《大唐西域记》载："王城东北山阿，有立佛石像，高百四五十尺，金色晃曜，宝饰焕烂。东有伽蓝，此国先王之所建也。伽蓝东有鍮石释迦佛立像，高百余尺，分身别铸，总合成立。城东二三里伽蓝中有佛入涅槃像，长千余尺。"[1] 他记载了巴米扬石窟群中的两尊巨佛：东大佛和西大佛。不远处有一座卧佛像，附近还建有伽蓝，说明当时梵衍那国佛教兴盛。梵衍那佛教的兴起与犍陀罗地区的衰落有关，在嚈哒入侵和打击下，犍陀罗地区佛教开始衰落，而 6 世纪中期，突厥强大，嚈哒势力崩溃，昔日的罽宾道已不再安全，兴都库什山西侧的道路成为连接亚欧的重要商路，作为交通枢纽的巴米扬兴起。"犍陀罗的商业中心地位，转移到迦毕试等地，而作为上层建筑的佛教中心地也随之转移到那烂陀、迦湿弥罗、迦毕试等地。"[2]

---

[1]　（唐）玄奘、辩机原著，季羡林等校注《大唐西域记校注》卷一，第 130—131 页。

[2]　〔日〕桑山正进：《巴米扬大佛与中印交通路线的变迁》，王铖编译，《敦煌学辑刊》1991 年第 1 期，第 93 页。

图 4-11　被摧毁前的巴米扬大佛

图 4-12　巴米扬大佛遗址

7 世纪中叶到 8 世纪，大食大规模东扩，占领中亚，直至帕米尔高原，与唐朝对峙，随着大食势力的入侵，犍陀罗地区佛教衰落。而亚洲政治格局发生重大变化，唐、吐蕃、大食在西域展开了将近一个世纪的漫长纷争，西域不再安全，传统的西域道也随之衰落。所以，自唐初以来，唐代西行求法僧通过吐蕃泥婆罗道直接赴中印度求法巡礼，而吐蕃泥婆罗道很快衰落，唐高宗麟德年间以后，唐代求法僧人转为通过海路南海道赴中印度求法巡礼。

第三节 中印度：唐代求法僧主要参访地

古印度，亦称天竺，只是一种文化地理概念，是古代中国对今印度和其他南亚次大陆国家的统称。在汉籍中对天竺的最早记载见于《史记》，当时称作身毒（梵文 Sindhu 的对音），其注曰："身毒，在月氏东南数千里。俗与月氏同，而卑湿暑热。其国临大水，乘象以战。其民弱于月氏。修浮图道，不杀伐，遂以成俗。……天竺国有东、西、南、北、中央天竺国，国方三万里，去月氏七千里。"[①] 到唐代统称为天竺，玄奘又根据发音，正音为"印度"。《大唐西域记》载："详夫天竺之称，异议纠纷，旧云身毒，或曰贤豆，今从正音，宜云印度。"[②] 古代印度指的是广义的印度（即五印度），"古代印度与现代印度疆域有别，除独立出去的巴基斯坦与孟加拉国之外，还有部分领土现属阿富汗、伊朗、尼泊尔、中亚等"。[③] 中天竺约为古印度全域的中央部分之诸国，也就是相当于今天印度比哈尔邦、北方邦、中央邦一带。中天竺是佛教的发源地，是佛陀一生主要活动和弘法之地，分布着大量的佛教遗迹，佛陀成道与弘法道场也主要在中天竺，因此中天竺也是中国西行求法僧向往的"中天"和佛教圣地。

一 佛教在中印度地区的兴盛

公元前 6—前 5 世纪，迦毗罗卫国的太子乔达摩·悉达多创立佛教，并

---

① （汉）司马迁：《史记》卷一二三《大宛列传》，第 3165 页。
② （唐）玄奘、辩机原著，季羡林等校注《大唐西域记校注》卷二，第 161 页。
③ 魏道儒主编《世界佛教通史》第 1 卷《印度佛教（从佛教起源至公元 7 世纪）》，序章第 7 页。

开始在恒河流域传播。公元前 2 世纪，孔雀王朝的阿育王统一印度次大陆，大力支持佛教发展，并派人对外弘传佛教。阿育王死后，孔雀王朝衰微，北印度陷入分裂，普士亚米多罗建立了巽伽王朝，统治范围主要是恒河中下游地区，曾大肆毁佛。公元 1 世纪，贵霜帝国统一了北印度，大力推崇佛教，佛教在犍陀罗地区兴盛，并继续向北、向南传播。320 年，旃陀罗·笈多一世建立笈多王朝，"经过沙摩陀罗·笈多和旃陀罗·笈多二世（超日王，380—413 年在位）的武力征服和联姻，使原处于分裂的印度达到了近乎孔雀王朝那样的统一，经济和文化更加昌盛"。[①] 但是 5、6 世纪时，嚈哒大规模扩张并南下，笈多王朝退缩到摩揭陀，史称"后笈多王朝"。笈多王朝采取宗教兼容政策，佛教得以继续发展。此时期，印度对外交通继续扩展，"向东则通向中南半岛和马来半岛、苏门答腊、爪哇等地，与中国大陆的水上联系也紧密起来"。[②]

5 世纪初，法显渡过印度河，到访佛教起源地天竺，此时正值旃陀罗·笈多二世统治时期，法显参访了摩头罗国（又称为秣菟罗国，在今印度北方邦西部马图拉市）、摩揭陀国等中天竺国家，佛教兴盛，寺院众多。其中，摩揭陀国都城巴连弗邑建有摩诃衍伽蓝，高僧众多，欲求义理，皆诣此寺。法显在此寺停留三年（405—407），学习梵书梵语，抄写经律，得"《摩诃僧祇众律》……复得一部抄律，可七千偈，是《萨婆多众律》……复于此众中得《杂阿毗昙心》，可六千偈。又得一部《綖经》，二千五百偈。又得一部《方等般泥洹经》，可五千偈。又得《摩诃僧祇阿毗昙》"。[③] 同时期求法僧智猛亦游历印度，得梵本甚多，在阿育王朝旧都华氏城，"有大智婆罗门，名罗阅家，举族弘法，王所钦重……猛于其家得《大泥洹》梵本一部，又得《僧祇律》一部，及余经梵本"。[④] 与法显所获佛经相同。法显还曾参访佛教遗迹、道场，相关内容已在巡礼部分论及，此处不再赘述。晋宋求法僧少有

①　杜继文主编《佛教史》，第 95 页。
②　杜继文主编《佛教史》，第 96 页。
③　（晋）法显撰，章巽校注《法显传校注》，第 120 页。
④　（梁）慧皎撰，汤用彤校注《高僧传》卷三《宋京兆释智猛传》，第 126 页。

至中印度求法巡礼者，法显和智猛是其中代表，曾寻得重要佛经戒律。

5世纪法显至中印度时，佛教逐渐出现衰败的现象。玄奘、义净到访的时候，佛教进一步衰退到几个主要的分裂出的邦国和个别寺院。玄奘说，当时"五印度境，两国重学，西南摩腊婆国，东北摩揭陀国"。[①] 摩揭陀国"建立了著名的那烂陀佛寺，华氏城成为印度佛教的中心。笈多时期推行了梵文佛经……大乘佛教在这个时期深化理论，出现重要的大乘经典，主要有涅槃系、般若系、楞伽系、华严系等，出现了无著、世亲、马鸣、觉音等重要人物"。[②] 表面看来，大乘学说似有很大的发展，但实际上在中期大乘佛学的最后阶段，"局限在'寺学'范围以内，例如，先在那烂陀寺，后在超行寺，对一般社会的影响并不大"。[③] 在这种思辨烦琐的学风下，"由于烦琐的理论不为群众所接受，为争取群众，便采取印度教的方法，这就是密教发生的主要原因"。[④] 因此，大乘佛教在7世纪繁荣之际，便已经开始衰颓。佛教衰颓，造成了两大后果："一是佛教的经院化，二是佛教的密教化。"[⑤] 因此，"后期大乘佛学的性质可以说是逐渐向密教化方向发展，最后则完全融合于密教之中"。[⑥]

二 在中印度搜寻佛经与访师习法

7世纪时西行求法活动再度兴盛，众多求法僧赴中印度求法，而在印度的参学求法活动，因为大乘学说的发展局限于"寺学"，所以唐代求法僧学习佛法的场所集中于中印度几座寺院。汤用彤说，"当时求法者留学之处，虽不得其详，然据见之记载，其最有名者"有：那烂陀寺、大觉寺（释迦成道之处，有释迦真容，为求法僧人必瞻礼之地）、信者寺（西印度）、新寺（印度之北）、大寺（师子国）、般涅槃寺（俱尸城）、羝罗荼寺（那烂陀寺

① （唐）玄奘、辩机原著，季羡林等校注《大唐西域记校注》卷一一，第900页。
② 〔日〕篠原典生：《西天伽蓝记》，第52—53页。
③ 吕澂：《印度佛学源流略讲》，第200页。
④ 吕澂：《印度佛学源流略讲》，第204页。
⑤ 杜继文主编《佛教史》，第200页。
⑥ 吕澂：《印度佛学源流略讲》，第203页。

附近）。[1]但是在印度，"魏晋南北朝隋唐时期，中土高僧西行求法留学之处，主要是摩揭陀的那烂陀寺和摩诃菩提寺"。[2]根据史籍所载唐代求法僧求法留学活动，大部分求法僧学习佛法之处如下。

（一）在佛学圣地那烂陀寺寻经访学

那烂陀寺（梵文 Nālandā）（见图 4-13、图 4-14、图 4-15），又称作那兰陀寺、阿兰陀寺，意译为施无厌寺，那烂陀寺位于恒河右岸，摩揭陀王舍城北方，在今印度比哈尔邦首府巴特那东南巴达加欧（Baragaon）地区。那烂陀寺不见法显记载。玄奘记载："佛涅槃后未久，此国先王铄迦罗阿迭多，敬重一乘，遵崇三宝，式占福地，建此伽蓝。"[3]义净记载："那烂陀寺，乃是古王室利铄羯罗昳底为北天苾刍曷罗社槃社所造。"[4]铄羯罗昳底，即玄奘所称铄迦罗阿迭多（帝日王），笈多王朝鸠摩罗·笈多一世（415—455 年在位）。那烂陀寺是笈多王朝帝日王为北印度比丘曷罗社槃社兴建的，约于 5 世纪上半叶始建，"历代君王继世兴建，穷诸剞劂，诚壮观也"。[5]是古印度规模最宏大的佛教寺院和佛教最高学府，被誉为"像法之泉源，众圣之都会也"。[6]佛陀曾在此说法三个月，龙树、月称、无著、世亲、戒贤等造诣高深的佛学大师，都曾在此修业、讲学，或担任该寺住持。从世界各地慕名而来的高僧云集于此，圣贤辈出。僧徒常达万人，学习科目繁多，"并学大乘兼十八部，爰至俗典《吠陀》等书，因明、声明、医方、术数亦俱研习"。[7]那烂陀寺兴建后，所传学说以无著、世亲为中心，还网罗了当时大小乘学者以及世俗学者讲学。[8]"僧徒数千，并俊才高学也。德重当时，声驰异域者，

---

① 汤用彤：《隋唐佛教史稿》，第 73—74 页。
② 李崇峰：《佛教考古：从印度到中国》，第 819 页。
③ （唐）玄奘、辩机原著，季羡林等校注《大唐西域记校注》卷九，第 747 页。
④ （唐）义净著，王邦维校注《大唐西域求法高僧传校注》卷上，第 112 页。
⑤ （唐）玄奘、辩机原著，季羡林等校注《大唐西域记校注》卷九，第 748 页。
⑥ （唐）李华：《玄宗朝翻经三藏善无畏赠鸿胪卿行状》，《大正藏》第 50 册，No. 2055，第 290 页下。
⑦ （唐）慧立、彦悰：《大慈恩寺三藏法师传》卷一三，第 69 页。
⑧ 吕澂：《印度佛学源流略讲》，第 153 页。

图 4-13　那烂陀寺遗址局部（一）

图 4-14　那烂陀寺遗址局部（二）

图 4-15　那烂陀寺真身舍利塔

数百余矣。戒行清白，律仪淳粹。僧有严制，众咸贞素。"[1]僧人中屡出贤人，
为印度诸国人所敬仰。那烂陀寺是佛教的最高学府，世界性的佛学圣地，曾
有万余僧人学者聚集于此，是"留学僧"最向往的学术圣殿之一。

1. 法显曾到访那烂陀所在地

法显曾在摩揭陀国的都城巴连弗邑一带求法巡礼，并在此地留学三
年。摩揭陀国重要的佛教遗迹，当时法显都曾去过，但未提及那烂陀。据
《法显传》记载："到那罗聚落，是舍利弗本生村。舍利弗还于此村中般泥
洹。即此处起塔，今亦现在。"[2]法显到访的"那罗聚落"，是佛陀大弟子舍
利弗出生和圆寂之地，并起舍利塔，今有学者认为这个地方可能就是后修

---

① （唐）玄奘、辩机原著，季羡林等校注《大唐西域记校注》卷九，第757页。
② （晋）法显撰，章巽校注《法显传校注》，第94页。

的那烂陀寺所在地。①

2. 玄奘在那烂陀寺从"求法"到"讲法"

玄奘在中印度游历了 30 多个国家，沿途向各地名僧学习大小乘佛教经论。玄奘历经艰难险阻，终于在贞观五年（631）抵达摩揭陀国的那烂陀寺。玄奘在那烂陀寺，"听《瑜伽》三遍，《顺正理》一遍，《显扬》《对法》各一遍，《因明》《声明》《集量》等论各二遍，《中》《百》二论各三遍。其《俱舍》《婆沙》《六足》《阿毗昙》等已曾于迦湿弥罗诸国听讫，至此寻读决疑而已。兼学婆罗门书"。② 瑜伽行派的其他论著和有部、中观诸派的代表，以至婆罗门书等，凡经五年。随后又遍访名师，在杖林山胜军处学习两年，胜军师因明学造诣甚深。《慈恩传》卷四记载："法师就之，首末二年，学《唯识决择论》《意义理论》《成无畏论》《不住涅槃》《十二因缘论》《庄严经论》，及问《瑜伽》《因明》等疑已。"③ 玄奘不仅学习《瑜伽》《因明》《中论》《百论》，小乘有部的《婆沙》《俱舍》各论，有部以外的大众、正量、经部等派的学说，也旁搜博探，备闻无遗，所学广博。④

玄奘在巡游五印度后，于贞观十五年（641）又回到那烂陀，继续研修。经过钻研诸部经论，所学各门，无不精通。可见，玄奘虽然旨在求《瑜伽》，实际并不拘泥于一宗义，而是大小乘经论广泛涉猎，甚至包括婆罗门书等。玄奘在那烂陀寺被推为十大德之一，获得了至高的地位、荣誉和待遇，身份也由留学生转变为讲师。戒贤法师很器重他，让他在那烂陀寺内为僧众升座讲学，讲授瑜伽行派的《摄大乘论》《唯识决择论》两部重要著作，并且对《中论》《百论》《瑜伽》进行阐发。这是中国法师第一次在印度佛教最高学

---

① 据学者高世（A. Ghosh）考证，法显赴印游学时间为 399—413 年，《法显传》中所说的"那罗聚落"，即那烂陀寺所在地。此地是舍利弗的出生处，也是舍利弗的入灭处，当时有舍利弗塔存在。传中没有记述那烂陀寺，可见此寺是创建于法显赴印之后，鸠摩罗·笈多一世恰在法显旅印后四十年间御世。此时笈多盛世犹未衰落，此王肇建那烂陀寺，较为可信。参见（唐）玄奘、辩机原著，季羡林等校注《大唐西域记校注》卷九，第 745—755 页。

② （唐）慧立、彦悰：《大慈恩寺三藏法师传》卷三，第 74—75 页。

③ （唐）慧立、彦悰：《大慈恩寺三藏法师传》卷四，第 96 页。

④ 吕澂：《中国佛学源流略讲》，第 337 页。

府升座讲学。

　3. 义净在那烂陀参学译经

　　义净到中印度巡礼佛教遗迹后，便入那烂陀。义净来到那烂陀时，该寺已是拥有八大院的印度第一大寺，"那烂陀寺，人众殷繁，僧徒数出三千，造次难为翔集。寺有八院，房有三百，但可随时当处，自为礼诵"。① 其教学水平之高，教育规模之庞大，堪称印度之冠，义净感叹"轨模不可具述"。②

　　义净"住那烂陀寺，十载求经"，从上元二年（675）到垂拱元年（685），③ 在那烂陀学习十年之久，比玄奘学习时间还长。义净并没有详细记载他在那烂陀寺的具体学习内容，而在《南海寄归内法传》中大略记载了他在南海和印度留学求法之状况，当时"那烂陀中则宝师子大德……斯并比秀前贤，追踪往哲。晓因明论，则思拟陈那；味瑜伽宗，实馨怀无著。谈空则巧符龙猛，论有则妙体僧贤。此诸法师，净并亲狎筵机，餐受微言"。④ 义净在那烂陀寺师从宝师子大德，学习佛教各类经典，研究《因明》《俱舍论》《瑜伽师地论》等，学习大小乘各种经论。义净广泛搜集佛经，特别是律典，最终寻得"梵本经律论近四百部合五十万颂"，⑤ 并着手译经，翻译出佛经《根本说一切有部毗奈耶颂》和《一百五十赞佛颂》。

　　在那烂陀寺学习期间，义净还考察了印度佛教僧团戒律、佛教仪轨、僧众寺院生活、僧团生活礼仪、印度保健医术等，为撰写《南海寄归内法传》积累了素材，并将那烂陀寺作为佛教寺院的典范，留下了古印度佛教生活和戒律轨则等记载。此外，他还考察了那烂陀寺的建筑规制，并绘制了那烂陀寺的地图，附在《大唐西域求法高僧传》中，可惜此图在很早的时候就已经佚失。义净在印期间，与其他求法僧往来较多，听闻并记录了众多求法僧西

---

① （唐）义净著，王邦维校注《南海寄归内法传校注》卷四《西方学法》，第176—177页。
② （唐）义净著，王邦维校注《大唐西域求法高僧传校注》卷上，第112页。
③ 王邦维：《唐高僧义净生平及其著作论考》，第10页。
④ （唐）义净著，王邦维校注《南海寄归内法传校注》卷四《西方学法》，第207—208页。
⑤ （唐）智昇撰，富世平点校《开元释教录》卷九《总括群经录》，第557页

行参学的经历，为撰写《大唐西域求法高僧传》准备了素材。

4. 其他求法僧在那烂陀的求法活动

在玄奘之后，求法僧都以玄奘为榜样，赴印度求法，去那烂陀学习。或学习经律论，或抄写梵文佛经，或临摹佛像。

（1）跟随名师习经律。玄照在那烂陀寺求学三年，"就胜光法师学《中》《百》等论，复就宝师子大德受《瑜伽十七地》"。[①] 在那烂陀搜览佛经，尤其是律典。如荆州道琳法师"至那烂陀寺，搜览大乘经论，溃情《俱舍》，经于数年"。[②] 无行禅师，在那烂陀"听《瑜伽》，习《中观》，研味《俱舍》，探求律典"。[③] 洛阳智弘律师"于那烂陀寺，则披览大乘"。[④]

（2）抄写梵文经书，学习经论。如新罗僧阿离耶跋摩"住那烂陀寺，多闲经论，抄写众经"。[⑤] 新罗慧业法师，听读经文，抄写梵文论典，"所写梵本并在那烂陀寺"。[⑥] 齐州道希法师，"在那烂陀寺，频学大乘……所将唐国新旧经论四百余卷，并在那烂陀矣"。[⑦] 可谓"佛教的反向传播"。

（3）临摹佛像。如襄阳灵运，"于那烂陀画慈氏真容、菩提树像，一同尺量，妙简工人。赍以归国，广兴佛事"。[⑧]

唐朝僧人西行赴印求法，多先赴佛陀成道处菩提伽耶参访巡礼，再至那烂陀寺求法学习。而那烂陀入寺考核严苛，应该亦有求法僧未能通过考核而不得入寺。如前文所述，义净在《大唐西域求法高僧传》中所载 57 名赴印求法僧，在那烂陀寺求法学习者不过 13 人，如玄照、道希、阿离耶跋摩、慧业、佛陀达摩、道方、大乘灯、慧轮、道琳、义净、灵运、智弘、无行，加上玄奘不过 14 人。那烂陀寺入寺标准甚高，不少求法僧在印度其他寺院

---

① （唐）义净著，王邦维校注《大唐西域求法高僧传校注》卷上，第 10 页。
② （唐）义净著，王邦维校注《大唐西域求法高僧传校注》卷下，第 133 页。
③ （唐）义净著，王邦维校注《大唐西域求法高僧传校注》卷下，第 182 页。
④ （唐）义净著，王邦维校注《大唐西域求法高僧传校注》卷下，第 175 页。
⑤ （唐）义净著，王邦维校注《大唐西域求法高僧传校注》卷上，第 40 页。
⑥ （唐）义净著，王邦维校注《大唐西域求法高僧传校注》卷上，第 42 页。
⑦ （唐）义净著，王邦维校注《大唐西域求法高僧传校注》卷上，第 36 页。
⑧ （唐）义净著，王邦维校注《大唐西域求法高僧传校注》卷下，第 168 页。

辗转留学，其中有菩提伽耶的摩诃菩提寺（见后文详述），但在此寺并不常住，居住学习时间较长的是信者寺。

（二）求法僧在信者寺住留学法

信者寺，又称信者道场，位于庵摩罗跋国，"庵摩罗跋国在中印度弶伽河北，地似在今比哈尔邦一带，但难确指何处"。[①] 唐代求法僧在信者寺驻锡者较众。

唐代僧人玄照第一次赴印时，到庵摩罗跋国，受国王苫部的供养，"住信者等寺，复历三年"，[②] 具体活动没有详载。不久唐高宗召玄照回国。麟德年间，玄照又奉敕再赴天竺，返程时因道路阻塞而无法回国，辗转于印度游历，后来长居信者寺，最后在中印度庵摩罗跋国遘疾而卒。[③] 新罗僧慧轮，"在信者寺，住经十载"；[④] 道希"蒙庵摩罗跋国王甚相敬待"，[⑤] 长期留住信者寺；京师末底僧诃，与师鞭同游，"俱到中土，住信者寺。少闲梵语，未详经论"。[⑥] 义净曾到信者寺，未见道希，只见希公所住旧房，题词以缅怀。求法僧在信者寺的学习活动未见详载。

信者寺弘传小乘，智弘"在信者道场，乃专功小教。复就名德，重洗律仪。……习德光律师所制《律经》，随听随译，实有功夫"。[⑦] 可知，信者寺是小乘寺院，智弘在此寺专攻小乘，跟随名德，重受戒律，习《律经》，边听边译。

还有求法僧留居并最终卒于信者寺，齐州师鞭"居王寺，与道希法师相见，伸乡国之好。同居一夏，遇疾而终"。[⑧] 信胄法师，在信者寺上层造了

---

① （唐）义净著，王邦维校注《大唐西域求法高僧传校注》卷上，第 23 页。
② （唐）义净著，王邦维校注《大唐西域求法高僧传校注》卷上，第 10 页。
③ （唐）义净著，王邦维校注《大唐西域求法高僧传校注》卷上，第 11 页。
④ （唐）义净著，王邦维校注《大唐西域求法高僧传校注》卷上，第 101 页。
⑤ （唐）义净著，王邦维校注《大唐西域求法高僧传校注》卷上，第 36 页。
⑥ （唐）义净著，王邦维校注《大唐西域求法高僧传校注》卷上，第 56 页。
⑦ （唐）义净著，王邦维校注《大唐西域求法高僧传校注》卷下，第 175 页。
⑧ （唐）义净著，王邦维校注《大唐西域求法高僧传校注》卷上，第 39 页。

砖阁居住，想"永贻供养"，^① 不久病卒。爱州智行法师，遍礼尊仪后，"居信者寺而卒"。^②

《大唐西域求法高僧传》记载的赴印求法僧中，有 11 位在信者寺住留学习，其中有 5 位高僧卒于此寺。玄照（住留多载，病卒）、慧轮（住留十年）、师鞭（不久病卒）、末底僧诃（暂留）、道希（病卒）、道生（住留多载，学习小乘）、信胄（病卒）、智行（终老）、智弘（在信者寺暂留，专攻小乘佛教），义净和大乘灯禅师曾游信者寺。可见此寺对于唐朝赴印僧人的重要性。根据僧传记载，此寺院是小乘寺院，僧人在此专攻小乘，跟随名师学习戒律，而且多位僧人曾受国王礼遇优待（如玄照、慧轮一行，师鞭、道希）。

（三）西域印度属寺与"大唐西国无寺"现象

作为 7 世纪时佛教中心，西域很多国家出资在印度修建本国寺院，供往来印度的本国僧人居住。但是在玄奘和义净的记载中，唐朝不曾在印度修建属寺以供赴印求法僧居住留学。所以，唐代求法僧常常在他国属寺中流转，居无定所，义净提出"大唐西国无寺"，并曾向唐廷建议在西国造寺，但是否建成不见史籍记载。

1. 西域诸国在印度的属寺

西域很多国家出资在印度修建本国属寺，如著名的大觉寺就是由师子国（僧诃罗国）出资修建。义净记载："金刚座大觉寺即僧诃罗国王所造，师子洲僧旧住于此。"^③《大唐西域记》卷八详细记载了僧伽罗国（师子国）国王修建此寺的传说，"摩诃菩提僧伽蓝，其先僧伽罗国王之所建也"。^④ 师子国僧游历巡礼佛陀道场，礼菩提树，却因"羁旅异域，载罹寒暑"，无安身之处，又因出生边鄙之地而被排挤，师子国国王舍国珍宝，修建菩提伽蓝，作

---

① （唐）义净著，王邦维校注《大唐西域求法高僧传校注》卷上，第 86 页。
② （唐）义净著，王邦维校注《大唐西域求法高僧传校注》卷上，第 87 页。
③ （唐）义净著，王邦维校注《大唐西域求法高僧传校注》卷上，第 103 页。
④ （唐）玄奘、辩机原著，季羡林等校注《大唐西域记校注》卷八，第 693 页。

为师子国在印度的属寺，"故此伽蓝多执师子国僧也"。①

西域其他国家在印度所建的属寺有两座。（1）睹货罗僧寺，寺名健陀罗山荼，"北方僧来者，皆住此寺为主人耳"。②（2）迦毕试国寺，是迦毕试国所建属寺，位置在大觉寺西，"寺亦巨富，多诸硕德，普学小乘。北方僧来亦住此。寺名宴掔折里多"。③此寺比较富裕，有很多名僧，北方僧人来印度多居于此寺。

屈录迦寺是南方屈录迦国昔日所造，在大觉寺东北两驿许，"寺虽贫素，而戒行清严。近者日军王复于故寺之侧更造一寺，今始新成。南国僧来，多住于此"。④

可见，大觉寺、睹货罗僧寺（健陀罗山荼）、迦毕试国寺（宴掔折里多）、屈录迦寺等都是西域各国出资在印度所建寺院，供本国旅印求法巡礼的僧人居住，寺院虽有贫富差别，但都是各国僧人在印度的栖身之所。

2. 义净"大唐西国无寺"说

5世纪初，法显到访乌苌国，曾记载："若有客比丘到，悉供养三日，三日过已，乃令自求所安常。"⑤此为客僧住寺制度，即凡是外面求法游历的僧人到访，安置住宿的时间只有三天，不得长期住下去。从5世纪的法显，到7世纪的玄奘和义净，在其西域行记中，不见有在印度境内建华人专寺的记载，仅在《大唐西域求法高僧传》中提及一座已经荒废的汉寺。梁启超考察印度境内华人专寺，梳理出见于史籍者四座，分别是东印度恒河下游之支那寺、迦湿弥罗之汉寺、王舍城中之汉寺、华氏城东南百里之支那西寺；⑥并认为，"此诸寺者，殆可称为千余年前之中国留学生会馆。夫必学生多然后会馆立，然则当时西行求法之人姓氏失考者，殆更不止此数耳"。⑦

---

① （唐）玄奘、辩机原著，季羡林等校注《大唐西域记校注》卷八，第696页。
② （唐）义净著，王邦维校注《大唐西域求法高僧传校注》卷上，第101页。
③ （唐）义净著，王邦维校注《大唐西域求法高僧传校注》卷上，第102页。
④ （唐）义净著，王邦维校注《大唐西域求法高僧传校注》卷上，第101页。
⑤ （晋）法显撰，章巽校注《法显传校注》，第28页。
⑥ 梁启超：《中国印度之交通》，《佛学研究十八篇》，第129页。
⑦ 梁启超：《中国印度之交通》，《佛学研究十八篇》，第130页。

东印度恒河下游之支那寺。《大唐西域求法高僧传》中记载有这座寺院，义净西行前五百余年，从蜀川牂牁道赴印的二十许中土僧人巡礼菩提伽耶，印度室利笈多大王为这些中国僧人修建了"支那寺"，并给大村封二十四所来供养该寺。但后来"唐僧亡没，村乃割属余人"，支那寺衰败。东印度王曾言，"若有大唐天子处数僧来者，我为重兴此寺，还其村封，令不绝也"。① 但从义净记载唐代西行求法僧行迹来看，恢复此寺的计划并未实施。

迦湿弥罗之汉寺。据《法苑珠林》卷三八引王玄策《西域志》记载："罽宾国广崇佛教，其都城内有寺名汉寺。昔日汉使向彼，因立浮图。以石构成，高百尺。道俗虔恭，异于殊常。寺中有佛顶骨，亦有佛发，色青螺文，以七宝装之，盛以金匣。王都城西北有王寺，寺内有释迦菩萨幼年龀齿，长一寸。次其西南有王梵寺。"② 而据《大唐西域记》记载："王城西北大河南岸旧王伽蓝，内有释迦菩萨弱龄龀齿，长余一寸。其伽蓝东南有一伽蓝，亦名旧王，有如来顶骨一片，面广寸余，其色黄白，发孔分明。又有如来发，发色青绀，螺旋右萦，引长尺余，卷可半寸。"③ 王玄策《西域志》所记载罽宾国汉寺，有佛顶骨舍利的寺院，实为《大唐西域记》所载迦毕试国旧王伽蓝。此座寺院因有佛顶骨舍利，所以很多中国西行求法僧人到该寺参礼，见于史籍记载者就有玄奘、玄照、道琳、智弘、大唐三僧等。但这些僧人都仅在迦毕试国寺顶礼，不曾见其挂单常住，亦不曾有在此寺受到特殊礼遇的记载。唐龙朔元年（661），供奉于迦毕试国的佛顶骨舍利由唐使节王玄策带回唐朝供奉。求法僧行记中不见迦毕试"汉寺"的相关记载，姑且存疑。

王舍城中之汉寺和华氏城东南百里之支那西寺，这两座寺院玄奘和义净都未曾记载，也姑且存疑。

有的汉寺，晋唐求法僧行记中不见记载，但北宋范成大《吴船录》中有记载，包括摩羯提国汉寺；新王舍城兰若，隶汉寺；迦湿弥罗汉寺；阿

---

① （唐）义净著，王邦维校注《大唐西域求法高僧传校注》卷上，第103页。
② （唐）释道世著，周叔迦、苏晋仁校注《法苑珠林校注》卷三八，第1221—1222页。
③ （唐）玄奘、辩机原著，季羡林等校注《大唐西域记校注》卷一，第154—155页。

育王故都支那西寺。[①] 梁启超认为这些汉寺姑且存疑。[②] 严耀中讨论了 10 世纪的印度汉寺，认为唐初就有这些汉寺。[③] 但笔者以为，除义净到访时已荒废的汉寺外，其他求法僧行记中并不见相关记载，盖义净时代尚无汉寺。

义净说："致使去者数盈半百，留者仅有几人。设令得到西国者，以大唐无寺，飘寄栖然，为客遑遑，停托无所，遂使流离萍转，罕居一处。身既不安，道宁隆矣！"[④] 见很多国家在印度建有本国属寺，义净感叹："诸方皆悉有寺，所以本国通流。神州独无一处，致令往还艰苦耳。"[⑤] 西行道路本就艰险异常，即使能安全到达印度者，也因无属寺而无安身之所，只能寄寓他寺，在异国他乡漂泊流转，颠沛流离。义净的话语中透出几分凄凉。于是义净向唐朝廷请求"于西方造寺"。义净返程后在室利佛逝国译经，后请大津携带所译经卷、所著《大唐西域求法高僧传》和《南海寄归内法传》，以及请求唐廷在西方造寺的表文，返唐请命，"净于此见，遂遣（大津）归唐望请天恩于西方造寺"。[⑥] 义净的请命不知是否获准，但在西方造寺，"不啻为中国历史上相当早（不敢说是最早）的近似'会馆制度'的构想"。[⑦] 往来印度的各国僧侣驻锡于本国属寺，各国在印度所建的属寺，实际也成为对外

---

① （宋）范成大《吴船录》卷一引继业《印度行程》云："王舍城中有兰若，隶汉寺……又北十五里有那烂陀寺……又东北十里至迦湿弥罗汉寺。寺南距汉寺八里许。自汉寺东行十二里……又东七十里……又西北五十里有支那西寺，古汉寺也。西北百里至花氏城，育王故都也。"参见（宋）范成大《吴船录》卷上，《全宋笔记》第五编，郑州：大象出版社，2012 年，第 204—206 页。

② 梁启超论："案此文颇不明了。惟王舍城中那烂陀寺南十五里有一汉寺，华氏城东南百里有一支那西寺，盖无疑。所谓伽湿弥罗汉寺者，不知是否即王玄策所记。但若尔，则地里殊远隔不惬矣。或此地之寺由迦湿弥罗分出，故袭其名耶？若尔，则中印应有三汉寺，并东印及罽宾者为五矣。又案，此诸寺玄奘、义净皆不记，其建设当在奘、净游西后耶？然王玄策年代，固较奘稍晚而较净稍早也。姑存疑以俟续考。"参见梁启超《中国印度之交通》，《佛学研究十八篇》，第 129 页。

③ 严耀中：《试说公元 10 世纪时的印度"汉寺"》，《华梵杂学集》，上海：上海古籍出版社，2016 年，第 1—13 页。

④ （唐）义净著，王邦维校注《大唐西域求法高僧传校注》卷上，第 1 页。

⑤ （唐）义净著，王邦维校注《大唐西域求法高僧传校注》卷上，第 103 页。

⑥ （唐）义净著，王邦维校注《大唐西域求法高僧传校注》卷下，第 207 页。

⑦ 曹仕邦：《中国佛教求法史杂考》，张曼涛主编《现代佛教学术丛刊》第 100 册《佛教文史杂考》，第 299—327 页。

文化交流的重要场所，类似于会馆，起到了民间文化交流的作用。若玄奘、义净时代朝廷在印度建有专寺，则求法僧不至于颠沛流离，辗转寓居他国属寺。不少亚洲国家在菩提伽耶建有属寺，如日本、泰国、柬埔寨、缅甸、越南、尼泊尔、斯里兰卡等。20 世纪上半叶，中华大觉寺在菩提伽耶建成，供华人信众和其他国家僧俗往来停留居住。

（四）求法僧在印度其他地区的求法活动

唐代求法僧在印度其他地区求法学习，如玄奘法师，在那烂陀寺西跟随般若跋陀罗，习《声明》《因明》等；并从杖林山胜军法师，"学《唯识决择论》《意义理论》《成无畏论》《不住涅槃》《十二因缘论》《庄严经论》，及问《瑜伽》《因明》等疑已"，①学习内容丰富。在中印度的祇罗荼寺，义净曾师从智月法师学习，无行在此寺学习因明论、译经，"彼有法匠，善解因明。屡在芳筵，习陈那、法称之作……曾因闲隙，译出《阿笈摩经》述如来涅槃之事，略为三卷，已附归唐"。②

东印度的耽摩立底国是印度南界出海口，由此沿海路赴印僧人大多经行此国。最早到此国的是法显，在游历印度佛教古迹，并求得戒律等经典后，至多摩梨帝国（即耽摩栗底国），"其国有二十四僧伽蓝，尽有僧住，佛法亦兴。法显住此二年，写经及画像"，③说明这里佛教兴盛。此国地处西孟加拉邦入海处，由此可南航师子国，是印度的重要口岸。所以，唐代西行求法僧经南海道赴印，此国是重要的港口，是赴印的中转站。不少僧人曾在此国学习佛法、梵语，如大乘灯在此遇贼，于是"淹停斯国，十有二岁。颇闲梵语，诵《缘生》等经，兼循修福业"。④义净到此国，"与

---

① （唐）慧立、彦悰：《大慈恩寺三藏法师传》卷四，第 96 页。
② （唐）义净著，王邦维校注《大唐西域求法高僧传校注》卷下，第 183 页。
③ "多摩梨帝国即《大唐西域记》卷十之耽摩栗底国（Tāmralipti），其首都故址在今印度西孟加拉邦加尔各答西南之坦姆拉克（Tamluk），为古印度东北部之著名海口。"参见（晋）法显撰，章巽校注《法显传校注》，第 124 页。
④ （唐）义净著，王邦维校注《大唐西域求法高僧传校注》卷上，第 88 页。

大乘灯师相见，留住一载，学梵语，习《声论》，①然后同赴中印度。荆州道琳，"到东印度耽摩立底国。住经三年，学梵语。于是舍戒重受，学习一切有部律"。②

亦有求法僧人曾到访西印度。义净曾在西印度游历和求法，并记载："致想因明，虔诚《俱舍》。寻《理门论》，比量善成；习《本生贯》，清才秀发。然后函丈传授，经二三年，多在那烂陀寺，或居跋腊毗国。斯两处者，事等金马石渠、龙门阙里，英彦云聚，商榷是非。"③跋腊毗国（又称伐腊毗国，是当时西印度最强大的国家之一）小乘佛学颇为盛行，据《大唐西域记》记载：伐腊毗国"伽蓝百余所，僧徒六千余人，多学小乘正量部法"。④

西印度的罗荼国⑤，曾有求法僧前往留学。约在北周时期，"持明密教以难陀编纂《持明咒藏》为标志，首先在西印度的罗荼国等地形成"。⑥玄照奉敕第二次赴印，即经婆罗门卢迦溢多引荐，赴西印度罗荼国求长年药，"蒙王礼敬，安居四载"。⑦师鞭，"善禁咒，闲梵语。与玄照师从北天向西印度"。⑧当时随行玄照的慧轮、师鞭等应亦曾到罗荼国。道琳曾在罗荼国留学十二载，到东印度耽摩立底国，不仅舍戒重受，"盖亦情耽咒藏"。后在那烂陀学习大乘经论，游历佛教圣地，到西印度罗荼国，"更立灵坛，重禀明咒"，"经十二年，专心持咒"。⑨可见，玄照、道琳等曾在罗荼国受密教影响，尤其是道琳专门学习经咒密法12年之久。

---

① （唐）义净著，王邦维校注《大唐西域求法高僧传校注》卷下，第152页。
② （唐）义净著，王邦维校注《大唐西域求法高僧传校注》卷下，第133页。
③ （唐）义净著，王邦维校注《南海寄归内法传校注》卷四《西方学法》，第198页。
④ 据季羡林注："七世纪时伐腊毗是小乘佛教的学术中心，可与大乘派的学术中心那烂陀相提并论，义净《南海寄归内法传》卷四记载，当时佛教徒欲求深造，大都得去上述两处之一……其盛况可以想见。"参见（唐）玄奘、辩机原著，季羡林等校注《大唐西域记校注》卷一一，第913页。
⑤ 罗荼国，梵文 Lāta，"在今印度古吉拉特（Gujarat）马希河（Mahi R.）与基姆河（Kim R.）两河之间的地区"。参见（唐）义净著，王邦维校注《大唐西域求法高僧传校注》卷上，第31页。
⑥ 吕建福：《中国密教史》（修订版），第40页。
⑦ （唐）义净著，王邦维校注《大唐西域求法高僧传校注》卷上，第11页。
⑧ （唐）义净著，王邦维校注《大唐西域求法高僧传校注》卷上，第39页。
⑨ （唐）义净著，王邦维校注《大唐西域求法高僧传校注》卷下，第133页。

（五）唐代入竺求法僧参学门类

唐代求法僧在印度参学门类众多，但遍学大小乘各种学说者，仅有玄奘，所参学门类较多者有义净、玄照、智弘、无行等，其余僧人基本专攻所求主要门类。根据史籍记载，现将唐代求法僧所属法师、禅师、律师等门类，以及留学期间所参学法门做简要汇总（见表4-1、表4-2）。

根据表4-1所统计，可知《大唐西域求法高僧传》所载唐代入竺61位求法僧中，有法师28人（占比45.9%），禅师10人（其中弟子3人），律师8人（其中弟子1人），论师1人，不详14人。法师来源地较分散；禅师主要来自荆州，兼及澧州、爱州、并州；律师来源地也较分散；论师1人来自洛阳；其余不详。求法僧人中法师、禅师、律师和论师的人数，也反映了当时中国佛教发展状况及发展需求。

表4-1 《大唐西域求法高僧传》所见法师、禅师、律师、论师等分类

类别	唐代西行求法僧	人数
法师	太州玄照法师、齐州道希法师、齐州师鞭法师、新罗阿离耶跋摩法师、新罗慧业法师、新罗玄太法师、新罗玄恪法师、新罗法师二人、并州道方法师、并州道生法师、京师玄会法师、隆法师、益州明远法师、益州智岸法师、交州运期法师、交州窥冲法师、交州慧琰法师、信胄法师、爱州智行法师、高昌彼岸法师、高昌智岸法师、洛阳昙润法师、新罗慧轮法师、荆州道琳法师、晋州善行法师、襄阳灵运法师、澧州大津法师	28人
禅师	并州常愍禅师（常愍禅师弟子一人）、爱州大乘灯禅师、荆州慧命禅师、澧州僧哲禅师（僧哲禅师弟子二人）、荆州无行禅师、荆州法振禅师、荆州乘悟禅师	10人（其中弟子3人）
律师	益州义朗律师（义朗律师弟子一人）、益州会宁律师、荆州昙光律师、润州玄逵律师、洛阳智弘律师、梁州乘如律师、郑地荣川贞固律师	8人（其中弟子1人）
论师	洛阳义辉论师	1人
不详	睹货罗佛陀达摩师、京师末底僧诃师、质多跋摩师、吐蕃公主奶母息二人、交州木叉提婆师、康国僧伽跋摩师、唐僧三人、唐僧一人、怀业、道宏、法朗	14人
合计		61人

资料来源：（唐）义净著，王邦维校注《大唐西域求法高僧传校注》。

从表 4-2 看，唐代求法僧人主要参学法门包括经论、律典和禅修。攻经论者多，所习繁杂；有的专攻或精通律藏，如道希、道琳、会宁、阿离耶跋摩；大部分求法僧禅律兼修，如僧哲、玄逵、智弘、法振、无行等；有的求法僧兼修密咒，如师鞭、善行、道琳等；有些僧人专攻密教，如不空，是唐代"开元三大士"之一。含光、慧辩也专习密教，而慧日则以弘扬净土宗为主。

表 4-2　唐代入竺求法僧参学法门一览

西行求法僧	参学法门	资料来源
玄奘	《瑜伽》《顺正理》《显扬》《对法》《因明》《声明》《集量》《中论》《百论》等，兼学婆罗门书	《大慈恩寺三藏法师传校注》卷三，第74—75页
玄照	《俱舍论》《对法》《律仪》《中论》《百论》《瑜伽十七地》	《大唐西域求法高僧传校注》卷上，第10页
道希	学大乘，专功律藏，复习声明	《大唐西域求法高僧传校注》卷上，第36页
师鞭	善禁咒，闲梵语	《大唐西域求法高僧传校注》卷上，第39页
阿离耶跋摩	多闲律论，抄写众经	《大唐西域求法高僧传校注》卷上，第40页
慧业	于那烂陀，久而听读	《大唐西域求法高僧传校注》卷上，第42页
玄太	详检经论	《大唐西域求法高僧传校注》卷上，第43页
玄恪	随玄照至大觉寺	《大唐西域求法高僧传校注》卷上，第44页
佛陀达摩	习小教	《大唐西域求法高僧传校注》卷上，第47页
道方	大觉寺，得为主人。既亏戒检，不习经书	《大唐西域求法高僧传校注》卷上，第48页
道生	学小乘三藏，精顺正理	《大唐西域求法高僧传校注》卷上，第49页

续表

西行 求法僧	参学法门	资料来源
末底 僧诃	少闲梵语，未详经论	《大唐西域求法高僧传校注》 卷上，第 56 页
玄会	主要巡礼	《大唐西域求法高僧传校注》 卷上，第 57 页
质多 跋摩	少闲梵语，不食三净，习小教	《大唐西域求法高僧传校注》 卷上，第 61 页
吐蕃公 主奶 母子	善梵语并梵书	《大唐西域求法高僧传校注》 卷上，第 65 页
隆法师	诵梵本《法华经》	《大唐西域求法高僧传校注》 卷上，第 66 页
明远	重学经论，更习定门	《大唐西域求法高僧传校注》 卷上，第 67 页
义朗	善戒律，兼解《瑜伽》	《大唐西域求法高僧传校注》 卷上，第 72 页
会宁	薄善经论，尤精戒律	《大唐西域求法高僧传校注》 卷上，第 76 页
运期	善昆仑音，颇知梵语	《大唐西域求法高僧传校注》 卷上，第 81 页
木叉 提婆	到大觉寺，遍礼圣踪	《大唐西域求法高僧传校注》 卷上，第 83 页
窥冲	善诵梵经，首礼菩提树	《大唐西域求法高僧传校注》 卷上，第 84 页
信胄	礼谒既周，住信者寺	《大唐西域求法高僧传校注》 卷上，第 86 页
智行	遍礼尊仪	《大唐西域求法高僧传校注》 卷上，第 87 页
大乘灯	颇闲梵语。诵《缘生》等经，兼循修福业	《大唐西域求法高僧传校注》 卷上，第 88 页
僧伽 跋摩	于金刚座，广兴荐设	《大唐西域求法高僧传校注》 卷上，第 93 页
慧轮	遍礼圣踪，既善梵言，薄闲《俱舍》	《大唐西域求法高僧传校注》 卷上，第 101 页

续表

西行 求法僧	参学法门	资料来源
道琳	学习一切有部律，亦情耽咒藏，搜览大乘经论，渍情《俱舍》，学习密法	《大唐西域求法高僧传校注》卷下，第133页
昙光	学兼内外，戒行清谨	《大唐西域求法高僧传校注》卷下，第141页
一唐僧	得王敬重，秉权一寺，多赏经像，好行楚挞	《大唐西域求法高僧传校注》卷下，第142页
慧命	戒行疏通，有怀节操，学兼内外，逸志云表	《大唐西域求法高僧传校注》卷下，第143页
玄逵	遍闲律部，偏务禅寂。戒行严峻，诚罕其流（但未能入竺）	《大唐西域求法高僧传校注》卷下，第145页
义净	学声明，学梵语，习《声论》；学《瑜伽》《中观》《因明》《俱舍论》《瑜伽师地论》	《大唐西域求法高僧传校注》卷下，第153页；《南海寄归内法传校注》卷四，第207页
善行	习《律仪》，寄情密法明咒	《大唐西域求法高僧传校注》卷下，第167页
灵运	赍经归唐，广兴佛事。翻译圣教	《大唐西域求法高僧传校注》卷下，第168页
僧哲	沉深律苑，控总禅畦。中百两门，久提纲目	《大唐西域求法高僧传校注》卷下，第169页
智弘	学律仪，习对法。解俱舍，善因明。披览大乘，又专功小教。复就名德，重洗律仪	《大唐西域求法高僧传校注》卷下，第175页
无行	标心《般若》，栖志禅居。听《瑜伽》，习《中观》，研味《俱舍》，探求律典。译出《阿笈摩经》述如来涅槃之事	《大唐西域求法高僧传校注》卷下，第182—183页
法振	濯足禅波，栖心戒海。法侣钦肃，为导为归。讽诵律经	《大唐西域求法高僧传校注》卷下，第206页
大津	解昆仑语，颇习梵书，洁行齐心，更受圆具	《大唐西域求法高僧传校注》卷下，第207页
贞固	久探律教。随义净在室利佛逝译经	《大唐西域求法高僧传校注》卷下，第215页
怀业	解骨仑语，颇学梵书，诵《俱舍论》偈。随义净在室利佛逝译经	《大唐西域求法高僧传校注》卷下，第238页

续表

西行求法僧	参学法门	资料来源
道宏	敦心律藏，随译随写。随义净在室利佛逝译经	《大唐西域求法高僧传校注》卷下，第239页
法朗	习因明之秘典，晨昏励想，听《俱舍》之幽宗。随义净在室利佛逝译经	《大唐西域求法高僧传校注》卷下，第242—243页
慧日	寻求梵本，访善知识，一十三年。生常勤修净土之业，著《往生净土集》，行于世	《宋高僧传》卷二九《唐洛阳罔极寺慧日传》，第722页
不空	习密法。开十八会金刚顶瑜伽法门毗卢遮那大悲胎藏建立坛法，受五部灌顶，广求密藏及诸经论五百余部	《宋高僧传》卷一《唐京兆大兴善寺不空传》，第8页
含光、慧辩	属尊贤阿阇梨建大悲胎藏坛，受五部灌顶法，习密法	《宋高僧传》卷二七《唐京兆大兴善寺含光传》，第678页
悟空	讽声闻戒，习根本律仪	《宋高僧传》卷三《唐上都章敬寺悟空传》，第50页

（六）中国传统文化西传与佛教的反向传播

以往认为，西行求法活动是单纯向外学习，是文化的单向交流，实际在中土僧侣西行求法时，中国文化和佛教汉译典籍也随之向外传播，实现了文化的双向交流。佛教随着魏晋南北朝的发展，逐渐形成了中国化的佛教宗派。至唐代，佛教兴盛，求法僧赴印时已具备良好的佛学素养，虽然还是抱着求法的目的赴印，但求法巡礼之际，也传播中国佛教的诠释，故出现了"佛教的反向传播"。《大唐西域求法高僧传》记载，求法僧赴印时携带汉译经典。如道希法师"所将唐国新旧经论四百余卷，并在那烂陀矣"。[1] 道希法师卒于印度后，大乘灯禅师在俱尸国亲见其所携"汉本尚存，梵夹犹列"。[2] 大乘灯禅师在西行时也"持佛像，携经论"。[3] 义净在那烂陀寺，"因

---

① （唐）义净著，王邦维校注《大唐西域求法高僧传校注》卷上，第36页。
② （唐）义净著，王邦维校注《大唐西域求法高僧传校注》卷上，第88页。
③ （唐）义净著，王邦维校注《大唐西域求法高僧传校注》卷上，第88页。

检唐本，忽见《梁论》下记云：'在佛齿木树下新罗僧慧业写记。'"① 彼岸和智岸西行时卒于途中，"所将汉本《瑜伽》及余经论，咸在室利佛逝国矣"。② 有在印度、南海留下汉文碑刻和经像者，其中在印度大觉寺留下唐代汉文碑刻甚多，除了王玄策等使者专门留下的汉文碑刻外，道希法师还曾"在大觉寺造唐碑一首"。③ 还有携经像至西国的，如大津西行时，"乃赍经像，与唐使相逐，泛舶月余，达尸利佛逝洲"。④ 求法僧在印度学习求法，携归佛经的同时，也将中国汉译佛经以及中国文化传入印度，促进了中印文化的双向交流。

　　唐代求法僧在印度寻访佛经，大多数僧人并未能成功返回，而返回者携归佛经情况也多没有详细的记载。见于史书记载者，玄奘、义净所携归经典最多。玄奘从印度回国时，携带如来舍利150粒、金佛像六躯、刻檀佛像一尊等，还有大小乘经论，凡520夹657部。⑤ 义净带回"梵本经律论近四百部，合五十万颂，金刚座真容一铺、舍利三百粒"。⑥

　　7世纪时印度佛教已经走向衰落，那烂陀寺作为当时佛学最高学府，正值鼎盛，吸引各国僧人前来求学。佛陀常住弘法的中印度，佛陀圣地和佛教遗迹较多，但除菩提伽耶和舍卫城等比较兴盛外，其他佛教遗迹大多荒废了。唐代的求法僧主要在那烂陀寺寻访佛经、学习佛法，还参访以佛陀成道处菩提伽耶为中心的佛陀道场。

三　在菩提伽耶等佛陀道场参访巡礼

　　佛教圣地，主要是与释迦牟尼一生的事迹有关的地方。中天竺是释迦牟

①　（唐）义净著，王邦维校注《大唐西域求法高僧传校注》卷上，第42页。
②　（唐）义净著，王邦维校注《大唐西域求法高僧传校注》卷上，第36页。
③　（唐）义净著，王邦维校注《大唐西域求法高僧传校注》卷上，第36页。
④　（唐）义净著，王邦维校注《大唐西域求法高僧传校注》卷下，第207页。
⑤　（唐）玄奘、辩机原著，季羡林等校注《大唐西域记校注》卷一二，第1041页。
⑥　（宋）赞宁：《宋高僧传》卷一《唐京兆大荐福寺义净传》，第1页。

尼活动的中心区域和弘法道场，因此，佛教遗迹众多。阿育王在位后期，积极扶持佛教，曾专门发起瞻礼佛教遗迹的活动，沿着佛陀出家弘道之路，逐一瞻礼，并在重要的道场做标记，[①] 此后便兴起了佛陀道场信仰，以著名的"四大圣地"，即佛生处蓝毗尼园、佛初得道处菩提伽耶、佛初转法轮处鹿野苑和佛涅槃处拘尸那为主。后来，佛教圣地逐渐扩大，还出现了与佛传故事等结合的新圣地，便有了六大圣地、八大圣地等说法。7 世纪初唐代求法僧赴印时，印度佛教已经衰落，八大圣地除个别圣地外，大多衰落不兴，比较兴盛的是佛成道处。

在古代印度的佛陀道场里，菩提伽耶是"佛教世界的灵魂中心"，是西行求法僧向往膜拜的圣地，也是佛陀"四大圣地"或"八大圣地"的中心。释迦成道的菩提伽耶，是佛陀成正等觉的圣地，也是佛教四大圣地之首，是中国古代赴印度求法巡礼僧人的终极圣地，晋唐以来，赴印求法僧都曾到此巡礼。

（一）佛陀成道处：菩提伽耶

菩提伽耶（梵文 Buddha-gayā），又称为菩提道场、佛陀伽耶，位于摩揭陀国伽耶城南方之优楼频螺聚落，在今印度比哈尔邦加雅市近郊七公里处的布达葛雅。公元前 3 世纪，阿育王在瞻礼佛陀道场时建造支提（Caitya）；巽伽王朝时又将菩提道场围起来建造栏楯；笈多王朝时建造了佛陀伽耶大塔。[②] 菩提伽耶的佛教遗迹，其核心建筑为摩诃菩提寺（义净意译为大觉寺）（见图 4-16、图 4-17），后世曾多次修复和扩建。摩诃菩提寺西侧是毕钵罗树（即菩提树），菩提树下有金刚座（Vajrasana），金刚座上安置有佛陀之石像，并装饰布幔和篷架，篷架内常供奉有鲜花供品等（见图 4-18）。在金刚座的栏杆外，还有以圆形黑石雕刻的佛足印。

---

① 《阿育王经》载，阿育王告诉优波笈多："大德，我欲于佛行住坐，悉皆供养。又欲作相，令未来众生，知佛如来行住坐卧所在之处。"（梁）僧伽婆罗译《阿育王经》卷二，《大正藏》第 50 册，No. 2043，第 136 页下。

② 〔日〕平川彰：《印度佛教史》，第 193 页。

图 4-16　19 世纪修复前的菩提伽耶　　　图 4-17　菩提伽耶摩诃菩提寺（一）
　　　　　摩诃菩提寺

图 4-18　菩提伽耶摩诃菩提寺（二）

菩提伽耶是佛陀证悟成道的地方，也是佛教诞生之所。据史籍记载，佛陀昔为太子时，舍弃浮华，修习苦行，寻找真谛，云游至此地附近的森林中苦修，六年苦行，形容枯槁，但并未悟道，于是放弃苦行，到尼连禅河中洗去积垢，喝了牧羊女所献乳糜恢复了气力，来到菩提伽耶，在菩提树下之金刚座上结跏趺坐静思，最终悟道修得正觉。因此，菩提伽耶是释迦成道之地，也成为佛教信众心中最神圣的地方，是求法巡礼僧人的目的地。菩提伽耶距王舍城不远，是释迦成道之处，有释迦之真容，为求法必瞻礼之地。①

1. 礼菩提像并供养法服

据汉文史料记载，早在 3 世纪末，就有中土僧人二十许人瞻礼菩提伽耶。据义净记载，"于时有唐僧二十许人，从蜀川牂牁道而出，向莫河菩提礼拜"。②室利笈多大王敬重这些僧人，还专门修建支那寺供其居住。这些僧人是见于史籍记载最早瞻礼菩提伽耶者。404—405 年，法显到菩提伽耶城时，城内空荒，"自上苦行六年处，及此诸处，后人皆于中起塔立像，今皆在"。③法显记载简略，佛陀成道处起塔立像纪念，有三伽蓝，皆有僧，供养充足。不久智猛西行求法，至迦毗罗卫国，"又睹泥洹坚固之林，降魔菩提之树。猛喜心内充，设供一日，兼以宝盖大衣，覆降魔像"。④从智猛所谓"覆降魔像"可知，东晋时即有为佛陀成道像供袈裟、罩华盖的习俗。

637 年，玄奘到印度参访菩提伽耶。《大唐西域记》详载菩提伽耶的大觉寺、菩提树、金刚座，并赞美了菩提伽耶大精舍本尊金刚座真容像。玄奘到菩提伽耶后，"礼菩提树及慈氏菩萨所作成道时像，至诚瞻仰讫，五体投地，悲哀懊恼，自伤叹言佛成道时，不知漂沦何趣。今于像季方乃至斯，缅惟业障一何深重，悲泪盈目。时逢众僧解夏，远近辐凑数千人，观者无不鸣噎。其处一逾缮那圣迹充满，停八九日，礼拜方遍。至第十日，那烂陀寺众

---

① 汤用彤：《隋唐佛教史稿》，第 74 页。
② （唐）义净著，王邦维校注《大唐西域求法高僧传校注》卷上，第 103 页。
③ （晋）法显撰，章巽校注《法显传校注》，第 103—104 页。
④ （梁）僧祐撰，苏晋仁、萧𬭳子点校《出三藏记集》卷一五《智猛法师传》，第 579—580 页；（梁）慧皎撰，汤用彤校注《高僧传》卷三《宋京兆释智猛传》，第 125 页。

差四大德来迎，即与同去"。^①玄奘至诚瞻仰，悲泪盈目，感佩不已。停留十日，才离开菩提伽耶去往那烂陀寺。不久后到访的玄照，也表达了生不逢佛、生在边地的遗憾："到莫诃菩提，复经四夏。自恨生不遇圣，幸睹遗迹。仰慈氏所制真容，著精诚而无替。"^②智猛所谓"降魔像"，玄奘所谓"慈氏菩萨所作成道时像"，玄照所言"慈氏所制真容"，或义净所瞻礼"菩提像"，^③及义净回国时携带的金刚座真容像，^④均指向玄奘所记载的菩提伽耶的"如来初成道像"。^⑤而《王玄策行传》所载"摩诃菩提树像"或"金刚座上尊像"，^⑥与玄奘所记载的像尤其是像的尺寸等几乎相同，王玄策特别记述弥勒所造尊像置金刚座上，故有"金刚座真容"之称。^⑦

玄奘回到大唐后，为供奉所赍归的佛经、佛像和舍利等，在长安慈恩寺内建造了一座五层砖塔，即大雁塔，"其塔基面各一百四十尺，仿西域制度，不循此旧式也。塔有五级，并相轮、霜盘凡高一百八十尺。层层中心皆有舍利，或一千、二千，凡一万余粒。上层以石为室。南面有两碑，载二圣《三藏圣教序》《记》，其书即尚书右仆射河南公褚遂良之笔也"。^⑧《长安志》记载："初唯五层，崇一百九十尺。砖表土心，仿西域窣堵波制度，以置西域经像。"^⑨据说该塔最初的形制便是仿菩提伽耶摩诃菩提寺塔样式。而"雁塔"名称的来历，据《大唐西域记》卷九记载，在摩揭陀国有一小乘僧寺，有大雁为开示众僧，坠落而亡，众僧掩埋坠雁建灵塔，"'此雁垂诚，诚为明导，宜旌厚德，传记终古。'于是建窣堵波，式昭遗烈"。^⑩玄奘受感召，建成此仿西域窣堵波后，名"雁塔"。此后大雁塔又经历了四次改建。

---

① （唐）慧立、彦悰：《大慈恩寺三藏法师传》卷三，第66页。
② （唐）义净著，王邦维校注《大唐西域求法高僧传校注》卷上，第10页。
③ （唐）义净著，王邦维校注《大唐西域求法高僧传校注》卷下，第154页。
④ （宋）赞宁：《宋高僧传》卷一《唐京兆大荐福寺义净传》，第1页。
⑤ （唐）玄奘、辩机原著，季羡林等校注《大唐西域记校注》卷八，第675页。
⑥ （唐）释道世著，周叔迦、苏晋仁校注《法苑珠林校注》卷二九，第906页。
⑦ 李崇峰：《佛教考古：从印度到中国》，第812—813页。
⑧ （唐）慧立、彦悰：《大慈恩寺三藏法师传》卷七，第160页。
⑨ （宋）宋敏求、（元）李好文：《长安志》卷八，辛德勇、郎洁点校，西安：三秦出版社，2013年，第287页。
⑩ （唐）玄奘、辩机原著，季羡林等校注《大唐西域记校注》卷九，第771页。

据《法苑珠林》载，唐贞观十九年（645），王玄策等使臣曾至菩提寺，瞻仰佛陀真容像，并立碑铭记："大唐抚运，膺图寿昌。……金刚之座，千佛代居。尊容相好，弥勒规摹。"①奉敕立"身毒国摩诃菩提寺碑"②于摩诃菩提寺。又据《酉阳杂俎》载："唐贞观中，频遣使往，于寺设供，并施袈裟。至高宗显庆五年，于寺立碑，以纪圣德。"③唐高宗显庆五年（660），唐使王玄策第三次出使印度，僧伽跋摩等随行，再赴菩提伽耶，据僧伽跋摩传，其奉敕和使人（即王玄策）④礼觐西国，"到大觉寺。于金刚座广兴荐设，七日七夜，然灯续明，献大法会。又于菩提院内无忧树下雕刻佛及观自在菩萨像，盛兴庆赞，时人叹希"。⑤使团送佛袈裟，办大法会，随行画工宋法智临摹雕刻佛陀成道像及观世音菩萨像，"巧穷圣容，图写圣颜。来到京都，道俗竞摸"。⑥7—8世纪，"中国一度流行的施降魔印佛像，显著地受到菩提伽耶真容像造型影响"。⑦

义净也曾到菩提伽耶巡礼，据记载：义净"往大觉寺，礼真容像。山东道俗所赠纻绢，持作如来等量袈裟，亲奉披服。濮州玄律师附罗盖数万，为持奉上。曹州安道禅师寄拜礼菩提像，亦为礼讫。于时五体布地，一想虔诚。先为东夏四恩，普及法界含识。愿龙花搉会，遇慈氏尊，并契真宗，获无生智"。⑧义净虔诚礼拜释迦成道"真容像"，又将纻绢袈裟亲奉披服、奉上罗盖、礼拜菩提像等。可知当时国内僧俗对菩提伽耶佛陀的尊崇和特殊的信仰，并认为菩提成道像是弥勒亲造，因此有双重信仰包含在内，如义净在瞻

---

① 《法苑珠林》记载："观严饰相好，具若真容；灵塔净地，巧穷天外。"赞叹"此乃旷代所未见，史籍所未详"。参见（唐）释道世著，周叔迦、苏晋仁校注《法苑珠林校注》卷二九，第908页。
② （清）董诰等编《全唐文》卷九九〇《阙名·身毒国摩诃菩提寺碑》，第10248—10249页。
③ （唐）段成式：《酉阳杂俎》卷一八《木篇》，第176页。
④ 据王邦维注，"此使人应指显庆二年奉敕第三次出使印度之王玄策"。参见（唐）义净著，王邦维校注《大唐西域求法高僧传校注》卷上，第94—95页注（四）。
⑤ （唐）义净著，王邦维校注《大唐西域求法高僧传校注》卷上，第93页。
⑥ （唐）释道世著，周叔迦、苏晋仁校注《法苑珠林校注》卷二九，第907页。
⑦ 〔日〕肥田路美、李静杰：《唐代菩提伽耶金刚座真容像的流布》，《敦煌研究》2006年第4期，第32页。
⑧ （唐）义净著，王邦维校注《大唐西域求法高僧传校注》卷下，第153—154页。

图 4-19 菩提伽耶摩诃菩提寺藏 释迦牟尼成道像　　　　　图 4-20 释迦牟尼成道像

图 4-21 降魔成道像　　　　　图 4-22 菩提伽耶摩诃菩提寺正觉塔释迦像

礼佛陀成道像时，既忆念佛陀的功德，又祈愿值遇慈氏弥勒，在龙华初会中得度。① 义净回国时，还带回"金刚座真容一铺"。②

① 〔日〕肥田路美、李静杰:《唐代菩提伽耶金刚座真容像的流布》,《敦煌研究》2006年第4期;李崇峰:《佛教考古:从印度到中国》,第830页;全洪:《印度菩提伽耶出土南汉北宋碑刻再研究》,中国社会科学院考古研究所主办《考古学集刊》第21集,北京:社会科学文献出版社,2018年,第270—290页。

② (宋)赞宁:《宋高僧传》卷一《唐京兆大荐福寺义净传》,第1页。

可知，晋唐以来有为菩提伽耶佛像送袈裟、罩华盖的习俗。到了五代、宋朝，汉籍中有宋朝皇帝多次遣使或僧人到菩提寺送金襴袈裟的记载。[①] 菩提寺正觉塔内供奉的释迦牟尼等身像，也就是成道像，据玄奘《大唐西域记》记载为"慈氏菩萨所作成道时像"，[②] 是弥勒菩萨所制佛陀成道时等身像，是目前仅存的三座佛陀等身像之一。至今依然有为菩提像送袈裟、披法服的习俗。

中土僧人给菩提伽耶送佛衣礼敬之事考古资料可佐证。1881 年英国考古学家康宁汉与贝格勒在印度菩提伽耶摩诃菩提寺发现 6 方（五代 1 方、北宋 4 方、年代不详 1 方）汉文碑刻，均为 10—11 世纪游历印度的中土僧人所立。法国汉学家沙畹撰文《菩提伽耶的中文碑铭》进行了考证，[③] 几方宋碑都曾提到宋初僧人到大菩提寺送金襴袈裟一件及建石塔一座，[④] 反映了宋代僧人西往印度的目的和行为，可见东晋以来中土僧人赴菩提伽耶巡礼并送佛袈裟的情况较为普遍。

7 世纪时赴印求法僧日渐增多，大多数入竺僧人都曾巡礼菩提伽耶，如并州道生法师到菩提寺，"礼制底讫"；[⑤] 京师玄会法师至"大觉寺，礼菩提树"；[⑥] 道琳"顶礼金刚御座、菩提圣仪"。[⑦] 新罗慧业法师住在菩提寺，"亲

---

① 《佛祖纪》卷四四记载，太平兴国八年（983），"沙门法遇自西天来，献佛顶舍利、贝叶梵经。法遇化众造龙宝盖、金襴袈裟，将再往中天竺金刚座所供养"。（宋）志磐撰，释道法校注《佛祖统纪校注》卷四四，第 1033 页。同书卷四六载：仁宗天圣九年（1031），"沙门怀问尝往天竺为真宗皇帝建塔于佛金刚座之侧，今欲再往……制袈裟奉释迦像"。（宋）志磐撰，释道法校注《佛祖统纪校注》卷四六，第 1069 页。又据《宋史》卷四九〇《天竺传》载："太平兴国三年，益州僧光远至自天竺，以其王没徙曩表来上。上令天竺僧施护译云：'……蒙赐金刚吉祥无畏坐释迦圣像袈裟一事，已披挂供养。'"八年，"法遇后募缘制龙宝盖袈裟，将复往天竺"。参见（元）脱脱等《宋史》卷四九〇《天竺传》，北京：中华书局，1985 年，第 14104—14105 页。

② （唐）慧立、彦悰：《大慈恩寺三藏法师传》卷三，第 66 页。

③ E. Chavannes, "Les inscriptions chinoises de Bodh-Gaya," *Revue de l'histoire des Religions*, Vol.34, No.1, 1896, p.58.

④ 全洪：《印度菩提伽耶出土南汉北宋碑刻再研究》，《考古学集刊》第 21 集，第 270—290 页。

⑤ （唐）义净著，王邦维校注《大唐西域求法高僧传校注》卷上，第 49 页。

⑥ （唐）义净著，王邦维校注《大唐西域求法高僧传校注》卷上，第 57 页。

⑦ （唐）义净著，王邦维校注《大唐西域求法高僧传校注》卷下，第 153—154 页。

礼圣踪"；① 新罗玄太法师"礼菩提树，详检经论"。② 新罗玄恪法师与玄照
法师"相随而至大觉寺"，瞻仰遗迹，"既伸礼敬"。③ 交州木叉提婆在经游
诸国后，"到大觉寺，遍礼圣踪"。④ 益州僧明远和交州窥冲法师（明远弟子），
至大觉寺，"首礼菩提树，到王舍城"。⑤ 义净也曾到菩提伽耶大觉寺巡礼大
精舍降魔成道像。法界（悟空）曾至中天竺，"遍瞻八塔"，包括成佛处塔，
并在大菩提寺内安居修行。⑥ 这些求法僧大多仅在菩提伽耶巡礼，礼菩提树、
金刚座，应包括金刚座真容像，但史籍记载不详。

　　19 世纪以来，摩诃菩提寺经历了多次重修，最初的菩提树像早已不存，
但摩诃菩提寺至今仍然保留着僧俗礼菩提树、金刚座，瞻礼佛陀真容像，并
奉送袈裟、罩华盖的宗教习俗。菩提伽耶是佛陀道场中具有重要意义的遗
迹，至今依旧是各国佛教信徒心中的佛教圣地，各国僧俗云集在菩提树下、
金刚座前礼佛之情景（见图 4-23、图 4-24），如同 7 世纪时西行求法僧云
集礼佛盛况的再现。菩提伽耶至今依旧香火鼎盛，也是印度的旅游胜地。

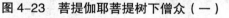

图 4-23　菩提伽耶菩提树下僧众（一）　　**图 4-24　菩提伽耶菩提树下僧众（二）**

① （唐）义净著，王邦维校注《大唐西域求法高僧传校注》卷上，第 42 页。
② （唐）义净著，王邦维校注《大唐西域求法高僧传校注》卷上，第 43 页。
③ （唐）义净著，王邦维校注《大唐西域求法高僧传校注》卷上，第 43 页。
④ （唐）义净著，王邦维校注《大唐西域求法高僧传校注》卷上，第 83 页。
⑤ （唐）义净著，王邦维校注《大唐西域求法高僧传校注》卷上，第 84 页。
⑥ 日本学者长泽和俊认为，法界自 764 年 5 月 16 日至 8 月 15 日在菩提伽耶进行夏坐的
　可能性极大。参见〔日〕长泽和俊《释悟空之入竺求法行》，《丝绸之路史研究》，第
　544—572 页。

2. 在摩诃菩提寺习法，为寺"主人"现象

摩诃菩提寺，也称作大觉寺、大菩提寺、摩诃菩提僧伽蓝等，是菩提伽耶的主体建筑，也是印度笈多王朝遗留的最早的砖石结构佛寺（见图4-25、图4-26）。据《大唐西域记》载："摩诃菩提僧伽蓝，其先僧伽罗国王之所建也。"[①]《大唐西域求法高僧传》载："金刚座大觉寺即僧诃罗国王所造，师子洲僧旧住于此。"[②] 义净称此寺为"大觉寺"。《法苑珠林》引《王玄策行传》对摩诃菩提寺的修建情况记载甚详，因师子国"二比丘礼菩提树、金刚座讫，此寺不安置"，此二比丘乃回国。王问比丘：往彼礼拜圣所来，灵瑞云何？比丘称"阎浮大地，无安身处"。[③] 尸迷佉拔摩便出资，为本国比丘修建寺院。尸迷佉拔摩王362—390年在位，由此推测摩诃菩提寺建造的时间应为4世纪后半叶。[④] 此寺是师子国国王所建属寺，多是师子国僧人居住。玄照、无行和智弘曾在大觉寺学习经论、律仪等，居住时间较长，甚至曾为大觉寺"主人"。

图4-25 菩提伽耶摩诃菩提寺（一）

图4-26 菩提伽耶摩诃菩提寺（二）

① （唐）玄奘、辩机原著，季羡林等校注《大唐西域记校注》卷八，第693页。
② （唐）义净著，王邦维校注《大唐西域求法高僧传校注》卷上，第103页。
③ （唐）释道世著，周叔迦、苏晋仁校注《法苑珠林校注》卷二九，第906页。
④ 李崇峰：《佛教考古：从印度到中国》，第812—815页。

　　玄照在摩诃菩提寺停留四载，"爰以翘敬之余，沉情《俱舍》。既解《对法》，清想律仪，两教斯明"。① 智弘在大觉寺留住两年，除"瞻仰尊容，倾诚励想"外，还"讽诵梵本，月故日新。闲《声论》，能梵书。学律仪，习《对法》。既解《俱舍》，复善因明"。② 玄太法师，"礼菩提树，详检经论"，③除瞻仰圣迹外，还住在大觉寺，诵梵本，学律仪，习《俱舍》《对法》，检经论等。

　　据玄奘记载，摩诃菩提寺"僧徒减千人，习学大乘上座部法，律仪清肃，戒行贞明"。④《续高僧传》亦载，"大菩提寺……僧徒仅千，大乘上座部所住持也"。⑤ 大乘上座部法，据季羡林注，是"受大乘影响的小乘上座部"的意思。⑥ 慧超对此地的记载非常简略，"鹿野苑、拘尸那、舍城、摩诃菩提等四大灵塔，在摩揭陀国王界"。⑦"此国大小乘俱行。□□得达摩诃菩提寺，称其本愿，非常欢喜。"⑧ 可知摩揭陀国大小乘俱行，所以，摩诃菩提寺极有可能是受大乘影响的小乘上座部寺院。

　　值得注意的是，曾有中国西行求法僧成为大觉寺"主人"。无行与智弘同行赴印求法，据载，"便之大觉。蒙国家安置入寺，俱为主人"。⑨ 智弘和无行俱为大觉寺主人，留学时间和学习内容大致相同。还有道方法师，"至大觉寺住，得为主人"。⑩ 道方至天竺后便在大觉寺留居，并获得"主人"身份。

　　义净将客僧分为两种，一种称为"主人"，另一种称为"客"。⑪ 西行

────────────

① （唐）义净著，王邦维校注《大唐西域求法高僧传校注》卷上，第 10 页。
② （唐）义净著，王邦维校注《大唐西域求法高僧传校注》卷下，第 175 页。
③ （唐）义净著，王邦维校注《大唐西域求法高僧传校注》卷上，第 43 页。
④ （唐）玄奘、辩机原著，季羡林等校注《大唐西域记校注》卷八，第 693 页。
⑤ （唐）道宣撰，郭绍林点校《续高僧传》卷四《唐京师大慈恩寺释玄奘传》，第 108 页。
⑥ 详参季羡林《关于大乘上座部的问题》，《中国社会科学》1981 年第 5 期；（唐）玄奘、辩机原著，季羡林等校注《大唐西域记校注》卷八，第 695 页。
⑦ （唐）慧超原著，张毅笺释《往五天竺国传笺释·四大灵塔》，第 19 页。
⑧ （唐）慧超原著，张毅笺释《往五天竺国传笺释·四大灵塔》，第 22 页。
⑨ （唐）义净著，王邦维校注《大唐西域求法高僧传校注》卷下，第 182 页。
⑩ （唐）义净著，王邦维校注《大唐西域求法高僧传校注》卷上，第 48 页。
⑪ （唐）义净著，王邦维校注《大唐西域求法高僧传校注》卷下，第 182 页；参见王邦维《华梵问学集——佛教与中印文化关系研究》，第 26 页。

求法僧中"为寺主人"的是极少数，寺院一般接受外来僧人参学挂单，时间长短不一，但是与本寺僧众有主、客之分。关于主、客之别，义净云："西国主人稍难得也。若其得主，则众事皆同如也，为客但食而已。"[1]可知，所谓"主人"，"即某外来僧人被印度寺院接受为其成员，不视为客人而得享该寺其他成员同样地位，故有此称"。[2]然而，据《大唐西域求法高僧传》，华僧为西国寺院"主人"者，不过道方、无行、智弘三人而已。而作为"客僧"者"但食而已"，即仅可获得斋供，不得过问寺内事务。所以，义净等大多数中土僧人不免缺乏归属感，深感客居飘零之苦。因此，疾呼"大唐西国无寺"，并向唐廷上书"请求在西方造寺"。

根据相关资料，现将晋唐西行求法僧人在菩提伽耶的巡礼和在大觉寺的求法学习活动情况整理如表4-3所示。

表4-3 晋唐求法僧在菩提伽耶求法巡礼活动

西行求法僧	在菩提伽耶的活动	资料来源
中土僧人20许人	从蜀川牂牁道而出，向莫诃菩提礼拜	《大唐西域求法高僧传校注》卷上，第103页
法显	到伽耶城，城内亦空荒。……贝多树下，是过去当来诸佛成道处。……自上苦行六年处，及此诸处，后人皆于中起塔立像，今皆在	《法显传校注》，第103—104页
智猛	睹泥洹坚固之林，降魔菩提之树。猛喜心内充，设供一日，兼以宝盖大衣，覆降魔像	《出三藏记集》卷一五，第580页
玄奘	礼菩提树、弥勒菩萨所作成道时像，至诚瞻仰，悲泪盈目	《大慈恩寺三藏法师传》卷三，第66页
太州玄照	第一次赴印时，到莫诃菩提，仰慈氏所制真容，著精诚而无替。沉情《俱舍》，既解《对法》，清想律仪，两教斯明 第二次赴印时，到金刚座。随玄照西行的慧轮等也应到菩提伽耶瞻礼	《大唐西域求法高僧传校注》卷上，第10页

---

[1] （唐）义净著，王邦维校注《大唐西域求法高僧传校注》卷下，第182页。

[2] 曹仕邦：《中国佛教求法史杂考》，张曼涛主编《现代佛教学术丛刊》第100册《佛教文史杂考》，第299—327页。

续表

西行求法僧	在菩提伽耶的活动	资料来源
齐州道希	遂逢莫诃菩提。翘仰圣踪，经于数载。……有文情，善草隶，在大觉寺造唐碑	《大唐西域求法高僧传校注》卷上，第 36 页
新罗慧业	贞观年中，住菩提寺，亲礼圣踪	《大唐西域求法高僧传校注》卷上，第 42 页
新罗玄太	礼菩提树，详检经论	《大唐西域求法高僧传校注》卷上，第 43 页
新罗玄恪	贞观年间，和玄照法师一道前往大觉寺，礼拜瞻仰遗迹	《大唐西域求法高僧传校注》卷上，第 43 页
并州道方	至大觉寺住，得为主人	《大唐西域求法高僧传校注》卷上，第 48 页
并州道生	贞观末年，到菩提寺，礼制底讫	《大唐西域求法高僧传校注》卷上，第 49 页
京师玄会	至大觉寺，礼菩提树，睹木真池	《大唐西域求法高僧传校注》卷上，第 57 页
益州明远	传闻师子洲人云往大觉	《大唐西域求法高僧传校注》卷上，第 68 页
交州木叉提婆	到大觉寺，遍礼圣踪	《大唐西域求法高僧传校注》卷上，第 83 页
交州窥冲	首礼菩提树，到王舍城	《大唐西域求法高僧传校注》卷上，第 84 页
大乘灯	先到那烂陀，次向金刚座	《大唐西域求法高僧传校注》卷上，第 88 页
康居国僧僧伽跋摩	在大觉寺金刚座广兴荐设，然灯续明，献大法会。雕刻佛形及观自在菩萨像	《大唐西域求法高僧传校注》卷上，第 93 页
荆州道琳	后乃观化中天，顶礼金刚御座、菩提圣仪	《大唐西域求法高僧传校注》卷下，第 153—154 页
义净	往大觉寺，礼真容像。山东道俗所赠纻绢，持作如来等量袈裟，亲奉披服	《大唐西域求法高僧传校注》卷下，第 153—154 页
洛阳智弘	到大觉寺，住经二载。瞻仰尊容，倾诚励想。讽诵梵本，月故日新。闲《声论》，能梵书。学律仪，习《对法》。既解《俱舍》，复善因明	《大唐西域求法高僧传校注》卷上，第 175 页
澧州无行	便之大觉，蒙国（家）安置入寺，俱为主人	《大唐西域求法高僧传校注》卷下，第 182 页

（二）参访其他佛陀道场

印度半岛上，与释迦重要事迹有关的地方非常多，其中以释迦出生、成道、初转法轮、涅槃等四处道场最受重视。阿育王推崇佛教，不遗余力地朝礼佛陀活动的遗迹，并加以标识或修建窣堵波，作为纪念性的标志。朝觐佛陀道场，亲历佛陀生活和弘法之地，感受佛陀的教诲，是佛教僧侣和信众的愿望。佛教僧侣、信众都想到这些圣地瞻礼或供养，中土西行求法取经僧人亦然。

5 世纪法显到访时，称"佛泥洹以来，四大塔处相承不绝。四大塔者：佛生处，得道处，转法轮处，般泥洹处"。[①] 当时的四大圣地较兴盛。后来又增加了舍卫城、王舍城、毗舍离和僧伽施等四个地方，成为佛教中有名的八大圣地。义净参访印度时也到访八大圣处，"比于西方，亲见如来一代五十余年居止之处，有其八所：一、本生处；二、成道处；三、转法轮处；四、鹫峰山处；五、广严城处；六、从天下处；七、祇树园处；八、双林涅槃处。"[②] 但是到 7 世纪时，印度佛教已经衰落，除了佛陀成道处菩提伽耶尚较兴盛外，其他佛陀道场大多已荒废。

1. 蓝毗尼园：佛生处

根据佛传经典的记载，蓝毗尼园（Lumpinī）是释迦太子诞生之地，位于古拘利国与迦毗罗卫国间，今尼泊尔境内。蓝毗尼园是善觉王（佛母摩耶夫人之父）为其夫人蓝毗尼所建的花园，释迦太子乔达摩·悉达多便在此园无忧树下诞生。在释迦佛涅槃后约 200 年，阿育王到此地巡礼时，不仅在此地修建佛塔，而且雕凿石柱，镌刻铭文，由此，阿育王石碑成为释迦生处的重要标志。

法显到访蓝毗尼园，记载："城东五十里有王园，园名论民。夫人入池洗浴，出池北岸二十步，举手攀树枝，东向生太子。太子堕地行七步，二龙王浴太子身，浴处遂作井。及上洗浴池，今众僧常取饮之。……迦维罗卫国

---

① （晋）法显撰，章巽校注《法显传校注》，第 104 页。
② （唐）义净译《根本说一切有部毗奈耶杂事》卷三八，《大正藏》第 24 册，No.1451，第399 页上。

大空荒，人民希疏，道路怖畏白象、师子，不可妄行。"[1]法显参访了蓝毗尼园，周围多是荒地，人烟稀少，路上有白象、狮子，不可随意走动。

玄奘到访时，在腊伐尼林（即蓝毗尼园）见到无忧树，以及摩耶夫人洗浴池等，"至腊伐尼林，有释种浴池。澄清皎镜，杂花弥漫。其北二十四五步，有无忧花树，今已枯悴，菩萨诞灵之处。菩萨以吠舍佉月后半八日，当此三月八日，上座部则曰以吠舍佉月后半十五日，当此三月十五日。次东窣堵波，无忧王所建，二龙浴太子处也"。[2]更重要的是，玄奘在此地见到并记载了阿育王所建窣堵波和大石柱等，"有大石柱，上作马像，无忧王之所建也"。[3]

1896 年，考古学家发掘出了阿育王石柱，根据《大唐西域记》又证实了蓝毗尼的地点，石柱铭文证明了蓝毗尼是佛祖诞生之地，也成为重要的历史文物。

图 4-27 释迦牟尼诞生片岩浮雕

---

① （晋）法显撰，章巽校注《法显传校注》，第 70 页。
② （唐）玄奘、辩机原著，季羡林等校注《大唐西域记校注》卷六，第 523 页。
③ （唐）玄奘、辩机原著，季羡林等校注《大唐西域记校注》卷六，第 525 页。季羡林注："无忧王所建此大石柱，于 1897 年发现，刻文云：'天爱善见王，即位二十年，因释迦牟尼佛诞生于是地，亲来敬礼。王命刻石，上作一马。是为世尊诞生地。故免蓝毗尼村之一切租税，以示惠泽。'"

2. 鹿野苑：佛陀初次讲法处

鹿野苑（Sarnath），亦称"鹿林"，位于今印度北方邦瓦拉纳西的东北。据说释迦牟尼在菩提伽耶菩提树下觉悟成道后，便来到鹿野苑，为跟随他的五位侍者讲经说法。五位侍者有所证悟，于是跟随佛陀出家，组成了最初的佛教僧伽，佛教的佛、法、僧三宝由此初步具备。鹿野苑也由此成为佛陀初转法轮的纪念地，是佛教四大圣地之一。

据《法显传》载："此苑本有辟支佛住，常有野鹿栖宿。……故名此处为仙人鹿野苑。世尊成道已，后人于此处起精舍。……此处皆起塔，见在。中有二僧伽蓝，悉有僧住。"[1] 法显和道整在此地瞻礼了辟支佛入灭、佛陀初转法轮、佛陀为弥勒授记处、龙王闻法等佛塔遗迹。

图 4-28 佛陀初转法轮坐像

7 世纪时玄奘到访此地，据记载：此地"僧徒一千五百人，并学小乘正量部法。……精舍之中，有鍮石佛像，量等如来身，作转法轮势。精舍西南有石窣堵波，无忧王建也，基虽倾陷，尚余百尺。前建石柱，高七十余尺。石含玉润，鉴照映彻。殷勤祈请，影见众像，善恶之相，时有见者，是如来成正觉已初转法轮处也"。[2] 玄奘参观了佛陀初转法轮处的遗迹，此地有供奉着黄金佛像的鹿野伽蓝，还有与如来等身且作转法轮势的佛像，以及阿育王所建石塔、石柱等。所以，

---

[1] （晋）法显撰，章巽校注《法显传校注》，第 114 页。

[2] （唐）玄奘、辩机原著，季羡林等校注《大唐西域记校注》卷七，第 562—563 页。

当遗址发掘时，正是根据《大唐西域记》的这些记载，才确定了鹿野苑遗址。义净时代，还有部分求法僧曾参访鹿野苑，如慧轮"西瞻鹿苑"；①义净"入鹿园而跨鸡岭"；②智弘律师至"王城、鹫岭、仙苑、鹿林"；③无行禅师"西驰鹿苑"。④当时此地还较兴盛，后来逐渐荒芜。

鹿野苑遗址中，有阿育王为纪念佛陀初转法轮而修建的阿育王石柱，高 10 多米，石柱头部雕刻有四面狮像（见图 4-29），该狮像后来成为印度国徽的图案。鹿野苑遗址中，最醒目的便是答枚克塔（或称达麦塔，梵文 Dhāmekh stūpa），又称为慈氏菩萨授记塔，笈多王朝时期修建，是鹿野苑的标志性建筑，"一般认为，这座塔就是玄奘在鹿野苑看到的弥勒菩萨授记塔"。⑤12 世纪，鹿野苑被破坏殆尽，现在唯一留下的就是答枚克塔残部（见图 4-30），其余为残垣断壁遗址（见图 4-31）。

图 4-29　阿育王柱（萨尔纳特狮子柱头）

注：印度北方邦萨尔纳特考古博物馆（Sarnath Archaeological Museum, Sarnath Uttara Pradesh）的无忧王石柱狮子头柱头，是无忧王（Asoka，旧译阿育王）当时所竖立的众多石柱中，雕刻最精美、最著名、最具代表性的柱头。

---

① （唐）义净著，王邦维校注《大唐西域求法高僧传校注》卷上，第 116 页。
② （唐）义净著，王邦维校注《大唐西域求法高僧传校注》卷下，第 154 页。
③ （唐）义净著，王邦维校注《大唐西域求法高僧传校注》卷下，第 175 页。
④ （唐）义净著，王邦维校注《大唐西域求法高僧传校注》卷下，第 193 页。
⑤ 〔日〕篠原典生:《西天伽蓝记》，第 99 页。

图 4-30　鹿野苑答枚克塔　　　　　　图 4-31　鹿野苑遗址

3. 舍卫城和祇园精舍：佛陀常住说法处

舍卫城或舍卫国，是佛陀生前重要的游化说法处，东晋时法显曾到访此地，《法显传》称为"拘萨罗国舍卫城"，玄奘译作"室罗伐悉底国"，在今印度北方邦北部。舍卫城有祇树给孤独园，简称祇洹精舍或祇园精舍，此地是佛陀常住说法处，佛陀在这里度过了 24 次雨安居（有学者统计是 25 年），是佛陀生前驻锡时间最长的讲法处。

东晋高僧法显到访舍卫城时，"城内希旷，都有二百余家"。祇园精舍景色优美，且有著名的"牛头栴檀瑞像"，"佛上忉利天为母说法九十日，波斯匿王思见佛，即刻牛头栴檀作佛像，置佛坐处。佛后还入精舍，像即避出迎佛。……此像最是众像之始"。[①] 此处记载佛陀在世时就已有佛像，是"众像之始"。"祇洹精舍本有七层，诸国王、人民竞兴供养，悬缯幡盖，散华，烧香，然灯续明，日日不绝。"[②] 法显百感交集，"念昔世尊住此二十五年，自伤生在边地，共诸同志游历诸国，而或有还者，或有无常者，今日乃见佛空处，怆然心悲"。[③] 彼众僧问从何处来，法显云"从汉地来"，众僧称"未见

---

① （晋）法显撰，章巽校注《法显传校注》，第 61 页。
② （晋）法显撰，章巽校注《法显传校注》，第 61 页。
③ （晋）法显撰，章巽校注《法显传校注》，第 62 页。

汉道人来到此也"，[①] 可见，法显和道整是最早到访舍卫城的中土求法僧。法显对舍卫城着墨较多，记录了自己所处时代舍卫城和祇园精舍佛教的兴盛，对舍卫城颇富感情。

玄奘到访舍卫城时，"城南五六里有逝多林，是给孤独园，胜军王大臣善施为佛建精舍。昔为伽蓝，今已荒废。……室宇倾圮，唯余故基，独一砖室岿然独在，中有佛像。昔者如来升三十三天为母说法之后，胜军王闻出爱王刻檀像佛，乃造此像"。[②] 从拥有数百伽蓝的兴盛，到僧徒寡少，孤独园屋宇倾塌，只剩余故基，唯有一间砖屋内供有佛像。玄奘也见到了佛像，记载如来上天为母说法，出爱王（优填王）刻旃檀像，胜军王（波斯匿王）于是造此像。玄奘与法显的记载虽略有出入，但此佛像是舍卫城作为圣地的代表性造像，佛教造像之始。"'佛不可以被表现'的旧例从此被打破，佛教的

图 4-32　王舍城竹林精舍

---

① （晋）法显撰，章巽校注《法显传校注》，第 62 页。
② （唐）玄奘、辩机原著，季羡林等校注《大唐西域记校注》卷六，第 489 页。

'像教'性质由此彰显。"①此后，便形成了"瑞像"这种特别的造像样式，并通过不同途径传入我国。

玄奘到舍卫城时，"都城荒顿，疆场无纪。……伽蓝数百，圮坏良多。僧徒寡少，学正量部。天祠百所，外道甚多"。②都城荒芜，寺院大多倾塌，僧徒寡少，佛教衰落。义净时代，到访此地求法僧的记载较少，此后，这一重要的佛教传教中心逐渐衰落而被历史湮没，19世纪中期才被考古发掘出遗址。

4. 王舍城（灵鹫山）：释迦修行说法处

王舍城曾是摩揭陀国的都城，在今印度比哈尔邦巴特那市。此地是佛陀重要的弘教和常住之所，又是释迦弟子举行第一次佛教结集之处，王舍城北还有著名的佛教寺院——那烂陀寺，因此王舍城是求法僧必去的佛教圣地。王舍城东是耆阇崛山，此山山峰突起，上栖秃鹫，因此得名灵鹫山，即所谓"西天灵山"。佛陀曾在此地居住和宣讲佛法12年之久，诸多大乘重要经典在此山中解说而成，如《法华经》《大般若经》《无量寿经》等。法显来到耆阇崛山（灵鹫山）时，颇为感慨，在"新城中买香、华、油、灯，倩二旧比丘送法显上耆阇崛山。华、香供养，然灯续明。慨然悲伤，收泪而言：'佛昔于此住，说《首楞严》。法显生不值佛，但见遗迹处所而已。'即于石窟前诵《首楞严》。停止一宿，还向新城"。③法显不仅以华、香供养，并住宿一晚，为"生不值佛"而慨然悲伤。玄奘到访时，至姞栗陀罗矩吒山（唐言鹫峰），"如来御世，垂五十年，多居此山，广说妙法。……如来在昔多居说法。今作说法之像，量等如来之身"。④此山附近还留存有多处佛教遗迹，如阿难陀与舍利弗等坐禅入定的洞窟、释迦牟尼说法的说法堂，玄奘还见到释迦晒袈裟处、佛足迹石等遗迹。

王舍城灵鹫山，作为佛陀常住和弘法之所，离那烂陀寺较近，也是西

① 尚永琪：《优填王旃檀瑞像流布中国考》，《历史研究》2012年第2期，第165页。
② （唐）玄奘、辩机原著，季羡林等校注《大唐西域记校注》卷六，第481页。
③ （晋）法显撰，章巽校注《法显传校注》，第96页。
④ （唐）玄奘、辩机原著，季羡林等校注《大唐西域记校注》卷九，第725页。

行求法诸僧赴印后巡礼的佛教圣地。据《大唐西域求法高僧传》记载，玄照"栖志鹫峰，沉情竹苑"，[①]因无法回国，便在鹫峰住留游历；窥冲"到王舍城"；[②]智弘律师"在王舍城中，乃器供常住。在中印度，近有八年"。[③]玄会法师"登鹫峰山，陟奠足岭"；[④]道琳法师，"鹫岭、杖林、山园、鹄树，备尽翘仰，并展精诚"，[⑤]遍访佛陀道场；智弘"至于王城、鹫岭、仙苑、鹿林、祇树、天阶、庵园、山穴，备申翘想，并契幽心"。[⑥]这些求法僧都曾巡礼王舍城和灵鹫山。

　　义净曾与无行禅师同游鹫岭，义净"次上耆阇崛，见叠衣处"。[⑦]无行

图 4-33　王舍城灵鹫山

---

① （唐）义净著，王邦维校注《大唐西域求法高僧传校注》卷上，第 11 页。

② （唐）义净著，王邦维校注《大唐西域求法高僧传校注》卷上，第 84 页。

③ （唐）义净著，王邦维校注《大唐西域求法高僧传校注》卷下，第 175 页。

④ （唐）义净著，王邦维校注《大唐西域求法高僧传校注》卷上，第 57 页。

⑤ （唐）义净著，王邦维校注《大唐西域求法高僧传校注》卷下，第 133 页。

⑥ （唐）义净著，王邦维校注《大唐西域求法高僧传校注》卷下，第 175 页。

⑦ （唐）义净著，王邦维校注《大唐西域求法高僧传校注》卷下，第 153 页。

禅师"禀性好上钦礼。每以觉树初绿，观洗沐于龙池；竹苑新黄，奉折花于
鹫岭"。①二僧瞻礼供奉结束后，远眺乡关，不禁心生感慨，义净抒怀写就
《在西国怀王舍城》杂言诗："游，愁。赤县远，丹思抽。鹫岭寒风驶，龙河
激水流。既喜朝闻日复日，不觉颓年秋更秋。已毕耆山本愿城难遇，终望持
经振锡住神州。"②义净在鹫岭游学，心系故土，此诗描述了异域求经访道的
艰辛，并且渴望能尽快学成归国，"持经振锡住神州"。

5. 拘尸那：释迦牟尼涅槃处

拘尸那（Kusi-nagara），是佛教的四大圣地之一，是佛陀涅槃之处。《法
显传》称作拘夷那竭城，《大唐西域记》载为尸那揭罗国，《大唐西域求法高
僧传》作俱尸国，位于今印度北方邦地区。

法显到访拘夷那竭城时曾记载："世尊于此北首而般泥洹。及须跋最后
得道处，以金棺供养世尊七日处，金刚力士放金杵处，八王分舍利处。诸处
皆起塔，有僧伽蓝，今悉现在。其城中人民亦稀旷，止有众僧民户。"③法显
到访时此城已是人烟稀少，寺院颓圮，只有众僧民户，已显出衰颓之象。

7世纪玄奘到此地时，"城郭颓毁，邑里萧条，故城砖基，周十余里。
居人稀旷，闾巷荒芜"。④城郭萧条，人烟稀少。玄奘渡过阿恃多伐底河，
到佛陀涅槃的婆罗双树林，附近精舍里有释迦牟尼北首而卧的涅槃像。"如
来寂灭之所也。其大砖精舍中，作如来涅槃之像，北首而卧。傍有窣堵波，
无忧王所建，基虽倾陷，尚高二百余尺。前建石柱，以记如来寂灭之事。"⑤
佛陀在此涅槃后，阿育王在此建塔纪念。阿育王所建涅槃塔，玄奘也一一
瞻礼。

据《大唐西域求法高僧传》记载，道希法师亦曾来到"俱尸国"；⑥大

① （唐）义净著，王邦维校注《大唐西域求法高僧传校注》卷下，第192页。
② （唐）义净：《在西国怀王舍城》，（清）彭定求等编《全唐诗》卷八〇八，第9118页。
③ （晋）法显撰，章巽校注《法显传校注》，第76页。
④ （唐）玄奘、辩机原著，季羡林等校注《大唐西域记校注》卷六，第536页。
⑤ （唐）玄奘、辩机原著，季羡林等校注《大唐西域记校注》卷六，第539页。
⑥ （唐）义净著，王邦维校注《大唐西域求法高僧传校注》卷上，第36页。

乘灯、无行禅师同游俱尸国时，大乘灯禅师感慨，此生难以实现弘法传灯之愿，期待来生如愿，大乘灯禅师后在俱尸城般涅槃寺圆寂。

义净的巡礼活动，义净本人并没有详细记载，只是在《大唐西域求法高僧传》中简略记载曰："先到那烂陀，敬根本塔。次上耆阇崛，见叠衣处。后往大觉寺，礼真容像。……次乃遍礼圣迹，过方丈而届拘尸；所在钦诚，入鹿园而跨鸡岭。"[1] 义净对其他佛陀道场的记载甚为简略，重点记载了在菩提伽耶的巡礼盛况，说明八大圣处多已衰颓。法界（悟空）巡礼佛迹，历经数年，游历中天竺，"遍瞻八塔"，[2] 记载亦不详。

总而言之，法显到访时，"四大圣处"实际较兴盛的是佛陀成道处菩提伽耶和佛陀常住说法处舍卫城，佛诞生处和涅槃处等并未受到重视。玄奘到印度时，佛教已经失去了以往的辉煌，除个别佛教圣地之外，大多荒芜衰颓。新增加的"广严城灵塔思念寿量处"，即"毗舍离（吠舍离）城"，此地"伽蓝数百，多已圮坏，存者三五。僧徒稀少。天祠数十，异道杂居"。[3] 旧有的佛陀道场也失去了往日的辉煌，舍卫城从 5 世纪法显到访时香火鼎盛，到 7 世纪玄奘到访时已经破败不堪，佛教已经衰落。八大圣地影响和规模最大、地位首屈一指的仍然是佛陀成道处菩提伽耶，其次是王舍城和鹫峰山，也是颇具代表性的佛陀道场，佛陀常住讲法之地。中印度是佛陀活动的主要区域，恒河两岸遍布着佛教遗迹。后来，随着佛教势力的扩大，佛教传播到释迦牟尼并没有到过的西印度、北印度和南印度等地，但是求法僧大多至印度河流域和恒河流域朝圣巡礼。

---

① （唐）义净著，王邦维校注《大唐西域求法高僧传校注》卷下，第 153—154 页。

② 《悟空入竺记》只简略记述了法界巡礼八塔的次序及名称："从此南游中天竺国，亲礼八塔。往迦毗罗伐窣睹城，佛降生处塔。次摩竭提国，菩提道场成佛处塔，于菩提寺夏坐安居。次波罗泥斯城仙人鹿野苑中转法轮处塔。次鹫峰山，说法华等经处塔。次广严城，现不思议处塔。次泥嚩嚩多城，从天降下三道宝阶塔（亦云宝桥）。次室罗伐城逝多林给孤独园，说摩诃般若波罗蜜多度诸外道处塔。次拘尸那城娑罗双林，现入涅槃处塔。如是八塔，右绕供养，瞻礼略周。"参见（唐）圆照《悟空入竺记》，《大正藏》第 51 册，No.2089，第 980 页上—中。

③ （唐）玄奘、辩机原著，季羡林等校注《大唐西域记校注》卷七，第 587 页。

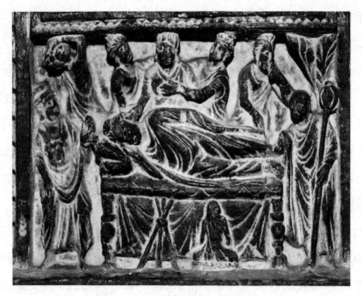

图 4-34 佛陀涅槃片岩浮雕

虽然其他求法僧人在中印度地区的游历情况记载较略甚至阙如，但不难想象的是，这些求法僧人或多或少游历巡礼过佛教遗迹。而从法显和玄奘的记载来看，他们亲睹佛陀道场，朝礼佛陀生活、说法处遗迹，在神圣庄严的道场缅怀佛陀，感情得到满足。对佛陀道场认识的发展，反映了佛教信徒佛陀观的变化，由"人间导师"趋向于佛陀的神格化。如印顺法师所言："巡礼的到达这里，就仿佛与当年的佛陀相触对，而满足了内心的思慕，也更激发起崇敬的情感。对佛教的延续与发展，是有重要作用的！"[1]"印度佛教道场信仰之历史，是一部'层叠累积'或'建构'的历史。"[2]

第四节　师子国：晋唐僧人西行求法海路中转站

师子国（今斯里兰卡），是中印海上交通通道的重要节点，"自古至今，

---

① 释印顺：《初期大乘佛教之起源与开展》（上），《印顺法师佛学著作全集》，第80页。
② 景天星：《论古代印度的佛陀道场信仰》，《普陀学刊》2018年第1期，第102页。

斯里兰卡一直是印度洋的前哨，且是远东和东南亚地区与西亚、欧洲、北非海上交通的要冲"。[①] 西汉时中斯之间海上道路已通畅，从 5 世纪法显西行求法经海路归国时第一次踏上师子国开始，到 7 世纪以来，师子国成为求法僧佛牙巡礼地或海路中转站。

一　在师子国寻访戒律与密典

师子国，也作执师子国，或僧伽罗国、僧诃罗国等，是今斯里兰卡的古称。斯里兰卡史家将公元前 483 年，僧伽罗王子维阇耶带领僧伽罗人移民定居斯里兰卡，视为斯里兰卡历史的开端。[②] 印度孔雀王朝阿育王积极弘扬佛教，"特选派自己的儿子摩哂陀（又译作摩醯因陀罗、摩呻提）[③] 专门前往斯里兰卡弘扬佛教"，[④] 从此师子国人开始信仰佛教。"公元 1 世纪至 4 世纪末，师子国形成了大寺派、无畏山寺派、祇多林派鼎立的局面。"[⑤] 4 世纪印度上座部僧友到师子国，大乘佛教得到弘扬。

（一）法显求取律典

东晋时高僧法显，是见于史籍记载的最早到达师子国的僧人，而《法显传》也成为始著录"师子国"之名，并沿用至近代的第一部文献。[⑥] 法显在

---

① Ravi Kaul, *The Indian Ocean*: *A Strategic Posture for India*, New Delhi: Young Asia Publications, 1974, p.66.

② 参见王兰《斯里兰卡的民族宗教与文化》，北京：昆仑出版社，2005 年，第 9 页。

③ 《大唐西域记》卷一一记载："僧伽罗国，先时唯宗淫祀。佛去世后第一百年，无忧王弟摩醯因陀罗舍离欲爱，志求圣果，得六神通，具八解脱，足步虚空，来游此国，弘宣正法，流布遗教。自兹已降，风俗淳信。"（唐）玄奘、辩机原著，季羡林等校注《大唐西域记校注》卷一一，第 878 页。玄奘记载摩哂陀（摩醯因陀罗）是阿育王（无忧王）的弟弟。但在南传佛教信仰区域内，普遍流行的说法是，摩哂陀是阿育王的儿子。

④ 魏道儒主编《世界佛教通史》第 12 卷《斯里兰卡与东南亚佛教（从佛教传入至公元 20 世纪）》，第 13 页。

⑤ 魏道儒主编《世界佛教通史》第 12 卷《斯里兰卡与东南亚佛教（从佛教传入至公元 20 世纪）》，第 19 页。

⑥ 〔法〕伯希和：《交广印度两道考》，冯承钧译，上海：上海古籍出版社，2014 年，第 288 页。

印度求法巡礼后，泛海西南行，于东晋义熙五年（409）抵达师子国。

5 世纪法显到访时，师子国佛教大为兴盛，正值无畏山派隆盛之时，"一僧伽蓝，名无畏山，有五千僧，起一佛殿，金银刻镂，悉以众宝"。① 出家僧人有五六万，僧团齐备，寺院的规模很大。法显在师子国瞻礼佛牙，观看佛牙供养仪式，并在师子国写经，还聆听一位天竺高僧讲经说法。法显在师子国驻锡两年，除听高僧讲经说法，研习佛法，参拜圣迹、寺院等外，主要寻找佛教原文经典，在师子国寻得梵文经本四部，"求得《弥沙塞律》藏本，得《长阿含》《杂阿含》，复得一部《杂藏》。此悉汉土所无者"。② 这些梵文经本是中国以前所没有的，也是师子国佛经首次传入中国。法显之后，师子国律师和比丘尼来华，南朝宋的 300 多名比丘尼重新次第受戒。师子国"与罽宾南北相望，师子国也是向外传播戒律的一大基地"。③

（二）不空学习密法，寻访密宗经典

7 世纪时师子国佛教兴盛，"伽蓝数百所，僧徒二万余人，遵行大乘上座部法"，④ 也包容大乘佛教各派，还有佛牙精舍和相传佛陀说经的楞伽山等佛陀遗物、遗迹，吸引着各国僧人前来求法朝礼。7 世纪中叶，海上交通日益发达，师子国成为中印佛教交往的桥梁，中转师子国的僧人逐渐增多。此时期比较著名的僧人不空，曾到师子国求取密法。

自 7 世纪开始，印度大乘佛教的一部分与婆罗门教相结合，形成了密宗，这个佛教宗派很快传入师子国。此时期，印度僧人金刚智到师子国弘传瑜伽密教，金刚智"受学《金刚顶瑜伽经》及毗卢遮那总持陀罗尼法门，诸大乘经典并五明论，受五部灌顶，诸佛秘要之藏，无不通达"。⑤ 约 714 年，金刚智率弟

---

① （晋）法显撰，章巽校注《法显传校注》，第 128 页。
② （晋）法显撰，章巽校注《法显传校注》，第 140 页。
③ 杜继文主编《佛教史》，第 101 页。
④ 玄奘虽未到过师子国，但在《大唐西域记》中对师子国（僧伽罗国）的概况和佛教情况有详细记载。参见（唐）玄奘、辩机原著，季羡林等校注《大唐西域记校注》卷一〇，第 878 页。
⑤ （唐）圆照：《贞元新定释教目录》卷一四，《大正藏》第 55 册，No.2157，第 875 页中。

子到访师子国，在无畏山寺瞻礼佛牙，此寺原大小乘佛法并弘，此时大乘佛法居主导，金刚智到后开始弘传金刚乘法。① 瑜伽密教在师子国得以弘传。

后金刚智到大唐弘法，"广弘秘教，建曼荼罗"，② 开坛行法。北印度僧人不空师从金刚智，学习密法，并参与译经。金刚智三藏圆寂后，不空为求取瑜伽密法，于天宝元年（742）率领弟子含光、慧辩等27人到师子国，求密藏，学习密法，并奉唐廷之命送国书。不空作为大唐使节，受到师子国国王尸罗迷伽的礼遇，并被安置在佛牙寺。不空便依止普贤阿阇梨（或说龙智阿阇梨），在戒坛结界受戒，"请开十八会金刚顶瑜伽法门毗卢遮那大悲胎藏建立坛法，并许含光、慧辩等同受五部灌顶。空自尔学无常师，广求密藏及诸经论五百余部"。③ 关于不空后来是否到访印度游历，《行状》载："又游五天，巡礼诸国，事迹数繁，缺而不记。"④《宋高僧传》载"次游五印度境"。⑤ 似乎游历过五天竺，但是没有具体行迹的记载。至天宝五载（746），不空携带"师子国王尸罗迷伽表及金宝璎珞、《般若》梵夹、杂珠白氈等"，⑥以及经论五百余部，从海路返回大唐，将师子国所学密法弘传至唐，使唐代密教迅速兴盛。

二　在师子国中转并瞻礼佛牙

释迦牟尼涅槃入荼毗礼后，未化尽的遗骨中有四枚牙齿，所以有"佛牙四颗"的说法，⑦传说一颗被帝释天请去，一颗为海龙王宫请去，剩余两颗留

---

① 　吕建福：《中国密教史》（修订版），第 289 页。
② 　（唐）智昇撰，富世平点校《开元释教录》卷九，第 571 页。
③ 　（宋）赞宁：《宋高僧传》卷一《唐京兆大兴善寺不空传》，第 8 页。
④ 　（唐）赵迁：《大唐故大德赠司空大辨正广智不空三藏行状》，《大正藏》第 50 册，No.2056，第 293 页上。
⑤ 　（宋）赞宁：《宋高僧传》卷一《唐京兆大兴善寺不空传》，第 8 页。
⑥ 　（宋）赞宁：《宋高僧传》卷一《唐京兆大兴善寺不空传》，第 8 页。
⑦ 　根据义净所译《根本说一切有部毗奈耶杂事》记载："又佛有四牙舍利：一在天帝释处；一在健陀罗国；一在羯陵伽国；一在阿罗摩邑海龙王宫，各起塔供养。"参见义净译《根本说一切有部毗奈耶杂事》卷三九，《大正藏》第 24 册，No.1451，第 402 页中。

在人间，分别在犍陀罗国和羯陵伽国。相传羯陵伽国的佛牙流落到师子国，被称为"锡兰佛牙"。[1] 佛牙被带至师子国后，该国在王宫附近修建佛牙寺加以供奉，"还为佛牙举行了盛大庆典。国王曾发布命令：每年要把佛牙运到阿帕耶乌达罗寺，要举行同样规模的庆典"。[2] 每年都要举行盛大的佛牙节巡游庆典，这就是斯里兰卡佛牙节的肇始，后来成了举国欢庆的节日盛典，并延续至今。

（一）法显观礼佛牙巡游

409—411 年，法显在师子国住留学法，除研习佛法，考察风土民情之外，还瞻礼了佛足迹大塔、无畏山寺、贝多树、佛牙精舍、大寺等。主要是观瞻佛牙巡游活动，并在《法显传》中详细记载了巡游盛况：

> 佛齿常以三月中出之。未出十日，王庄校大象，使一辩说人，着王衣服，骑象上，击鼓唱言："……却后十日，佛齿当出至无畏山精舍。国内道俗欲殖福者，各各平治道路，严饰巷陌，办众华香，供养之具！"如是唱已，王便夹道两边，作菩萨五百身已来种种变现，或作须大拏，或作睒变，或作象王，或作鹿、马。如是形像，皆彩画庄校，状若生人。然后佛齿乃出，中道而行，随路供养，到无畏精舍佛堂上。道俗云集，烧香、然灯，种种法事，昼夜不息。满九十日乃还城内精舍。城内精舍至斋日则开门户，礼敬如法。[3]

供奉于佛牙寺的佛牙舍利，在每年三月中请出，举行盛大的巡游仪式，

---

[1] 相关研究可参见石权《锡兰佛牙考》，张曼涛主编《现代佛教学术丛刊》第 100 册《佛教文史杂考》，台北：大乘文化出版社，1978 年，第 15—28 页；汪海波《佛牙考察》，《佛学研究》2008 年年刊；王邦维《〈大唐西域记〉：历史、故事与传奇（九） 佛牙的故事》，《文史知识》2015 年第 1 期。

[2] 〔斯里兰卡〕摩诃那摩等：《大史——斯里兰卡佛教史》（上），韩廷杰译，台北：佛光文化事业有限公司，1996 年，第 302 页。

[3] （晋）法显撰，章巽校注《法显传校注》，第 130—131 页。

供人们瞻礼、供养。佛牙请出前，先在街上举行庆典，进行各种巡演，再将佛牙从佛牙精舍请出，随路供养，迎往无畏山寺佛堂，道俗云集，烧香燃灯，瞻礼供养，满九十日后，再还归佛牙精舍。这是朝野上下全民参与的隆重供养巡游法会，与龟兹、于阗的"行像"活动颇为类似。两千多年来，斯里兰卡佛牙舍利崇拜和巡礼庆典传承至今，只是佛牙后来移至斯里兰卡中部最大的城市康提（Kandy，僧伽罗王朝最后一座都城）的佛牙寺，现在每年都会举行盛大的康提佛牙节，是举国欢庆的盛大巡游庆典。

（二）唐代求法僧瞻礼佛牙或海路中转

7世纪中叶以来，有不少唐代僧人或专程赴师子国，或途经师子国，都曾瞻礼佛牙，如明远、义朗、窥冲、慧琰、智行、大乘灯、灵运、僧哲、玄游、无行等先后赴师子国，巡游佛迹，瞻礼佛牙。

益州明远和弟子交州窥冲法师至师子洲，明远对佛牙颇为仰慕，潜形佛牙阁内，"密取佛牙，望归本国，以兴供养"，但为师子国人所察觉，"既得入手，翻被夺将。事不遂所怀，颇见陵辱"，[①]后来西行途中不知所终。义净虽未曾到师子国，但根据听闻记载，"师子洲防守佛牙异常牢固，置高楼上，几闭重关，锁钥泥封，五官共印。若开一户，则响彻城郭。每日供养，香花遍覆。至心祈请，则牙出花上，或现异光，众皆共睹"，[②]可见师子国对佛牙防守颇为牢固。义净感慨道："亦有传云当向支那矣。斯乃圣力遐被，有感便通，岂由人事，强申非分耳。"[③]虽然义净认为明远做法不妥，但他也有将佛牙舍利请至中土供奉的想法，反映了时人对佛牙舍利崇尚之心。

义朗与弟子赴师子洲，欲"披求异典，顶礼佛牙"。[④]爱州大乘灯赴印途中也到师子国"观礼佛牙，备尽灵异"。[⑤]无行和智弘亦曾到师子洲"观

---

① （唐）义净著，王邦维校注《大唐西域求法高僧传校注》卷上，第67—68页。
② （唐）义净著，王邦维校注《大唐西域求法高僧传校注》卷上，第67—68页。
③ （唐）义净著，王邦维校注《大唐西域求法高僧传校注》卷上，第67—68页。
④ （唐）义净著，王邦维校注《大唐西域求法高僧传校注》卷上，第73页。
⑤ （唐）义净著，王邦维校注《大唐西域求法高僧传校注》卷上，第88页。

礼佛牙"。[1] 还有僧人曾到访师子国,如灵运、僧哲与僧哲的弟子玄游(高丽人),"随师于师子国出家,因住彼矣"。[2] 爱州僧人智行、弟子交州僧慧琰"到僧诃罗国,遂停彼国,莫辨存亡"。[3] 这些求法僧人除极少数住留在师子国之外,大多数僧人都是在海路中转时,到师子国瞻礼佛牙,然后继续赴印。

第五节　南海:晋唐求法僧海路中转和留学前站

南海诸国是中印间贸易往来的集散地,也是中印文化交流,尤其是佛教文化交流的中转站,从东晋开始,中土僧人西行求法归国时经行印尼,开始了中国与印尼之间的佛教文化交流。"古代印度尼西亚诸岛国如陆上丝路之于阗、龟兹诸国一样,乃佛法东传华夏之中转站和集散地……西行求法华僧之梵语训练场所和中国佛典译场之海外延伸。"[4] 印尼诸岛不仅是很多域外来华僧人的中转站,也是唐代僧人沿海路前往印度留学求法"前站",在经海路入印求法中起到了中转站的作用。

一　南海古国及其佛教的发展

印度尼西亚诸岛,包括苏门答腊岛、爪哇岛、加里曼丹岛、苏拉威西岛与伊里安岛等五大岛屿和诸多小岛。晋唐以来逐渐以耶婆提、阇婆、诃陵、室利佛逝等名称出现在中国史籍中。古代沟通中国与印度以及东南亚国家的商贸航线,就从中国的广州、广西等港口出发,经过马六甲海峡进入印度洋

---

① （唐）义净著,王邦维校注《大唐西域求法高僧传校注》卷下,第182页。
② （唐）义净著,王邦维校注《大唐西域求法高僧传校注》卷下,第169页。
③ （唐）义净著,王邦维校注《大唐西域求法高僧传校注》卷下,第86页。
④ 何方耀:《东晋至两宋中国与印尼佛教文化交流互动考述》,《海交史研究》2021年第3期,第26页。

海域，甚至到波斯湾，所以印尼群岛之爪哇岛和苏门答腊岛，由于靠近马六甲海峡这个东西贸易主航线而得以率先发展起来。因此，位于印尼群岛的诃陵国和室利佛逝国成为晋唐入竺求法僧在南海的主要中转补给站，求法僧在这里学习语言，提前熟悉佛教仪轨等，为求法留学打下基础。

（一）诃陵国及其佛教发展

诃陵，又称"阇婆"，是爪哇的古称。414 年，法显从师子国出发返回途中，曾到耶婆提，并在该国停留了五个多月。学界对耶婆提国的位置曾有争议，甚至提出"法显航渡美洲说"，[①]或认为在苏门答腊岛或爪哇，[②]或认为兼指二岛，但大多数认为是在爪哇岛。根据文献记载、航海历史等，学者大多认为耶婆提就在今印度尼西亚一带，其中许多学者认为耶婆提就是印尼的爪哇岛。[③]本书亦赞同此观点。

对于耶婆提国的佛教发展情况，法显记载说："其国外道、婆罗门兴盛，佛法不足言。"[④]说明当时此国婆罗门教影响甚大，而佛教不足信。法显离开耶婆提后不久，罽宾僧人求那跋摩曾到访此国，为王献策退敌、为咒治病，国王母子先后皈依，"于是一国皆从受戒"，对邻国影响颇大。[⑤]

"中爪哇曾建有两个王朝世系，其中珊阇耶王朝（即马打兰国）早期信奉婆罗门教，其后也间有信奉佛法的国王。夏连特拉王朝则相信佛教……至8 世纪下半叶，这个王朝完全控制了中爪哇。……一般认为夏连特拉王朝就

---

① 连云山：《谁先到达美洲——纪念东晋法显大师到达美洲 1580 年》，北京：中国社会科学出版社，1992 年。
② 〔法〕费琅：《苏门答剌古国考》，冯承钧译，上海：上海古籍出版社，2014 年。
③ 专著有：〔法〕伯希和《交广印度两道考》；岑仲勉《佛游天竺记考释》；（晋）法显撰，章巽校注《法显传校注》。论文包括薛克翘《法显赴美质疑》，《佛学研究》1994 年年刊；张箭《论所谓"法显航渡美洲"说》，《世界历史》1997 年第 2 期。王任叔认为：耶婆提国的具体位置就是爪哇岛西部茂物附近芝沙丹尼河上游地区的古国多罗磨国。参见王任叔《印度尼西亚古代史》上册，北京：中国社会科学出版社，1987 年，第 331—336 页。
④ （晋）法显撰，章巽校注《法显传校注》，第 143—145 页。
⑤ 杜继文主编《佛教史》，第 306 页。

是中国史籍中的诃陵国。"[1] 8 世纪下半叶，唐代密教三大士之一的金刚智途经阇婆国，并在这里弘法，密教得以在印尼弘传。[2] 不空去师子国求法时，也曾和弟子在诃陵停留中转。

婆罗浮屠[3]（见图 4-35），就是夏连特拉王朝所建，建造时间说法不一，或认为建于 8 世纪下半叶，俗称"千佛塔"，是根据佛教的"天圆地方"说和"三界"说建造的，规模宏大，是世界上现存最大的佛塔遗迹。婆罗浮屠兴建于密教盛行的阶段，遗憾未见于求法僧的记载。

图 4-35　婆罗浮屠，中爪哇省

（二）室利佛逝国佛教的兴盛

大约在 150 年，印度就与印度尼西亚群岛有了联系，[4] 佛教也得到了广泛传播。"佛教的最早传入是在苏门答腊，特别是巨港（Palempang）"，[5] 到 7

---

① 杜继文主编《佛教史》，第 306 页。
② （唐）圆照：《贞元新定释教目录》卷一四，《大正藏》第 55 册，No.2157，第 875 页中。
③ 经考证，婆罗浮屠是 8 世纪下半叶由印度尼西亚夏连特拉王朝所建。参见汪永平《印度佛教城市与建筑》，南京：东南大学出版社，2017 年，第 71—75 页。
④ 〔印尼〕萨努西·巴尼：《印度尼西亚史》，吴世璜译，北京：商务印书馆，1959 年，第 22 页。
⑤ 王任叔：《印度尼西亚古代史》上册，第 440 页。

世纪时，已经开始流行大乘佛教，7 世纪后期金刚乘佛教（Vajrayāna）开始流传。[①] 7 世纪时的印尼群岛中，室利佛逝王朝最为强大，其佛教最为兴盛，已发展成重要的佛教中心。据义净记载，"又南海诸洲，咸多敬信。人无国主，崇福为怀。此佛逝廓下，僧众千余"。[②] 有名僧释迦鸡栗底（即释迦称），曾遍游五天竺，广修佛法，声名卓著，与印度羝罗荼寺的智月大师、那烂陀寺的宝师子等高僧齐名。义净在室利佛逝期间与他交往甚密，还翻译了释迦鸡栗底的《手杖论》，这说明室利佛逝的佛教义学也很发达。

印尼诸岛君臣上下信奉佛教，对往来高僧均予以特别优待。义净在《南海寄归内法传》中谈道，"南海十洲，斋供更成殷厚"，[③] 对僧人礼遇有加，国王甚至"舍尊贵位，自称奴仆，与僧授食，虔恭彻到，随着皆受，更无遮法"。[④] 不仅散金布华，大量捐赠布施，而且热情款待。智弘和无行二僧泛舶到室利佛逝时，"国王厚礼，特异常伦，布金花，散金粟，四事供养，五体呈心。见从大唐天子处来，倍加钦上"。[⑤] 王室和贵族对僧人的优待，既反映了当时室利佛逝国的经济实力雄厚，也反映出此国当时对佛教的尊崇。

求法僧不仅在住留室利佛逝国时备受国王优待，离开此国时国王还会派王舶护送。义净曾受"王赠支持，送往末罗瑜国，复停两月，转向羯荼。至十二月，举帆还乘王舶，渐向东天矣"。[⑥] 无行和智弘离开时，"乘王舶，经十五日，达末罗瑜洲"。[⑦] 可见该国国王对佛教的虔信，对经行驻锡的求法僧的礼遇。

7 世纪以前，南海交通中心在扶南国，当时扶南因国力强盛，又有位于中印之间的优越地理条件，占有南海交通中心的地位。7 世纪时发生了根本

---

① 何方耀：《东晋至两宋中国与印尼佛教文化交流互动考述》，《海交史研究》2021 年第 3 期。
② （唐）义净译《根本说一切有部百一羯磨》卷五，《大正藏》第 24 册，No.1453，第 477 页下。
③ （唐）义净著，王邦维校注《南海寄归内法传校注》卷一《受斋轨则》，第 62 页。
④ （唐）义净著，王邦维校注《南海寄归内法传校注》卷一《受斋轨则》，第 64 页。
⑤ （唐）义净著，王邦维校注《大唐西域求法高僧传校注》卷下，第 182 页。
⑥ （唐）义净著，王邦维校注《大唐西域求法高僧传校注》卷下，第 152 页。
⑦ （唐）义净著，王邦维校注《大唐西域求法高僧传校注》卷下，第 182 页。

性的转折，随着扶南的逐渐衰亡，以及印尼古国诃陵、室利佛逝的崛起和兴盛，加之造船和航海技术的进步，南海的交通中心开始向诃陵和室利佛逝转移。因交通中心的转移，处于中印交通枢纽的南海诸国逐渐强大，而随商业贸易线路传播的佛教也随之而来，南海诸国也成为南海佛教中心和中印僧人经行住留的中转站。相关内容可参见本书第三章唐代南海道航线及其使用部分，此处不再赘述。

二 求法前学习梵语和佛法的"前站"

对于走出国门，赴印留学的僧人而言，要赴佛国印度学习佛法、求取佛经，只有掌握了印度语言文字（印度古代通用的书面语梵语和民间俗语）才能完成求法任务，[①]甚至仅仅去印度巡礼游历，也要面对语言交流问题。"凡往天竺，先学梵语"，或在国内就学于译场，如玄照。而多数僧人在出国后学习，学习地点知名的有：室利佛逝（义净学梵语处）、耽摩立底（道琳学梵语处）、阇阑陀国（玄照习梵文处）、大觉寺（智弘习梵文处）。[②]隋唐高僧梵语习得途径主要是：在西行求法国就地学习，向来华印度高僧学习，向西行求法归国的中国僧人学习。西行求法僧人学习印度语言的地方大致有四个：中土、西域、南海诸国和印度本土。[③]西行求法僧除西行前在中土学习梵语之外，还在西行途中学习，抵达天竺后继续学习，以提高梵文水平。所以，途经南海道西行求法时，印尼诸岛可作为赴印前学习印度语言文字，或者再补充和强化练习语言的地方。

印尼诸岛国的语言文字，据《苏门答剌古国考》转引赵汝适撰《诸蕃志》卷上"三佛齐"条载，"国中文字用番书（按：据碑文，所用语或为梵文，或为梵字南海语）。以其王指环为印，亦有中国文字，上章表则用焉"。[④]

---

① 何方耀：《东晋至两宋中国与印尼佛教文化交流互动考述》，《海交史研究》2021 年第 3 期。
② 汤用彤：《隋唐佛教史稿》，第 72—73 页。
③ 何方耀：《中国历史上首场外语学习运动考述》，《澳门理工学报》2019 年第 4 期。
④ 〔法〕费琅：《苏门答剌古国考》，第 77 页。

这是室利佛逝延续王朝三佛齐的文字，那么室利佛逝的文字也应是如此。又据苏门答腊岛的巨港、邦加和占卑等地发现的四块 7 世纪的碑铭，"碑文中所用的语言都是马来语，那种马来语和现代马来语有许多不同的地方，其中夹杂着梵语"。①

唐咸亨二年（671）十一月，义净到达室利佛逝国，在此国停留了六个月，"渐学声明"。②声明者，梵文文法也。义净说："又南海诸洲，咸多敬信，人王国主，崇福为怀，此佛逝廓下僧众千余，学问为怀，并多行钵。所有寻读，乃与中国不殊。沙门轨仪，悉皆无别。若其高僧欲向西方为听读者，停斯一二载，习其法式，方进中天，亦是佳也。"③"中国"指的是中印度。义净认为，因诵读佛经的语言文字与印度一样，都是梵文，而出家僧人的衣、食、住、行礼仪，佛教仪轨，以及生活习俗与中印度没有差别，所以建议赴印的求法僧在室利佛逝国停驻一两年，提高梵语听读能力，熟悉佛教仪轨戒律，再赴中印度学习为佳。这是义净自己出国留学总结的经验，也是给后来西行者提供的留学指导。

因此，很多西行求法僧人在经海路赴印时，首先在室利佛逝国习梵文梵语、昆仑语，学习佛教戒律仪轨等，然后再前往天竺。室利佛逝既是西行赴印的中继站，又是西行求法"前站"，在唐朝与天竺间佛教文化交流中起到了中介作用。有些僧人甚至长期留在室利佛逝。如交州僧运期，在将会宁和诃陵僧人若那跋陀罗④所译经文送至长安后，又从长安回到交趾，告诸道俗，重诣诃陵，报若那跋陀罗和会宁，跟随若那跋陀罗受戒，然后在南海旋回十余年，"善昆仑音，颇知梵语。后便归俗，住室利佛逝国"。⑤

---

① 〔印尼〕萨努西·巴尼:《印度尼西亚史》，第 19 页。
② （唐）义净著，王邦维校注《大唐西域求法高僧传校注》卷下，第 152 页。
③ （唐）义净译《根本说一切有部百一羯磨》卷五，见《大正藏》第 24 册，No.1453，第 477 页下。
④ 若那跋陀罗，唐初译经僧，南海诃陵国人，又称智贤，学贯三藏，博通二乘。僧会宁欲往天竺，路经诃陵国，遂共译《大般涅槃经后分》二卷，寄归交州。其余事迹不详。参见（唐）智昇撰，富世平点校《开元释教录》卷九，第 533 页。
⑤ （唐）义净著，王邦维校注《大唐西域求法高僧传校注》卷上，第 81 页。

僧人怀业，乃贞固的弟子，后来随义净赴室利佛逝国，"解骨仑语，颇学梵书，诵《俱舍论》偈"，[①] 在室利佛逝学习梵书，解读昆仑（亦作骨仑）语，帮助义净翻译佛经。在译经结束后，因"恋居佛逝，不返番禺"，[②] 后来留居佛逝国。

澧州大津法师，自幼受法门影响，节俭省欲，希礼圣迹，带着经像，随着大唐使节泛舶西行，到室利佛逝，并在此停驻学习多年。"解昆仑语，颇习梵书"，[③] 不仅能通昆仑语，学习梵文，而且戒行清净，并受具足戒，成为一名真正的僧人。义净从印度求法归来后在室利佛逝译经著书，在此见大津后，便派遣大津归唐，将所译《杂经论》十卷、《南海寄归内法传》四卷、《西域求法高僧传》两卷奉上，并请唐廷在印度给唐朝的求法僧人建造自己的寺院。大津奉命归唐。实际上大津西行赴印的愿望并未能实现，多年间均在室利佛逝学习和求法。

不少求法僧人在室利佛逝经停中转的时候，在此学习梵文梵语，有些僧人还学习并熟练掌握了昆仑语，如运期、大津、怀业等"善昆仑语"。王邦维认为，"昆仑语可能是古马来语的一种"。[④] "似越南半岛南部及诸岛之人，大致皆名昆仑。义净所言室利佛逝之昆仑语，曾与梵语分别言之，则只能是马来语或爪哇语。"[⑤] 室利佛逝国佛教兴盛，国王优待求法僧人，又是南海道重要的中转站，因此是沿海道入竺求法僧人中转之地，又是僧人学习梵语，进一步提高梵语水平，熟悉佛教仪轨、僧人生活礼仪，为入竺做进一步准备的语言训练基地。

根据《大唐西域求法高僧传》，整理出唐代入天竺求法僧在室利佛逝的活动情况（见表4-4），可知，这些僧人除在室利佛逝学习梵文梵语、昆仑语等，作为入印求法的门径之外，还在这里提前熟悉印度佛教仪轨、僧人生

---

① （唐）义净著，王邦维校注《大唐西域求法高僧传校注》卷下，第238页。
② （唐）义净著，王邦维校注《大唐西域求法高僧传校注》卷下，第244页。
③ （唐）义净著，王邦维校注《大唐西域求法高僧传校注》卷下，第207页。
④ （唐）义净著，王邦维校注《大唐西域求法高僧传校注》卷上，第183页。
⑤ 〔法〕伯希和：《交广印度两道考》，第231页。

活礼仪，以及学习《因明》《俱舍》等佛教经典。还有些僧人并不是将室利佛逝作为入竺的中转站，而是始终都在室利佛逝学习求法，如大津，还有随义净到佛逝译经的几位僧人，如贞固、法朗、怀业、道宏。

到了宋代，虽然"由于佛教在印度的衰落，中印之间僧人往来比以前逐渐减少，但室利佛逝作为南海佛教中心的地位并没有改变，在中印的宗教交往中仍继续发挥作用。北宋时期，许多沿海路赴印求法的中国僧人仍然将印尼的三佛齐作为梵语学习的重要场所"。①

表 4-4 唐代入竺求法僧在室利佛逝国活动情况

西行求法僧	学习语言和佛法等活动
齐州义净	在室利佛逝国停留六月，学声明。回国时又至室利佛逝译经、著述。后又邀请四位僧人至室利佛逝，共同译经
晋州善行	随至室利佛逝。虽想赴天竺，既因染痼疾，转而归唐
荥川贞固	附舶俱至佛逝，学经三载，梵汉渐通。译经结束后返唐
襄阳法朗	习《因明》之秘册。晨昏励想，听《俱舍》之幽宗。译经结束后赴诃陵
北人怀业	至佛逝国。解骨仑语，颇学梵书，诵《俱舍》论偈。后留居室利佛逝
汴州道宏	既至佛逝，敦心律藏。随译随写，传灯而望。译经结束后返唐
澧州大津	解昆仑语，颇习梵书，更受圆具。义净于此相见，遂遣归唐
新罗二僧	发自长安，远之南海。遇疾俱亡
交州运期	旋回南海，十有余年。善昆仑音，颇知梵语。后便归俗，住室利佛逝国
洛阳昙润	泛舶南上，期西印度。至诃陵北渤盆国，遇疾而终
高昌彼岸和智岸	所携带的汉本瑜伽及余经论，都留在了室利佛逝国
洛阳智弘	到室利佛逝国，受到国王优待，后赴天竺
荆州无行	到室利佛逝国，受国王厚礼优待，后赴天竺
东莱慧日	泛舶渡海，经东南海中诸国，昆仑、佛逝……后至天竺

资料来源：（唐）义净著，王邦维校注《大唐西域求法高僧传校注》。

---

① 何方耀：《东晋至两宋中国与印尼佛教文化交流互动考述》，《海交史研究》2021 年第 3 期，第 35 页。

三 求法僧之域外译经分场

求法僧人赴域外学习求法活动，从狭义而言，就是在域外当地或跟随名师学习，听闻佛法，或依照佛经，自主学习；而从广义而言，很多僧人在学习佛法的同时抄录佛经，然后将佛经带回中土，再组织译经，并弘扬佛法。在中土组织译经，一般是中外僧人合作翻译，译场工作人员众多，工作量大，而且自隋唐以来，译场由国家组织，分工细致，规模庞大。甚至像玄奘带回的众多经典，在这样规模庞大的译场里，仅翻译了一部分。所以很少有经典是在国外翻译的。但亦有如义净等僧人，在西域、印度求法之际已经着手翻译佛经。

根据《大唐西域求法高僧传》记载，益州会宁律师曾久居诃陵译经。会宁"薄善经论，尤精律典"，麟德年间"杖锡南海，泛舶至诃陵洲，停住三载"，在诃陵国的多闻僧若那跋陀罗的门下学习，然后共同翻译出《大般涅槃经后分》。^①法显等译《大般涅槃经》部分，属于"前分"或者初分，相当于昙无谶译本的前10卷，当时就有人认为还有"后分"，甚至朝廷还专门派求法僧去西域寻找《大般涅槃经》后分。如南朝宋元嘉时宋文帝资助并派遣高昌僧人道普寻找后分，不料舶破伤足，道普因疾而卒。道普临终叹曰："《涅槃》后分，与宋地无缘矣。"^②但中国僧人并没有忘记寻找"后分"的初衷。会宁到诃陵后，与诃陵国高僧若那跋陀罗合译出《大般涅槃经》后分。义净对这个"后分"的性质表示怀疑，在"会宁传"中记载，"《阿笈摩经》内译出如来焚身之事，斯与《大乘涅槃》颇不相涉"。^③会宁把它看作大乘《大般涅槃经》的一部分，而义净在印度及南海并未见到《大般涅槃经》后

---

① （唐）若那跋陀罗译《大般涅槃经后分》上、下卷，《大正藏》第12册，No.0377，第900—912页。
② （梁）慧皎撰，汤用彤校注《高僧传》卷二《晋河西昙无谶传》，第80页。
③ （唐）义净著，王邦维校注《大唐西域求法高僧传校注》卷上，第76—77页。

分，他认为其是《阿笈摩》，并不是《大般涅槃经》。①

　　会宁译出经典后，让随行的交州小僧运期搭乘商舶赍经送归唐朝，"冀使来闻流布东夏"，期望此经典能批准入藏流布天下。运期将经文送至唐朝都城长安后，返回交趾，将此事告知僧俗两界，蒙赠小绢数百匹，又重诣诃陵，报与若那跋陀罗和会宁，才和会宁离开诃陵去往天竺。

　　义净从37岁出发赴印，到60岁返回大唐，在海外的时间达23年之久，其间除在那烂陀学习10年，在印度其他地区巡礼游历3年外，其余的10年均在南海诸国，尤其是在室利佛逝停留和活动。因此义净的西行之旅中，停留室利佛逝的时间最久。室利佛逝也是义净佛法事业的中转站和奠基之地，除了学习域外语言之外，这里也是义净在域外开辟的译经场所。

　　义净在印度留学10年后，垂拱元年（685）踏上了归程，返程途中又在羯荼停留了差不多一年时间，垂拱三年再次到室利佛逝国。第二次在室利佛逝停留时间更长，他在《南海寄归内法传》里记载，"旋踵东归，鼓帆南海，从耽摩立底国，已达室利佛誓，停住已经四年，留连未及归国矣"。② 这次义净并未着急回国，而是在佛逝居住，"所将梵本三藏五十万余颂，唐译可成千卷，攥居佛逝矣"，③ 继续参学，并着手翻译佛经。

　　为了敦请译经助手，永昌元年（689）七月，义净还附商舶回广州，驻锡于光孝寺（当时称为制旨寺），寻求译经助手，寺里的僧人介绍了几位译经僧人。十一月，义净与约请的贞固、怀业、道宏、法朗四僧，附舶同赴佛逝译经。贞固在中土时已遍访名师，沉研律典，"律典斯通，更披经论"，④ 精通律学，与义净共译佛经，边译边学，学经三载，梵汉兼通。怀业是贞固的弟子，"解昆仑语，颇学梵书"，⑤ 协助义净译经时才17岁。译经结束后，

① 详参王邦维《华梵问学集——佛教与中印文化关系研究》，第148—149页。
② （唐）义净著，王邦维校注《南海寄归内法传校注》卷四《西方学法》，第208页。
③ （唐）义净著，王邦维校注《大唐西域求法高僧传校注》卷下，第154页。
④ （唐）义净著，王邦维校注《大唐西域求法高僧传校注》卷下，第213页。
⑤ （唐）义净著，王邦维校注《大唐西域求法高僧传校注》卷下，第207页。

怀业留居室利佛逝。道宏"既至佛逝，敦心律藏；随译随写，传灯是望"，^①
后来随义净一同回国。法朗至佛逝后，习《因明》，听《俱舍》，"晓夜端心，
习因明之秘典；晨昏励想，听《俱舍》之幽宗"。^②可见这几位僧人在随义
净翻译佛经的同时，学习梵文、昆仑语，学习因明俱舍，勤习佛法，边译边
学。经过三年的学习，这几位僧人已梵汉兼通、昆仑语娴熟，且精通佛法。
译经结束后，法朗去了诃陵国，不久病故；怀业则眷恋佛逝，不再返回广
州；贞固、道宏和义净一起回到了广州。回国后，"贞固遂于三藏道场敷扬
律教，未终三载，染患身亡。道宏独在岭南，尔来迥绝消息。虽每顾问，音
信不通"。^③

义净在室利佛逝期间，在贞固等四僧协助下，翻译出杂经论十卷，^④又
据西行经历撰写《南海寄归内法传》四卷、《大唐西域求法高僧传》两卷。
在此时期，澧州僧人大津"乃赍经像，与唐使相逐"，^⑤随大唐使节泛舶到室
利佛逝洲，并在此停驻学习多年。后义净从印度归来，亦在此译经、著述。
义净认为，在印度，很多国家都出资建有本国僧人驻锡的寺院，中国独无，
中国的求法僧人在印度作为客僧到处游方，难免飘零孤苦，请求朝廷在印度
建造本国寺院，以供求法僧人居住。如义净遣大津归唐，"望请天恩于西方
造寺"，^⑥以及在室利佛逝新译"杂经论十卷"，撰写《南海寄归内法传》四
卷和《西域求法高僧传》两卷，托付大津一并送至京师呈送皇帝。天授二年
（691）五月十五日，大津附舶返回长安，将义净译本和著述奉上。武周长寿
二年（693）夏天，义净从室利佛逝回到了广州。^⑦证圣元年（695）五月，

---

① （唐）义净著，王邦维校注《大唐西域求法高僧传校注》卷下，第241页。
② （唐）义净著，王邦维校注《大唐西域求法高僧传校注》卷下，第242—243页。
③ （唐）义净著，王邦维校注《大唐西域求法高僧传校注》卷下，第244页。
④ 义净在佛逝"新译杂经论十卷"的具体内容，王邦维考证为：《无常经》一卷，
　《一百五十赞佛颂》一卷、《龙树菩萨劝诫王颂》一卷，或还有《根本说一切有部毗奈耶
　颂》《中方录》《南海录》《西方记》《西方十德传》等。参见（唐）义净著，王邦维校注
　《大唐西域求法高僧传校注》卷下，第210页。
⑤ （唐）义净著，王邦维校注《大唐西域求法高僧传校注》卷下，第207页。
⑥ （唐）义净著，王邦维校注《大唐西域求法高僧传校注》卷下，第207页。
⑦ 王邦维：《唐高僧义净生平及其著作论考》，第14页。

义净从广州到达洛阳，受到了盛大欢迎，武则天亲自出城迎接，并将其安置在佛授记寺，继续译经。

义净的两部重要著作《南海寄归内法传》和《大唐西域求法高僧传》都是在室利佛逝期间撰成。这两部著作不仅详细介绍了印度和东南亚诸国佛教仪轨，而且阐述了佛教教义中戒律的重要性，介绍了根本说一切有部律。《大唐西域求法高僧传》详细记载了唐代赴西域求法的诸位高僧西行求法游历事迹。义净"在西方造寺"的请求未得到批准，但是这两部著述却为了解当时东南亚地区的历史、地理、风土民情以及佛教等情况提供了重要的资料。

古代印尼文献记载很少，直到后来阿拉伯人到此地后，才有《爪哇史颂》（1365 年）的记载，印尼群岛地区从古代至阿拉伯人到来之前的历史几乎不见文献记载，只有少量石碑碑铭。而义净关于南海诸国的记载，特别是对室利佛逝的记载，仍然是迄今为止有关印尼地区权威的原始资料。"1918年，法国学者赛岱司（George Coedes）……考为义净著作及《新唐书》中提到的室利佛逝，并把它和《宋史》中提到的'三佛齐'联系起来，认为是存在于 7 世纪至 10 世纪的以苏门答腊南部巨港为中心的帝国"，[①] 由此才发现了室利佛逝。后来，义净的《南海寄归内法传》《大唐西域求法高僧传》两部著作，先后被翻译为法文、英文、日文等，至今都是东南亚历史研究的重要原始文献。

从这些求法僧人经行或停驻室利佛逝时的活动来看，室利佛逝位于中印交通要道，7 世纪时已崛起为南海交通的枢纽，成为南海航线上最大的中转停泊港，已成为南海地区的佛教中心，崇奉佛教，佛法兴盛，佛教用语为梵语，学习佛法内容、佛教仪轨也与中天竺相同，加之君臣上下均礼敬僧侣，故取代扶南成为南海佛教中心，也是佛教经南海道东传的中间站。对于沿海道赴印求法僧而言，室利佛逝是西行求法的"预备学校"。作为学习印度语

---

① 黄元焕:《室利佛逝古国研究述评》，中国东南亚研究会编《东南亚史论文集》，郑州：河南人民出版社，1987 年，第 457 页。

言、佛教仪轨、生活礼仪的地方，以及赴印途中的中继站，室利佛逝占据着天时地利人和的几大重要因素。所以，很多求法僧先在这里初步学习梵语、昆仑语，习《因明》，听《俱舍》，或者只是途经，短暂停留获取补给，然后再赴印度，甚至后来还有怀业和运期等僧留居室利佛逝。

会宁在诃陵译经事迹，义净等西行求法僧人在室利佛逝学习梵语、佛教仪轨以及译经事迹，反映了当时印尼群岛不仅航海发达，是南海重要的中转站，而且佛教兴盛，与中国和印度关系密切，是印度僧人到南海诸国弘法的首选地区和重要中转站，也是中国高僧远来寻求、学习和翻译佛经的地方。

汉代开通的南海道，东晋时期就有法显等僧人经行，到唐代，"广州通海夷道"兴盛，成为中印主要的交通通道。而位于印尼群岛的古国，尤其是室利佛逝和诃陵，成为中外南海道弘法和求法僧人的中转站，也是求法僧人入竺前的语言学习基地、佛教仪轨预习场所。印尼古国也因中印之间佛教文化的交流，与中国关系密切，往来频繁。到9世纪时，诃陵的山帝王朝统一了爪哇岛和苏门答腊岛，又把马来半岛南部纳入版图，改名为"三佛齐"，成为继扶南之后南海最强大的贸易国家。三佛齐控制马六甲海峡，作为南海交通的中心，与唐朝关系密切，双方僧人往来频繁。但因为中国本身的佛教体系在隋唐时期已逐渐成熟，僧人的影响力较南北朝时期有所减弱。宋元时期，佛教文化交流依旧促进南海道上商贸活动的发展。

小　结

佛教从印度兴起，传播到中亚，再经西域传至中原，梁启超将我国佛教的输入分为三期："第一，西域期，则东汉三国也。第二，罽宾期，则两晋刘宋也。第三，天竺期，则萧梁、魏、隋也。"[1] 中古时期僧人西行求法巡

---

[1]　梁启超：《佛教与西域》，《佛学研究十八篇》，第98页。

礼地区的变化趋势与佛教输入地区相吻合，"三、四两纪之西游者，皆仅至西域而止，实今新疆省境内耳（内法护一人似曾出葱岭以西。又僧建所到月支，当为今阿富汗境内地），未能指为纯粹的留学印度"。[①] 3—4 世纪僧人多至于阗、龟兹等地求法，5 世纪多至罽宾（犍陀罗地区）求法巡礼，到唐代基本赴中印度（恒河流域）求法。晋宋时的西域，与唐代的南海古国一样，分别是陆路求法僧和海路求法僧的"求法前站"和中转站。

第一阶段：魏晋南北朝时期，尤其是晋宋之际。这一时期中原地区僧人的求法活动区域主要在西域（指今我国新疆和中亚地区），因早期汉译佛经和译师主要来自中亚和中国西域，所以吸引大量僧人前去求取佛经。因此，位于陆上丝绸之路南北道交通要道上的于阗和龟兹，是佛教传入中原的必经之地，首先成为西域佛教的中心，成为西行求法的首站和中转站。

晋宋时期，求法僧学习西域语言、梵语梵书，广寻佛经。在西域所获佛经，有大乘空宗的《般若经》，大乘有宗的《华严经》、《大涅槃经》（大部）、《法华经》、《贤劫》、《光赞》、《方等》等大乘佛教经典；有部的主要经典《大毗婆沙经》胡本；以及密教经典《禅要秘密治病经》《观世音忏悔除罪咒经》；等等。《法华》观世音和弥勒二观经，以及《观世音受记经》等，是有关观世音和弥勒佛在中原地区的最早记载。所获戒律，尤其是《比丘尼戒本》、《僧祇律尼羯磨》和《戒本》，标志着完整的比丘尼戒法初传中国。求法僧多在犍陀罗地区跟随禅学大德学习禅法，并邀请名师到中土弘传禅法。这与西域传来之佛教一致，汤用彤说，"印度西北为大乘盛行之地，故传至北方之佛教，多《般若》《方等》。而迦湿弥罗为一切有部发祥之区，以是《发智》《毗婆沙》诸要籍均在北方传译。于阗似为《华严经》盛行之地"。[②]

而以犍陀罗地区为中心，在贵霜王朝时期，佛教经过发展和再造，大乘佛教兴盛，佛陀遗物、佛教遗迹遍布。西域是晋宋求法僧求法巡礼的主要参访地。犍陀罗地区作为佛陀本生故事发生地，佛陀遗物、佛教遗迹遍布，而

---

① 梁启超：《中国印度之交通》，《佛学研究十八篇》，130 页。
② 汤用彤：《汉魏两晋南北朝佛教史》，第 268—269 页。

其中代表着正法和传法的"佛钵",是晋宋时期求法僧主要瞻礼对象。

第二阶段:唐代。唐代是中古时期僧人西行求法活动的第二兴盛期,这一时期中原地区僧人求法巡礼地区主要是印度,尤其是佛陀常住弘法的中印度地区。7世纪中亚地区佛教已经衰落,各方势力在中亚的争斗角逐,使西域道阻塞不通。因各方面因素的影响,海上交通通道南海道随之兴起,中古西行求法活动也随之进入第二兴盛期。因海上交通中转的需要,又因南海古国佛教的兴盛,室利佛逝和诃陵与西域的于阗和龟兹类似,扮演了重要的"求法前站"和中转站的角色。虽然此时印度佛教已经衰落,但是那烂陀寺作为世界佛教中心,佛陀成道的菩提伽耶作为佛教圣地,都吸引着求法僧前往求法和巡礼。

中国西行求法活动延续数百年甚至千年,但是兴盛期也就是晋宋和唐代两个阶段。因中亚、印度佛教的渐趋衰落,我国佛教的兴盛,前后两个求法兴盛期呈现出不同的特点,晋宋时期以大乘佛典的大量输入为主;因隋唐时期我国佛教已经成熟,佛教体系已经成形,中唐以后的求法已经不同于前代,唐代的求法活动以对佛经的补充完善为主。

第五章

中古时期僧人西行求法活动的贡献

　　中古时期僧人的西行求法活动前后历时六百余年之久，晋宋时期和唐代是求法活动的两个巅峰阶段，成就也最为突出。西行求法僧为实现寻求佛法原典、巡礼佛迹的理想，学习西域语言文化，主动向西域、印度广搜佛典，返回后弘法译经、撰写行记。虽以"求学问法"为原动力，但是求法活动所呈现出来的结果，不仅仅是佛教在中国的不断发展，而且是东西方文化的首次高度交流与融合，也是中国历史上出现的第一次文化传入，对中国文化发展和中西文化交流都做出了开拓性贡献。西行求法活动的历史贡献，不可尽数，不唯佛教思想文化的输入，而且是东西方文化的交汇。诚如梁启超所言："乃使我国文化，从物质上精神上皆起一种革命。非直我国史上一大事，实人类文明史上一大事也。"[①]"西方之绘画、雕塑、建筑、音乐，经此辈留学生之手输入中国者，尚不知凡几，皆教宗之副产物也。"[②]

　　本章主要从西行求法活动的主产品和副产品方面，论述求法活动的重要贡献。首先是西行求法活动的主产品，也就是求法僧所赍归的佛教经典，这奠定了佛教中国化的思想基础。其次是西行求法活动的副产品，"留学运

---

① 梁启超：《中国印度之交通》，《佛学研究十八篇》，第112页。
② 梁启超：《中国印度之交通》，《佛学研究十八篇》，第139页。

动之副产物甚丰，其尤显著者则地理学也"。[1] 这方面的贡献又可分为两点：一是求法僧人创辟荒途，主动向外探索，开拓了对世界的认识和中西交通；二是求法僧人所著行记，是中西交流之重要文献，价值不可估量。

第一节　西行求法活动对中国佛教的影响

中国佛学史，"可中分为二期：一曰输入期，两晋南北朝是也。二曰建设期，隋唐是也。实则在输入期中，早已渐图建设，在建设期中亦仍不息于输入，此不过举其概而已。输入事业之主要者，曰西行求法，曰传译经论"。[2] 佛教传入中国后，僧人逐步认识佛教，并在本土文化的基础上加以改造和发扬，使佛教呈现出了本土化的特点。中原地区僧人从本土文化的需要出发，变被动为主动，西行求法，因而，求法活动在佛教本土化过程中功不可没，"所产之结果，能大有造于思想界"。[3] 汤用彤也认为，佛典传入中国，"一由于我国僧人之西行，一由于西域僧人之东来……然其去者常为有学问之僧人，故能吸收印土之思想，参佛典之奥秘。归国以后，实与吾国文化以多少贡献，其于我国佛教精神之发展，固有甚大关系也"。[4] 佛教传入中华，除了西域僧人东来弘法外，中土西行求法僧人亦功不可没。西行求法者多为博学深思、精通佛典的僧人，所以能广搜域外经典，吸收域外文化，对我国文化和佛教思想，特别是对佛教本土化做出了巨大贡献。

中国僧人西行求法所携归的佛经，是求法活动的主产品，为佛教义学的输入提供了文本依据。而求法僧求法活动最初的动机，便是现有佛教经典或不齐备，或翻译不善，欲主动探索和寻求佛典，使"佛教传入中国的

---

① 梁启超：《中国印度之交通》，《佛学研究十八篇》，第 135 页。
② 梁启超：《中国佛法兴衰沿革说略》，《佛学研究十八篇》，第 12—13 页。
③ 梁启超：《中国印度之交通》，《佛学研究十八篇》，第 112 页。
④ 汤用彤：《汉魏两晋南北朝佛教史》，第 269 页。

状况，一改以往的被动接受局面，主动前往，为佛教中国化做出很重要的贡献"。①西行求法者众，但能安全抵达印度求法，并携经归来者少之又少。以下从对中土佛教的发展真正起到重要影响的几位求法僧的贡献，来探讨西行求法活动对中国佛教的贡献。

一　朱士行求法与般若学的兴起

两汉之际，佛教传入，玄学兴起，对曹魏时代的文化思想产生了深远影响。"佛教自西汉来华以后，经译未广，取法祠祭。其教旨清净无为，省欲去奢，已与汉代黄老之学同气。"②曹魏时，由于"正始玄风"的影响，玄学盛行一时，佛教常常依附于玄学而发展，佛教徒以佛教般若学附比玄学，《道行般若经》成为当时流行的经典。

曹魏甘露五年（260），朱士行西行求法，往西域的道路难行，又乏人引导，他克服重重困难，终于到达西域佛教中心于阗，寻得大品般若的"梵书胡本"，准备携经东归洛阳。当时于阗仍以小乘佛教为主流，阻碍大乘佛教经典的传播，朱士行因与小乘学者的经典之争受阻，最终未能将佛教经典带回中原。直到西晋太康三年（282），朱士行才派弟子弗如檀把所抄录的经本送至洛阳，朱士行则在于阗终老。

西晋元康元年（291），于阗沙门无罗叉和竺叔兰翻译了般若原本佛经，译出正书 90 章共 207621 言，名为《放光般若经》，全称《放光般若波罗蜜多经》。此经一译出，立即引起了轰动，"《放光》寻出，大行华京，息心居士翕然传焉"。③一时成为显学，"凡有心讲习的都奉为圭臬。……一时学者像帛法祚、支孝龙、竺法蕴、康僧渊、竺法汰、于法开等，或者加以注疏，

---

① 孟宪实：《中国与南亚之间的丝绸之路——以唐代取经僧人的记录为中心》，《敦煌研究》2021 年第 3 期，第 24 页。
② 汤用彤：《汉魏两晋南北朝佛教史》，第 55 页。
③ （梁）僧祐撰，苏晋仁、萧錬子点校《出三藏记集》卷七《合放光光赞略解序》，第 266 页。

或者从事讲说，都借着《放光》来弘扬般若学说"。①《放光般若经》的思想
对当时社会产生了深刻的影响，也影响着当时佛教义学的发展，把般若学说
与魏晋玄学结合起来，进行再创造，形成了本土化的般若学，促进了魏晋时
期般若学的发展和兴盛。正如梁启超所说："至如般若之肇立，则朱士行之
得《放光》也。"②《放光般若经》的传译，开创了我国佛教义理研究的传统，
对般若学在中国的发展和佛教中国化都起到了推动和促进作用。

朱士行是中原僧人西行求法第一人，虽然仅到达于阗，求得的佛经仅有
一部，本人也为法捐躯，但作为西行求法第一人，其功绩可与法显和玄奘媲
美。从朱士行开始，中古时期僧人掀起了一股西行求法的热潮。

二　法显对佛教义学和戒律的贡献

法显，东晋时期高僧，平阳郡人。生卒年不详，据章巽考证，法显生
于 342 年，卒于 418—423 年。③ 三岁出家，而向道之心甚笃，"志行明敏，
仪轨整肃，常慨经律舛阙，誓志寻求"。④ 法显立志西行寻找戒律。东晋隆
安三年（399），已近花甲之年的法显，不惧高龄，不畏风险，与慧景、道
整等一行人渡过流沙、翻越葱岭，至西域求法，先后在天竺和师子国获得
经律。依照《出三藏记集》卷二记载，法显携归佛教经律共十一部，和天
竺僧人佛驮跋陀罗译出六部凡六十三卷。⑤ 汤用彤将法显的主要贡献概括为
三条："海陆并遵，广游西土，留学天竺，携经而返者，恐以法显为第一人，
此其求法所以重要者之一也。……我国人游历天竺、西域之传记有十余种，
西方人均视为鸿宝。法显《佛国记》，载其时西域情形甚详，居其一焉。此

---

① 吕澂：《中国佛学源流略讲》，第 296 页。
② 梁启超：《中国佛教研究史》，上海：上海三联书店，1988 年，第 67 页。
③ 法显于 399 年从长安出发，按章巽的推算，法显此时已有 58 岁。参见（晋）法显撰，
　章巽校注《法显传校注》，序，第 2 页。
④ （梁）慧皎撰，汤用彤校注《高僧传》卷三《宋江陵辛寺释法显传》，第 87 页。
⑤ （梁）僧祐撰，苏晋仁、萧錬子点校《出三藏记集》卷二《新集撰出经律论录》，第
　55 页。

其求法之所以重要者二也。……其三，其中《摩诃僧祇律》为佛教戒律五大部之一。而其携归之《方等》《涅槃》，开后来义学之一支。此其求法之所以重要者三也。"① 简而言之，魏晋以来多有僧人西行求法，但法显是真正到达天竺并携经归来者，其西行求法的贡献卓著，以下分而述之。

（一）法显对戒律学的贡献

两汉至魏晋，中原佛经译出虽多，但戒律未备，"经法虽传，律藏未阐"，② 出家僧增多，而戒律缺失，戒行难以规范，无法满足中国佛教发展的需求。法显"常慨经律舛阙，誓志寻求"，③ 欲至天竺，寻求戒律，其结果也不负众望，携归的经律偏重律部。法显在天竺、师子国求得戒律多部，带回的《摩诃僧祇众律》《弥沙塞律》，再加上先前译出的《四分律》《十诵律》，就形成了律宗四大部。佛教的戒律共有五部，④ 有四部流传于中国，而其中三部是由法显从天竺携归的。除了最早的《四分律》和后来新的有部律外，其余律典皆为法显赍归，不仅解决了佛法初传时律典缺失的问题，而且在此基础上形成了规范完整的戒律体系和戒法仪式，对后世律宗有重大影响，对佛教戒律的完备，其贡献亦不言而喻。

（二）法显对毗昙学的贡献

"毗昙"，是三藏中的"论"藏，"阿毗昙心者，三藏之要颂，咏歌之微言，管统众经，领其宗会，故作者以心为名焉"。⑤ 法显西行求法的动机和目的是寻找戒律，但也未忽略对经义方面的研究。在法显准备西行求法时，中土的毗昙学开始兴起，前秦建元十六年（380），罽宾高僧僧伽提

---

① 汤用彤：《汉魏两晋南北朝佛教史》，第 271 页。
② （梁）慧皎撰，汤用彤校注《高僧传》卷二《晋长安弗若多罗传》，第 60 页。
③ （晋）法显撰，章巽校注《法显传校注》，第 157 页。
④ 五部戒律分别为《萨婆多部十诵律》、《四分律》、《五分律（弥沙塞部）》、《摩诃僧祇众律》和《迦叶毗律》（《迦叶毗律》在中国无传）。
⑤ （梁）僧祐撰，苏晋仁、萧錬子点校《出三藏记集》卷一〇《阿毗昙心序》，第 378 页。

婆译出《阿毗昙经》，道安写序。僧伽提婆又受庐山慧远邀请，至庐山译经，重译出《阿毗昙心论》，僧伽跋摩等又译出《杂阿毗昙心论》，毗昙学开始在南朝流行。"《毗昙》几乎成了南朝所有论师共同研习的对象。其中僧韶专以《毗昙》擅业，法护常以《毗昙》命家，慧集于毗昙学独步当时。"①

法显到天竺求法，除专意寻求戒律之外，也留意毗昙类经典，在中天竺寻得《杂阿毗昙心论》《摩诃僧祇阿毗昙》等，回国后，与罽宾高僧佛驮跋陀罗共同译出，在江南的影响最大，毗昙学在江南一度成为显学，推动了当时我国毗昙学的进一步发展。"其实在江南更流行的是作为给《心论》作注解的《杂阿毗昙心论》。该论先是由法显从中天竺'此众中得《杂阿毗昙心》，可五千偈'。"②心是核心、纲要，《杂阿毗昙心论》是有部毗昙的总论和要典，法显的传译推动了毗昙学在中国的弘传和发展，可惜该经典已经散佚，目前仅存的是僧伽跋摩等翻译的《杂阿毗昙心论》，但法显对毗昙学经典传译、毗昙学在江南盛行的贡献不容忽视。

（三）法显对佛教心性学说的贡献

法显在寻经求法时，除了关注律典之外，还从天竺、师子国携归几部重要经藏和论藏，如《长阿含经》《杂阿含经》，是当时国内刚开始流传或尚未流传的经典。特别是从天竺赍归的《大般泥洹经》，与佛驮跋陀罗共同译出，称为《佛说大般泥洹经》（六卷），此为《大般涅槃经》的初译本，也就是相当于昙无谶所译《大般涅槃经》的前 10 卷。在《大般泥洹经》译出之前，魏晋佛学界以般若思想为主流，而《大般泥洹经》的译出，奠定了大乘佛教"众生皆有佛性"理论的基本命题根据。"众生皆有佛性"的思想，与当时广为流行的"般若性空"之学相辅相成。"公元 418 年，6 卷《大般泥洹经》在建康译出，引起大江南北佛学界的震动。421 年，36 卷本《大涅槃经》在

---

① 潘桂明：《智颛评传》，南京：南京大学出版社，1996 年，第 21 页。

② 严耀中：《江南佛教史》，上海：上海人民出版社，2000 年，第 132 页。

敦煌译出。宋元嘉（424—443）中，建康又依上述二本整理为南本《大涅槃经》问世，研习《涅槃》及其所陈'佛性'思想，成了宋梁二代最时髦的佛学思潮。"①

　　中国的大乘佛教在主张"众生皆有佛性"的同时，也并未忽略戒律的重要性，主张"佛性常住"，若不受持戒律，则不能见到佛性，通常称之为"扶律谈常教"。在北凉昙无谶译出《大般涅槃经》"大本"，并弘传至江南时，江南已有法显《大般泥洹经》六卷本在流行了，义学名僧竺道生已大阐佛性之说，提出"一阐提人皆得成佛"说，备受质疑和责难，甚至反对。当昙无谶翻译的《大般涅槃经》传至建康，"大本既至，斯学更盛"，② 大本中也提及的"一阐提"可以成佛，证明竺道生所说正确，也促进了中国佛教中"一阐提皆有佛性"的理论和顿悟实践主张的发展。法显的《大般泥洹经》为中国最早输入了涅槃思想，出现了一批弘扬涅槃思想的"涅槃师"，并在后期形成了涅槃学派，在当时国内佛教界具有划时代的意义，也使中原佛学思想由般若学说转变为涅槃佛性之说，并且在南北朝时期成为佛教界的主流。

　　法显，以近花甲之年西行求法，赍归佛教经律论三藏十一部，译出六部六十三卷，共百余万言。完善了戒律，对毗昙学、涅槃学以及中国佛性论等其他佛教哲学均做出了重要贡献。

三　玄奘对译经与宗派创立的贡献

　　玄奘，作为中国佛教史上著名的西行求法高僧，其成就无人可比拟。玄奘历尽艰辛，西行求法，历时 19 年，周游五印度，遍访名师，亲炙戒贤大师，并在印度大弘宗风，所至各国皆获得崇高礼遇和帝王的优待，其西行所

① 　杜继文主编《佛教史》，第 178 页。
② 　汤用彤：《汉魏两晋南北朝佛教史》，第 435 页。

携归经籍之丰富，及其译经之成就，亦罕有人能及。①他不仅是佛经翻译家、哲学家，还是中外文化交流的使者。道宣评价曰："随其游历，塞外海东，百三十国，道俗邪正承其名者，莫不仰德归依，更崇开信。可以家国增荣，光宅惟远，献奉岁至，咸奘之功。"②他认为玄奘主要功绩在于西行求法的感召力。季羡林认为："综观玄奘的一生，无论是在佛经翻译方面，还是在佛教教义的发展方面，他都作出了划时代的贡献，他在这两方面都成了一个转折点。"③

（一）携归佛典，组织翻译，创立新译

从学术文化角度来看，玄奘的主要成就表现在其译经事业，也就是对佛学典籍"截伪续真，开兹后学"的翻译。④玄奘从印度回国时，携归大量佛经、佛像、舍利等，其中赍归佛经包括：大乘经 224 部，大乘论 192 部，上座部经律论 14 部，大众部经律论 15 部，三弥底部经律论 15 部，弥沙塞部经律论 22 部，迦叶臂耶部经律论 17 部，法密部经律论 42 部，说一切有部经律论 67 部，《因论》36 部，《声论》13 部，凡 520 夹，总 657 部。⑤共译出佛教"经论七十五部一千三百三十五卷。这个数字，比其他三大译师罗什、真谛、不空所译总数的总和还多六百余卷，占唐代新译佛经总卷数的一半以上"。⑥

玄奘的译经成就是空前的：首先是创办了规模宏大的译经场，形成了分工明确、组织严密的译经制度；其次是提出译经六法，即补充法、省略法、变位法、分合法、假借法和还原法，⑦这些翻译技巧具有现实意义；最后是提

---

① 张其昀:《伟大的玄奘法师》，张曼涛主编《现代佛教学术丛刊》第 16 册《玄奘大师研究》（下），第 55 页。

② （唐）道宣撰，郭绍林点校《续高僧传》卷四《唐京师大慈恩寺释玄奘传》，第 131 页。

③ （唐）玄奘、辩机原著，季羡林等校注《大唐西域记校注》，前言，第 103 页。

④ （唐）慧立、彦悰:《大慈恩寺三藏法师传》卷六，第 143 页。

⑤ （唐）玄奘、辩机原著，季羡林等校注《大唐西域记校注》卷一二，第 1041 页。

⑥ 马祖毅:《中国翻译简史——"五四"运动以前部分》，北京：中国对外翻译出版公司，1984 年，第 56 页。

⑦ 马祖毅:《中国翻译简史——"五四"运动以前部分》，第 59—60 页。

出了五不翻原则，即秘密故、多义故、此无故、顺古故、生善故。① 五不翻是只音译而不意译，保留了佛教经文原旨。玄奘译出的典籍在名相、经义等方面无不深符原意，且多能纠正旧译讹谬，后世称其所译为"新译"。

在翻译史上，直译和意译阶段也被称为"旧译"时代。玄奘既娴熟梵文，又精通汉文，精于佛教教义，② 既能直译，忠实于原文旨意，又能意译，语言典雅通达，开辟了"新译"时代。"其卷帙之浩繁，译笔之精粹，态度之谨严，均超越他前后的译经大师。"③ "玄奘译介的重点是瑜伽行派和说一切有部论著，最后是对般若经类作了系统的编纂。有关上座、大众、三弥底、弥沙塞、迦叶臂耶、法密等小乘诸部的经律论，以及另外一些因明和声明的著作等，都未译出，是非常可惜的。"④ "隋唐中所译原本，多系华人自西方携来，既合印土之需要，又直接原本，如玄奘所出不仅丰备，而又不经西域之媒介致有失真，此唐译本之所以可贵也。"⑤ 可见玄奘译经之成就。

（二）对唯识学的阐弘和唯识宗的创立

玄奘西行前便尽习中国佛学，虽西行赴印求法旨在学习《瑜伽师地论》，但又不止于瑜伽宗派，而是遍习大小乘佛教经论。瑜伽之学，得戒贤之真传，出于世亲、护法、陈那、戒贤一系；随胜军论师学《唯识决择论》，均属唯识十大论师；又学有部《辩真论》，学《毗婆沙》，在西北印度习小乘，在南印度学大众部论，在西印度学正量部论等，包举众说。⑥

玄奘回国后，组织翻译诸多经典，其中最重要的是《瑜伽师地论》，以及《百法明门论》等十论为支，所谓"一本十支"为主要典籍，又注疏编译

---

① （宋）周敦义：《翻译名义序》，《大正藏》第 54 册，No.2131，第 1055 页上。
② 杨廷福：《玄奘论集》，济南：齐鲁书社，1986 年，第 92—93 页。
③ 杨廷福：《玄奘年谱》，第 227 页。
④ 杜继文主编《佛教史》，第 259 页。
⑤ 汤用彤：《隋唐佛教史稿》，第 75 页。
⑥ 汤用彤：《隋唐佛教史稿》，第 143—144 页。

《唯识三十颂》形成《成唯识论》，这是法相宗的理论基础。如果说"印度瑜伽行派宗论的'一本十支'是《瑜伽师地论》，那么法相唯识宗的'一本十支'便是《成唯识论》"。①玄奘所学、所译不拘一宗，但是其所阐弘主体则是法相。"法相宗因奘师开基，继承者首推窥基、圆测。"②特别是窥基，主要致力于唯识宗理论著述，作"《唯识二十论述记》二卷、《成唯识论科简》二卷、《成唯识论述记》二十卷……"③也被称为"百部疏主"。唯识宗由此以《成唯识论》为中心，进行一系列唯识学的弘传。由于强调不许有心外独立之境，即世间一切都是从"识"变出来的，因此，此宗也被称为"唯识宗"。因玄奘及其弟子窥基常住大慈恩寺，此宗派也被称作"慈恩宗"。但因唯识学浩繁深奥，受学者不多，唐后期经籍又大量散佚，加之禅宗和净土宗的流行，法相唯识学少有人问津，而传入日本、韩国的法相唯识经籍保存完好，讲学不断。

（三）弘传并开创了汉传因明学

"因明"是印度五明之一，"因明一科便在瑜伽学系中成长起来"，④"'因明'是印度大乘佛教名著《瑜伽师地论》对逻辑学、辩论术与知识论'三位一体'学说的总称"。⑤汉魏之际，古因明著作也相继传入，但未引起广泛关注。

玄奘西行虽非求因明，但他在印后期，成了印度首屈一指的因明家（佛教逻辑学家），其因明方面的造诣也代表了当时印度因明学的最高水平。玄奘从印度携归的佛教经卷共有657部，其中《因明论》就有36部，⑥玄奘所

---

① 杨维中：《中国唯识宗通史》（下），南京：凤凰出版社，2008年，第513页。

② 汤用彤：《隋唐佛教史稿》，第148页。

③ 黄公伟：《唐代玄奘大师与其唯识论》，张曼涛主编《现代佛教学术丛刊》第16册《玄奘大师研究》（下），第159页。

④ 吕澂：《中国佛学源流略讲》，第349页。

⑤ 郑伟宏：《论玄奘因明研究的历史地位》，《复旦学报》（社会科学版）2018年第2期，第64页。

⑥ 沈剑英：《唐玄奘三藏与因明》，光中法师编《大唐玄奘三藏传史汇编》，台北：佛陀教育基金会，1989年，第893页。

译介的有关因明的论著，尤其是《因明入正理论》和《因明正理门论》，成为汉传佛教因明研究的基础。玄奘在译经初期就翻译出了两部因明论著，同时也讲解因明学。当时新因明学在中土还鲜为人知，在玄奘的推崇下，因明学得到广泛关注，玄奘的弟子争相注疏，影响最大的是窥基的《因明入正理论疏》，[①]该论疏是在吸收诸注疏成果的基础上写成，发展出新的见解。尽管玄奘只译出了《因明入正理论》和《因明正理门论》，但通过玄奘及其门徒的翻译、讲授、注疏，尤其是窥基的《因明入正理论疏》，弘扬了陈那开创的新因明理论，开辟了因明汉传的传统，丰富了因明理论，确定了因明的发展方向，推动了因明的发展，奠定了我国因明学的理论基础，形成了别具特色的汉传因明。

玄奘年少时在中土求法，中年时又赴西域求法，携归印度佛教经论近700部，先后译出"76部、1347卷经律论记传"，[②]共1300余万字，占唐代译经数量的一半以上，取得了前无古人后无来者的成就。除译经之外，玄奘还写出了巨著《大唐西域记》。玄奘在佛教哲学、佛经翻译以及中外交通等方面留下了宝贵的文化遗产。

四　义净对佛教戒律及密宗的贡献

义净（635—713），俗姓张，字文明，齐州（治今山东济南）[③]人。义净七岁出家，先后到洛阳、长安等地游学，早年遍访名师，广探群籍。年少之时，"仰法显之雅操，慕玄奘之高风"，[④]志游西域。唐高宗咸亨二年（671）十一月，义净在广州搭乘波斯商船从海路赴印度。先在

---

① （唐）窥基：《因明入正理论疏》卷上，《大正藏》第44册，No.1840，第98页中。
② （唐）圆照：《贞元新定释教目录》卷一一，《大正藏》第55册，No.2157，第852页上。
③ 义净的籍贯向来说法不一，一说范阳（今河北涿州），一说齐州（今山东济南）。学界多采齐州说。参见王邦维《义净籍贯考辨及其它》，朱东润等主编《中华文史论丛》1984年第4辑，第77—99页。
④ （宋）赞宁：《宋高僧传》卷一《唐京兆大荐福寺义净传》，第1页。

室利佛逝国停留学习梵语，然后赴印度，全面修学瑜伽、中观、因明、俱舍大小乘及陀罗尼等显密正法。后巡礼佛教古迹，返程时又在室利佛逝国停留四年，译经和著述。义净先后周游 30 余国，历时 25 年，带回"梵本经律论近四百部，合五十万颂"。① 回国后先后在大福先寺、西明寺、大荐福寺等译经，从事译经 11 年，"前后所翻经总一百七部，都四百二十八卷，并敕编入一切经目"。②《宋高僧传》赞云："东僧往西，学尽梵书，解尽佛意，始可称善传译者。"③《大宋僧史略》评："若论传译之人，则多善一方，罕闻通解。唯奘三藏究两土之音训，瞻诸学之川源，如从佛闻，曲尽意；次则义净躬游彼刹，妙达毗尼，改律范之妄迷，注密言之引合，遂得受持有验，流布无疑矣。"④ 可见义净法师在中国佛教史上的地位是相当高的，他在显密佛学的修养、译传等方面亦紧随玄奘法师。

（一）义净对中国佛教戒律学的贡献

义净西行之前，佛教戒律已有传译，法显赍归的戒律得以翻译和流通，以研究和修习戒律为主的"律宗"也已形成。但是，其他部派律典传译不足，对戒律的理解和阐释还时有矛盾，整个僧团并未呈现出如法行持的状态，甚至出现了戒律废弛、纲纪不整的现象，整饬戒律、规范僧团迫在眉睫。义净西行动机，虽未明确说明，但始终以寻求"戒律"为主线，并观摩和学习印度僧团戒律仪轨，"想用印度'正统'的典范，来纠正中国佛教的'偏误'"。⑤

义净回国后，帮助实叉难陀等翻译了《华严经》，之后开始独自译经，

---

① （宋）赞宁：《宋高僧传》卷一《唐京兆大荐福寺义净传》，第 1 页。
② （唐）卢粲：《大唐龙兴翻经三藏义净法师之塔铭并序》，陈尚君辑校《全唐文补编》，北京：中华书局，2005 年，第 328 页。
③ （宋）赞宁：《宋高僧传》卷一《唐京兆大荐福寺义净传》，第 4 页。
④ （宋）赞宁撰，富世平校注《大宋僧史略校注》卷上，第 61 页。
⑤ 王邦维：《唐高僧义净生平及其著作论考》，第 145 页。

十多年中，"净虽遍翻三藏，而偏攻律部，译缀之暇，曲授学徒"。① 从译经数量、种类等方面来看，律典是义净译经重点所在，他致力于把印度的佛教戒律推介开来。义净译作以律部典籍居多，一生都专注和致力于有部律典的翻译和弘扬，完善了中国佛教戒律。此外，义净在《南海寄归内法传》中，着重介绍了当时印度和东南亚诸国律藏的流传与分布情况，详细记载了印度的僧伽制度和具体的戒律。为了弘扬《说一切有部律》，义净还撰写了《护命放生轨仪法》《别说罪要行法》等修行法要。义净带回的律典极大地丰富了中国的律学典籍，中国佛教由此建立了系统的说一切有部律典。近代弘一大师称赞他"博学强记，贯通律学精微，非至印度之其它僧人所能及，实空前绝后的中国大律师"。② 义净的取经和弘法，丰富了中国的律学典籍。义净认为，《根本说一切有部律》更纯正，更易被中土僧人所认可。而在道宣等人的倡导下，唐代的戒律学已经从"诸律齐弘"发展到了"《四分》独尊"的局面，③ 因此，义净的说一切有部律典并没有在中国得到广泛弘传。

（二）义净对密宗经典的翻译和弘传

义净西行求法时，遍学大小乘，兼习密教。回国后所译佛教典籍包含经律论，所传译经典有不少密教典籍，赞宁《宋高僧传》评价说："然其传度经律，与奘师抗衡。比其著述，净多文。性传密咒，最尽其妙，二三合声，尔时方晓矣。"④ 义净后来专在大荐福寺敕建翻经院译经，共译出经律论 61 部，其中密宗经典就有 12 部，丰富了我国的佛学典籍。所译密典按照译经顺序见表 5-1。

---

① （唐）智昇撰，富世平点校《开元释教录》卷九，第 559 页。
② 释弘一：《律学要略》，《弘一大师全集》第 1 册，福州：福建人民出版社，1991 年，第 196 页。
③ 王建光：《中国律宗思想研究》，成都：巴蜀书社，2004 年，第 37—41 页。
④ （宋）赞宁：《宋高僧传》卷一《唐京兆大荐福寺义净传》，第 3 页。

表 5-1　义净翻译的密宗经典名目

序号	所译密典	译经时间、地点
1	《庄严王陀罗尼经》一卷	大足元年译于东都大福先寺
2	《善夜经》一卷	大足元年译于东都大福先寺
3	《曼殊室利菩萨咒藏中一字咒王经》	长安三年十月译于西明寺
4	《大孔雀咒王经》三卷	神龙元年译于东都内道场
5	《香王菩萨陀罗尼咒经》一卷	神龙元年译于东都大福先寺
6	《一切功德庄严王经》一卷	神龙元年译于东都大福先寺
7	《药师琉璃光七佛本愿功德经》两卷	神龙三年译于大内佛光殿
8	《称赞如来功德神咒经》	景龙二年译于大荐福寺
9	《拔除罪障咒王经》	景龙四年译于大荐福寺
10	《观自在菩萨如意心陀罗尼咒经》两卷	景龙四年译于大荐福寺
11	《佛顶尊胜陀罗尼经》	景龙四年译于大荐福寺
12	《疗痔病经》	景龙四年译于大荐福寺

资料来源：（唐）智昇撰，富世平点校《开元释教录》卷一七，第 1213 页。

（三）义净译《金光明经》及其影响

义净所翻译的众多佛经中，影响最大的是《金光明经》（又名《金光明最胜王经》或《最胜王经》），是大乘佛教中的经典之一。此经在开阐如来秘密心髓、忏悔业障、积聚资粮，以及弘扬佛法、护国利民等方面具有无比殊胜的功德。故《金光明经》被视为护国之经，与《妙法莲华经》《仁王护国经》共同被称为镇护国家之三部经，在大乘佛教流行的所有地区受到广泛重视。此经在义净之前有四个不同版本，而其中"昙无谶本、宝贵本、义净本《金光明经》在信奉大乘佛教的国家和地区皆有流传，但就现存文献来看，义净本的流传无疑最广。……义净本还被翻译成藏、回鹘、西夏、蒙古、突厥、满等多种文字，在汉文佛教经典中实

属罕见"。^①

《金光明经》是大乘佛经中所出较晚的，但是其传播范围广、影响力大，是其他经所无法比拟的，究其原因，此经护国利民、护持世间有情康乐、积累福报资粮等，与国家安定、众生安康息息相关，使佛教与民间需求结合，满足了不同阶层的需要，因此既得民心，又得统治者支持。而《金光明经》对众生现世利益的观照，与中土儒家修齐治平的政治理想相结合，此经的译出和广泛流传，也是佛教本土化的表现。

（四）义净撰《梵语千字文》

义净赴印求法前，先在室利佛逝和耽摩立底学习梵语，他建议求法僧人先在室利佛逝等学习梵语，这不仅是佛学修养精进的需要，也是到印度留学游历的必然要求。义净回国后著成《梵语千字文》，是为中国学者、僧侣编撰的一部梵汉小辞典或简易梵汉对照物。义净认为《梵语千字文》不同于已有的千字文，他在《梵语千字文》序中言："欲向西国人，作学语样，仍各注中，梵音下题汉字，其无字者，以音正之。并是当途要字，但学得此则余语皆通，不同旧千字文，若兼悉昙章读梵本，一两年间即堪翻译矣。"^②义净作《梵语千字文》，不仅对后来赴印求法者学习梵语、印度佛教基本知识大有裨益，而且为深入了解印度生活礼仪习俗、印度文化提供了背景知识。

五　不空的译经与密宗的创立

不空（705—774），法名智藏，后从法号阿目佉跋折罗，唐言"不空金刚"（梵文 Amogha-vajrah），或单名不空。^③不空，其祖籍史载有分

---

① 杨梅：《义净与〈金光明最胜王经〉》，《中国宗教》2020 年第 8 期，第 36 页。
② （唐）义净译《梵语千字文》序，《大正藏》第 54 册，No.2133，第 1190 页上。
③ （唐）圆照：《大唐贞元续开元释教录》卷上，《大正藏》第 55 册，No.2156，第 748 页下。

歧,① 其中北印度婆罗门的说法较可信。② 不空虽原籍天竺，但是自幼便到唐朝的河西地区生活，终其一生都在唐朝，实际与唐人无异。十五岁左右便师从金刚智习法，后来又前往师子国求法。不空是唐代密宗佛教二祖之一，与善无畏、金刚智并称"开元三大士"。不空西行求法是唐代西行求法活动中重要一环，不可忽视，因此纳入唐代西行求法活动整体中一并考量。

天宝元年（742），在金刚智圆寂后，不空前往师子国求法。"涉海乘危，遍学瑜伽。亲礼圣迹，得十万颂法藏印可。"③ 不空"请开十八会金刚顶瑜伽法门毗卢遮那大悲胎藏建立坛法，并许含光、慧辩等同受五部灌顶。……广求《密藏》及诸经论五百余部"。④ 天宝五载，不空携带密藏经论返回长安，被玄宗召入宫中为其灌顶。后来关中大旱，不空祈雨有功，玄宗赐号"智藏"国师。天宝十二载，不空又应西平郡王哥舒翰的奏请，到凉州弘法，后返回长安弘法。

不空在凉州时，"译佛经，兼开灌顶。演瑜伽教，置曼荼罗，使幕官僚咸皆谘受五部三密，虚往实归"。⑤ 并且"节度已下，至于一命，皆授灌顶。士庶之类，数千人众，咸登道场"。⑥ 不空在凉州翻译了不少密教经典，主要有《金刚顶一切如来真实摄大乘现证大教王经》《菩提场所说一字顶轮

---

① 圆照《贞元录》记载，不空为南天竺执师子国人，参见（唐）圆照《大唐贞元续开元释教录》卷上，《大正藏》第 55 册，No.2156，第 748 页下。或称"北天竺之婆罗门族也"，参见（唐）赵迁《大唐故大德赠司空大辨正广智不空三藏行状》，《大正藏》第 50 册，No.2056，第 292 页中；（唐）飞锡《大唐故大德开府仪同三司试鸿胪卿肃国公大兴善寺大广智三藏和上之碑》，《代宗朝赠司空大辨正广智三藏和上表制集》卷四，《大正藏》第 52 册，No.2120，第 848 页中；（宋）赞宁《宋高僧传》卷一《唐京兆大兴善寺不空传》，第 6 页。

② 赵迁和飞锡是不空的弟子，《行状》和《碑铭》又是当时所作，二者的说法比较可信，可知，"不空祖籍北印度，属婆罗门种姓，出生于耆阇崛山一带"。参见吕建福《中国密教史》（修订版），第 330 页。

③ （唐）不空：《三藏和上遗书一首》，《代宗朝赠司空大辨正广智三藏和上表制集》卷三，《大正藏》第 52 册，No.2120，第 844 页上。

④ （宋）赞宁：《宋高僧传》卷一《唐京兆大兴善寺不空传》，第 8 页。

⑤ （唐）圆照：《贞元新定释教目录》卷一五，《大正藏》第 55 册，No.2157，第 720 页中。

⑥ （唐）赵迁：《大唐故大德赠司空大辨正广智不空三藏行状》，《大正藏》第 50 册，No.2056，第 292 页中。

王经》等。在敦煌发现的唐代写经中，有不少密宗经典著述，如《金刚顶四十九种坛法轨则》《金刚顶瑜伽迎请仪》《大毗卢遮那金刚心地法门法界规则》等，均作大兴善寺不空译，但不见于不空的译经目录等。敦煌写经中还有不少重要经典中原地区不见传承，不空所译其他经轨也有不少在敦煌流行，使密法得以在西域弘传和兴盛。

不空历经玄宗、肃宗、代宗三朝，译经传法、修建坛场和举行法事，发展密宗的势力，提高密宗在佛教诸宗中的地位。在代宗时期，除发展密教外，建坛兴法、译经传法，始终贯穿着佛法护国的思想，由此得到了唐廷的全力支持。在肃宗和代宗两朝，以大兴善寺为中心，翻译了大量的经典。《贞元新定释教目录》卷一五载，不空译经共 110 部 143 卷。[①]《续贞元释教录》载"合一百九部，计一百四十二卷"。[②]《碑铭》《行状》亦作译经 120 卷。可见不空译经成就突出，因此，又与鸠摩罗什、玄奘、真谛（一说为义净）并称为中国佛教四大译经家。

不空广译显密经书，虽以密宗为主，但其译述并没有独尊密法抵抑显教的意图，其中也有显宗类经典，重要的如《大方广如来藏经》《百千颂大集经地藏菩萨请问法身赞》《大集大虚空藏菩萨所问经》等，这些都是大乘佛教的重要经典。更为重要的是翻译了很多密宗经典，如《金刚顶一切如来真实摄大乘现证三昧大教王经》（《金刚顶经》），此经与唐开元年间印度密教高僧善无畏所译《大日经》成为密宗所依的主要经典。印度密教由善无畏、金刚智、不空等传入中国，创立了八大宗派之一的密宗，三位高僧也被并称为"开元三大士"。

不空翻译经典和传持密法多以护国为标准，最具代表性的是重译《仁王护国般若波罗蜜多经》（《仁王经》），鸠摩罗什曾翻译过此经，不空先后两次重译，该经讲述了释迦牟尼曾经为 16 位国王说护国法，强调该经"所获

---

① （唐）圆照：《贞元新定释教目录》卷一五，《大正藏》第 55 册，No.2157，第 881 页上。
② （南唐）恒安集《续贞元释教录》，《大正藏》第 55 册，No.2158，第 1051 页下。

功德能护仁王及诸众生",① 并编纂了念诵仪轨等。代宗亲自作序,并称"可推而行之"。因推崇护国理念,国家举行较大的佛教法事活动,大都由不空奏请进行,得到朝野的崇奉,密宗大兴。

不空与唐廷关系密切,被封为国师,参与政治活动等,借助王政之力弘扬佛法,促进了王权对密法的推崇。中唐诸帝如玄宗、肃宗、代宗、德宗(时为太子)都曾依不空受灌顶或参加译事,有上万人受过其灌顶传法,可见唐代密法之兴盛。唐代宗大历元年(766),不空派弟子含光到五台山,兴造金阁寺和玉华寺,并奏请在金阁寺、玉华寺等五寺各置道行僧 21 人,这些寺后来也发展成密教中心。不空及其弟子从师子国带回来的佛教经典,及其在中土的弘法,对中土密教的发展和密教经典的完善起到了重要作用。大历九年,不空圆寂,获赠司空、肃国公,封号"大辩正",成为"冠绝千古,首出僧伦"的一代戒师。

综上所述,僧人西行求法活动对中国佛教的主要贡献如下。其一是根据本土佛教发展需要,主动向外探索寻找佛经原典,携归的大量佛经为佛教义学的本土化发展提供了文本依据。晋宋时期,虽然取回来的佛经不多,但是翻译出来后的影响大。其二是对译经的贡献,僧人的西行使译经活动活跃,晋宋时期译经事业中,译主多为域外来华僧,到唐代以西行求法归来的华僧为主,创立了新译法,翻译的佛经质量高、数量多,译经成就极高。② 其三是因戒律缺失,为规范佛教仪轨,寻得佛教戒律,携归大量佛教经律论,建立起适合本土文化需求的戒律。其四是促进了中国佛教理论的丰富和佛教宗派的成立,如唐代的法相宗、密宗的成立。中古时期僧人的西行求法活动,对佛教在中国的发展,以及实现佛教的本土化发展而言意义重大。

---

① (唐)不空译《仁王护国般若波罗蜜多经》卷二,《大正藏》第 8 册,No.0246,第 844 页下。
② 关于晋唐南海求法僧经典传译情况的研究,参见何方耀《晋唐时期南海求法高僧群体研究》,第 162—169 页。

第二节　西行求法活动对地理视域的拓展和贡献

在交通不够发达的古代社会，长途跋涉的旅途充满了不确定性，而且绝大部分人口都集中在地理位置相对优越的中原、东南农耕区域，形成了"安土重迁"的思想，安分守己、乐天知命的民族性格，人口的流动和对外交流比较有限。汉代以来，虽已与西域、南海诸国有交通往来，对外交通已经相对发展，两汉至隋朝的近 300 年间，各朝也曾派遣使节出访，但统一短促而分裂割据长久，交通难免有所阻塞。晋唐之际，中外交流频繁，人口流动量激增，极大地开阔了人们的视野。但在此期间，冒险远行者除了受命出使的使节、商贸往来的商人之外，还有涉险远行的求法僧侣，加强了对外的联系和交往，为中古时期地理知识的增长、地理视域的拓展做出了积极贡献。

一　西行求法活动对地理视域的拓展

随着佛教的传入，大批高僧来中土弘法并携入大量佛典，这显著丰富了国人的地理知识和对世界的认知。同时，中土僧人主动西行求法，并就西行见闻撰写行记，内容包括风土人情、物产资源等，极大地拓展了国人的地理视域。

（一）佛教对中土僧人向外探索的促动

因佛陀"游行教化"的传教方式，以及僧侣游方参学、宣教弘法等宗教缘由，僧侣形成了广游弘化之风。随着佛教传入中土，佛教的世界观也随着佛经传译进来，而大批异域高僧携带佛经来传法，不仅带来了丰富新奇的异域物质文明，而且带来了在地理知识、社会文化背景基础上形成的佛教经典，以及以此为蓝本翻译后的文本，域外僧人带来的域外地理知识和风土人情，极大地丰富了国人对地理视域的认知。魏晋以来，诸多中土僧人或受佛经的影响，或听闻外来弘法僧人对域外地域风土、佛教遗迹的描述，或受求法僧人西行事迹的感召，对佛经中所讲述的地域文化充满了向往。对巡礼佛国和亲睹佛教遗迹的向往，使中土求法僧人不畏艰险、矢志远行，赴西域求法，游历西域、印度，考察其地理、历史、宗教、物产、民俗等。

由此，中国进入地理大交流时代，部分中土僧人到西域、印度求法学习，在对世界未知的时代，僧侣的远行打开了新的领域，冲击着他们对世界的认知，相关地理著述大量涌现。① 这些著述记录了风土人情、物产资源等，无疑促进了对地理知识的进一步了解。可以说，中土人士对地理知识的了解，这些求法僧人功不可没。

（二）晋宋西行求法僧对地理知识的探索

佛教传入后，佛经文本内容和域外僧人带来了域外世界的信息，出于到佛陀的故乡寻找佛经原始文本和亲礼圣迹的目的，中土僧人冒着生命危险向外探索。魏晋南北朝时期，很多求法僧人前赴后继、历尽艰险，赴西域求法游历，增加了对世界的认知。

朱士行是见于史籍记载的最早的西行求法僧人，他于曹魏甘露五年由雍州出发，西渡流沙，历经艰险，虽然只到达于阗，未能翻越葱岭，但在当时而言，通往西域的道路充满未知的艰险，又乏人引导，他开创了向外探索之风，功不可没。

法显之前的西行者大多走陆路，仅至西域求法，而法显"创辟荒途"，② 陆海并遵，到西域、天竺求法，游历 30 余国，所至之地，"汉之张骞、甘英皆不至"，③ 是晋宋求法僧中走得最远、游历之地最多的人。"晋宋之际，游

---

① 据统计，此时期内撰写的地理著作，名目今日可考者约有 270 种。参见王毓蔺《魏晋南北朝方志初探》，《中国历史地理论丛》2007 年第 4 期。
② （唐）义净著，王邦维校注《大唐西域求法高僧传校注》卷上，第 1 页。
③ （晋）法显撰，章巽校注《法显传校注》，第 22 页。

方僧人虽多，但以法显至为有名。"[①] 法显是当时经历海洋航行的中土高僧，并在《佛国记》中留下了远洋航行的宝贵资料，如当时船舶的大小、容量、承载人数，粮食和淡水储备，救生船的预备，定期航程，季风航行，靠日月星辰定位，海盗情况等。法显将亲身经历的远洋航行情况，以写实的手法记录下来，对中土的地理知识体系和海洋视域的拓展，以及远洋航行经验的积累等，都意义重大。对于了解当时海路航行、海路贸易等情况，都具有重要参考意义。法显是当时游历国家最多的高僧，拓展了西行求法巡礼的地域范围，其行记增进了时人对地理世界的认知。

法显之后，赴西域求法者络绎不绝，有姓名可考且较为有名者，有慧叡、智猛、昙无竭、康法朗、宝暹等，部分僧人如释智猛、昙无竭、宝云、道荣等也曾著有西行游记，但大多佚失。北魏时的宋云和惠生，归来后各著有行记，杨衒之《洛阳伽蓝记》有所征引，从中可以略知西行事迹概况。一行人经吐谷浑道（青海道）至鄯善，后出葱岭而至西域，到访西域嚈哒国，谒见嚈哒国王后，经波知国、赊弥国、钵卢勒国，到访乌苌国，宋云为乌苌国国王讲述"周、孔、庄、老之德，次序蓬莱山上银阙金堂，神仙圣人并在其上，说管辂善卜，华陀治病，左慈方术，如此之事，分别说之。王曰：'若如卿言，即是佛国，我当命终，愿生彼国。'"[②] 在如来苦行投身饿虎之处，宋云与惠生"割舍行资，于山顶造浮图一所，刻石隶书，铭魏功德"。[③] 于山顶造浮图一座，并刻石铭记北魏功德。"这是中国传统的宗教和文化通过求法路线，自觉地向西方传播的最明确的记录。"[④] 宋云与惠生又访问犍陀罗国、那竭国等国。从于阗到犍陀罗，将"皇太后敕付五色百尺幡千口，锦香袋五百枚，王公卿士幡二千口"，[⑤] 一路供养于所有佛迹，还前后为佛寺施舍奴婢四人。宋云和惠生作为官方派遣人员，兼负对外交流和求法任务，

---

① 汤用彤：《汉魏两晋南北朝佛教史》，第 270 页。
② （北魏）杨衒之撰，周祖谟校释《洛阳伽蓝记校释》卷五《城北》，第 186 页。
③ （北魏）杨衒之撰，周祖谟校释《洛阳伽蓝记校释》卷五《城北》，第 186 页。
④ 杜继文主编《佛教史》，第 91 页。
⑤ （北魏）杨衒之撰，周祖谟校释《洛阳伽蓝记校释》卷五《城北》，第 205 页。

二人使命不同，观察视角也不同，行记既有官方交流活动，亦有求法巡礼内容。

魏晋南北朝时，"虽然有这些使人、僧侣、贾客的往来，这一时期在域外涉及的地区似未能太多地超过两汉时期"。[①] 使臣因使命不同，对西域的观察视角亦不同。而僧侣作为民间代表，"不论其动机如何，亦不论其所至何地，要皆增益中土人士对于域外的了解"。[②] 僧侣观察角度亦不同，在关注佛教遗迹的同时，注重风土人情、人文地理，且因是自发出行，路途中少有沿途国家的特殊关照，在外所经历的多是民间生活，返程后传播受众也多为普通民众，所以中土人士对外地理认识的进步，求法僧功不可没。

（三）唐代西行求法僧向外探索的深入

隋唐两朝国力强盛之际，均大力与域外交往。大唐国力强盛，声名远扬，与亚欧许多国家有往来，在对外开放和包容政策下，向外探索风气更盛，使者、商人和求法僧不绝于途，再次掀起西域求法热潮。

玄奘的西行远游，影响深远。唐初禁约，百姓不许出蕃，玄奘心意坚决，私自潜行出境。法显等求法僧均沿丝绸之路西域道南道，由渴槃陀越过葱岭，经西域罽宾道到犍陀罗地区。而玄奘因受高昌王邀请，先转道至高昌，再沿天山南麓西行。当时西突厥控制着广袤的西域地区，若无西突厥可汗的支持，就无法继续西行。于是玄奘又沿天山南麓西行，翻越凌山（葱岭），到达大清池，进入西突厥的领地，于碎叶城见到了西突厥可汗。在西突厥叶护可汗的支持和帮助下，玄奘途经昭武九姓国，出铁门[③]，至吐火罗，

---

① 史念海：《隋唐时期域外地理的探索及世界认识的再扩大》，《唐代历史地理研究》，北京：中国社会科学出版社，1998年，第 500 页。

② 史念海：《隋唐时期域外地理的探索及世界认识的再扩大》，《唐代历史地理研究》，第502 页。

③ 铁门，义净在《大唐西域求法高僧传》中开篇就提及"铁门"："独步铁门之外，亘万岭而投身；孤漂铜柱之前，跨千江而遣命。"根据西行求法僧人行迹的梳理，见于史籍记载的有姓名可考的求法僧中，唯有玄奘一人经行此西域北道，途经铁门。可见玄奘西行求法之不易。

游历了今阿富汗、巴基斯坦一带的滥波国、那竭国、犍陀罗国，至中印度，足迹遍布印度河和恒河流域，遍历印度东西海岸，游历范围广，影响力大，将西行求法活动推向了顶峰。

玄奘之后，随着唐朝对外交往范围的扩大，中西交通的发展，西行求法再掀热潮，求法僧中影响力大，又有撰述见世的是义净。义净受法显和玄奘感召而西游。唐咸亨二年，义净由广州附海舶远行赴印，至室利佛逝国，在此国住留六个月，学习梵语，提前熟悉印度佛教仪轨。然后途经羯荼国和裸人国，最后经东印度耽摩立底国，最终到达中印度。义净往来皆由海道，一路经行南海国家较多，往来南海之间也有十几年。义净在室利佛逝国住留最久，室利佛逝在今苏门答腊的巨港一带，地处东西海路枢纽，是印度文化东传的首站和重要地区，受印度佛教文化影响颇深。义净建议求法僧在此国先行学习梵语和佛教仪轨，因此唐代赴印求法高僧取道南海道赴印者，大多在室利佛逝住留学习梵语和佛教仪轨。义净赴印前先在佛逝国学习梵语，从印度归来时在此停留，并邀请几位僧人到室利佛逝共同译经，著述了《南海寄归内法传》《大唐西域求法高僧传》，记录了亲闻亲见的 60 位西行求法僧的事迹，也记述了中国与南海诸国、印度、师子国之间商贸往来的盛况。

见证 8 世纪西域变迁者，当为慧超和法界（悟空）。新罗僧人慧超是从唐朝出发赴印求法僧中最负盛名者。朝鲜半岛的僧人多至唐朝求法学习，慧超幼年便入唐习法，向密教大师金刚智求学。当时唐朝僧人赴印求法者众多，朝鲜半岛不少僧人结侣西行，慧超也想探寻印度佛法真谛，决心到佛教起源地印度游历。当时西域局势混乱、争战不断，慧超便南下经海路赴印度，遍访五天竺佛教遗迹等，又通过吐火罗进入波斯、阿拉伯帝国，游历粟特城邦区域，探访游历犍陀罗、罽宾、乌苌国，返程时经大小勃律，后经疏勒、龟兹、于阗等，回到了中原。其间遍访五天竺、西域 40 余国，并撰成《往五天竺国传》，记载在五天竺各国巡游经历。慧超游历范围更广，见证了 8 世纪中亚地区政治、军事力量的角逐和政局变化，以及该地区经济、宗教、文化等，促进了时人对西域、中亚、印度的认知。

唐玄宗天宝年间西游的法界，也是见证了 8 世纪中亚、西域变迁的僧人。法界本非僧人，本名车奉朝，原是随使人张韬光一行 40 余人出访罽宾的使者，完成出访使命返程时，车奉朝因病滞留，病愈后出家为僧。他随师学习梵语，游历中亚、印度，访师问道，研学佛法。在西域游历学法 30 年，取陆路返程时，经吐火罗，至疏勒、于阗，到达龟兹，再过北庭，因沙河路断，不得已绕道回鹘路①返回。法界也著有行记，记载甚略，但也能略知 8 世纪中亚等地的情况。与玄奘和慧超相比，法界返程历时约十年之久，"悟空（法界）行程的独特之处即在于归途经沙漠丝绸之路绕行草原丝绸之路——回鹘路，见证了晚唐军政形势的变化及丝绸之路的变迁"。②

魏晋至隋唐，西行求法游历的僧人甚多，而见于史籍记载者少，这些求法僧人主动向外探索和游历，在归来后将西行见闻撰写成文，但行记得以保存又流传于世者甚少。这些西行求法僧人向外的探索，及其撰写的行记，有助于丰富时人对世界的认识。《通典》载："诸家纂西域事，皆多引诸僧游历传记。"③

二　西行求法僧人地理著作叙录

佛教传入中土以来，诸多僧人赴西域求法巡礼，这些僧人"常为有学问之僧人"。④求法僧用独特而敏锐的眼光，观察迥异的外部世界，留意着

---

① 对回鹘路的考证，详见严耕望《唐代交通图考》第 2 卷《河陇碛西区》篇十五《唐通回纥三道》；又见陈俊谋《试论回鹘路的开通及其对回鹘的影响》，《中央民族学院学报》1987 年第 2 期。

② 聂静洁：《唐释悟空入竺、求法及归国路线考——〈悟空入竺记〉所见丝绸之路》，余太山、李锦绣主编《欧亚学刊》第 9 辑，第 176 页。

③ （唐）杜佑：《通典》卷一九一《边防七·西戎》，第 5199 页。

④ 汤用彤：《汉魏两晋南北朝佛教史》，第 269 页。

沿途的经历和见闻，将沿途见闻述诸文字，著述成书。把异域殊方、风土人情，转述给本土人士，这是求法僧除取经求法之外，所做的重要学术事业。求法僧行记，忠实于见闻，举凡经行之地的地形地势、道里山川、物产交通以及社会状况、风土人情等，都加以记述，内容鲜见、资料翔实、史料价值高，是古代跨文化旅行游记中的代表作，也是中古地理学重要著作。晋唐之间，丝路行旅的求法僧虽多，但"留有文字记载者少"，[①]且其中很多"行记"著述早已佚失。现依据求法僧行记成书时间先后，列举并叙录如下。

1. 支僧载《外国事》

支僧载，或称支载、僧载等，晋代大月氏沙门。支僧载的生平事迹不详，不见于《高僧传》诸书，其他传记亦不可考。对支僧载其人及其著述，学者有过考证，[②]此处不再赘述，仅做简单叙录。支僧载，是东晋时期月氏国僧人，曾西游佛国巡礼，后来撰写成僧人行记《外国事》。《外国事》在《隋书·经籍志》和《旧唐书》《新唐书》中均未著录，今已佚失，仅存有逸文数则，学者有所辑录，现有陈运溶、岑仲勉、李德辉三种不同辑本，而以岑仲勉辑本较优。支僧载的《外国事》是目前已知较早的西域文献资料，"为时尚早于法显之游印度。惜其书只存断简零缣，否则必足以补苴第三、第四世纪间之印度古史，而可与法显、玄奘之书成鼎足之势也"。[③]

2. 法显《法显传》

《法显传》又称《高僧法显传》《历游天竺记传》《法显行传》《佛国记》等，是东晋高僧法显西行求法行旅的实录。法显历经十五载，游历 30 余国，回国后将自己的行旅和见闻撰成行记《法显传》。此乃现存最早的关于域外

---

① 季羡林：《丝绸之路与西行行记考》，《中国海洋大学学报》（社会科学版）2004 年第 6 期。

② 岑仲勉：《晋宋间外国地理佚书辑略》，《中外史地考证》，北京：中华书局，1962 年；陈连庆：《新辑本支僧载〈外国事〉序》，《古籍整理研究学刊》1985 年第 1 期；向达：《汉唐间西域及南海诸国古地理书叙录》，《唐代长安与西域文明》，北京：商务印书馆，2015 年，第 569—570 页；阳清：《支僧载及其〈外国事〉综议》，《宗教学研究》2016 年第 4 期。

③ 向达：《汉唐间西域及南海诸国古地理书叙录》，《唐代长安与西域文明》，第 570 页。

情况的记录，也是佛教地理志中纪实性游记的发端。全书虽然只有万余字，但对了解古代中亚、南亚各国的历史地理、风土人情、宗教信仰等具有重要价值。今有英文、德文、法文三种译本。

3. 宝云《外国传记》(《游履外国传》)

宝云，一说是凉州人。宝云在西行求法途中，和法显一行在张掖相遇，于是和法显一行前后相随，同抵北天竺。宝云在北天竺遍学梵书，音字训诂，悉皆备解。宝云在弗楼沙国辞别法显，又周游西域后返回。宝云在躬睹佛教遗迹返回后，到建康翻译《新无量寿经》《佛所行赞》等。晋末南朝宋初，宝云将求法经历和行旅见闻写成《传记》(全名或称《外国传记》或《游履外国传》)，已佚。《高僧传·宝云传》载"其游履外国，别有传记"，[①]但未记载传名，《僧祐录》卷一五也载有此传。《释迦方志》亦云："凉州沙门释宝云……游西有传。"[②] 此书已佚。

4. 智猛《游行外国传》

智猛，雍州新丰（今陕西西安临潼区）人，曾赴西域求法巡礼。智猛西行事迹，在《出三藏记集》《高僧传》《开元释教录》《释迦方志》中均有记载。据《高僧传》记载，姚秦弘始六年（晋安帝元兴三年，404），智猛一行发迹长安，西行求法寻经，于宋元嘉元年（424）返程，十四年至建业，又入蜀地，"造传，记所游历"。[③]《释迦方志》载：京兆沙门释智猛西行，"游西有传，大有明据，题云《沙门智猛游行外国传》，曾于蜀部见之"。[④] 可知智猛根据西游经历撰写了《游行外国传》。

《游行外国传》一卷，见《隋书》卷三三《经籍志二》，"《游行外国传》一卷（沙门释智猛撰）"。[⑤]《新唐书·艺文志》亦有著录，"僧智猛《游行外

---

① （梁）慧皎撰，汤用彤校注《高僧传》卷三《宋六合山释宝云传》，第103页。
② （唐）道宣著，范祥雍点校《释迦方志》卷下《游履篇第五》，第97页。
③ （梁）慧皎撰，汤用彤校注《高僧传》卷三《宋京兆释智猛传》，第126页。
④ （唐）道宣著，范祥雍点校《释迦方志》卷下《游履篇第五》，第97页。
⑤ （唐）魏徵、令狐德棻：《隋书》卷三三《经籍志》，第983页。

国传》一卷"。① "般泥洹经二十卷（阙），摩诃僧祇律一部（梵，本未译出）。右二部，定出一部，凡二十卷。"虽已佚失，但被《出三藏记集》卷一五和《高僧传》卷三等节引摘录而得以保留，"惜乎全书不传，现存者亦寥寥数条，否则其可以补西域史地者当不鲜也"，② 对研究古代西域、印度历史和文化具有重要的学术价值。

5. 竺法维《佛国记》

竺法维，籍贯、生卒年不详。据《高僧传》卷二《晋河西昙无谶传附法盛传》载："时高昌复有沙门法盛，亦经往外国，立传凡有四卷。又有竺法维、释僧表，并经往佛国云云。"③ 由此可知，竺法维与释僧表曾一同前往佛国求法，但具体西行事迹并未详载。宝唱的《名僧传》卷二六有《晋东安寺竺法维传》《晋吴通玄寺僧表传》，可知竺法维和僧表应是晋末宋初之际僧人。惜竺法维传已佚，僧表传中载僧表曾至罽宾国。《释迦方志·游履篇》云："至如法维、法表之徒，标名无记者，其计难缉。"④ 向达认为，《释迦方志》"所云法维，疑即著《佛国记》之竺法维，盖亦一曾游西域之沙门也"。⑤

竺法维所著《佛国记》，一卷，今已佚失，但郦道元《水经注》卷二征引《佛国记》部分条目，有关于大月氏和弗楼沙国等的记载。竺法维《佛国记》，《隋书·经籍志》未著录，但《通典》和《太平寰宇记》有所征引。竺法维《佛国记》虽佚，但因《水经注》等存遗文多则，今存岑仲勉和李德辉两种辑本，其记载可与《法显传》和《大唐西域记》互相佐证，是重要的西域相关文献资料。

6. 法盛《历国记》（《历国传》）

法盛，原籍陇西，寓居高昌，曾西行求法巡礼，据《高僧传》卷二《晋

---

① （宋）欧阳修、宋祁：《新唐书》卷五八《艺文志》，第 1505 页。
② 向达：《汉唐间西域及南海诸国古地理书叙录》，《唐代长安与西域文明》，第 571 页。
③ （梁）慧皎撰，汤用彤校注《高僧传》卷二《晋河西昙无谶传附法盛传》，第 81 页。
④ （唐）道宣著，范祥雍点校《释迦方志》卷下《游履篇第五》，第 99 页。
⑤ 向达：《汉唐间西域及南海诸国古地理书叙录》，《唐代长安与西域文明》，第 575 页。

河西昙无谶传附法盛传》载，"时高昌复有沙门法盛，亦经往外国，立传凡有四卷"。①《释迦方志》载："又高昌法盛者亦经往佛国，著传四卷。"② 记载均简略，仅提及经往外国，并著传四卷。据宝唱《名僧传》卷二六《法盛传》载："法盛，本姓李，陇西人，寓于高昌……遇沙门师智猛，从外国还，述诸神迹，因有志焉。辞二亲，率师友，与二十九人，远诣天竺。经历诸国，寻觅遗灵，及诸应瑞，礼拜供养，以申三业"，曾于"忧长国东北，见牛头栴檀弥勒像"。③ 对西行事迹记载较详，盖因法盛所撰《历国记》详载其西行求法巡礼见闻，宝唱《名僧传》有参引。

《隋书·经籍志》载："《历国记》二卷，释法盛撰。"④ 两唐志等多家史志亦有著录，《通典》《文献通考》皆称法盛行记为《历诸国传》，此书今已佚。向达认为，"《太平御览》引书目不及法盛此书，疑其佚在唐宋之间也"。⑤ 由宝唱原著，唐代日本飞鸟寺僧信行撰集《翻梵语》，其中征引《历国传》，收录于《大正藏》卷五四。《翻梵语》所见法盛《历国传》名物、国家，学者有所辑录。⑥

7. 昙无竭《外国传》(《历国传记》)

《出三藏记集》详载了昙无竭西行求法事迹，"释法勇者，胡言昙无竭，本姓李氏，幽州黄龙国人也"，并称其"所历事迹，别有记传"。⑦《高僧传》亦称其所历事迹别有记传。《隋书·经籍志》载"《外国传》五卷，释昙景撰"，⑧ 今佚。《通典》卷一九一《西戎传总序》注引作"诸家纂西域事，皆多引诸僧游历传记如法明《游天竺记》、支僧载《外国事》、法盛《历诸国

---

① （梁）慧皎撰，汤用彤校注《高僧传》卷二《晋河西昙无谶传附法盛传》，第81页。
② （唐）道宣著，范祥雍点校《释迦方志》卷下《游履篇第五》，第98页。
③ （梁）宝唱：《名僧传抄·法盛传》，《卍续藏经》第134册，第26页上。
④ （唐）魏徵、令狐德棻：《隋书》卷三三《经籍志二》，第985页。
⑤ 向达：《汉唐间西域及南海诸国古地理书叙录》，《唐代长安与西域文明》，第574页。
⑥ 参见向达《汉唐间西域及南海诸国古地理书叙录》，《唐代长安与西域文明》，第574—575页；阳清、刘静：《晋唐佛教行记考论》，第118—145页。
⑦ （梁）僧祐撰，苏晋仁、萧鍊子点校《出三藏记集》卷一五《法勇法师传》，第581、582页。
⑧ （唐）魏徵、令狐德棻：《隋书》卷三三《经籍志二》，第985页。

传》、道安《西域志》。惟《佛国记》、昙勇《外国传》、智猛《外国传》、支昙谛《乌山铭》、翻经法师《外国传》之类"。① 向达谓：昙勇，"即《高僧传》卷三之《释昙无竭》。昙无竭，此云法勇，《隋志》《通典》截取首字之义，无竭则译其义，而《隋志》又讹勇为景，其实一人也"。② 费长房《历代三宝纪》也载昙无竭撰有"《外国传》五卷"，注云"竭自游西域事"。③ 道宣《大唐内典录》亦同，云"竭自述游西域事"。④《释迦方志》记释法勇西行事迹，并称"所行有传"。⑤ 唐代日僧信行撰集《翻梵语》征引《外国传》四卷，唐宋之后不见征引。

8. 法献《别记》

法献西行及行记之事，据《高僧传》卷一三《齐上定林寺释法献传》记载："释法献，姓徐，西海延水人。……既到于阗，欲度葱岭，值栈道断绝，遂于于阗而反。获佛牙一枚，舍利十五身，并《观世音灭罪咒》及《调达品》，又得龟兹国金锤鍱像，于是而还。其经途危阻，见其别记。"⑥ 据此，法献在返回后，根据其西行旅途经历著成行记类《别记》。但《隋志》与两唐志皆未著录，已佚。《佛祖统纪》卷三六载："元徽三年（475），定林寺法献，往天竺求经，至于阗国，得佛牙舍利、《法华》、《提婆品》以归。"⑦ 但是此条记载未言及别传。

9. 道普《游履异域记》

道普，高昌僧人。据《高僧传》卷二《晋河西昙无谶传附道普传》载："普本高昌人，经游西域，遍历诸国，供养尊影，顶戴佛钵，四塔道树，足迹形像，无不瞻觐。善梵书，备诸国语，游履异域，别有大传。"⑧

---

① （唐）杜佑：《通典》卷一九一《边防七·西戎》，第5199页。
② 向达：《汉唐间西域及南海诸国古地理书叙录》，《唐代长安与西域文明》，第572页。
③ （隋）费长房：《历代三宝纪》卷一〇，《大正藏》第49册，No.2034，第92页下。
④ （唐）道宣：《大唐内典录》卷四，《大正藏》第55册，No.2149，第260页上。
⑤ （唐）道宣著，范祥雍点校《释迦方志》卷下《游履篇第五》，第98页。
⑥ （梁）慧皎撰，汤用彤校注《高僧传》卷一三《齐上定林寺释法献传》，第488页。
⑦ （宋）志磐撰，释道法校注《佛祖统纪校注》卷三六《法运通塞志》，第847页。
⑧ （梁）慧皎撰，汤用彤校注《高僧传》卷二《晋河西昙无谶传附道普传》，第80—81页。

又据《释迦方志》载："宋世高昌沙门道普经游大夏，四塔道树灵迹通谒，别有大传。"① 根据以上记载可知，道普曾游西域，遍历佛国，瞻礼佛教古迹，并撰有记传。但道普的《游履异域记》，《隋书》与两唐志皆未著录，今佚。

10. 道荣（道药）《道荣传》(《道药传》)

道荣，或作"道药"，北魏僧人，曾赴西域求法巡礼。《释迦方志》记载："后魏太武末年，沙门道药从疏勒道入，经悬度到僧伽施国。及返，还寻故道。著传一卷。"② 道荣归国后，著西行行记《道荣传》(或《道药传》)一卷，原书已佚失，《洛阳伽蓝记》曾节引其文，《隋书·经籍志》著录，今佚。

11. 宋云《宋云行纪》(《家纪》)

宋云，敦煌人，北魏孝武帝年间，"敦煌人宋云宅，云与惠生俱使西域也。神龟元年（518）十一月冬，太后遣崇立寺比丘惠生向西域取经，凡得一百七十部，皆是大乘妙典"。③ 著有《宋云行纪》(或称《家纪》)，已佚。《洛阳伽蓝记》录引其大部分。《新唐书·艺文志》著录"宋云《魏国以西十一国事》一卷"，④ 当是同书异名。

12. 惠生《使西域记》(《惠生行记》)

惠生（也作慧生），北魏洛阳崇立寺僧人，于北魏孝武帝神龟元年，与敦煌人宋云，奉胡太后之命赴西域取经，至正光二年（521）返回。著有《使西域记》一卷，又作《惠生行记》，记载了其游历西域的见闻，已佚。《隋书·经籍志》著录"《慧生行传》一卷"，⑤《洛阳伽蓝记》有引录，惠生《使西域记》有李德辉辑本，记述西行途中十余国见闻，文笔简洁平实，只有千余字。

---

① （唐）道宣著，范祥雍点校《释迦方志》卷下《游履篇第五》，第98页。
② （唐）道宣著，范祥雍点校《释迦方志》卷下《游履篇第五》，第98页。
③ （北魏）杨衒之撰，周祖谟校释《洛阳伽蓝记校释》卷五《城北》，第209页。
④ （宋）欧阳修、宋祁:《新唐书》卷五八《艺文志》，第1505页。
⑤ （唐）魏徵、令狐德棻:《隋书》卷三三《经籍志二》，第985页。

13. 玄奘、辩机《大唐西域记》

玄奘，洛州缑氏人，唐贞观元年（627）秋八月，自长安出发西行求法，[①]游历西域、印度各地，于唐贞观十九年返回长安，后开始组织译经，玄奘西行游历西域的所见所闻，由玄奘口述、辩机编撰成《大唐西域记》，成书于唐贞观二十年。《大唐西域记》共有 12 卷 10 万余字，记述了玄奘西行印度往返途中，亲历的 110 个国家、听闻的 28 个国家，连同附带的 12 个国家，共 150 个国家的情况。《大唐西域记》以行程为经、地理为纬，"推表山川，考采境壤，详国俗之刚柔，系水土之风气"，[②] 具体包括政教关系、地理环境、道路交通、物产气候、生产生活、社会发展、语言文化、风土人情等内容。如玄奘所言："今所记述，有异前闻。……皆存实录，匪敢雕华。"[③] 该书对西域和印度的记载翔实，被后世考古学家当作印度遗址、丝路沿线遗址考古指南，是研究西域和印度古代历史与中西交通的重要史料，印度的历史也因玄奘的行记而得以重构和再现。

14. 常愍（愍）《历游天竺记》

常愍，或作常愍，其生平事迹，据《三宝感应要略录》征引常愍《游历记》载："沙门常愍发大誓愿，远诣西方礼如来。所行遗迹，至北印度僧伽补罗国。"[④] 该书卷上亦征引《历游天竺记》云："释常愍，发愿寻圣迹游天竺，日至中印度鞞索迦国。"[⑤] 从游记内容来看，常愍曾游历天竺，其《历游天竺记》展现了天竺佛教遗迹及相关传说，所载内容可与《大唐西域记》等内容相佐证。冯承钧编《历代求法翻经录》称："又有一常愍（一作愍），不知何许人也，发愿寻圣迹，游天竺。曾至北印度僧伽补罗（Samghapura）国、中印度鞞索迦国。撰有《游历记》（一作《游天竺记》），非浊集《三宝

---

① 杨廷福:《玄奘年谱》，第 111 页。
② （唐）玄奘、辩机原著，季羡林等校注《大唐西域记校注》卷一二，第 1035 页。
③ （唐）慧立、彦悰:《大慈恩寺三藏法师传》卷六，第 135 页。
④ （宋）非浊集《三宝感应要略录》卷上，《大正藏》第 51 册，No.2084，第 830 页中。
⑤ （宋）非浊集《三宝感应要略录》卷上，《大正藏》第 51 册，No.2084，第 833 页中。

感应要略录》引之（《三宝感应要略录》卷上）"。① 可知，常愍曾到北印度、中印度，游天竺，撰有《游天竺记》。

而据《大唐西域求法高僧传》记载，并州僧人常愍，"冀得远诣西方，礼如来所行圣迹……遂至海滨，附舶南征，往诃陵国。……然所附商舶载物既重，解缆未远，忽起沧波，不经半日，遂便沉没"。② 常愍禅师及弟子在经海路赴印时，商舶沉没而亡。有学者考证，"常愍或在葬身大海之前，曾旅行至北印度、中印度"，或游历了"离诃陵国、末罗瑜国不远的周边地区"。③《历游天竺记》可证常愍曾游历天竺。《历游天竺记》早佚，唯《大正藏》史传部《游方记抄》末存"唐常愍历游天竺记逸文"，附云："《游天竺记》又名《游历记》，其文载在《三宝感应要略录》，今唯略示所在。"④ 该行记后有李德辉辑本。

15. 义净《南海寄归内法传》

唐代求法高僧义净著《南海寄归内法传》，亦称《大唐南海寄归内法传》《南海寄归传》《寄归传》《南海传》等，共四卷。《南海寄归内法传》是义净在西行返回途中至室利佛逝停留期间撰写的，不仅对印度、南亚诸国戒律实践的情形及寺院生活介绍翔实，还包括南海诸国的地理、风俗、文化、医药等内容，是研究印度、南海诸国佛教史以及历史地理、风土文化等的重要史料。此书撰写成后，玄奘托寄寓室利佛逝的唐朝求法僧人大津带回国，故称《南海寄归内法传》，有历代大藏经本。

16. 义净《大唐西域求法高僧传》

《大唐西域求法高僧传》，义净所著，简称《西域求法高僧传》或《求法高僧传》，原题为《沙门义净从西国还在南海室利佛逝撰寄归并那烂陀寺图》，共两卷。天授二年（691），大津回国时，与《南海寄归内法传》一并

---

① 冯承钧编《历代求法翻经录》，第76页。
② （唐）义净著，王邦维校注《大唐西域求法高僧传校注》卷上，第51—52页。
③ 阳清：《唐释常愍与〈历游天竺记〉探赜》，杜文玉主编《唐史论丛》第28辑，西安：三秦出版社，2019年，第126页。
④ （唐）圆照：《游方记抄》，《大正藏》第51册，No.2089，第995页下。

携归。该书是义净在天竺及南海诸国求法时，根据自己所见所闻的求法高僧事迹所写，反映了当时西行求法的盛况，是中国"第一部留学生史"。书中不仅记述了唐太宗贞观十五年至武后天授二年间，到天竺和南海寻求佛法的60位僧人的求法事迹，末尾还附有义净本人自传。此外，还记载了中印僧侣的交流，详述了赴天竺的主要通道，其中有天山南北路、泥婆罗道、蜀川洋牁道、从广州经室利佛逝的南海道等。与《南海寄归内法传》一样，《大唐西域求法高僧传》是研究印度、南海诸国地理、交通、政治、历史、宗教文化、物产风土等状况，以及中西交通史的重要史料。

17. 无行《中天附书》

无行禅师，荆州江陵人，与智弘为伴，泛海至天竺求法巡礼。在天竺时常与义净往来，后与义净道别从北道返程，但不知所终。据智昇《续古今译经图纪》戍婆揭罗僧诃（善无畏）条载："曩时沙门无行西游天竺，学毕东归。回至北天，不幸而卒。所将梵本有敕迎还，比在西京华严寺收掌。无畏与沙门一行于彼简得数本梵经，并总持妙门，先未曾译。至十二年，随驾入洛，于大福先寺安置。遂为沙门一行译。"① 可知，无行在北天不幸而卒，所携带梵经由他人奉敕携归。

慧琳《一切经音义》著录有《荆州沙门无行从中天附书于唐国诸大德》，② 两唐志未著录，今佚。《大唐西域求法高僧传》注曰："无行所译经今不存。仅《慧琳音义》卷一〇〇著录有《荆州沙门无行从中天附书于唐国诸大德》一书，并注音义九条。但现存《大藏经》中无此书。说明唐时无行著作曾入藏，后佚。"③ 无行在印度时或经北道返程时将佛经与《中天附书》一并请附归唐。

18. 慧超《往五天竺国传》

慧超，或作惠超，新罗（今朝鲜半岛）僧人，自幼来到唐朝，于唐开元

---

① （唐）智昇:《续古今译经图纪》,《大正藏》第 55 册, No.2152, 第 372 页中。
② （唐）释慧琳:《一切经音义》卷一〇〇,《大正藏》第 54 册, No.2128, 第 928 页上。
③ （唐）义净著, 王邦维校注《大唐西域求法高僧传校注》卷下, 第 191 页。

年间经南海道赴印度，之后遍游五天竺，经中亚回到长安，撰写了《往五天竺国传》。两唐志未著录，唐慧琳《一切经音义》卷一〇〇著录有《慧超往五天竺国传》，① 已散佚。20 世纪初，伯希和在敦煌石室发现此书残写本，带至法国巴黎，可惜多已残缺，尤其是首尾已缺，海上航行部分则全缺，原件至今仍在国外，编号为"伯希和 3532"。后来我国学者罗振玉对此残卷进行了大量考证，著有《慧超往五天竺国传校录札记》。此后不少中外学者进行了考订、笺释等。

《往五天竺国传》记载了慧超游历五天竺和中亚各国的见闻，详细记录了当地地理环境、物产国情、风土人情、宗教信仰、语言文字，详细记载了五天竺和罽宾、波斯、疏勒、龟兹等的政治、经济、文化等方面的情况，记载西域情况尤为详尽，可与法显、玄奘的有关记载互为补充。该书对于了解 8 世纪中亚和印度历史，尤其是西域史有着重要的史料价值。

19. 圆照编著《悟空入竺记》

《悟空入竺记》，是唐代僧人悟空（法界）西行天竺游学求法的行记，由唐代新罗僧人圆照根据悟空口述撰成。悟空，俗名车奉朝，于唐天宝十载（751）奉敕出使罽宾，在完成出使任务，返回至犍陀罗时，车奉朝因患重病，无法随使团东归，便滞留当地养病。他发愿如果病愈，愿出家为僧，待病愈后，便皈依佛门，师从犍陀罗的三藏法师舍利越魔，获法号"法界"。随后学习梵语、研学佛法，并随其师游历天竺各地、觐礼佛迹、访师问道。唐德宗贞元六年（790），悟空向其师提出东归请求，携带梵文佛经《十力经》及佛舍利等返回长安，此时其在西域游历已 40 年之久。回国后被安置于章敬寺译经，正式赐法号"悟空"。唐代新罗僧人圆照亲访悟空，将悟空在天竺的游学经历和西域各地见闻编著成《悟空入竺记》，收入《大正藏》第 51 册《游方记抄》。

综上，可将中古时期西行求法僧人行记整理汇总如表 5-2 所示。

---

① （唐）释慧琳：《一切经音义》卷一〇〇，《大正藏》第 54 册，No.2128，第 926 页下。

表 5-2　中古时期西行求法僧行记汇总

朝代	西行求法僧	著作名称	存佚	著录情况
西晋	支僧载	《外国事》与《外国图》	佚，有辑本	《隋志》与两唐志皆未著录。见《水经注》《太平御览》等书，云支僧载《外国事》
东晋	法显	《法显传》（或称《佛国记》《历游天竺记传》等）一卷	存	《隋书·经籍志》著录，有《佛国记》一卷、《法显传》二卷、《法显行传》一卷。盖为一书异名。现通称《法显传》或《佛国记》。近人丁谦、章巽校注颇详。有英文、德文、法文三种译本
东晋	宝云	《游履外国传》（《外国传记》）	佚	《隋志》与两唐志皆未著录。《高僧传》卷三、《僧祐录》卷一五著录
晋宋	智猛	《游行外国传》一卷	佚，有辑本	《隋书·经籍志》著录，《唐书·艺文志》著录。僧祐《出三藏记集》节引
晋宋	竺法维	《佛国记》	佚，有辑本	见《水经注》《释迦方志》等，今有两种辑本
南朝宋	法盛	《历国记》（《历国传》）二卷	佚，有辑本	《隋书·经籍志》著录，《唐书·艺文志》著录。《高僧传》等作四卷，部分散佚，余两卷
南朝宋	昙无竭（法勇、昙勇）	《外国传》（《历国传记》）	佚，有辑本	《隋志》与两唐志皆未著录。《高僧传》卷三本传云，竭所历事迹别有记传。《历代三宝纪》卷一〇云，竭著有《外国传》五卷，详述西域之事
南朝宋	法献	《别记》	佚	其经途危阻，见其《别记》（见《高僧传》），书名卷数不详
南朝宋	道普	《游履异域记》四卷	佚	《隋志》与两唐志皆未著录。《高僧传》卷二、《释迦方志》有载
北魏	道荣（或作道药）	《道荣传》（或《道药传》）一卷	佚，有辑本	《隋书·经籍志》著录。《洛阳伽蓝记》卷五详引其文
北魏	宋云（非僧人）	《宋云行纪》（或《家纪》）一卷	佚	《隋书·经籍志》著录，今佚。《洛阳伽蓝记》节引其大部分。《唐书·艺文志》著录宋云《魏国以西十一国事》一卷，不知是否《家纪》异名，今无考
北魏	惠生	《使西域记》（或《惠生行记》）一卷	佚，有辑本	《隋书·经籍志》、两唐书、《通志》有著录。《洛阳伽蓝记》节引
唐	玄奘、辩机	《大唐西域记》十二卷	存	《唐书·艺文志》著录，现存藏中

续表

朝代	西行求法僧	著作名称	存佚	著录情况
唐	常慜（愍）	《历游天竺记》	佚，有辑本	《历游天竺记》或云《游天竺记》《游历记》等，该书早佚，历代并无辑本。唯《大正藏》史传部《游方记抄》末存"唐常愍历游天竺记逸文"
唐	义净	《南海寄归内法传》四卷	存	《唐书·艺文志》著录
唐	义净	《大唐西域求法高僧传》两卷	存	此书为求法高僧五十余人之小传，书中有关印度地理掌故尚多
唐	无行	《中天附书》	佚	两唐志未著录，《求法高僧传》言有此书。慧琳《一切经音义》卷一〇〇著录，题为《荆州沙门无行从中天附书于唐国诸大德》
	慧超（惠超）	《往五天竺国传》三卷	残卷	两唐志未著录。《一切经音义》卷一〇〇著录。近十年来从敦煌石室得本残卷。敦煌遗书 P.3532
唐	圆照	《悟空入竺记》	残卷	新罗僧人圆照协助悟空撰写西行传记，书成于贞元六年，当时编附《大唐贞元续开元释教录》，得以流传。收入《大正藏》第 51 册《游方记抄》

资料来源：梁启超《梁任公近著》第 1 辑中卷；向达《汉唐间西域及南海诸国古地理书叙录》，《唐代长安与西域文明》，第 569—570 页；岑仲勉《晋唐间外国地理佚书辑略》，《中外史地考证》；李德辉辑校《晋唐两宋行记辑校》，沈阳：辽海出版社，2009 年；田峰《唐宋行记研究》，北京：中国社会科学出版社，2020 年；阳清、刘静《晋唐佛教行记考论》。

三　西行求法僧地理学著作的历史价值

中国古代交通不便，道路险阻，除使臣和商人外，少有人愿意或敢于出国。魏晋至隋唐，唯有众多西行求法僧人怀着热情，甘愿冒险，舍身求法，在游历西域后，记述西行求法的经历和见闻，形成了"求法行记"等有价值的著作，其中以法显、玄奘、义净、慧超等求法僧的著作价值最高。这些资料涉及中亚、西亚、南亚以及我国西北地区，内容丰富，在文学、历史、地理、宗教、民俗、社会生活、文化交流领域都有着重要价值，具有突出的跨学科、跨文化的特征。梁启超认为，"留学运动之副产物甚丰，其尤显著者则地理学也"。[1] 求法僧人行记综合价值突出，本节仅从中西交通史、地理学贡献、佛教史贡献三方面来分析。

（一）求法僧行记对中西交通史的重要价值

西行求法僧人行记，是研究中世纪西域和南海诸国史地、文化的珍贵文献，是研究西域和佛教、中外交通史的重要文本，是中国佛教僧侣对中外文化交流做出的重要贡献之一。这些著作不仅介绍了求法僧所到国家和地区各方面的知识，开阔了国人视野，对国人了解西域文化和印度文化有巨大帮助，更保存了中世纪中外史地、中西文化交流的重要资料，成为相关领域研究的重要文献。

僧人行记作为独特的游记，为中外交流史研究提供了大量丰富的史料。晋宋时期，是中古时期西行求法活动的第一个鼎盛阶段，与法显同时期或稍后的西行求法僧也撰写有一些行记，但是大多散佚，只有《法显传》得以完整保存和流传。《法显传》的描述方式为后世所仿效，形成僧人游记的特色，后来赴西域求法的僧人多从此书中获益，将此书作为西行求法路上的指南。法显采用的地理描述的记录方式，"以传记为本质，以地记为内涵，以游记为特色"，"不失为以反映西域和佛国为内容的舆地类僧人游记"，[2] 也为后世的求法僧人所仿效，叙述模式在《法显传》的基础上有所改进和提高，而《大唐西域记》则是这类僧人行记的巅峰之作。

僧人西行求法对交通路线的拓展。西行路线的分布和改变反映了中西交通的发展，从西行路线看，晋宋时期的西行求法僧人大多经陆路赴西域求法，法显则是海陆并行，第一次详细记载了中印间海上航线，留下了海上交通线较早的历史记载，以及中国与南海、印度间的海上交通路线。《大唐西

---

① 梁启超：《中国印度之交通》，《佛学研究十八篇》，第135页。

② 阳清、刘静：《晋唐佛教行记考论》，第213页。

域记》《大慈恩寺三藏法师传》主要记载了自汉以来中印之间最主要的陆路通道。《大唐西域求法高僧传》则以求法人物行迹为主，不仅记载了唐初中印间陆路西域道，以及唐初新辟吐蕃泥婆罗道，还有一条从今四川、云南到印度的川缅道，此条通道相关记载很少，而义净的记载显得尤为重要。此外，义净的记载还反映了唐代中西交通路线的变迁，唐麟德年间以来，中印主要交通路线由陆路向海路变迁，"僧人们求法和布教的路线，其实就是商业贸易的路线"，[①] 不同的路线反映出唐初期至中期中印交通发展变化的趋势和具体情况。因此，求法僧人经行路线的分布及其变化的记载，对研究丝绸之路商业贸易的发展也很重要。

僧人行记开阔了国人的视野，保存了大量此时期中外文化交流的资料，补充了正史的缺漏。东晋以来，虽然战乱频仍，但中西交通不断，商人、使者不绝于途，中西僧人往来频繁。西行求法者众，但是撰写行记的不多，流传于世的更是寥寥无几。正是这些由求法僧撰写的行记弥补了这一欠缺，因其记载的大多是作者的亲身经历和见闻。《法显传》不仅补充了晋代与西域之间的交通交流，而且其中海上交通和中斯间经济文化交流的内容具有重要的史料价值。《大唐西域记》中绝大部分是玄奘亲履之地，记载真实可信，独一无二，可弥补正史地理志、西域传记之阙，是唐代中西交通史的珍贵史料，对中西文化研究都有着突出贡献。而 8 世纪初，由于西域局势动荡，西域道路阻塞，西行求法僧不再经行西域道，因而此时期中西交通史料匮乏，慧超和悟空刚好是西域形势剧变的重要见证人。慧超《往五天竺国传》和圆照《悟空入竺记》刚好记述了 8 世纪西域、中亚和印度历史、地理、文化，以及所经行路线等，是晚唐时期西域历史变迁的稀有史料，"与《西域记》相比，《悟空入竺记》（的字数）在分量上显得很轻，但就所涉及的问题而言，分量未必轻，也并非终结"。[②]

---

① （唐）义净著，王邦维校注《大唐西域求法高僧传校注》，代校注前言，第 12 页。
② 〔日〕小野胜年：《空海携回日本的〈悟空入竺记〉及悟空行程》，聂静洁译，《南亚研究》
　　2010 年第 1 期，第 159 页。

（二）求法僧行记对西域和南海史地的学术价值

求法僧行记作为求法僧个人经行的实录，其内容包括经行之地的地形地势、山川河流、道路交通、物产以及社会状况、风土人情等，为研究西域和南海史地提供了原始资料，具有重要的学术价值。

晋宋之际，僧人西行求法者众，回来后将自己的所见所闻记录下来，形成西行游记，其中成书较早且声名最著者是《法显传》，该书是研究 5 世纪时中亚、南亚历史、地理、文化的重要资料，是研究印度古代史，尤其是笈多王朝时期历史的重要资料。《大唐西域记》涉及地域范围广，内容丰富，是前所未有的旷世奇书，是一部关于西域历史、地理的杰作，是研究中世纪西域、南亚地区史地的珍贵的历史文献。尤其是其对印度的考察和记载，涉及印度方方面面的内容。英国史学家文森特·史密斯在《牛津印度史》中对玄奘推崇备至："对于玄奘对印度历史的贡献，无论怎样评价也不会过高。"①《大唐西域记》以实录形式，用 17 个专题对印度的历史、地理、社会等做了重点介绍，基本涵盖了印度的全貌，在重建印度历史过程中发挥了巨大作用。《大唐西域记》为印度考古研究提供了可靠翔实的依据，如康宁汉姆（A. Cunningham）对印度的考古发掘倚重的就是英译版的《大唐西域记》。2015 年，《大唐西域记》的印地语译本出版，为印度学者的研究提供了极大便利。

义净的《南海寄归内法传》和《大唐西域求法高僧传》记述了当时印度和南海方面许多情况，虽然是以佛教相关内容为主，但除了为研究这些地区的宗教历史提供材料外，其中也包含有关社会经济生活、文化发展状况，甚至医药卫生方面的资料，很早就引起了西方及日本学者的关注。

因此，法显、玄奘、义净的著作，被研究印度历史的学者公认为极其宝贵的史料。英国印度史学家史密斯也说，印度历史学家阿里（S. A. Ali）曾

① Vincent A. Smith, *The Oxford History of India : From the Earliest Times to the End of 1911,* Oxford : The Clarendon Press, 1923, p.169.

高度评价法显、玄奘的著作对研究古代印度的学术价值，1978 年，阿里给季羡林写信说："如果没有法显、玄奘和马欢的著作，重建印度史是完全不可能的。"[①] 印度史学家辛哈、班纳吉说："中国的旅行家，如法显、玄奘，给我们留下了有关印度的宝贵记载。不利用中国的历史资料，要编一部完整的佛教史是不可能的。"[②]

（三）求法僧行记对佛教史研究的价值

赴西域求法巡礼的求法僧，对宗教信仰、佛教遗迹以及相关神话传说等记载尤为详细。清代学者徐继畬就曾提出："印度为佛教所从出，晋法显、北魏惠生、唐玄奘，皆遍历其地访求戒律，大乘要典纪载特详。"[③] 求法僧更注重对所经行国家的佛教发展状况的记录，其行记成为研究沿途国家不可或缺的原始资料。

晋唐以来，求法僧人行记记载了当时西域、南海诸国佛教的发展情况，对各国大小乘佛教分布、僧人数量、礼佛方式、佛教建筑、佛教遗迹以及佛教故事，细数其详，是佛教大、小乘传播史上可信而珍贵的史料。《大唐西域记》更是记载了印度的佛教发展状况，问世不久便入典佛藏。《大唐西域记》是一部融合了佛教史实和佛教传说，记录了大量佛教遗迹的西域佛教史著作，对历史上的几次佛典结集都有记载，尤其是对迦腻色迦王组织的第四次结集记载详尽，史料价值极高。此外，还记载了大量的佛本生、佛传故事；与佛教有关的大量重要历史人物和诸多佛教大师活动；印度主要的佛教遗迹；所经各国家和地区僧徒的数量，大乘、小乘佛教不同教派的发展和分布，以及佛教内外论争，甚至与外道（印度教、耆那教、祆教）的冲突；佛教的重大活动，如结集、无遮大会，以及在曲女城举办的辩论盛会；等等。

[①] （唐）玄奘、辩机原著，季羡林等校注《大唐西域记校注》，前言，第 137 页。此为阿里教授于 1978 年写给季羡林先生信中的一句话。

[②] 〔印〕恩·克·辛哈、阿·克·班纳吉：《印度通史》，张若达、冯金辛等译，北京：商务印书馆，1973 年，第 31 页。

[③] （清）徐继畬：《瀛寰志略》，上海：上海书店出版社，2001 年，第 80—81 页。

《大唐西域记》除对印度佛教进行了详细记载之外，对我国新疆境内和中亚地区佛教也进行了详细记载，对西域和中亚佛教史的研究同样意义重大。日本学者羽溪了谛评价《大唐西域记》称："是书实为东西洋旅行记中范围广大、记述正确、内容丰富，其位置之高，在佛教史、佛教地理研究上，允为无二之宝典；盖本研究之基本资料也。"①

　　义净"在印度和南海等地，则特别注意观察和记录佛教的僧团制度、戒律规定"。②求法僧人记载的西域求法经历，反映了唐初中国、南海地区、印度、中亚，以及新罗佛教发展状况，此时期各国佛教发展、僧人往来经行的路线、求法僧人驻锡寺院的规模、佛陀遗物、佛教遗迹，以及寺院管理制度等。

　　8世纪西域局势动荡，慧超的《往五天竺国传》是研究这一时期西域、印度宗教信仰及佛教发展的重要文献资料。"是书所记，皆慧超所经历诸地之政治、宗教、风俗及所传闻者，其首尾今虽残缺不全"，但是对西域佛教史研究的重要性，"尚可得而见也"，"当以此书为贵重之资料也"。③僧人圆照所撰《悟空入竺记》，对西域佛教史的研究同样有重要史料价值，其行记见于《佛说协经》(《缩藏》闰十五所收）序，即《大唐贞元新译十地等经记》中，"此书关于迦湿弥罗之记事，盖为研究当时佛教状况之好资料"。④

　　季羡林就根据《大唐西域记》中的西域、印度佛教发展的相关记载，汇总分析了佛教和其他教派在各国的发展情况和分布特征，并根据《佛国记》和《大唐西域记》，探讨了佛教与外道力量对比，佛教内部大小乘力量对比，佛教部派分布情况，揭示了印度佛教日渐衰微的趋势。⑤还可将5世纪法显的《法显传》，7世纪玄奘的《大唐西域记》，8世纪慧超的《往五天竺国传》进行对比，了解5世纪初至8世纪初西域、印度的大小乘佛教发展状况，以

① 〔日〕羽溪了谛：《西域之佛教》，第16页。
② （唐）义净著，王邦维校注《大唐西域求法高僧传校注》，代校注前言，第3页。
③ 〔日〕羽溪了谛：《西域之佛教》，第18页。
④ 〔日〕羽溪了谛：《西域之佛教》，第19页。
⑤ （唐）玄奘、辩机原著，季羡林等校注《大唐西域记校注》，前言，第76—87页。

及宗教信仰变化情况。

总之，"汉唐之间世乱最亟，而地志之作，亦复称盛。其时佛教初入中国，宗派未圆，典籍多阙，怀疑莫决。于是高僧大德发愤忘食，履险若夷。轻万死以涉葱河，重一言而之奈苑。魏晋以降，不乏其人，纪行之作，时有所闻。又斯时南海一带海上交通甚盛，天竺海上尝有安息、大秦贾客懋迁往来。广州亦成外商辐辏之所。当代典籍时时纪及。凡此诸作，举足以羽翼正史，疏明往昔，其价值与正史不相轩轾也"。① 向达甚至将求法僧人行记的价值与正史类比，认为其价值与正史不分高低。"这些著作，比起正史或笔记一类的著作，叙述往往更详细，材料一般更可靠。……后者则是求法僧们身所经历，亲闻目见后所写成。虽然由于宗教迷信的原因，其中常常也记载了一些神异传说，但倘若剔除掉这些内容，其余部分的可信程度仍是相当高的。这已经被事实所证明。"②

第三节　中古僧人西行求法的时代精神

佛教传入中国后数百年间都是印度和中亚僧人来弘法，为了寻找佛教原本经典，瞻礼佛教圣地，从三国曹魏的朱士行开始，中土僧人掀起了西行求法巡礼的热潮。西行求法僧人以坚贞不屈的意志、舍身求法的精神，"发愤忘食，履险若夷，轻万死以涉葱河，重一言而之奈苑"，③ 渡流沙，越葱岭，涉重洋，历尽千难万险，远赴印度学习佛法。鲁迅说："我们从古以来，就有埋头苦干的人，有拼命硬干的人，有为民请命的人，有舍身求法的人……虽是等于为帝王将相作家谱的所谓'正史'，也往往掩不住他们的光耀，这就是中国的脊梁。"④ 中古时期僧人的西行求法，意义重大，自不待言。无论

---

① 向达：《唐代长安与西域文明》，第 563—564 页。
② （唐）义净著，王邦维校注《大唐西域求法高僧传校注》，代校注前言，第 5 页。
③ （唐）慧立、彦悰：《大慈恩寺三藏法师传》，序，第 2 页。
④ 鲁迅：《中国人失掉自信力了吗》，《且介亭杂文》，上海：上海三闲书屋，1937 年，第 140 页。

求法成功与否，求法僧用行动和精神昭示着留学运动的时代精神。历代求法高僧历尽艰险，携归并传承下来的，除了佛教经典，还有主动向外探索、舍身求法、执着求知、利益众生的西行精神，尤具现实意义。

一　向外探索、开拓进取的精神

中古时期僧人西行求法活动是中土僧人第一次主动向外探求，西行求法僧人则是主动向外探索学习的先驱，也是早期中西文化交流的使者，展现了中华民族开放包容的态度。

佛教自两汉传入以来，佛教经典也随之传入，但来华译经弘法的西域僧人不懂汉语，造成所译佛典或有错讹，或有不明之处，于是中土僧人主动向外探寻佛教原典。从三国曹魏时的朱士行开创向外探寻的先河之后，中国佛教进入了一个关键的转折点，从以往的送进来，转向了主动向外探求。朱士行虽仅至于阗，但是其西行求法的精神，激励着僧人西行求法，其后掀起了延续千余年的西行求法活动热潮。

晋宋以来掀起了一波僧人西行求法的浪潮，但这些僧人大多仅抵达西域的于阗、疏勒，以及犍陀罗地区等即止，最终到达佛教起源地中印度者并不多。法显是到中印度后携经归来的最有声望的僧人，当时因中土戒律未备，法显不惧高龄，主动赴印寻找戒律。法显此行不仅吸收了域外文化，而且对外宣传了中土文化。比如到毗荼国时，为秦人能远求佛法而感叹，舍卫城僧人也说："我等诸师和上相承以来，未见汉道人来到此也。"[1] 可见，法显是第一个到访的中土僧人，对外宣传了中土文化。法显游历了印度、斯里兰卡等30余个国家和地区，游历的地方最多，走得最远。法显陆去海归，开辟了中土僧人走向世界的新道路，进一步促进了中印、中斯之间的文化交流。梁启超评价说："法显横雪山以入天竺，赍佛典多种以归，著《佛国记》，我国

---

[1] （晋）法显撰，章巽校注《法显传校注》，第 62 页。

人之至印度者，此为第一。法显三藏者，不徒佛教界之功臣而已，抑亦我国之立温斯敦也（立温斯敦，英人之探险于非洲者）。"①

有唐一代，佛教发展并兴盛，宗派林立，逐渐形成了本土化的佛教体系。但还存在佛典不齐备，因不同学派的阐释而导致分歧较多等问题，由此掀起了僧人西行求法的第二波浪潮。唐代西行求法僧人以玄奘和义净最为著名，玄奘少年慕道，早年就已辗转各地，参访请益名师，执经受教，"两京知法之匠，吴、蜀一艺之僧，无不负笈从之，穷其所解"，②由是精通各学派佛教义理，被许多名德誉为"希世之人"。但他并不自满，对"先贤之所不决，今哲之所共疑"的问题感到困惑，③常有"隐显有异，莫知适从"之感，④故"翘心净土，往游西域，乘危远迈，杖策孤征"，⑤去印度寻求《瑜伽师地论》。玄奘遍访五印度著名佛教高僧，虚心问教受学，将大、小乘佛教乃至婆罗门教学说带回并介绍给中土佛教界。玄奘这种积极吸纳域外文化，探索创新，将外来文化与中土文化融会贯通的精神，值得后世学习。唐代高僧义净，为了解决中土戒律不全、僧众持戒不严，以及僧伽管理不善等问题而西行求法，历时25年之久，游历30余国，除在印度那烂陀寺等求法，遍寻佛教遗迹之外，还在南海室利佛逝国学习梵文，返程时在此国停留译经，并撰写了《南海寄归内法传》和《大唐西域求法高僧传》，记载了印度、南海诸国僧众的仪轨、生活、风俗等，是了解当时印度、南海风土民俗、佛教史的重要文献。玄奘从印度带回大量佛典，回国后专注于律典翻译和戒律推行。

古代求法僧用开放的胸襟、开阔的视野、包容的心态，跨越了地理的阻隔，主动"走出去"，向外探求，吸纳域外文化，同时对外传播中土文化。在学习考察和文化交流中，成为中西文化交流的使者，实现了东西方文化的

---

① 《梁启超佛学文选》，武汉：武汉大学出版社，2011年，第375页。
② （唐）慧立、彦悰：《大慈恩寺三藏法师传》卷一，第15页。
③ （唐）慧立、彦悰：《大慈恩寺三藏法师传》卷一〇，第228页。
④ （唐）慧立、彦悰：《大慈恩寺三藏法师传》卷一，第10页。
⑤ （唐）慧立、彦悰：《大慈恩寺三藏法师传》卷六，第143页。

第一次全方位交汇，为东亚文明注入新的内容，对中西文化交流贡献卓著，这是中国人对外积极探索、主动学习精神的体现。

二　不畏艰险、舍身求法的精神

中国古代交通不仅落后，而且充满了艰难险阻，既有山川河流的天然阻隔，又有恶劣的气候挑战，还有沿途盗匪的威胁。为了获得佛经原本，求法僧矢志不渝、舍身求法。但是，求法成功归来者寥寥无几，大多数求法僧人，或因道路阻塞，仅至西域；或罹患疾病，中途折返；或劳顿积苦，客死荒途；或年老体弱，无力回国，抱憾而终；或赍经归途中失踪或亡故。能够见于记载的，则是求法群体中的极少数人，更多的僧人赍志而殁，湮没于历史中。但是，无论是否成功归国，成就如何，求法僧不畏艰险、矢志不渝，甚至为法捐躯的精神和意志，都反映了舍身求法的时代精神。

三国曹魏时西行求法的朱士行，虽仅至于阗，但作为西行先驱，西行之路也必定是艰辛无比。而法显以近花甲之年西行，近 80 岁返回，创辟荒途，陆路去，海路归。渡过"上无飞鸟，下无走兽"[①] 而唯以枯骨为标识的流沙，翻越冰雪覆盖的高山峻岭，同行者或中途返回，或亡故于途，唯独法显以坚强的意志，坚定求取戒律的信念，历时 15 年，游历 30 余国，求得经律十一部，译出六部六十三卷。法显欲令戒律流通中土，于是独自踏上归途，并从海路返程，一路遭遇风暴、船漏、失去航向等，险象环生，最终克服艰难险阻，终于将戒律带到了中土。后来法显自云："'顾寻所经，不觉心动汗流。乘危履险，不惜此形者，盖是志有所存，专其愚直，故投命于不必全之地，以达万一之冀。'于是感叹斯人，以为古今罕有。自大教东流，未有忘身求法如显之比。"[②]

玄奘西行，也是历尽艰险，九死一生。首先他西行未获批准，便冒越宪

① （晋）法显撰，章巽校注《法显传校注》，第 8 页。
② （晋）法显撰，章巽校注《法显传校注》，第 153 页。

章，私往印度。在赴印途中，只身穿越八百里莫贺延碛，甚至遭遇沙尘暴，不仅迷路，还打翻水袋，凶险之极，"乃欲东归"补充给养，转念想起誓愿，"若不至天竺终不东归一步，今何故来？宁可就西而死，岂归东而生！"① 在"不东归"的坚定信念下，毅然继续西行。在翻越帕米尔高原、喀喇昆仑山脉（凌山）时，高山峻岭，冰雪覆盖，随行人员和马匹死伤三分之一；在翻越凌山雪岭时罹患冷疾，"发即封心，屡经困苦"。② 在西行路途中还曾多次遇到杀人越货的盗匪，或侥幸免于一难，或劝说盗匪从善，到印度后还遇到了外道教派的劫掠，不仅被抢掠一空，甚至差点被当作祭品用来祭祀。玄奘西行的险难接踵出现，在多次无路可走，命悬一线，面临生死考验之际，虔诚祈求佛菩萨的庇佑。面对匪贼无惧无畏，大义凛然，表现出的浩然正气、为求佛法而死的气场，令贼惊异震撼，"法师颜无有惧，贼皆惊异"，③ 天现异相，贼"相率忏谢，稽首归依"。④ 玄奘至心为法的精神，最终感动沿途国主欣然相助，匪徒盗贼忏罪归依，玄奘法师以强大的意志力，百折不挠的精神，履险犯难，最终转危为安、逢凶化吉，令人心生敬畏。玄奘以坚忍不拔的求法精神，以不得正法绝不东归的意志，克服困难，到达并游学五天竺，求得甚深佛法，携归大量佛典。

相较而言，义净法师在西行途中，似乎还算顺利一些，但也在耽摩立底国和中天竺往返时，两次都遭大劫贼，"仅免刲刀之祸，得存朝夕之命"。⑤

经陆上丝绸之路赴西域时，流沙和雪山是难关。晋宋之际，见于史籍记载的求法僧中，就有不少僧人未能渡过此难关，而卒于中道。智猛一行 15 人，至葱岭 9 人畏难而退，1 人卒于中道，5 人翻越雪山，赴天竺求法巡礼，返程途中 3 人又卒，唯余智猛、昙纂 2 人返回。昙无竭一行 25 人，过雪山失 12 人，到中天竺游历，8 人又亡，后经海路返回时，仅余 5 人。唐代经

---

① （唐）慧立、彦悰：《大慈恩寺三藏法师传》卷一，第 17 页。
② （唐）慧立、彦悰：《大慈恩寺三藏法师传》卷九，第 191 页。
③ （唐）慧立、彦悰：《大慈恩寺三藏法师传》卷三，第 55 页。
④ （唐）慧立、彦悰：《大慈恩寺三藏法师传》卷三，第 56 页。
⑤ （唐）义净著，王邦维校注《大唐西域求法高僧传校注》卷下，第 154 页。

海路往返的求法僧，在经行南海道时也是充满艰险，很多僧人求法事业未竟而卒于中道。根据义净《大唐西域求法高僧传》记载，61 位求法僧中，经行海路者 38 人，而不知所终者 10 人，卒于中道者 11 人，3 人因海难或舶破等死亡，6 人病卒，2 人卒因不详。可见，西行道路上除了路途的艰险，还有因长途远航，气候饮食不适等带来的疾病。

西行取经困难重重，自然环境恶劣，路途艰险，随时可能面临生死考验，艰难困苦不可想象，也没有强大的物质支持和足够的安全保障，若没有坚定的信念、强大的意志力、坚忍不拔的耐力，根本不可能踏上这条漫长危险的道路。西行求法僧人，即使有开放的心态，有远赴西域，学习西域文化的意愿，但是由于路途遥远艰险，行资匮乏，对路途安全的担忧等，有僧人在西行出发前犹豫放弃，也有僧人在中途遇到无法逾越的雪山，或者遇到风暴，同行者半途而亡等情况时，中途折返。而那些坚定地踏上西行道路，经历了重重生死考验，最终到达目的地，取得真经，并成功返回者，更是求法僧中的佼佼者，体现出了求法僧不畏牺牲、弘法利生的精神。

三　执着求知、追求真理的精神

中国古代西行求法僧人多为学问僧，多在国内出家，并已经系统学习了佛教义理，有些僧人在国内已经很有名望了，但是为追求佛陀正法，亲睹佛教遗迹，诸多僧人踏上了西行的道路。历尽千难万险，不惜为法殉身，"大法虽兴，经道多阙，若一闻圆教，夕死可也"，[①] 怀着"朝闻道，夕死可矣"的探求真理的执着求知精神。

法显为求律藏，而与同学一行相约赴西域求法，到犍陀罗地区，同伴们礼拜完佛钵就踏上了返程之路。而法显"本求戒律，而北天竺诸国皆师师口传，无本可写，是以远涉，乃至中天竺"。[②] 北天竺没有戒律抄本，因此

---

① （梁）慧皎撰，汤用彤校注《高僧传》卷四《晋剡山于法兰传》，第 166 页。
② （晋）法显撰，章巽校注《法显传校注》，第 119—120 页。

当其他同伴或亡或返的情况下，法显毅然和道整继续赴中天竺求律。在巴连弗邑住三年，"学梵书、梵语，写律"，① 求得戒律经论。道整留在了中印度，而法显为使"戒律流通汉地，于是独还"。② 法显又到师子国，继续求法写经，得《弥沙塞律》《长阿含》《杂阿含》《杂藏》，都是中土所没有的经律。然后乘商舶而返。法显正是因"求律"的初心，访求印度佛教戒律，经行一个环线，这是西行求法僧人中很难得的，他对西域、南海地理的探索，为后世的僧人求法起了先导作用。

玄奘的求法，更是体现了追求真理、执着求知的精神。玄奘在国内时，已经遍谒名师，颇有声望，但玄奘并不满足于现状，而是赴印学习佛教正法。玄奘原本的动机是求取《瑜伽师地论》，但并不限于一论一宗，赴印途中和到达印度后，他遍访佛教名师和婆罗门教有识之士，虚心请教，到印度那烂陀寺，跟随寺主、大乘有宗的最高权威戒贤法师受学，大小乘兼习，还学习婆罗门书、印度梵书的古典文学和哲学。

玄奘译经也是大小乘并举，体现了包容严谨的治学态度。玄奘最重要的译著是《瑜伽师地论》，是大乘瑜伽行派根本经典，也是玄奘后来创立法相宗的根本论书，另外他又翻译了《大乘百法明门论》《大乘五蕴论》《显扬圣教论》等支论。他在翻译佛经时，对佛教各主要学派非常包容，翻译了说一切有部的《发智论》等基本典籍。虽不弘传中观论，但翻译了《大般若经》《广百论》等般若学经典，并进行了系统编纂，甚至翻译了婆罗门教正统派哲学经典《胜宗十句义论》等。同时还翻译了因明学著作《因明正理门论》《因明入正理论》及大乘瑜伽《菩萨戒本》等。玄奘西行赴印求法时，不仅将印度佛教经典翻译为汉文，还曾将中国典籍翻译推介给印度，"翻老子五千文为梵言，以遗西域"，③ 将中国传统文化传播至印度，促进了中印文化的交流。又将中土流传的汉文版印度佛教经典《大乘起信论》再翻译回梵

---

① （晋）法显撰，章巽校注《法显传校注》，第 120 页。
② （晋）法显撰，章巽校注《法显传校注》，第 120 页。
③ （唐）道宣撰，郭绍林点校《续高僧传》卷四《唐京师大慈恩寺释玄奘传》，第 121 页。

文，"《起信》一论，文出马鸣，彼土诸僧思承其本，奘乃译唐为梵，通布五天，斯则法化之缘，东西互举"。① 《起信》即《大乘起信论》，相传乃马鸣菩萨所著，南朝梁时由高僧真谛传译至中土，并广为流传，玄奘又将其翻译为梵文，回传至印度。玄奘将当时印度佛学主要的毗昙、因明、戒律、中观和瑜伽等五科，基本传译至中国，不仅体现了玄奘执着求知的精神，而且体现出了他对知识学问的尊重和包容的精神风范，使佛教诸多学派经典均得以传译，在中国佛教史，乃至印度佛教史上都有着举足轻重的地位。

四　不慕名利、济世度人的精神

中国古代的西行求法僧人，抱着"为法而生，舍身求法"的强烈愿望，"朝闻道，夕死可矣"的使命感，甚至为法捐躯、普度众生的担当精神，按照佛教教义的解释，可称为菩萨，他们秉持的就是上求菩提、下化众生的精神。能够不远万里，历尽艰辛，到达佛国，寻师访道，瞻礼佛迹，已属不易，但对于求法僧而言，这仅是完成了求法任务的一半，仅完成了自度和自我实现。众多西行求法僧人，在求得佛法后，并非染心逐利只追求自我实现，而是返回中土，弘扬佛法，济世度人，传承文化，利益大众。

三国曹魏的朱士行，作为西行求法先驱，到达于阗求得大乘佛本般若经，因受到小乘佛教徒的阻拦而未能及时回国，后来时机成熟时立即派弟子送回佛经，而自己却因已经年迈无法回国，最终卒于他乡。

法显因律藏残缺，远游天竺寻求戒律，同行十一人，六人先后折返，二人病卒，道整也因羡慕僧团威仪盛况，发誓住留，法显"本心欲令戒律流通汉地，于是独还"。② 法显为求戒律而往，一心要将戒律弘传到中土，利益众生。法显在师子国，见到一把来自中国的白绢扇时，"不觉凄然，泪下满

---

① （唐）道宣撰，郭绍林点校《续高僧传》卷四《唐京师大慈恩寺释玄奘传》，第131页。
② （晋）法显撰，章巽校注《法显传校注》，第120页。

目",①对故土的思念油然而生。年逾花甲的法显，冒着生命危险，毅然踏上归途。法显历经千辛万苦求取佛经，也是佛教的菩萨精神的体现，有济世度人的情怀与担当。法显在《佛国记》中记载师子国的佛牙节时，就引述说："菩萨从三阿僧祇劫，苦行不惜身命，以国、妻、子及挑眼与人，割肉贸鸽，截头布施，投身恶虎，不吝髓脑，如是种种苦行，为众生故。"②"无缘大慈，同体大悲"，牺牲自己来救度众生，这也是法显求法与弘法精神的落脚点与依归处，法显的西行精神与品格对后世僧侣影响甚大。

玄奘，虽然名震五印度，却毅然踏上归途，归来后被各方势力所拉拢，面对名与利的巨大诱惑，玄奘始终铭记西行求法的初心，唯以求法和弘法为首要任务。玄奘西行求法时，高昌王麴文泰对他礼遇有加，欲留之奉养，玄奘毫不动摇，拒而不许，绝食三日，以死明志，高昌王无奈，遂以丰厚供养资助西行。玄奘游历五印度，遍访名师，受学于佛教最高学府那烂陀寺的戒贤法师，广学大小乘学说，声名享誉五印度，获得了至高荣誉。他受到戒日王的礼待和丰厚供养，并在曲女城举行了无遮法会，"五印度中有十八国王到，谙知大小乘僧三千余人到，婆罗门及尼乾外道二千余人到，那烂陀寺千余僧到。是等诸贤并博蕴文义，富赡辩才，思听法音，皆来会所"。③大小乘乃至婆罗门高僧学者云集，法会盛况空前，玄奘宣讲大乘佛教教义，任人问难，但无人能予诘难。"'支那国法师立大乘义，破诸异见，自十八日来无敢论者，普宜知之。'诸众欢喜，为法师竞立美名，大乘众号曰'摩诃耶那提婆'，此云'大乘天'。小乘众号曰'木叉提婆'，此云'解脱天'。烧香散华，礼敬而去，自是德音弥远矣。"④玄奘法师一时名震五印度，此等成就，堪称空前绝后，声誉之隆，千古一人。玄奘受到所经国家的一致尊奉敬仰，因玄奘所获荣誉和影响力，大唐声誉也远播万里。法会结束后，玄奘准备返程，戒日王再次挽留，迦摩缕波国的鸠摩罗王甚至表示，"师能住弟子处受

① （晋）法显撰，章巽校注《法显传校注》，第128页。
② （晋）法显撰，章巽校注《法显传校注》，第131页。
③ （唐）慧立、彦悰：《大慈恩寺三藏法师传》卷五，第107页。
④ （唐）慧立、彦悰：《大慈恩寺三藏法师传》卷五，第109页。

供养者，当为师造一百寺"，① 盛情挽留玄奘。面对优厚的待遇，玄奘并未动摇，答曰：我不远万里来求法，就是为了在本国弘法利民，"今果愿者，皆由本土诸贤思渴诚深之所致也，以是不敢须臾而忘"。② 在鸠摩罗王使未至时，有一善占卜的耆那教尼乾子前来，玄奘问其来此学问良久，"今欲归还，不知达不？又去住二宜，何最为吉？"③ 尼乾子报曰："师住时最好，五印度及道俗无不敬重；去时得达，于敬重亦好，但不如住。"④ 根据占卜结果，玄奘留在印度，"道俗无不敬重"，要比回国更好，但玄奘还是毅然决然地放弃了在印度获得的一切名望和荣誉，踏上了回国之路。

玄奘回国后，唐太宗希望玄奘还俗从政，以辅佐朝政，但他婉言谢绝，把时间和精力都放在翻译佛经和弘法事业上，矢志不渝。正如他的弟子道宣律师所评价："听言观行，名实相守。精厉晨昏，计时分业，虔虔不懈，专思法务。言无名利，行绝虚浮，曲识机缘，善通物性。不倨不谄，行藏适时，吐昧幽奇，辩开疑议。实季代之英贤，乃佛宗之法将矣！"⑤ 此评价使玄奘品格高尚、成就卓著，但又淡泊名利的形象跃然纸上。

唐代著名求法僧义净，受法显和玄奘的感召西行求法，在印度、南海诸国求法巡礼 25 年之久。证圣元年（695），义净西行归来从广州回到洛阳，唐廷举行盛大的欢迎仪式，武则天亲自迎接。"以天后证圣元年乙未仲夏，还至河洛，得梵本经律论近四百部，合五十万颂，金刚座真容一铺、舍利三百粒。天后亲迎于上东门外，诸寺缁伍具幡盖歌乐前导，敕于佛授记寺安置焉"。⑥ 回国后的义净开始投入译经事业，武则天还为其译作写《三藏圣教序》，唐中宗撰写《大唐龙兴三藏圣教序》碑文，唐中宗在该序中称赞义净"诚梵宇之栋梁，实法门之龙象"。⑦ 义净回国后，颇

---

① （唐）慧立、彦悰：《大慈恩寺三藏法师传》卷五，第 112 页。
② （唐）慧立、彦悰：《大慈恩寺三藏法师传》卷五，第 112 页。
③ （唐）慧立、彦悰：《大慈恩寺三藏法师传》卷五，第 102 页。
④ （唐）慧立、彦悰：《大慈恩寺三藏法师传》卷五，第 102 页。
⑤ （唐）道宣撰，郭绍林点校《续高僧传》卷四《唐京师大慈恩寺释玄奘传》，第 131 页。
⑥ （宋）赞宁：《宋高僧传》卷一《唐京兆大荐福寺义净传》，第 1 页。
⑦ （清）董诰等编：《全唐文》卷一七《三藏圣教序》，第 211 页。

受重视，获得诸多名誉，但义净依旧将全部时间和精力用来译经、著述和弘法。

晋唐求法僧众多，而最终能安然回乡，并在中土弘扬佛法者少之又少，多数魂散异国他乡，很多甚至连名字都湮没于历史。那些未能返回中土的求法僧，也依旧心系中土，不忘西行求法初心，意欲将所求经典带回，将所学弘扬于中土，但出于各种原因，最终未能返回，在遗憾中卒于异国他乡。如玄照法师，第一次西行求法时，辗转于印度，遍访名师，学习佛教经论，返回后将所携回的梵本留在京城，未来得及翻译，再度游历巡礼天竺，"将诸杂药，望归东夏"，[①] 无奈道路阻塞而无法返回，滞留在印度，"虽每有传灯之望，而未谐落叶之心。嗟乎！苦行标诚，利生不遂。思攀云驾，坠翼中天！"[②] 最终在遗憾中病卒于中印度。而同行的慧轮、玄恪、师鞭等也都滞留印度，后玄恪也病卒。而大乘灯禅师在印度求法留学多年，因年老无力再回长安，于是感叹："本意弘法，重之东夏，宁志不我遂，奄尔衰年，今日虽不契怀，来生愿毕斯志。"[③] 最终病卒于中天竺。道希法师天命之年无力归国，最终因病卒于中天竺，义净伤叹曰："传灯之士，奄尔云亡。神州望断，圣境魂扬。眷余怅而流涕，慨布素而情伤。"[④] 阿离耶跋摩、窥冲、信胄、智行、木叉提婆等求法僧也都在印度亡故，未能返程。

还有诸多求法僧人，在西域、印度求法游历，取得诸经，学习佛法，期待回国弘扬，不意卒于返程中。如义辉，"还望东夏。惜哉苗而不实，壮志先秋。到郎迦戍国，婴疾而亡，年三十余矣"。[⑤] 道琳法师，在印度时特别留意大唐佛典所缺之典籍，如"斯之咒藏，东夏未流，所以道琳意存斯

---

① （唐）义净著，王邦维校注《大唐西域求法高僧传校注》卷上，第 11 页。
② （唐）义净著，王邦维校注《大唐西域求法高僧传校注》卷上，第 11 页。
③ （唐）义净著，王邦维校注《大唐西域求法高僧传校注》卷上，第 88 页。
④ （唐）义净著，王邦维校注《大唐西域求法高僧传校注》卷上，第 89 页。
⑤ （唐）义净著，王邦维校注《大唐西域求法高僧传校注》卷上，第 99 页。

妙"。① 道琳与智弘携经从北天竺返程，后失去了踪迹。无行禅师，在印度时与义净交好，同游天竺，在求法习经的同时，着手翻译佛经。即将花甲之年的无行，在留与归之间犹豫，最终决定回国，却在经西域道返程时不幸而卒，所求取梵文佛经由他人携归。佛陀达摩、质多跋摩也从北道返回时失踪。综上，很多僧人如道嵩、道生、玄会、悟真、隆法师、义辉、无行、末底僧诃等卒于返回途中。

求法僧人在历经艰险求得佛法后，不慕佛教圣地的吸引，不贪恋在异国取得的名誉和声望，毅然踏上返程，意欲在中土弘扬佛法。可是返程时又要亲历一遍路途的艰难危险，路途中的种种风险阻断了回中土弘法的梦，很多僧人最终未能踏上故土便遗憾而亡。但是，这种坚忍不拔、慈悲利他的精神值得敬仰。

西行求法僧为了使佛法在中土弘扬，越紫塞、渡沧海，踏上充满艰险的西行之路，具有将生死置之度外的高雅情操、视死如归的求法精神。求法僧不畏艰辛的舍身求法精神、严持戒律的道风、实事求是的开拓进取精神，以及为法忘躯、利益众生的菩萨精神，是中华民族宝贵的精神财富，值得我们继续提倡和弘扬。

小　结

为追求佛法真谛，履险犯难，前赴后继，到西方求取真经的高僧，不同于一般宗教徒的朝圣或巡礼圣迹，也不单纯只为满足自我修行，而是普遍带着寻访真经、学习佛法真谛、巡礼佛教圣地的动机。僧人西行求法，主观上宗教内容是原动力，但实际上是探索求知的一场"留学运动"，客观上实现了东西方文化的碰撞和融合，"使我国文化，从物质上精神上皆起一种革

---

① （唐）义净著，王邦维校注《大唐西域求法高僧传校注》卷下，第 134 页。

命"，[①] 其历史贡献不可估量。留学运动的总成绩，不可尽数，学界已对西行求法带来的东西方文化交流做过不少研究，本章主要从西行求法活动对中土佛教的贡献、对地理学的贡献，以及凝结于法本中的西行求法精神做了论述。

佛法来华，一方面来自东来弘法僧，另一方面来自西行求法活动的主产品佛法典籍。对中国佛教贡献而言，"前之法护、后之玄奘，其在译界功烈之伟大，尽人共知，不复喋述。至如《般若》之肇立，则自朱士行之得《放光》也；《华严》之传播，则自支法领求得其原本，而智严、宝云挟译师觉贤以归也；《涅槃》之完成，则赖智猛；《阿含》之具足及诸派戒律之确立，则赖法显；《婆沙》之宣传，则赖道泰；净土之盛弘，则赖慧日；戒经之大备，则赖义净；密宗之创布，则自不空。此皆其最荦荦可记者也"。[②]

中古时期西行求法活动的副产物很丰富，其中最主要的是地理学贡献。3—8 世纪，冒险远行者除了受命出使的使节，商贸往来的商人之外，还有求法僧侣。中土求法僧人不畏艰险赴西域求法，游历西域，考察其地理、历史、宗教、物产、风土人情，返回后纷纷撰写游记，以本土文化的视野和本土的语言，来描述西域文化，直观地促进了本土人士对异域文化的了解和认知。

在漫长的求法途中，求法僧深入细致地学习各国文化，广泛考察各地的历史地理和风土人情，留下了诸多极有价值的著作。留学僧的著作不仅在当时促进了中土人士对西域、印度、南海的认知和了解，从而对佛教在中土的传播起到了不可低估的作用，更重要的是对当今的史学研究具有无法取代的价值，这些绝无仅有的宝贵资料，内容包括中亚和南海的历史经济和宗教文化、海陆交通、佛教早期历史、寺庙建筑史等。

中古西行求法僧，尤其是以玄奘大师为代表的求法高僧，是"法门之领袖""中国之脊梁"。西行求法僧没有强有力的国家资金支持，只是凭着

---

① 梁启超：《中国印度之交通》，《佛学研究十八篇》，第 112 页。
② 梁启超：《中国印度之交通》，《佛学研究十八篇》，第 135 页。

舍身求法的意志踏上漫长而艰险的旅途，漫漫求法路上，舍生忘死、锲而不舍、克服万难，求取佛经，学习佛法。成功返回的求法僧也专注于译经弘法，将求法的成果展现出来，求法僧舍身求法、追求真理、坚忍不拔的精神，是中华民族精神的重要体现，值得我们敬仰、学习和弘扬。

结　语

　　中古时期僧侣的西行求法活动，从曹魏甘露五年（260）朱士行发轫，持续到北宋年间，虽前后历时千余年，唯六朝至隋唐时期是巅峰期，影响中国佛教的求法活动在唐末已结束，至唐德宗贞元五年（789），悟空结束西游返唐为止，前后凡五百余年。中古时期僧人西行求法活动，作为一项旷日持久、影响广泛、意义深远的活动，虽以"求法"的宗教内容为原动力，实际呈现出的是中西文化的交流和融合。西行求法活动的兴起与发展，求法僧群体、求法内容、巡礼重点区域，在不同的历史时期呈现出不同的时代和地域特征，所以对西行求法活动进行综合考察，有着重要的学术价值和现实意义。

　　佛教完全是一种异质文化，佛教的东传，是中土面对的第一次外来文化传入。但因佛理初传，佛教还不成体系，经籍未备、戒律不全，译经不善、疑义相析，佛法的理解和弘扬都存在困难，为了促进佛教在中土的发展，中土僧人以探寻佛法深奥义理的热情和雄心，开始积极向外探求，对佛法从被动接受转为主动求取。求法动机虽有差异，或单一或多重，但共同旨归在于建立本土化佛教体系。即按照中土佛教发展的需求，变"被动"为"主动"，主动向外探求，探寻所需的佛法经典，满足中土佛教发展的需求，解决中土佛教发展中的问题。[①]归根结底，建立中土佛教体系，实现佛教本土化，是

[①]　孟宪实：《中国与南亚之间的丝绸之路——以唐代取经僧人的记录为中心》，《敦煌研究》2021 年第 3 期。

求法动机的集中点和旨归。中土西行求法僧人也使"佛教传入中国的状况，一改以往的被动接受局面，主动前往，为佛教中国化做出很重要的贡献"。[①]

中古时期僧人西行求法活动，历时弥久，但唯有六朝和唐朝是巅峰时期，也就是说在 5 世纪和 7 世纪比较兴盛，对中土佛教发展影响最大，求法成就最为突出。第一阶段：始于三国末年，迄于南齐，最盛是在晋宋之间。晋宋时期，求法僧呈现的特征是，以河西地区僧人为代表的北方僧人居多，主要经行陆路西域道（尤其是西域南道）西行求法。第二阶段：兴盛于唐代，集中于唐初至唐朝中期，唐代求法僧人呈现的特征是，以南方僧人为主，尤其是荆州、爱州、益州等地僧人，主要经行海路南海道往来中印。求法僧呈现的时代和地域特征，与佛教中心变迁、交通区位优势、我国佛教地理分布等因素息息相关。

中古西行求法僧人经行的道路有四条，其中包含三条陆路通道和一条海路通道。一是西域道（又分为北道和南道）。以中原为起点，经河西走廊穿越新疆西行，翻越葱岭到达中亚、印度，其中又因道路便捷，佛教东传的区位优势等因素，以西域南道为主要交通通道。二是吐蕃泥婆罗道。从长安出发，经青海及西藏，至尼泊尔，再至印度的吐蕃泥婆罗道。此道因唐初唐蕃友好而畅通，又因"近而少险阻"，成为众多求法僧和使者经行的中印主通道，但随着唐蕃战争以及道路不再安全而衰落。三是蜀身毒道（川缅道）。从四川出发经过云南，入缅甸或越南，再经过孟加拉国到印度的身毒道（西南路），经行此条道路的求法僧见于史籍者最少。四是南海道。主要由华南取海道，过中国南海及印度洋到印度。此条道路在六朝时期就有发展，亦有求法僧人曾经行此道，但并不常用。随着唐朝经济重心的南移，海上交通的发展，海上贸易的繁荣，以及西域道因战乱而衰落，从唐高宗麟德年间起，南海道成为唐代求法僧的主要交通通道，西行求法路线完成了"由陆而海"的变化。总而言之，求法僧人西行和返回，往往与经行丝绸之路的商人结伴而

---

① 孟宪实：《中国与南亚之间的丝绸之路——以唐代取经僧人的记录为中心》，《敦煌研究》2021 年第 3 期，第 24 页。

行，所以，中古时期僧人西行求法路线的分布与变迁，与我国丝绸之路的分布、发展和变迁相始终。

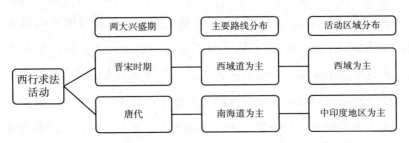

图结 1　中古僧人西行求法时代、路线和活动区域分布

中古僧人西行求法活动虽延续千余年，但是唯有六朝和隋唐是其巅峰期，而在这两个兴盛阶段，西行求法活动又呈现出不同的地域特征。晋宋时期，以犍陀罗地区为中心的广大西域地区成为求法巡礼主要目的地。我国新疆的于阗、龟兹等地是求法僧西行的中转站和求法前站。晋宋时期，求法僧主要经行西域道，以西域（广义）为主要求法地，以广寻大乘佛经、顶礼佛钵为主要目的。唐代已经建立起了佛教体系，而此时期犍陀罗地区佛教衰落，西域战乱不断，交通由此阻塞。海上交通随之兴起，唐代求法僧大多经海路南海道赴印度求法，处于南海道交通枢纽的南海诸国，成为求法僧的中转站和求法前站，求法僧多在这些地方学习梵语、佛教戒律仪轨，为求法活动打下基础。大多数求法僧最终目的地是中印度，求法僧主要集中于那烂陀寺等寺院，学习并赍归大小乘经论及密教经典；而巡礼区域是以佛陀成道处菩提伽耶为主的佛陀道场。此时期，中国佛教体系已经建立，佛教兴盛，佛经丰富，僧人求取的佛教经论大多作为补充和完善，还有求法僧带去了汉译佛经，甚至出现了佛教的反向传播。

中古时期西行求法活动，是我国主动向外探索学习的活动，如梁启超所言，是一场"留学运动"。虽以佛教文化为主要内容，但是不啻一场出国学习西方文化的运动。从文化交流的意义上讲，西行求法活动不仅是宗教信徒的个人行为，而且是一种向外探索的进取意识的显现。求法者的使命不限于取回"真经"，还包括对域外文化的改造，与本土文化融合，并再次向外弘扬，实现了佛教文化中心的转移和赓续。

佛教东传，是域外异质文化对我国最早的一次冲击。面对这一挑战，中国以包容之心，根据本土文化发展的实际需要，由被动接受转为主动选择，主动向外寻求佛法，有目的、有方向地进行选择性学习。求法的方向和重心，经历了从最初的求取佛经，到后期的多元文化输入的转变。通过将印度佛教文化与本土文化成功融合，不仅实现了佛教的本土化，而且使佛教成为中国本土文化的组成部分，形成多元复合型文化，是异质文化和本土文化选择和融合的范例。这对于当今多元文化碰撞交融背景下，以平等的心态看待各自文化的差异，在保持中华文化特色的同时，与世界各国文化求同存异、共同发展，具有借鉴意义。

综上所述，中古时期僧人西行求法活动，虽从三国曹魏发轫至宋代结束，延续千余年，但实际以六朝至唐朝为巅峰期。在此时期求法巡礼活动分为两个兴盛期。第一兴盛期：晋宋时期（5 世纪），以北方僧人为主（河西僧人为代表），以陆路西域道（尤其是西域南道）为主要经行路线，求法巡礼目的地以犍陀罗为中心的西域地区为主。第二兴盛期：唐代，以南方僧人为主，以南海的室利佛逝、诃陵为求法前站和中转站，求法巡礼目的地以中印度为主。5 世纪的求法活动以广寻佛经和巡礼圣迹为主，为中土佛教体系的建设做出了重要贡献；7 世纪时因中国化的佛教体系已经形成，后期求法活动以佛经的补充完善为主；唐代的求法活动，不再仅仅是对印度佛学的继承与吸收，而是将结合中华文化发展出的中国化佛教思想，通过求法僧传播到西域和印度，出现了"佛教的反向传播"。由此，7 世纪时的文化交流比前期更加深入、广泛，为中外文化交流做出了突出贡献。

附录 中古西行求法僧人一览表

求法僧	籍贯	西行时间	路线	主要事迹	资料来源
朱士行	曹魏颍川	魏高贵乡公甘露五年（260）启程	陆路	中土沙门西行第一人，因《道行经》文意隐质，诸未尽善，誓志远求大本。于是于阗得梵书正本九十章，遣弟子弗如檀送到中原，即今本《放光般若经》。太康三年（282）卒于于阗	《出三藏记集》卷二；《历代三宝纪》；《高僧传》卷四
竺法护	其先月氏人，世居敦煌	西晋武帝中	陆路	时寺庙图像，虽崇京邑，而《方等》深经，蕴在葱外，护乃慨然发愤，志弘大道。随其师至西域，游历西域诸国，通三十六种语言，获《贤劫》《法华》《光赞》等梵经百五十六部，翻译《须真天子经》等，沿路传译。西晋著名译师	《出三藏记集》卷二；《历代三宝纪》卷六；《古今译经图纪》卷二；《高僧传》卷一
康法朗（与同学4人）共5人	中山	西晋永嘉年间	陆路	尝读经，见鹿苑圣处，誓谒佛成道处。与同学四人从张掖出发西行，西渡流沙，到达西域。后四人不复西行，法朗更游西域诸国，研寻经论，后返回中山，不知所终。《法苑珠林》载："永嘉中与一比丘，西入天竺。"	《高僧传》卷四本传；《法苑珠林》卷九五
中土僧人二十许人	不详	西晋末	陆路	《慧轮传》中，附见由蜀川牂牁道西游之唐僧二十许人。约在义净时代五百年前，有中土僧人二十许人，从蜀川牂牁道至天竺，朝礼摩诃菩提圣迹，室利笈多大王造寺（支那寺）以供居住，且给予供养。后僧殁，寺荒废	《大唐西域求法高僧传》卷上

续表

求法僧	籍贯	西行时间	路线	主要事迹	资料来源
慧常	不详	东晋成帝咸和中（梁氏考）	陆路	三人结伴西行，将赴天竺，路经凉州，停留两年，不知是否再西行。慧常于东晋咸安二年（372）于凉州抄写《首楞严经》等，派人送至道安。此三人僧传皆无传，唯道安著《合放光光赞略解序》云："慧常、进行、慧辩等将如天竺，路经凉州。"知三人有结侣西游事。又《首楞严后记》称：咸和三年，凉州刺史张天锡译《首楞严经》时，沙门慧常、进行在坐，可考见其西游年代	《出三藏记集》卷七
进行	不详				
慧辩	不详				
僧建	不详	东晋咸康年间	陆路	东晋咸康中，沙门僧建于月氏国得《僧祇尼羯磨》及《戒本》，随即在洛阳译成汉文，是为完整的比丘尼戒法初传中土。晋穆帝升平元年（357），僧建请昙摩羯多于洛阳，依《僧祇尼羯磨》及《戒本》设立戒坛传戒。净检与同志三人共于坛上受具足戒。此为我国比丘尼之滥觞。僧建所到月氏，梁氏考当为今阿富汗境内	《比丘尼传》卷一
于法兰	高阳	东晋穆帝中（？）	海路	曾叹息，"大法虽兴，经道多阙，若一闻圆教，夕死可也"。乃远适西域，欲求异闻。至交州遇疾，终于象林。其人卒于支遁前，略推定为东晋穆帝时人	《高僧传》卷四
于道邃	敦煌	东晋穆帝中（？）	海路	于法兰的弟子。十六岁出家，后随于法兰到天竺求法，于交趾遇疾而终，年三十一	《高僧传》卷四
释僧纯	不详	东晋简文帝时	陆路	东晋简文帝时，释僧纯、昙充曾游西域，至拘夷国，于沙门佛图舌弥处得《比丘尼大戒本》，于前秦建元十五年（379）带回关中。"秦建元十五年十一月五日，岁在鹑尾，比丘僧纯、昙充从丘慈高德沙门佛图舌弥许，得此《授大比丘尼戒仪》及《二岁戒仪》。"	《出三藏记集》卷一一
昙充	不详				

续表

求法僧	籍贯	西行时间	路线	主要事迹	资料来源
竺道曼与敦煌僧人	凉州	东晋简文帝时返回	陆路	凉州僧人竺道曼与敦煌僧人结伴到龟兹住寺，了解并记载龟兹佛寺僧团讲说戒律的仪轨	《出三藏记集》卷一一
支法领	不详	东晋孝武中（梁氏考）	陆路	支法领、支法净二人均为庐山慧远的弟子，奉慧远命西行寻经，穿流沙，到达西域，在西域多年，获得《方等》新经二百余部。支法领还从于阗取回《华严经》的梵文原本三万六千偈，即六十《华严》原本。由佛驮跋陀罗译为汉文。考慧远传法领等得经，应在391年僧伽提婆至庐山译经之前	《高僧传》卷六；《高僧传》卷二
支法净	不详	同上	陆路		
支僧载	大月氏后裔	东晋	不详	支僧载西行事迹不详，但据《水经注》载，支僧载曾作《外国事》，《太平御览》节引《外国事》内容，记载了佛陀生活地、涅槃处的情况等。可知，支僧载曾到天竺巡礼游历，返回后著有传记《外国事》。余事不详	《水经注·河水篇》；《太平御览》卷七九七
昙猛	大月氏后裔	后燕建兴十年（395）；东晋太元二十年（395）	陆路	后燕建兴末赴天竺，从丝路北道大秦（今阿富汗赫拉特）路入天竺，曾到王舍城。返回时，从陀历道至东夏	《释迦方志》卷下《游履篇》
法显	平阳郡武阳（今山西长治市襄垣县）	东晋隆安三年（399）至义熙八年（412）	陆往海归	东晋隆安三年（399），与同学慧景、道整、慧应、慧嵬等人从长安出发，渡流沙，越葱岭，赴西域，遍礼圣迹，求梵本，在中天竺得《摩诃僧祇律》《萨婆多律抄》《杂阿毗昙心论》《大般泥洹经》《摩诃僧伽阿毗昙》等，后在师子国停驻两年，得《弥沙塞律》《长阿含》《杂阿含》《杂藏》等，皆中土所缺经典，显皆书写赍回。义熙八年（412）归山东青州，后在京师建康道场与梵僧佛驮跋陀罗合译出《大般泥洹经》《摩诃僧祇律》等经论百万余言。并撰成《佛国记》，今存	《出三藏记集》卷一五；《高僧传》卷三；《释教开元录》卷三附传；《大唐内典录》卷三；《历代三宝纪》卷七等

求法僧	籍贯	西行时间	路线	主要事迹	资料来源
道整 [a]	洛阳清水	东晋隆安三年出发	陆路	据《法显传》，显发长安时五人同行，整居其一。后同行十人中，安抵中天竺的唯有法显和道整。道整留居中天竺不复归	《高僧传》卷三
慧景 [b]	不详	东晋隆安三年出发	陆路	与法显一行从长安出发赴西域求法，与法显、道整同游，至小雪山，慧景冻死	《高僧传》卷三
慧应	不可考	东晋隆安三年出发	陆路	与法显一行从长安出发，与法显、道整同游，慧应在弗楼沙佛钵寺病故	《高僧传》卷三
慧嵬	不可考	东晋隆安三年出发	陆路	慧嵬住在长安大寺，戒行纯洁澄净，多栖于山谷修禅定。东晋隆安三年，与法显同游西域。至焉耆国，行资不足，慧简、智严、慧嵬遂返高昌求行资，在焉耆与法显一行分别，慧嵬不知所终	《高僧传》卷一一
智严	西凉州	后秦姚兴弘始元年（399）出家西行	陆往海归	少慕佛法，弱冠出家，立志西行，广求佛典，后秦姚兴弘始元年出家西行，在张掖遇到法显一行，共同西行，到达焉耆国，后先返高昌求行资，复往西域，到罽宾，师从佛驮先比丘学习禅法，修学三年。后敦请罽宾高僧佛驮跋陀罗至东土弘法译经，经过天竺，沿海路而归，历时三年，到达长安。后到建康，元嘉四年（427）和宝云一起翻译出《普曜经》《广博严净不退转轮经》《四天王经》等，译经10部30卷	《高僧传》卷三
		晋成帝时期	海往陆归	晚年再赴天竺，因受戒有疑，又和弟子智羽、智远泛海，重到天竺，四处咨访高僧，然后一路往北，沿陆路归国，于罽宾无疾而终，卒年七十八	

续表

求法僧	籍贯	西行时间	路线	主要事迹	资料来源
智羽		晋成帝时期	海往陆归	智羽、智达、智远三人是智严的弟子。智严第二次赴天竺时，三人跟随其泛海经南海诸国到天竺。沿陆路归国时，游历至罽宾，智严圆寂。三人归国，报智严圆寂消息，后复返天竺	《高僧传》卷三；费长房《历代三宝纪》卷一〇
智达	不详				
智远					
慧简	不详	晋成帝时期不详	陆路	法显在关于于阗的记载中提到慧简。为广求佛法，与智严、僧绍、僧景等西行，在张掖遇法显，至焉耆国，慧简与智严、慧嵬返高昌求行资。其后是否与智严偕行不可考	《法显传》
宝云	凉州	晋隆安之初	陆路	宝云、僧绍和僧景三人同行赴印，在张掖遇法显后偕行。据《法显传》载，其在弗楼沙国供养佛钵后，便回国。《高僧传》则记载，其与慧达、僧景游历西域诸国，遍学梵书、音字训诂，悉皆备解，后归国。《高僧传》记其游履外国，别有记传，今佚。先后译出《新无量寿经》《佛本行经》等经。与智严译出《普曜经》《广博严净不退转轮经》《四天王经》等经	《高僧传》卷三本传；《释迦方志》卷下《游履篇》
僧绍	不详	同上	陆路	与宝云、法显等偕行，到于阗后，显等西越葱岭，绍独别去，随胡道人去罽宾，后不知所终	《法显传》
僧景	不详	同上	陆路	与法显同赴西域，至弗楼沙后，与宝云、慧达告别法显，先行归国	《高僧传》卷三
慧达	不详	同上	陆路	在于阗时遇到法显一行，然后同行，至弗楼沙时，与宝云、僧景告别法显，先行归国	《高僧传》卷三；费长房《历代三宝纪》卷一〇

续表

求法僧	籍贯	西行时间	路线	主要事迹	资料来源
智猛、道嵩、昙纂等15人	雍州京兆	后秦弘始六年（404）至南朝宋元嘉十四年（437）	陆路	智猛（？—453），闻天竺有释迦遗迹及《方等》众经，向往天竺。后秦弘始六年召集道嵩、昙纂等15人西行，从长安出发，至葱岭，9人畏难退返，1人身亡，猛等5人过雪山，历罽宾，至天竺，遍游诸国，观礼佛迹，寻求梵本。得《大般泥洹经》《僧祇律》等，元嘉元年（424）自天竺而返，同行3人无常，唯独智猛、昙纂回到凉州。当时西游诸贤留印最久者莫如猛，猛得梵本甚多，《僧祇律》及《大般泥洹经》最著。智猛译出《大般泥洹经》20卷，又根据西行经历撰成《游行外国传》1卷，今佚	《高僧传》卷三
道嵩	不详	后秦	陆路	与智猛一同西游，至波沦国，卒于中道	《高僧传》卷三
昙纂	不详	后秦	陆路	与智猛共同西行，求法游历，最后唯余智猛和昙纂回到凉州	《高僧传》卷三
慧叡	冀州	东晋	陆路	慧叡，少出家，自蜀之西南，游方而学至南天竺，游历诸国，音译训诂，殊方异义，全部通晓。归国后入关中从鸠摩罗什受业。谢灵运曾向他请教梵文。后到南朝宋京师建康，住乌衣寺讲经说法，宋元嘉中（439？）卒，春秋八十有五	《高僧传》卷七本传；《释迦方志》卷下
沮渠京声（沮渠安阳侯）居士	凉州	东晋安帝义熙中（？）	陆路	北凉主沮渠蒙逊之从弟，封安阳侯。少时曾渡流沙，到于阗国，在瞿摩帝大寺向天竺法师佛驮先咨问道义，受《禅秘要治病经》，又在高昌求得《观世音》《弥勒》二观经各一卷，回到河西，译出《禅要》。后乃南奔于宋，常游止塔寺，翻译经文	《出三藏记集》卷一四；《高僧传》卷二

续表

求法僧	籍贯	西行时间	路线	主要事迹	资料来源
昙无竭（法勇）、僧猛、昙朗等二十五人	幽州黄龙	宋永初元年（420）出发，元嘉初归	陆往海归	闻法显等躬践佛土，慨然有忘身之誓，召集僧猛、昙朗等二十五人远适西方，过雪山时，经三日方过，同侣失十二人。进至罽宾，学梵语梵书，求得梵本《观世音受记经》。后入中天竺，八人复寂于路，仅余五人同行，游历舍卫诸国。又至南天竺，沿海路回广州。译出赍回之《观世音受记经》，写有传记，今已佚	《出三藏记集》卷一五；《高僧传》卷三；《释迦方志》
僧猛	不详	宋永初元年出发，元嘉初归	陆往海归	昙无竭同行二十五人之一，事迹同上	《出三藏记集》卷一五；《高僧传》卷三；《释迦方志》
昙朗	不详	宋永初元年出发，元嘉初归	陆往海归	昙无竭同行二十五人之一，事迹同上	《出三藏记集》卷一五；《高僧传》卷三；《释迦方志》
昙学（又作昙觉、慧觉）与威德同侣八人	凉州	晋末宋初	陆路	《贤愚经记》云："河西沙门昙学、威德等共八僧，结志游方，远寻经典，于于阗大寺习梵音，精思通译。"在于阗得梵本《贤愚经》，宋元嘉二十二年（445），在高昌郡与威德共译《贤愚因缘经》十三卷。此八僧曾否到印度，今无考	《出三藏记集》卷二、卷九
法惠	高昌	宋齐之际	陆路	高昌人，后在龟兹出家，修学禅律，苦行绝群，后返回高昌，弘宣经律。修持精进超群，是高昌比丘尼的依止师。后听从高昌冯尼建议，再赴龟兹国金花寺高僧直月座下闻法，证得小乘第三果，后返回高昌，道俗归敬，倾动乡邑。南朝齐永元元年（499），无疾坐亡	《名僧传抄》；《比丘尼传》

续表

求法僧	籍贯	西行时间	路线	主要事迹	资料来源
道普	高昌	宋元嘉元年至三十年间	陆路海路	第一次，经游西域，遍历诸国，后至天竺，瞻仰圣迹。能梵书梵语，并写过一部游履记传，今佚。 第二次，奉命西行，欲寻《大涅槃经》后分，宋文帝"遣普将书吏十人西行寻经。至长广郡舶破伤足，因疾而卒"。普二次西行而以身殉法也	《高僧传》卷二；《释迦方志》
法盛等29人	陇西，寓居高昌	东晋南朝宋间（？）	陆路	《梁高僧传》卷二《昙无谶传》云："时高昌有沙门法盛，亦经往外国，立传凡有四卷。"著有《历国记》，《隋书·经籍志》著录法盛《历国记》三卷，今佚。《名僧传抄》载：受智猛西游事迹感召，僧人法盛等29人，从高昌出发前往西域，礼拜忧长国（即陀历国）东北之牛头旃檀弥勒像，又至佛陀本生故事"投身饲虎"处瞻礼。游历波罗奈等国后，还归高昌	《高僧传》卷二；《名僧传抄》；《释迦方志》
竺法维	不详	东晋南朝宋间（？）	陆路	《高僧传》卷二云："竺法维、释僧表并经往佛国。"《水经注》引竺法维之记载："佛钵在大月支国。起浮图，高三十丈，七层，钵处第二层，金络络锁悬钵，钵是青石。"知其曾至弗楼沙国供养佛钵	《高僧传》卷二；《水经注》
释僧表	凉州	东晋南朝宋间（？）北凉灭亡前	陆路	《高僧传》卷二云："竺法维、释僧表并经往佛国。"《名僧传》之《僧表传》云：闻弗楼沙国有佛钵，为瞻礼佛钵，发愿往罽宾。乃至西逾葱岭，并至于阗，路阻不通，于阗王摹写佛钵及宝胜像，僧表将画像请回凉州。知凉土将亡，入蜀，后卒于龙华寺	《高僧传》卷二；《名僧传抄》

续表

求法僧	籍贯	西行时间	路线	主要事迹	资料来源
慧览	酒泉	宋大明中	陆路	少与玄高俱以寂观见称。曾游西域，顶戴佛钵，于罽宾随达摩比丘学习禅法。达摩曾入定往兜率天，从弥勒受菩萨戒，后以戒法授览。览后还于阗，复以戒法授彼方诸僧，后从于阗东归，过吐谷浑，抵达建康	《高僧传》卷一一；《名僧传抄》
道泰	凉州	晋末宋初	陆路	少时曾游葱右，遍历诸国，得《毗婆沙》梵本，返回姑臧。在北凉都城由沮渠氏集众译出。《开元释教录》卷四下云："泰以汉土《方等》粗备，幽宗粗畅，其所未练，惟三藏九部。故杖策冒险，爰至葱西。综览梵文，并获《婆沙》梵本十万余偈，及诸论。东归。"释道埏《阿毗昙毗婆沙论序》（见原书卷首）云："有沙门道泰……至葱西。……获其梵本十万余偈……以乙丑之岁……传译。"道泰注重小乘。《婆沙》大论输入，泰之赐也。此论在乙丑年传译，其年为宋文帝元嘉二年。泰之出游，当远在此年以前矣	《出三藏记集》卷二；《高僧传》卷三；《开元释教录》卷四下；《释迦方志》卷下《游履篇》
道荣（或作道药）	不详	北魏太武年间	陆路	北魏太武年末，僧人道荣从疏勒道，越葱岭，经悬度到僧伽施国（今印度北境），后沿故道返回。曾撰有《行记》一卷，见所著《道荣传》，《隋书·经籍志》著录。今佚。杨衒之《洛阳伽蓝记》引之	《释迦方志》卷下《游履篇》
法献	西海延水	南朝宋元徽三年（475）出发	陆路	闻猛公西游，乃誓欲忘身，往观圣迹。以宋元徽三年发踵金陵，西游巴蜀，路出河南，道经芮芮。到于阗，欲越葱岭，栈道路绝而返。在于阗得乌苌国国王送来的佛牙1枚、佛舍利15身，梵本经典《观世音忏悔除罪咒经》《妙法莲华经·提婆达多品》等，又得龟兹国金锤鍱像，带回京师建康	《高僧传》卷一三；《出三藏记集》卷二

求法僧	籍贯	西行时间	路线	主要事迹	资料来源
宋云	敦煌	北魏神龟元年（518）至正光二年（521）	陆路	神龟元年°，《洛阳伽蓝记》载："有燉煌人宋云宅，云与惠生俱使西域也。神龟元年十一月冬，太后遣崇立寺比丘惠生向西域取经。凡得一百七十部，皆是大乘妙典。"《魏书·释老志》载："熙平元年诏遣沙门惠生使西域，采诸经律。正光三年冬还京师。"著有《家记》，《隋书》著录，今佚，《洛阳伽蓝记》引之	《洛阳伽蓝记》卷五；《魏书·释老志》；《魏书·嚈哒传》
惠生	洛阳	北魏神龟元年至正光二年	陆路	崇立寺僧人惠生，受魏太后资遣，与敦煌人宋云赴西域取经。正光二年返回洛阳，携回大乘佛经一百七十部。并著《惠生行记》一部，《隋书·经籍志》著录，今佚。《洛阳伽蓝记》引之	《洛阳伽蓝记》卷五；《魏书·释老志》；《魏书·嚈哒传》
法力	不详	北魏神龟元年至正光二年	陆路	《魏书·嚈哒传》载："初，熙平中，肃宗遣王伏子统宋云、沙门法力等使西域，访求佛经。时有沙门慧生者亦与俱行，正光中还。"	《魏书·嚈哒传》
云启	不详	东魏静帝兴和二年（540）	陆路	《佛祖历代通载》卷一〇载："高僧云启往西域求法，至龟兹国，遇天竺三藏那连耶舍欲来东土传法，云启曰：'佛法未兴且同止此。'遂将梵本译为华言。云启去游印土。"	《佛祖历代通载》卷一〇
智宣	不详	南朝梁	不详	沙门智宣往西天竺得梵经还	《佛祖统纪》卷五四
智圆	不详	南朝陈	不详	南朝陈宣帝时，沙门智圆往西天竺，隋文帝时得梵经百七十部还	《佛祖统纪》卷五四

续表

求法僧	籍贯	西行时间	路线	主要事迹	资料来源
宝暹、道邃、僧昙、智周、僧威、法宝、僧昭（或智昭）、僧律等10人	不详	北齐武平六年（575）至开皇元年（581）返回	陆路	《续高僧传》卷二《阇那崛多传》云："有齐僧宝暹、道邃、僧昙等十人，以武平六年相结同行，采经西域。往返七载，将事东归。凡获梵本二百六十部，回至突厥，俄属齐亡。……大隋受禅，佛法即兴，暹等赍经，先来应运。"宝暹等于开皇元年返回长安，并奏请隋朝廷允阇那崛多入京，参与译经。《开元释教录》卷七载："有齐僧宝暹、道邃、智周、僧威、法宝、僧昙、智昭、僧律等十人，以武平六年相结同行，采经西域，往返七载，将事东归，凡获梵本二百六十部。回至突厥，闻周灭齐，并毁佛法，退则不可，进无所归，迁延彼间，遂逢至德，如渴值饮，若暗遇明。因与同居，讲道相玩。所赍新经，仍共寻阅，请翻名题。勘旧录目，转觉巧便，有异前人。律等内诚，各私庆幸。获宝遇匠，得不虚行。同誓焚香，共契宣布。大隋受禅，佛法即兴，暹等赍经，先来应运。开皇元年季冬届止。"	《续高僧传》卷二；《开元释教录》卷七
玄奘	洛州缑氏	唐贞观元年（627）出，贞观十九年归，凡19年	陆路	贞观元年从长安出发西行，贞观十九年回到长安，历时19年。遍访五天竺，一路广寻名师习法，在那烂陀寺拜大德戒贤为师，精研《瑜伽师地论》等及大小乘内外诸论，兼学梵书《声明记论》，并被奉为寺中十大德之一。受戒日王之邀，出席曲女城大法会和无遮大会，获得"大乘天"和"解脱天"的称号，名震五天竺。贞观十五年携经律论梵本520夹657部，以及佛像、花果、种子等归国。回国后，玄奘开始组建译场，翻译经典，前后译经19年，译出经典75部1335卷。西行参访游历了110个国家，并听闻28个国家，归国后撰写西行见闻，著有《大唐西域记》	《大慈恩寺三藏法师传》；《大唐西域记》；《续高僧传》卷四

续表

求法僧	籍贯	西行时间	路线	主要事迹	资料来源
玄照	太州仙掌	第一次，贞观十五年（641）以后 第二次，麟德二年（665）或乾封元年（666）	陆路	第一次赴印，经过流沙，过铁门、雪岭，过速利，到睹货罗，再经吐蕃，文成公主派人将其送到北天竺，学经律、习梵文，再到中天竺那烂陀寺学《中观》《百论》等论，受《瑜伽十七地》，又在信者寺研习。学习经论，凡十一年之久，朝廷下诏书征归，从吐蕃道返回。 高宗麟德二年，复奉敕往天竺，游历北印度、西印度，到天竺罗茶国取长年药，之后准备返唐复命。但因边境纷乱，交通阻塞，陆路阻隔，便逗留在那烂陀寺，并与义净、大乘灯相见，后于中印度庵摩罗跋国染疾而卒，年六十余。两位随行僧人师鞭和慧轮也漫游于印度各寺	《大唐西域求法高僧传》卷上本传
玄恪	新罗	贞观十五年以后	陆路	贞观年间，玄照第一次赴印时偕行，相随至天竺，既伸礼敬，遇疾而亡，年过不惑之期耳	《大唐西域求法高僧传》卷上；《海东高僧传》
慧轮	新罗	麟德二年或乾封元年	陆路	在本国出家后，泛海至闽越，后至长安。麟德二年或者乾封元年，奉敕作为玄照侍者西行，同赴北印度，又到中印度。遍礼圣踪，居庵摩罗跋国，在信者寺留学十年。后住睹货罗僧寺，既善梵语，薄闲《俱舍》，义净游印时尚存，年四十	《大唐西域求法高僧传》卷上；《海东高僧传》
师鞭	齐州	同上	陆路	玄照第二次赴印时偕行，随玄照从北天竺到西天竺，居庵摩罗跋城王寺，与道希法师相见。同居一夏后，师鞭遇疾而终，卒于庵摩罗跋城王寺，年三十五	《大唐西域求法高僧传》卷上
末底僧诃（师子惠）	京兆	同上	陆路	与师鞭同游，经泥婆罗道同赴印度，俱到中土住信者寺，少闲梵语，未详经论，思还故里，路过泥婆罗国，遇患身死，年四十余	《大唐西域求法高僧传》卷上

续表

求法僧	籍贯	西行时间	路线	主要事迹	资料来源
道希	齐州历城	唐永徽六年（655）	陆路	道希幼渐玄门，观化中天，经泥婆罗道抵达天竺，周游诸国，瞻礼圣迹，留学那烂陀寺，学大乘，携有汉译新旧经论四百余卷，施入该寺。住输婆伴娜（佛涅槃处），专攻律藏，习声明，有文才，善草隶，又在大觉寺立唐碑一座。后因病卒于庵摩罗跋国，春秋五十余	《大唐西域求法高僧传》卷上
阿离耶跋摩	新罗	贞观年间	陆路	贞观年间，从长安出发往天竺，追求正教，亲礼圣踪。曾到王舍城，在印度巡礼佛迹，住中天竺那烂陀，多闲律论，抄写众经，后寂于那烂陀，卒年七十余岁	《大唐西域求法高僧传》卷上；《海东高僧传》
慧业	新罗	贞观年间	陆路	贞观中游西域，后复赴天竺，先住菩提寺，巡礼圣迹，后留学于那烂陀寺，并终于那烂陀，卒年六十余岁。义净在那烂陀翻阅汉文佛经时，在《摄大乘论》中见到慧业的题记。"访问寺僧，云终于此，年将六十余矣，所写梵本并在那烂陀寺。"	《大唐西域求法高僧传》卷上；《海东高僧传》
玄太	新罗	永徽年间	陆路	永徽年间，取泥婆罗道，经吐蕃、泥婆罗到中印度。在大觉寺，礼菩提树，检经论。然后回国，返回途中，在吐谷浑遇到道希法师，"复相引致，还向大觉寺"。后返回唐，莫知所终	《大唐西域求法高僧传》卷上
新罗二僧	新罗	691年之前启程	海路	莫知其讳，从长安出发，远之南海。泛舶至室利佛逝西婆鲁师国，因疾俱逝。《玄恪传》末，附见新罗僧二人	《大唐西域求法高僧传》卷上
佛陀达摩	睹货苏利国	不详	不详	性好游涉，九州之地，无不履焉。后遂西逝，周观圣迹。和义净在那烂陀相见，后去北天竺	《大唐西域求法高僧传》卷上
道方	并州	不详	陆路	经泥婆罗道赴天竺求法，出沙碛，经泥婆罗到印度，留学大觉寺，得为主人。经数年，又返回泥婆罗，于今现在。既亏戒检，不习经书。年将老矣	《大唐西域求法高僧传》卷上

续表

求法僧	籍贯	西行时间	路线	主要事迹	资料来源
道生	并州	贞观末年	陆路	贞观末，并州僧人道生取泥婆罗道，经过吐蕃到中天竺，在那烂陀寺学法。复向此寺东行十二驿有王寺。全是小乘。于其寺内停驻多载，学小乘三藏精顺正理。后赍经、像返归，行至泥婆罗遇疾而卒。可在知命之年矣	《大唐西域求法高僧传》卷上
常愍	并州	691 年前	海路	附舶南征，往诃陵国。从此附舶，往末罗瑜国。复从此国欲诣中天。然所附商舶载物既重，解缆未远，忽起沧波，不经半日，遂便沉没。但据《三宝感应要略录》征引常愍《游历记》载："沙门常愍发大誓愿，远诣西方礼如来。所行遗迹，至北印度僧伽补罗国。"	《大唐西域求法高僧传》卷上；《三宝感应要略录》
常愍弟子	不详	691 年前	海路	常愍禅师弟子，西行事迹同上	《大唐西域求法高僧传》卷上
玄会	京师	不详	陆路	从北印度入迦湿弥罗国，后南游至大觉寺，游历鹫峰山、尊足岭。经陆路返回，到泥婆罗国不幸而卒，年仅三十。义净云："泥波罗既有毒药，所以到彼多亡。"	《大唐西域求法高僧传》卷上
质多跋摩	不详	可能是显庆三年（658）	陆路	与北道使人相逐至缚渴罗国，于新寺小乘师处出家，后将受具，而不食三净。少闲梵语，取北路而归，莫知所至	《大唐西域求法高僧传》卷上
吐蕃公主奶母之二子	不详	不详	陆路	在泥婆罗国，是吐蕃公主奶母之息也。初并出家，后一人归俗，住大王寺。善梵语并梵书。年三十五、二十五矣	《大唐西域求法高僧传》卷上
隆法师	不详	贞观元年至二十三年	陆路	隆法师，不知何所人。于贞观年间，从北道到达北印度，欲观化中天，诵得梵本《法华经》，返回途中，在犍陀罗国遇疾而亡。北方僧来传说如此	《大唐西域求法高僧传》卷上

续表

求法僧	籍贯	西行时间	路线	主要事迹	资料来源
明远	益州	唐龙朔元年（661）至麟德二年	海路	既慨圣教陵迟，遂乃振锡南游，由交趾鼓舶启航，泛海西行，到诃陵国，次至师子洲。欲密取佛牙，携回本国供养，为师子国人所觉，颇被凌辱。后北上至南印度，传闻曾至大觉寺。后莫知所终。应是在路而终，莫委年几	《大唐西域求法高僧传》卷上
义朗	益州	671 年前后启程	海路	与智岸、弟义玄三人由海路同行赴印。共至乌雷，同附商舶，越舸扶南，经郎迦戍，抵达师子洲，披求异典，顶礼佛牙，渐之西国，传闻如此，后不知所终。年四十余。义净在其传中称："师子洲既不见，中印度不复闻。"可知其约与义净同时赴印	《大唐西域求法高僧传》卷上
智岸	益州	671 年前后启程	海路	与义朗偕行，至郎迦戍国，遇疾而亡	《大唐西域求法高僧传》卷上
义玄	益州	671 年前后启程	海路	义朗之弟，与义朗、智岸偕行。智岸病亡，义朗与义玄向师子洲，渐之西国，后不知所终	《大唐西域求法高僧传》卷上
会宁	益州	麟德年中	海路	会宁薄善经论，尤精律典。结念西方，欲往天竺，观礼圣迹。以唐麟德年中泛海赴印，南行到诃陵州，停驻三载，与诃陵国僧人若那跋陀罗（智贤）同译涅槃后分二卷，译出后令小僧运期奉表赍经还至交州。后会宁往印度，不知踪绪	《大唐西域求法高僧传》卷上；《宋高僧传》卷二《唐波凌国智贤传（会宁）》
运期	交州	麟德年中	海路	会宁弟子，与会宁到诃陵州，会宁译经后遣其赍还交州府。后又与昙润同游南行，仗智贤受具，旋回南海十有余年，善昆仑音，颇知梵语，在室利佛逝还俗留住	《大唐西域求法高僧传》卷上
木叉提婆	交州	691 年之前	海路	泛海南行，经海路游诸国，到印度大觉寺，遍礼圣踪，后卒于此地。年可二十四五岁	《大唐西域求法高僧传》卷上

续表

求法僧	籍贯	西行时间	路线	主要事迹	资料来源
窥冲	交州	麟德年间	海路	为明远弟子，与明远同舶泛海南行，到师子国，向西印度，遇玄照法师，共诣中天竺，禀性聪睿，善诵梵赞，所到之处，恒编演唱之。首礼菩提树，到王舍城，后于王舍城竹园遘疾而终。年三十许	《大唐西域求法高僧传》卷上
慧琰	交州	不详	海路	为智行的弟子，随其师智行到僧诃罗国（师子国），遂停彼国，莫知存亡	《大唐西域求法高僧传》卷上
信胄	不详	不详	陆路	信胄由西域取北道到达天竺，礼谒既周，留住信者寺，于信者寺而终，年三十五	《大唐西域求法高僧传》卷上
智行	爱州	691年前	海路	由海道赴天竺求法，经僧诃罗国（师子国），到达中印度，遍礼尊仪，至恒河北，留住信者寺，于信者寺而终，年五十余	《大唐西域求法高僧传》卷上
大乘灯	爱州	显庆年间	海路	幼随父母泛舶往杜和罗钵底国，方始出家。后随唐使郯绪返回长安，受业于玄奘数载。颇览经书，而思礼圣踪，矢志西行，赴印学法，遂持佛像、携经论，乃由海路赴印，住在耽摩立底国，留学12年，在此与义净相遇，居留一年。后二人同赴印，留学那烂陀，巡礼圣迹，最后于拘尸城佛涅槃处圆寂。（义净约于671年抵达耽摩立底国，大乘灯在此与义净相遇，则其西行应在十多年前）	《大唐西域求法高僧传》卷上
僧伽跋摩	康国	显庆年间	陆路	奉敕与使者相随，礼觐西国，到大觉寺，于金刚座广兴荐设，雕刻佛形及观自在菩萨像。后返回唐，再奉敕到交趾采药，后卒于此	《大唐西域求法高僧传》卷上
彼岸	高昌	691年之前	海路	与智岸少长京师，传灯在念，遂乃观化中天，与使人王玄廓相随，途中遇疾俱卒。所携汉译本《瑜伽》及余经论，保存于室利佛逝国	《大唐西域求法高僧传》卷上

续表

求法僧	籍贯	西行时间	路线	主要事迹	资料来源
智岸	高昌	691 年之前	海路	与彼岸少长京师，传灯在念，遂乃观化中天，与使人王玄廓相随，途中遇疾俱卒。所携汉译本《瑜伽》及余经论，保存于室利佛逝国	《大唐西域求法高僧传》卷上
昙润	洛阳	麟德年中	海路	由海路赴印，渐次南行，达于交趾。泛舶南下赴西印度，至诃陵北渤盆国时，遇疾而终。年三十。《运期传》称"与昙闰同游"，运期与会宁同时于麟德中西行，则昙润之西行亦应同时	《大唐西域求法高僧传》卷上
义辉	洛阳	691 年之前	海路	听《摄大乘论》《俱舍论》，怀疑未晰，欲异观梵本，亲听微言，乃西行中印度留学。由海道归国，至郎迦戍国遇疾而亡，年三十余	《大唐西域求法高僧传》卷上
唐僧三人	不详	不详	陆路	沿陆路到乌苌国，曾向佛顶骨处礼拜，后不知所终	《义辉传》末，附见唐僧至乌苌国者三人
道琳	荆州	不详	海去陆回	因欲研究戒律，发心留学天竺。由海道赴印，到达东印度耽摩立底国，留住三年，学梵语，学一切有部律。又游历中印度，留那烂陀数年，游历圣迹。后在南印、西印各住经年，后向北印度，和智弘相随，拟从陆路归国，闻途中遇贼，为贼所拥，不遂所怀，又还北天竺，自尔之后，不委所托。义净出游时道琳尚在印度	《大唐西域求法高僧传》卷下
昙光	荆州	691 年之前	海路	南游滇渤，望礼西天，由海道赴印，泛海到达诃利鸡罗国（今印度半岛奥里萨邦沿岸，或孟加拉国沿岸）。后不知所终	《大唐西域求法高僧传》卷下

续表

求法僧	籍贯	西行时间	路线	主要事迹	资料来源
唐僧一人	不详	不详	海路	似沿海而去,卒于诃利鸡罗国	《昙光传》中,附见诃利鸡罗国唐僧一人,皆失名姓
慧命	荆州	691年之前	海路	由海道赴印,行至占波,遭遇风暴,屡进艰难,中途而返	《大唐西域求法高僧传》卷下
玄逵	润江	咸亨二年(671)抵广州准备泛海西行	海路	有志西行求法,于丹阳(今南京市)与义净相见,同契南下。于咸亨二年抵达广州,拟附舶西行,因染风疾,弗遂远怀,于是怅然而归,返锡吴楚。年二十五六,不久患病身亡。《玄逵传》云:"后僧哲师至西国,云其人已亡。"玄逵与义净同于咸亨二年抵广州,则僧哲应在此后不久启程西行。僧哲至印度时,玄逵已亡	《大唐西域求法高僧传》卷下
义净(635—713)	范阳	咸亨二年从广州出发,证圣元年(696)回到洛阳	海路	义净在咸亨二年自广州府泛舶赴印,至室利佛逝停驻半年,又经末罗瑜、羯荼、裸人国至印度,在那烂陀寺勤学十年,并游历圣迹,先后得梵本经论400部,合50万颂,垂拱元年(685)离开那烂陀,沿海路东归,又至室利佛逝国游学七年。历时三十余年,证圣元年,携梵本400部、舍利300粒至洛阳。归国后主持译经,翻译经律论56部230卷。在归途中撰述《南海寄归内法传》和《大唐西域求法高僧传》。先天二年(713)卒于洛阳	《宋高僧传》卷一;《大唐西域求法高僧传》;《开元释教录》卷九

求法僧	籍贯	西行时间	路线	主要事迹	资料来源
善行	晋州	唐高宗咸亨二年从广州出发	海路	义净的弟子。长习律仪，寄情明咒，随义净泛海到室利佛逝国，有怀中土，既沉痼疾，先行归国。年三十许。 义净欲结伴西行的处一法师、弘袆论师、玄逵、善行等出发前，处一因母老难舍而退出，弘袆行至江宁也因故退出，玄逵至广州染风疾，怅然而归。唯义净与弟子善行结伴出发	《大唐西域求法高僧传》卷下
灵运	襄阳	咸亨二年以后	海路	与僧哲同游，追寻圣迹，泛海赴印，游历师子国、印度那烂陀寺等，或沿海道而归。极娴梵语，所到之处，君王礼敬，于那烂陀寺画慈氏（弥勒）真容、菩提树像，赍以归国，广兴佛事	《大唐西域求法高僧传》卷下
僧哲	澧州	咸亨二年以后	海路	思慕圣迹，泛舶西域。既至西土，适化随缘，巡礼略周，归东印度，到三摩呾咤国，住此国王寺。义净在印，曾与相见	《大唐西域求法高僧传》卷下
玄游	高丽	唐咸亨二年以后	海路	为僧哲弟子，随其师僧哲泛海西游，途经师子国，出家并留居师子国。余事无考	《大唐西域求法高僧传》卷下；《海东高僧传》
智弘	洛阳	671—695年启程西行	海路	与无行经海路西游。过交州，随舶南游，至室利佛逝国。后泛海经师子国至印度，到大觉寺住经二载，学律仪，娴声论，能梵书，习《对法》。又在那烂陀寺披览大乘，在信者寺专攻小乘，并习《律经》。译律藏书甚多。在中天竺近八年，后至北天竺迦湿弥罗，拟还国，后不知所终	《大唐西域求法高僧传》卷下

续表

求法僧	籍贯	西行时间	路线	主要事迹	资料来源
无行	荆州	671—695年启程	海路	与智弘为伴，同泛海西游，过室利佛逝，国王厚礼，四事供养。经末罗瑜洲、羯荼国、那伽钵亶那、师子国，到诃利鸡罗国停驻一年，与智弘同行，渐至东印度。入大觉寺，得为主人（即在寺内常住）。不久在那烂陀寺留学，习《瑜伽》《中观》《俱舍》。后在羝罗荼寺研究因明，译出《阿笈摩经》3卷。义净在印常与往还。后拟北向由陆路归国，不知所终	《大唐西域求法高僧传》卷下
法振	荆州	685年之前启程	海路	和乘悟、乘如一起，由海道经诃陵之北，巡历诸岛，渐至羯荼国。法振在羯荼遇疾而卒，年三十五六	《大唐西域求法高僧传》卷下
乘悟	荆州	同上	海路	与法振、乘如一起泛舶西行，至羯荼国，法振病卒，便与乘如附舶东归，归途中至占波（林邑），乘悟又卒	《大唐西域求法高僧传》卷下
乘如	梁州	同上	海路	与法振、乘悟同游，至羯荼法振病卒而返，至占波（林邑）乘悟又亡，乘如独自返回故里	《大唐西域求法高僧传》卷下
大津	澧州	永淳二年（683）	海路	永淳二年，赍经像与唐使泛舶月余，达室利佛逝，停此多年，解昆仑语，颇习梵书。义净自印度返回，亦住于此，义净于此见。以天竺之中，诸方皆悉有寺，神州独无，遂遣大津归唐，请帝于西方造寺，遂以天授二年五月十五日附舶而向长安，并赍义净新译《杂经论》十卷、《南海寄归内法传》四卷、《西域求法高僧传》两卷至京师奉上	《大唐西域求法高僧传》卷下

求法僧	籍贯	西行时间	路线	主要事迹	资料来源
贞固	荥川	唐武后永昌元年（689）至长寿二年（693）	海路	有志向师子洲顶礼佛牙，观诸胜迹，遂于垂拱年间（685—688）届于番禺。永昌元年七月，义净从室利佛逝乘商舶抵广州，求购写经纸墨，并邀请同道助译佛经。贞固与弟子怀业等四僧应邀随净于同年十一月附商舶返回佛逝，随义净译经。贞固善梵文律学，是译经的得力帮手。贞固、道宏于长寿三年随义净返回广州。未经三载，贞固遇疾而卒	《大唐西域求法高僧传》卷下
道宏	汴州	唐武后永昌元年至长寿二年	海路	其父早年经商，后出家为僧。道宏亦随父出家，往来广府，颇工草隶。二十二岁时随义净、贞固等共赴佛逝国。敦心律藏，随译随写。长寿三年复随净、固返回广府	《大唐西域求法高僧传》卷下
法朗	襄州	唐武后永昌元年	海路	童年出家，游涉岭南。义净至番禺求购纸墨时，邀请同道助译佛经。永昌元年，随义净、贞固等共四人赴佛逝国，时年二十四。学经三载，梵汉兼通，抄写经论。后往诃陵国，在彼经夏，遇疾而卒	《大唐西域求法高僧传》卷下
怀业	祖籍北方，生于广州	唐武后永昌元年	海路	贞固弟子。永昌元年，与其师贞固随义净行至佛逝国。解昆仑语，颇学梵书，诵《俱舍论》偈。为义净侍者，协助译经，时年十七。后义净、贞固返回广州时，留住室利佛逝	《大唐西域求法高僧传》卷下
慧日	青州东莱	长安元年（701）出发，开元七年（719）返回长安	海往陆归	唐中宗时得度出家。后闻义净之风，誓志西游天竺。武则天时期泛舶渡海，游历南海诸岛，经三年到达天竺，参礼圣迹，寻求梵本，遍访善知识，游历访学共13年，后独自经陆路归国，又历四年，渐至北印度犍陀罗国，开元七年东归长安，游历70余国，历时18年。归国后专弘净土之宗，著有《往生净土集》。天宝七载（748）卒	《宋高僧传》卷二九；《佛祖统纪》卷四〇

续表

求法僧	籍贯	西行时间	路线	主要事迹	资料来源
慧超	新罗	唐开元十一年（723）出发，十五年归	海去陆归	唐武后圣历三年（700）入唐，玄宗开元七年，密宗大师金刚智从海道抵广州，慧超与之相会成为其受业弟子。开元十一年，从广州出发，沿海道至五天竺游历巡礼，经中亚各地，开元十五年返回长安。开元二十一年继续在金刚智门下受密法。后又师从不空三藏研究经论，著有《往五天竺国传》	《一切经音义》，《代宗朝赠司空大辨正广智三藏和上表制集》；《往五天竺国传》
不空等27人	北印度	唐开元二十九年（741）至天宝五载（746）	海路	北天竺婆罗门族，幼年随叔父至中国，受业于金刚智三藏，20岁时在广福寺受具足戒，善解一切有部，诸异国书语，常与师共译经。开元二十年，智圆寂，不空奉遗旨往五天竺并师子国，开元二十九年冬至南海郡，附商舶，率弟子含光、慧辩和李元琮等27人奉国信经南海诸国抵师子国，受到礼遇，广求密藏及诸经论，次游五印度境，天宝五载返回长安。凡得梵本瑜伽真言经论五百余部，返回后，天宝五载至大历九年（774），译经77部，凡120余卷，是中国古代佛经翻译"四大家"之一，亦为密教"开元三大士"之一，所译经典以密宗为主	《宋高僧传》卷一；《广智不空三藏行状》；《贞元新定释教录》卷一五；《贞元续开元释教录》卷上
含光	不详	同上	海路	不空弟子，开元二十九年随不空赴天竺求法。附商舶往五天竺并师子国，天宝五载返回长安，不空译经，含光参译华梵，后不知所终	《宋高僧传》卷二七
慧辩	不详	同上	海路	不空弟子，随不空西行。返回后与不空译经	《宋高僧传》卷二七
李元琮	不详	同上	海路	是不空的俗家弟子，开元末年开始侍奉不空	《宋高僧传》卷二七

续表

求法僧	籍贯	西行时间	路线	主要事迹	资料来源
无漏	新罗	天宝中	陆路	俗姓金，新罗国王第三子。因避位，附舶入唐，欲游天竺。于天宝年中出阳关、渡沙漠，经于阗，至葱岭大伽蓝寺，问行程凶吉，寺僧云：观师化缘合在唐土。遂停止西行，还归中夏，在贺兰山结庵栖止。至德元载（756），唐肃宗迎无漏入京，敕留内寺供养。乾元元年（758）入寂	《神僧传》；《宋高僧传》卷二一无漏本传；《佛祖历代通载》卷一三
元表	三韩	天宝中	不详	天宝年间入唐求法，继而西行求法，瞻礼圣迹，遇心王菩萨，示以支提山即天冠菩萨的居所。于是携带八十卷本《华严经》，南造闽越而居是山石室中。会昌法难时，所藏经卷未毁，后不知所终	《宋高僧传》卷三〇
悟真	新罗	贞元五年（789）	陆路	唐建中二年（781），与另一位新罗僧人慧日来唐，从长安青龙寺惠果学习密宗教法，贞元五年从长安出发，往中天竺求法，得《大毗卢遮那经》（《大日经》）梵夹余经，返回至吐蕃时身殁	《大唐青龙寺三朝供奉大德行状》
悟空	京兆云阳	唐天宝十载（751）至贞元五年（789）回长安	陆路	唐玄宗天宝十载，唐廷敕中使张韬光40余人出使罽宾，车奉朝亦奉旨随使团西行。天宝十二载，使团返回时，车奉朝患病不能同行而住留罽宾。病愈后遂于肃宗至德二载出家为僧（法号法界，回国后改为悟空），遂习梵典，游历天竺，历时四十余年。后因思念故土而东归，携归佛牙舍利和经本。悟空西行时二十余岁，返回时已年过六十，为留印时间最长之求法僧之一，悟空的归国标志着汉唐西行求法活动之终结	《宋高僧传》卷三；圆照《大唐贞元新译十地等经记》

注：a.道整（附考）：《梁高僧传》卷一《昙摩难提传》称："赵正晚年出家更名道整。"按，赵正即赵文业，仕苻秦，与道安同监译事，最有功于佛法。与法显同游之道整，当即其人。《僧传》言其终于襄阳，《佛国记》言其终于印度，未知孰是。

b. 慧景（附考）:《隋书·经籍志》有释昙景《外国传》五卷，疑即僧景所撰。今佚。

c. 关于宋云、惠生出使西域的时间有不同说法，如神龟元年（《洛阳伽蓝记》《释迦方志》）、熙平元年（《魏书·释老志》)、熙平中（《北史》）等。杜斗城对此进行了考证，认为《洛阳伽蓝记》的记载可靠，此书成书较早，而且"《洛阳伽蓝记》引用了作者杨衒之亲手录的《宋云家纪》，并参考了《惠生行记》，系第一手资料，应是可靠信史"。参见杜斗城《关于敦煌人宋云西行的几个问题》，《杜撰集》，兰州：兰州大学出版社，2013 年，第 1—6 页。

说明：本表还包括部分原籍域外的求法僧，多为异域后裔，如康国的僧伽跋摩和印度的不空，自幼来华或长期居住在中国，早与唐人无异，甚至曾奉敕作为使者出使印度、师子国等；来自朝鲜半岛的几位求法僧，大多先至唐朝学习梵语、佛法，再与唐朝僧人或使者相随赴印"二次求法"，皆与唐朝联系紧密，是中古时期僧人西行求法活动整体不可分割的部分，由此一并考量。

插图来源

图3-1　喀喇昆仑公路上的佛教石刻。采自〔美〕芮乐伟·韩森《丝绸之路新史》，张湛译，北京：北京联合出版公司，2015年，第38页。

图3-2　中巴公路"洪扎灵岩二号"题铭及摹本。采自李崇峰《佛教考古：从印度到中国》，上海：上海古籍出版社，2014年，第718页，图3。

图4-1　迦腻色迦带有佛陀形象的金币。1世纪，波士顿美术馆藏。采自孙英刚、何平《图说犍陀罗文明》，北京：生活·读书·新知三联书店，2019年，第17页，图0-13。

图4-2　佛钵。高0.75米，直径1.75米，重350—400公斤，阿富汗国家博物馆藏。采自孙英刚、何平《犍陀罗文明史》，北京：生活·读书·新知三联书店，2018年，第216页，图5-1。

图4-3　供养佛钵。3—4世纪，东京国立博物馆藏。采自孙英刚、何平《犍陀罗文明史》，第219页，图5-2。

图4-4　迦腻色迦大塔塔基细部。采自孙英刚、何平《犍陀罗文明史》，第191页，图4-21b。

图4-5　迦腻色迦青铜舍利函。白沙瓦博物馆藏。采自孙英刚、何平《犍陀罗文明史》，第198页，图4-23。

图4-6　礼敬佛教的信徒。2—4世纪，大都会博物馆藏。采自孙英刚、何平《犍陀罗文明史》，第139页，图3-25。

图4-7　弥勒立像（台座上是礼拜佛钵的场景）。3世纪，大都会博物

馆藏。采自孙英刚、何平《犍陀罗文明史》，第 526 页，图 10–28。

图 4-8　佛陀足迹雕刻。绿泥片岩，斯瓦特出土，日本私人藏。采自〔日〕栗田功《大美之佛像：犍陀罗艺术》，唐启山、周昀译，北京：文物出版社，2017 年，第 57 页，图版 7。

图 4-9　燃灯佛授记。2—3 世纪，斯瓦特博物馆藏。采自〔巴基斯坦〕穆罕默德·瓦利乌拉·汗《犍陀罗——来自巴基斯坦的佛教文明》，北京：五洲传播出版社，2009 年，第 106 页，图 8–19。

图 4-10　佛顶骨舍利。南京牛首山佛顶宫藏。

图 4-11　被摧毁前的巴米扬大佛。采自孙英刚、何平《犍陀罗文明史》，第 501 页，图 9–47。

图 4-12　巴米扬大佛遗址。采自孙英刚、何平《犍陀罗文明史》，第 499 页，图 9–46P。

图 4-13　那烂陀寺遗址局部（一）。张志刚提供，2014 年摄。

图 4-14　那烂陀寺遗址局部（二）。张志刚提供，2014 年摄。

图 4-15　那烂陀寺真身舍利塔。张志刚提供，2014 年摄。

图 4-16　19 世纪修复前的菩提伽耶摩诃菩提寺。菩提伽耶的摩诃菩提寺，摄于 19 世纪寺庙修复前，刊载于詹姆斯·伯吉斯的《印度古代古迹、寺庙和雕塑》（*The Ancient Monuments, Temples and Sculptures of India*），1897 年。转引自 Janice Leoshko, "On the Buddhist Ruins of Bodh Gaya and Bamiyan," *Third Text*, 2011, Vol. 25, No. 6, pp. 667–674。

图 4-17　菩提伽耶摩诃菩提寺（一）。采自 Anne R. Bromberg, *Arts of India, Southeast Asia, and The Himalayas: At The Dallas Museum of Art*, New Haven and London: Yale University Press, 2013, p. 72。

图 4-18　菩提伽耶摩诃菩提寺（二）。张志刚提供，2014 年摄。

图 4-19　迦耶摩诃菩提寺藏释迦牟尼成道像。9—10 世纪。采自李崇峰《菩提像初探》，《石窟寺研究》第 3 辑，北京：文物出版社，2012 年，第 196 页，图 5。

图 4-20 释迦牟尼成道像。10—11 世纪，菩提伽耶考古博物馆藏。采自刘钊《金刚宝座：揭秘菩提伽耶的前世今生》，《收藏》2019 年第 6 期。

图 4-21 降魔成道像。云母片岩，美国弗利尔美术馆藏。采自〔日〕栗田功《大美之佛像：犍陀罗艺术》，第 22 页，图版 27。

图 4-22 菩提伽耶摩诃菩提寺正觉塔释迦像。张志刚提供，2014 年摄。

图 4-23、图 4-24 菩提伽耶菩提树下礼佛僧众（一、二）。张志刚提供，2014 年摄。

图 4-25、图 4-26 菩提伽耶摩诃菩提寺（一、二）。张志刚提供，2014 年摄。

图 4-27 释迦牟尼诞生片岩浮雕。3 世纪，拉合尔博物馆。采自〔巴基斯坦〕穆罕默德·瓦利乌拉·汗《犍陀罗——来自巴基斯坦的佛教文明》，第 112 页，图 8-25。

图 4-28 佛陀初转法轮坐像。萨尔纳特出土，5 世纪。采自晁华山《佛陀之光——印度与中亚佛教胜迹》，北京：文物出版社，2001 年，第 88 页。

图 4-29 阿育王柱（萨尔纳特狮子柱头）。公元前 3 世纪中叶。采自孙英刚、何平《犍陀罗文明史》，第 45 页，图 1-19。

图 4-30 鹿野苑答枚克塔。5 世纪。张志刚提供，2014 年摄。

图 4-31 鹿野苑遗址。张志刚提供，2014 年摄。

图 4-32 王舍城竹林精舍。张志刚提供，2014 年摄。

图 4-33 王舍城灵鹫山。张志刚提供，2014 年摄。

图 4-34 佛陀涅槃片岩浮雕。2—3 世纪，白沙瓦博物馆藏。采自〔巴基斯坦〕穆罕默德·瓦利乌拉·汗《犍陀罗——来自巴基斯坦的佛教文明》，第 290 页。

图 4-35 婆罗浮屠，中爪哇省。采自汪永平《印度佛教城市与建筑》，南京：东南大学出版社，2017 年，第 73 页，图 3-28。

参考文献

一 古代文献

（一）佛教典籍

（晋）竺法护译《佛说弥勒下生经》，《大正藏》第 14 册，东京：日本大正一切经刊行会，1934 年。

（晋）竺法护译《佛说月光童子经》，《大正藏》第 14 册，东京：日本大正一切经刊行会，1934 年。

（晋）佛驮跋陀罗译《大方广佛华严经》，《大正藏》第 9 册，东京：日本大正一切经刊行会，1934 年。

（晋）法显译《大般涅槃经》，《大正藏》第 2 册，东京：日本大正一切经刊行会，1934 年。

（晋）法显著，章巽校注《法显传校注》，北京：中华书局，2008 年。

（前秦）昙摩难提译《阿育王息坏目因缘经》，《大正藏》第 50 册，东京：日本大正一切经刊行会，1934 年。

（北凉）昙无谶译《大般涅槃经》，《大正藏》第 12 册，东京：日本大正一切经刊行会，1934 年。

（后秦）佛陀耶舍、竺佛念译《长阿含经》，《大正藏》第 1 册，东京：日本大正一切经刊行会，1934 年。

（北魏）吉迦夜共昙曜译《付法藏因缘传》，《大正藏》第 50 册，东京：

日本大正一切经刊行会，1934 年。

（北魏）杨衒之撰，周祖谟校释《洛阳伽蓝记校释》，北京：中华书局，2010 年。

（南朝宋）失译《佛说法灭尽经》，《大正藏》第 12 册，东京：日本大正一切经刊行会，1934 年。

（梁）慧皎著，汤用彤校注《高僧传》，北京：中华书局，1992 年。

（梁）宝唱：《名僧传钞》，《卍续藏经》第 134 册，台北：新文丰出版公司，1993 年。

（梁）释宝唱著，王孺童校注《比丘尼传校注》，北京：中华书局，2006 年。

（梁）僧祐著，苏晋仁、萧錬子点校《出三藏记集》，北京：中华书局，1995 年。

（梁）僧祐著，李小荣校笺《弘明集校笺》，上海：上海古籍出版社，2013 年。

（梁）僧伽婆罗译《阿育王经》，《大正藏》第 50 册，东京：日本大正一切经刊行会，1934 年。

（隋）费长房：《历代三宝纪》，《大正藏》第 49 册，东京：日本大正一切经刊行会，1934 年。

（唐）玄应、慧琳编著《一切经音义》，《大正藏》第 54 册，东京：日本大正一切经刊行会，1934 年。

（唐）道宣：《大唐内典录》，《大正藏》第 55 册，东京：日本大正一切经刊行会，1934 年。

（唐）道宣：《四分律删繁补阙行事钞》，《大正藏》第 40 册，东京：日本大正一切经刊行会，1934 年。

（唐）道宣撰，郭绍林点校《续高僧传》，北京：中华书局，2014 年。

（唐）道宣：《广弘明集》，《大正藏》第 52 册，东京：日本大正一切经刊行会，1934 年。

（唐）道宣著，范祥雍点校《释迦方志》，北京：中华书局，2000 年。

（唐）智昇著，富世平点校《开元释教录》，北京：中华书局，2018 年。

（唐）智昇:《开元释教录略出》，《大正藏》第 55 册，东京：日本大正一切经刊行会，1934 年。

（唐）释道世著，周叔迦、苏晋仁校注《法苑珠林校注》，北京：中华书局，2003 年。

（唐）释玄应著，黄仁瑄校注《大唐众经音义校注》，北京：中华书局，2018 年。

（唐）靖迈:《古今译经图纪》，《大正藏》第 55 册，东京：日本大正一切经刊行会，1934 年。

（唐）智昇:《续古今译经图纪》，《大正藏》第 55 册，东京：日本大正一切经刊行会，1934 年。

（唐）玄奘译《阿毗达磨大毗婆沙论》，《大正藏》第 27 册，东京：日本大正一切经刊行会，1934 年。

（唐）若那跋陀罗译《大般涅槃经后分》，《大正藏》第 12 册，东京：日本大正一切经刊行会，1934 年。

（唐）窥基译《因明入正理论疏》，《大正藏》第 44 册，东京：日本大正一切经刊行会，1934 年。

（唐）玄奘、辩机原著，季羡林等校注《大唐西域记校注》，北京：中华书局，2000 年。

（唐）慧立、彦悰:《大慈恩寺三藏法师传》，孙毓棠、谢方点校，北京：中华书局，2000 年。

（唐）义净著，王邦维校注《大唐西域求法高僧传校注》，北京：中华书局，1988 年。

（唐）义净著，王邦维校注《南海寄归内法传校注》，北京：中华书局，1995 年。

（唐）义净译《根本说一切有部毗奈耶杂事》，《大正藏》第 24 册，东京：

日本大正一切经刊行会，1934年。

（唐）义净译《梵语千字文》，《大正藏》第54册，东京：日本大正一切经刊行会，1934年。

（唐）义净译《根本说一切有部百一羯磨》，《大正藏》第24册，东京：日本大正一切经刊行会，1934年。

（唐）勿提提犀鱼译《佛说十力经》，《大正藏》第17册，东京：日本大正一切经刊行会，1934年。

（唐）圆照:《贞元新定释教目录》，《大正藏》第55册，东京：日本大正一切经刊行会，1934年。

（唐）圆照:《大唐贞元续开元释教录》，《大正藏》第55册，东京：日本大正一切经刊行会，1934年。

（唐）圆照:《游方记抄》，《大正藏》第51册，东京：日本大正一切经刊行会，1934年。

（唐）圆照集《代宗朝赠司空大辨正广智三藏和上表制集》，《大正藏》第52册，东京：日本大正一切经刊行会，1934年。

（唐）圆照:《大唐贞元新译十地等经记》，《大正藏》第7册，东京：日本大正一切经刊行会，1934年。

（唐）冥详:《大唐故三藏玄奘法师并状》，《大正藏》第50册，东京：日本大正一切经刊行会，1934年。

（唐）李华:《玄宗朝翻经三藏善无畏赠鸿胪卿行状》，《大正藏》第50册，东京：日本大正一切经刊行会，1934年。

（唐）赵迁:《大唐故大德赠司空大辨正广智不空三藏行状》，《大正藏》第50册，东京：日本大正一切经刊行会，1934年。

（唐）飞锡:《大唐故大德开府仪同三司试鸿卿肃国公大兴善寺大广智三藏和上之碑》，《大正藏》第52册，东京：日本大正一切经刊行会，1934年。

（唐）不空译《仁王护国般若波罗蜜多经》，《大正藏》第8册，东京：日本大正一切经刊行会，1934年。

（南唐）恒安集《续贞元释教录》，《大正藏》第 55 册，东京：日本大正一切经刊行会，1934 年。

（唐）慧超原著，张毅笺释《往五天竺国传笺释》，北京：中华书局，2000 年。

（宋）赞宁：《宋高僧传》，范祥雍点校，北京：中华书局，1987 年。

（宋）赞宁著，富世平校注《大宋僧史略校注》，北京：中华书局，2015 年。

（宋）释道诚撰，富世平校注《释氏要览校注》，北京：中华书局，2014 年。

（宋）志磐著，释道法校注《佛祖统纪校注》，上海：上海古籍出版社，2012 年。

（宋）非浊集《三宝感应要略录》，《大正藏》第 51 册，东京：日本大正一切经刊行会，1934 年。

（宋）周敦义：《翻译名义序》，《大正藏》第 54 册，东京：日本大正一切经刊行会，1934 年。

（元）念常：《佛祖历代通载》，《大正藏》第 49 册，东京：日本大正一切经刊行会，1934 年。

〔日〕圆仁著，白化文等校注《入唐求法巡礼行记校注》，北京：中华书局，2019 年。

〔日〕真人元开著，汪向荣校注《唐大和上东征传》，北京：中华书局，2000 年。

〔高丽〕觉训：《海东高僧传》，《大正藏》第 50 册，东京：日本大正一切经刊行会，1934 年。

（二）历史文献

（汉）司马迁：《史记》，北京：中华书局，1982 年。

（汉）班固：《汉书》，北京：中华书局，1962 年。

（晋）陈寿撰，（南朝宋）裴松之注《三国志》，北京：中华书局，1982 年。

（南朝宋）范晔：《后汉书》，北京：中华书局，1965 年。

（梁）沈约：《宋书》，北京：中华书局，1974 年。

（梁）萧子显：《南齐书》，北京：中华书局，1972 年。

（北魏）郦道元著，陈桥驿校证《水经注校证》，北京：中华书局，2007 年。

（北齐）魏收：《魏书》，北京：中华书局，1974 年。

（唐）房玄龄等：《晋书》，北京：中华书局，1974 年。

（唐）姚思廉：《梁书》，北京：中华书局，1973 年。

（唐）姚思廉：《陈书》，北京：中华书局，1972 年。

（唐）李百药：《北齐书》，北京：中华书局，1972 年。

（唐）令狐德棻等：《周书》，北京：中华书局，1971 年。

（唐）李延寿：《南史》，北京：中华书局，1975 年。

（唐）李延寿：《北史》，北京：中华书局，1974 年。

（唐）魏徵、令狐德棻：《隋书》，北京：中华书局，1973 年。

（唐）李林甫：《唐六典》，北京：中华书局，2014 年。

（唐）杜佑：《通典》，北京：中华书局，1988 年。

（唐）段成式：《酉阳杂俎》，方南生点校，北京：中华书局，1981 年。

（唐）李吉甫：《元和郡县图志》，贺次君点校，北京：中华书局，1983 年。

（五代）孙光宪：《北梦琐言》，贾二强点校，北京：中华书局，2002 年。

（后晋）刘昫等：《旧唐书》，北京：中华书局，1975 年。

（宋）欧阳修、宋祁：《新唐书》，北京：中华书局，1975 年。

（宋）薛居正等：《旧五代史》，北京：中华书局，1976 年。

（宋）欧阳修：《新五代史》，北京：中华书局，1974 年。

（宋）司马光编著《资治通鉴》，北京：中华书局，1982 年。

（宋）宋敏求：《唐大诏令集》，北京：中华书局，1959 年。

（宋）范成大：《吴船录》，孔凡礼点校，《范成大笔记六种》，北京：中华书局，2002 年。

（宋）朱彧:《萍洲可谈》，北京：中华书局，2007 年。

（宋）赵汝适原著，杨博文校释《诸蕃志校释》，北京：中华书局，1996 年。

（宋）周去非著，杨武泉校注《岭外代答校注》，北京：中华书局，1999 年。

（宋）王钦若等编《册府元龟》，南京：凤凰出版社，2006 年。

（宋）李昉:《太平广记》，北京：中华书局，1961 年。

（宋）李昉:《文苑英华》，北京：中华书局，1966 年。

（宋）乐史:《太平寰宇记》，王文楚等点校，北京：中华书局，2007 年。

（宋）李昉:《太平御览》，上海：上海古籍出版社，2008 年。

（元）耶律楚材著，向达校注《西游录》，北京：中华书局，1981 年。

（清）董诰等编《全唐文》，北京：中华书局，1983 年。

（清）徐继畬:《瀛寰志略》，上海：上海书店出版社，2001 年。

二　学术著作

（一）中文学术著作

冯承钧编《历代求法翻经录》，上海：商务印书馆，1931 年。

夏光南编著《中印缅道交通史》，上海：中华书局，1948 年。

贺昌群:《古代西域交通与法显印度巡礼》，武汉：湖北人民出版社，1956 年。

季羡林:《中印文化关系史论丛》，北京：人民出版社，1957 年。

岑仲勉:《中外史地考证》，北京：中华书局，1962 年。

释东初编《中印佛教交通史》，台北：东初出版社，1972 年。

张曼涛主编《现代佛教学术丛刊》第 8 册《玄奘大师研究》（上），台北：大乘文化出版社，1977 年。

张曼涛主编《现代佛教学术丛刊》第 16 册《玄奘大师研究》（下），台北：大乘文化出版社，1977 年。

张曼涛主编《现代佛教学术丛刊》第 100 册《佛教文史杂考》，台北：大乘文化出版社，1979 年。

吕澂：《中国佛学源流略讲》，北京：中华书局，1979 年。

吕澂：《印度佛学源流略讲》，上海：上海人民出版社，1979 年。

郭朋：《隋唐佛教》，济南：齐鲁书社，1980 年。

汤用彤：《隋唐佛教史稿》，北京：中华书局，1982 年。

任继愈主编《中国佛教史》第 1 卷，北京：中国社会科学出版社，1981 年。

杨廷福：《玄奘论集》，济南：齐鲁书社，1986 年。

王任叔：《印度尼西亚古代史》（上、下册），北京：中国社会科学出版社，1987 年。

光中法师编著《唐玄奘三藏传史汇编》，台北：东大图书股份有限公司，1989 年。

蓝勇：《南方丝绸之路》，重庆：重庆大学出版社，1992 年。

古正美：《贵霜佛教政治传统与大乘佛教》，台北：允晨文化实业股份有限公司，1993 年。

黄有福、陈景富编著《海东入华求法高僧传》，北京：中国社会科学出版社，1994 年。

王邦维：《唐高僧义净生平及其著作论考》，重庆：重庆出版社，1996 年。

史念海：《唐代历史地理研究》，北京：中国社会科学出版社，1998 年。

释圣严：《印度佛教史》，台北：法鼓文化事业股份有限公司，1999 年。

严耀中：《江南佛教史》，上海：上海古籍出版社，2000 年。

晁华山：《佛陀之光：印度与中亚佛教胜迹》，北京：文物出版社，2001 年。

周伟洲：《长安与南海诸国》，西安：西安出版社，2003 年。

陈佳荣：《隋前南海交通史料研究》，香港：香港大学亚洲研究中心，

2003 年。

张星烺编注《中西交通史料汇编》，北京：中华书局，2003 年。

李映辉：《唐代佛教地理研究》，长沙：湖南大学出版社，2004 年。

王兰：《斯里兰卡的民族宗教与文化》，北京：昆仑出版社，2005 年。

杜继文主编《佛教史》，南京：江苏人民出版社，2006 年。

石云涛：《三至六世纪丝绸之路的变迁》，北京：文化艺术出版社，2007 年。

严耀中：《佛教戒律与中国社会》，上海：上海古籍出版社，2007 年。

严耕望：《魏晋南北朝佛教地理稿》，上海：上海古籍出版社，2007 年。

严耕望：《唐代交通图考》，上海：上海古籍出版社，2007 年。

方豪：《中西交通史》（全 2 册），上海：上海人民出版社，2008 年。

陈佳荣、钱江、张广达编《历代中外行纪》，上海：上海辞书出版社，2008 年。

薛克翘：《中国印度文化交流史》，北京：昆仑出版社，2008 年。

何方耀：《晋唐时期南海求法高僧群体研究》，北京：宗教文化出版社，2008 年。

介永强：《西北佛教历史文化地理研究》，北京：人民出版社，2008 年。

张广达、荣新江：《于阗史丛考》，上海：上海书店，1993 年。

李德辉辑校《晋唐两宋行记辑校》，沈阳：辽海出版社，2009 年。

拜根兴：《唐朝与新罗关系史论》，北京：中国社会科学出版社，2009 年。

王小甫：《唐、吐蕃、大食政治关系史》，北京：中国人民大学出版社，2009 年。

吕建福：《中国密教史》（修订版），北京：中国社会科学出版社，2011 年。

杨廷福：《玄奘年谱》，上海：上海古籍出版社，2011 年。

余太山：《两汉魏晋南北朝与西域关系史研究》，北京：商务印书馆，2011 年。

冯承钧:《中国南洋交通史》,上海:上海古籍出版社,2012 年。

向达:《中西交通史》,长沙:岳麓书社,2012 年。

〔日〕广中智之:《汉唐于阗佛教研究》,乌鲁木齐:新疆人民出版社,2013 年。

〔日〕篠原典生:《西天伽蓝记》,兰州:兰州大学出版社,2013 年。

王邦维:《华梵问学集——佛教与中印文化关系研究》,兰州:兰州大学出版社,2014 年。

石云涛:《文明的互动:汉唐间丝绸之路与中外交流论稿》,兰州:兰州大学出版社,2014 年。

李崇峰:《佛教考古:从印度到中国》,上海:上海古籍出版社,2014 年。

向达:《唐代长安与西域文明》,北京:商务印书馆,2015 年。

余太山:《贵霜史研究》,北京:商务印书馆,2015 年。

魏道儒主编《世界佛教通史》,北京:中国社会科学出版社,2015 年。

汤用彤:《汉魏两晋南北朝佛教史》,北京:中华书局,2016 年。

吕澂:《印度佛教史略》,郑州:河南人民出版社,2016 年。

薛宗正、霍旭初:《龟兹历史与佛教文化》,北京:商务印书馆,2016 年。

梁启超:《佛学研究十八篇》,北京:商务印书馆,2017 年。

薛克翘:《中印文化交流史》,北京:中国大百科全书出版社,2017 年。

景天星:《丝路高僧传》,西安:陕西人民出版社,2017 年。

孙英刚、何平:《犍陀罗文明史》,北京:生活·读书·新知三联书店,2018 年。

余太山:《早期丝绸之路文献研究》,北京:商务印书馆,2018 年。

孙英刚、何平:《图说犍陀罗文明》,北京:生活·读书·新知三联书店,2019 年。

李崇峰主编《犍陀罗与中国》,北京:文物出版社,2019 年。

介永强:《隋唐佛教文化史论》,北京:社会科学文献出版社,2019 年。

王邦维:《交流与互鉴:佛教与中印文化关系论集》,上海:复旦大学出版社，2020 年。

王邦维：《中外文化交流史·中国与印度文化交流史》，北京：国际文化出版公司，2020 年。

阳清、刘静：《晋唐佛教行记考论》，北京：中华书局，2021 年。

（二）外文学术译著

〔日〕藤田丰八：《中国南海古代交通丛考》，何健民译，北京：商务印书馆，1936 年。

〔印〕恩·克·辛哈、阿·克·班纳吉：《印度通史》，张若达、冯金辛等译，北京：商务印书馆，1973 年。

穆根来、汶江、黄倬汉译《中国印度见闻录》，北京：中华书局，1983 年。

〔日〕中村元主编《中国佛教发展史》，余万居译，台北：天华出版事业股份有限公司，1984 年。

〔日〕镰田茂雄：《中国佛教通史》，关世谦译，高雄：佛光出版社，1985 年。

〔英〕渥德尔：《印度佛教史》，王世安译，北京：商务印书馆，1987 年。

〔日〕长泽和俊：《丝绸之路史研究》，钟美珠译，天津：天津古籍出版社，1990 年。

〔斯里兰卡〕摩诃那摩等：《大史——斯里兰卡佛教史》，韩廷杰译，台北：佛光文化事业有限公司，1996 年。

〔巴基斯坦〕穆·瓦利乌拉·汗编著《犍陀罗艺术》，陆水林译，北京：商务印书馆，1997 年。

〔日〕羽溪了谛：《西域之佛教》，贺昌群译，北京：商务印书馆，1999 年。

〔英〕约翰·马歇尔：《犍陀罗佛教艺术》，许建英译，乌鲁木齐：新疆美术摄影出版社，1999 年。

〔日〕平川彰:《印度佛教史》,庄昆木译,台北:商周出版社,2002 年。

〔印〕谭中、〔中〕耿引曾:《印度与中国——两大文明的交往和激荡》,北京:商务印书馆,2006 年。

〔日〕宫治昭:《犍陀罗美术寻踪》,李萍译,北京:人民美术出版社,2006 年。

〔巴基斯坦〕穆罕默德·瓦利乌拉·汗:《犍陀罗——来自巴基斯坦的佛教文明》,陆水林译,北京:五洲传播出版社,2009 年。

〔法〕费琅:《苏门答剌古国考》,冯承钧译,上海:上海古籍出版社,2014 年。

〔法〕伯希和:《交广印度两道考》,冯承钧译,上海:上海古籍出版社,2014 年。

〔日〕足立六喜:《〈法显传〉考证》,何健民、张小柳译,贵阳:贵州大学出版社,2014 年。

〔印〕师觉月:《印度与中国:千年文化关系》,姜景奎等译,北京:北京大学出版社,2014 年。

〔意〕卡列宁、菲利真齐、奥里威利编著《犍陀罗艺术探源》,魏正中、王倩编译,上海:上海古籍出版社,2016 年。

〔日〕栗田功:《大美之佛像:犍陀罗艺术》,唐启山、周昀译,北京:文物出版社,2017 年。

〔美〕唐纳德·洛佩兹:《慧超的旅行》,冯立君译,北京:社会科学文献出版社,2022 年。

三 学术论文

(一)中文学术论文

陈翰笙:《古代中国与尼泊尔的文化交流——公元第五至十七世纪》,《历史研究》1961 年第 2 期。

周中坚：《古代南海交通中心的变迁》，《海交史研究》1982 年年刊。

范祥雍：《唐代中印交通吐蕃一道考》，朱东润等主编《中华文史论丛》1982 年第 4 辑，上海：上海古籍出版社，1982 年。

池鲁：《室利佛逝古国初探》，《史学月刊》1982 年第 5 期。

王邦维：《义净籍贯考辨及其它》，朱东润等主编《中华文史论丛》1984 年第 4 辑，上海：上海古籍出版社，1984 年。

冯汉镛：《唐代西蜀经吐蕃通天竺路线考》，《西藏研究》1985 年第 4 期。

周中坚：《室利佛逝—中古时期南海交通的总枢纽》，《海交史研究》1986 年第 1 期。

史念海：《隋唐时期域外地理的探索及世界认识的再扩大》，《中国历史地理论丛》1988 年第 2 期。

王邦维：《论义净时代的印度佛教寺院——〈南海寄归内法传〉研究之一》，《南亚东南亚评论》第 2 辑，北京：北京大学出版社，1988 年。

马雍：《巴基斯坦北部所见"大魏"使者的岩刻题记》，《西域史地文物丛考》北京：文物出版社，1990 年。

余太山：《安息与乌弋山离考》，《敦煌学辑刊》1991 年第 2 期。

张伟然：《南北朝佛教地理的初步研究（上篇）》，《中国历史地理论丛》1991 年第 4 期。

张伟然：《南北朝佛教地理的初步研究（下篇）》，《中国历史地理论丛》1992 年第 1 期。

余太山：《罽宾考》，《西域研究》1992 年第 1 期。

王邦维：《峨眉山继业三藏西域行程略笺释》，《南亚研究》1993 年第 2 期。

霍巍：《大唐天竺使出铭及其相关问题的研究》，《东方学报》（京都）第 66 册，1994 年第 3 期。

冯锡时：《法显西行路线考辨》，马大正等主编《西域考察与研究》，乌鲁木齐：新疆人民出版社，1994 年。

王邦维:《唐代新罗赴印求法僧事迹考实》,北京大学韩国学研究中心编《韩国学论文集》第 4 辑,北京:社会科学文献出版社,1995 年。

曹仕邦:《浅论中国求法僧俗出国前、后学习域外语文的机缘》,《中华佛学学报》1997 年第 10 期。

霍巍:《吉隆文物古迹与蕃尼道上古代中尼文化交流的若干问题》,《西藏研究》2000 年第 1 期。

霍巍:《〈大唐天竺使出铭〉相关问题再探》,《中国藏学》2001 年第 1 期。

孙晓岗:《玄照法师求法印度经行路线考》,段文杰、〔日〕茂木雅博主编《敦煌学与中国史研究论集——纪念孙修身先生逝世一周年》,兰州:甘肃人民出版社,2001 年。

王邦维:《法显与〈法显传〉:研究史的考察》,《世界宗教研究》2003 年第 4 期。

周伟洲:《隋唐长安与南海诸国的佛教文化交流》,周伟洲主编《西北民族论丛》第 2 辑,北京:中国社会科学出版社,2003 年。

介永强:《我国西北地区佛教文化重心的历史变迁》,《陕西师范大学学报》(哲学社会科学版)2005 年第 5 期。

何方耀:《晋唐时期海路交通中往来佛僧的群体考察》,《普门学报》第 3 期,2006 年。

介永强:《论我国西北佛教文化格局的历史变迁》,《中国边疆史地研究》2007 年第 4 期。

余太山:《关于法显的入竺求法路线——兼说智猛和昙无竭的入竺行》,余太山、李锦绣主编《欧亚学刊》第 6 辑,北京:中华书局,2007 年。

释昭慧:《"详考其理,各擅宗涂"——玄奘西行求法的原委》,《弘誓》(双月刊)第 86 期,2007 年。

何方耀:《唐代求法僧携带汉本佛典西行考略》,《普门学报》第 43 期,2008 年。

聂静洁:《唐释悟空生平考》,余太山、李锦绣主编《欧亚学刊》第 8 辑,北京：中华书局，2008 年。

聂静洁：《唐释悟空入竺、求法及归国路线考——〈悟空入竺记〉所见丝绸之路》，余太山、李锦绣主编《欧亚学刊》第 9 辑，北京：中华书局，2009 年。

李庆新：《唐代南海交通与佛教交流》，《广东社会科学》2010 年第 1 期。

杨梅：《中土西行求律考述》，《燕山大学学报》（哲学社会科学版）2010 年第 4 期。

介永强：《佛教与中古中外交通》，《厦门大学学报》（哲学社会科学版）2010 年第 5 期。

萧丽华：《唐朝僧侣往来安南的传法活动之研究》，《中正大学中文学术年刊》第 18 期，2011 年。

王邦维：《法显与佛教律在汉地的传承》，《宗教学研究》2013 年第 4 期。

刘永连：《唐代中西交通海路超越陆路问题新论》，《陕西师范大学学报》（哲学社会科学版）2013 年第 1 期。

周运中：《唐代南海诸国与广州通海夷道新考》，马明达、纪宗安主编《暨南史学》第 9 辑，桂林：广西师范大学出版社，2014 年。

赵波、鄢挺：《由陆路到海路：唐代前期入印僧人主要交通方式的转变及其原因》，《江西社会科学》2014 年第 7 期。

王邦维：《"西化"还是"中国化"：从佛教的历史看中外文化的交流与互动》，《民间文化论坛》2016 年第 5 期。

孙英刚、李建欣：《月光将出、灵钵应降——中古佛教救世主信仰的文献与图像》，《全球史评论》2016 年第 2 期。

陈楠：《唐梵新路与西域求法高僧》，彭勇主编《民族史研究》第 13 辑，北京：中央民族大学出版社，2017 年。

阳清：《支僧载及其〈外国事〉综议》，《宗教学研究》2016 年第 4 期。

李建欣：《中古时期中国的佛钵崇拜》，余欣主编《中古中国研究》第 1 卷，上海：中西书局，2017 年。

段玉明：《法显、昙无竭西行求法比勘》，《佛教文化研究》2017 年第 2 期。

殷晴：《6 世纪前中印陆路交通与经贸往来——古代于阗的转口贸易与市场经济》，《中国经济史研究》2017 年第 3 期。

全洪：《印度菩提伽耶出土南汉北宋碑刻再研究》，中国社会科学院考古研究所主办《考古学集刊》第 21 集，北京：社会科学文献出版社，2018 年。

吕蔚、阳清：《释智猛及其〈游行外国传〉钩沉》，《华夏文化论坛》2018 年第 1 期。

景天星：《论古代印度的佛陀道场信仰》，《普陀学刊》2018 年第 1 期。

阳清：《唐释常愍与〈历游天竺记〉探赜》，杜文玉主编《唐史论丛》第 28 辑，西安：三秦出版社，2019 年。

王邦维：《唐初的中尼交通：资料的再审视》，《藏学学刊》2019 年第 2 期。

介永强：《隋唐高僧与语言文字学》，《山西大学学报》（哲学社会科学版）2019 年第 2 期。

何方耀：《中国历史上首场外语学习运动考述》，《澳门理工学报》2019 年第 4 期。

黄益：《义净研究在中国——中国学者对唐三藏义净法师的研究综述》，《德州学院学报》2019 年第 5 期。

冯相磊：《唐代海上丝绸之路上的高僧义净西行求法研究》，《德州学院学报》2019 年第 5 期。

释智悟：《论义净的戒律学贡献及其社会影响》，《德州学院学报》2019 年第 5 期。

张少锋：《义净所见西行求法僧人籍贯聚集现象探析》，《华夏文化》2020 年第 2 期。

范若兰：《海路僧人与古代南海区域佛教传播（3—10 世纪）》，《海交史研究》2020 年第 3 期。

黄益、崔继忠:《室利佛逝国:唐三藏义净的人生"中转站"》,《德州学院学报》2020 年第 5 期。

霍巍:《宋僧继业西行归国路经"吉隆道"考》,《史学月刊》2020 年第 8 期。

薛克翘:《晋宋间中斯文化交流》,《北方工业大学学报》2021 年第 1 期。

麻天祥:《西行求法运动的黄金通道——梁启超汤用彤研究之比较》,《五台山研究》2021 年第 2 期。

孟宪实:《中国与南亚之间的丝绸之路——以唐代取经僧人的记录为中心》,《敦煌研究》2021 年第 3 期。

何方耀:《东晋至两宋中国与印尼佛教文化交流互动考述》,《海交史研究》2021 年第 3 期。

(二)外文学术论文

W. J. 范·德·葛伦、陈大冰:《"诃陵"考(上)》,《南洋资料译丛》1981 年第 1 期。

W. J. 范·德·莫伦、陈大冰:《"诃陵"考(中)》,《南洋资料译丛》1981 年第 2 期。

W. J. 范·德·莫伦、陈大冰:《"诃陵"考(下)》,《南洋资料译丛》1981 年第 3 期。

〔日〕桑山正进:《巴米扬大佛与中印交通路线的变迁》,王钺编译,《敦煌学辑刊》,1991 年第 1 期。

〔日〕桑山正进:《与巴米扬大佛的建立有关的两条路线(上)》,徐朝龙译,《文博》1991 年第 2 期。

〔日〕桑山正进:《与巴米扬大佛的建立有关的两条路线(下)》,徐朝龙译,《文博》1991 年第 3 期。

〔日〕肥田路美、李静杰:《唐代菩提伽耶金刚座真容像的流布》,《敦煌研究》2006 年第 4 期。

〔日〕宫治昭:《佛像的解读——从犍陀罗到中国》，李茹译，陕西师范大学历史文化学院等编《丝绸之路研究集刊》第 6 辑，北京：商务印书馆，2021 年。

Francois-Bernard Huyghe, "La Transformation par Le Voyage: Les Routes Du Bouddhisme Chinois," *Hermès*, Vol.22, No.1, 1988, pp.73–81.

Max Deeg, "The Historical Turn: How Chinese Buddhist Travelogues Changed Western Perception of Buddhism," *Hualin International Journal of Buddhist Studies*, Vol.1, No.1, 2018, pp.43–75.

Huo Wei, "Cultural Exchanges through Mahabodhi Temple Models Found in Tibet," *China's Tibet*, No.2, 2021.

四 学位论文

张同标:《论古印度佛像影响中国的三次浪潮》，上海大学博士学位论文，2012 年。

赵厚进:《三至五世纪陆路西行求法僧人研究》，兰州大学硕士学位论文，2012 年。

欧阳习若:《入竺悟空考》，浙江大学硕士学位论文，2013 年。

张钦:《唐代吐蕃道与中印佛教文化交流》，西北大学硕士学位论文，2014 年。

后　记

　　本书是在我博士学位论文的基础上修订而成，拙著付梓之际，感谢诸多良师益友给予我的支持与帮助。

　　首先对我的博士导师介永强教授表示诚挚的谢意！相遇有期，人师难遇，承蒙先生不弃，在先生门下受学。介师谦和儒雅，既秉持严谨的治学态度，又倡导自由的学术氛围，鞭策之余，鼓励有加。从研究范围选定、谋篇布局到修改批注，书稿凝结了介师的智慧和心血。介师欣然为本书赐序，既有勉励，又有鞭策。感激之情，片言难表，唯有铭记于心！

　　感谢我的硕士导师白文固先生，指引我走上学术研究之路，先生为人为学，令我受益良多。在攻读博士期间，先生馈赠图书资料，对书稿写作给予诸多建议。在书稿成形后，八十岁高龄的白师为本书赐序，并对书稿的修改提供建议，指谬斧正。

　　感谢杜文玉教授、王双怀教授、薛平拴教授、拜根兴教授、于赓哲教授、李军教授、张维慎研究员、张全民研究员对书稿提出的诸多宝贵意见和建议，感谢冯立君教授在书稿框架、研究思路方面提出的建议，感谢胡耀飞副教授在书稿撰写过程中提供的支持和帮助。

　　感谢北京大学宋成有教授对书稿框架提出的建议，以及支持和鼓励。感谢吕建福教授在研究方法、书稿结构等方面提供的诸多建议。感谢浙江大学冯培红教授在书稿修改中给予的诸多支持和鼓励。

　　感谢部门领导陈克龙主任、安海民副主任和同事们在读博和书稿撰写阶段给予的支持与鼓励。感谢历史学院杜常顺教授、魏道明教授、丁柏峰院长、杨荣春副院长在书稿撰写和出版中提供的支持和帮助。本书的出版获得了青海师范大学优秀学术著作出版基金资助，同时得到了"藏区历史与多民族繁荣发展研究省部共建协同创新中心"项目资助，特此致谢。

感谢社会科学文献出版社历史学分社郑庆寰社长，感谢编辑赵晨、徐花老师专业严谨的编校，他们精准把握行文与学术规范，提出修改建议，指正谬误，令书稿更加严谨完善，在此一并致以诚挚的谢意。

感谢家人的理解和支持，赋予我不断前行的动力和勇气。

梁　霞

2023 年 5 月于西宁

图书在版编目（CIP）数据

中古时期僧人西行求法活动研究 / 梁霞著 . -- 北京：
社会科学文献出版社，2025. 5. -- ISBN 978-7-5228
-4863-1

Ⅰ . K928.6；B949.2

中国国家版本馆 CIP 数据核字第 2025VG4825 号

中古时期僧人西行求法活动研究

著　　者 / 梁　霞

出 版 人 / 冀祥德
责任编辑 / 赵　晨
文稿编辑 / 徐　花
责任印制 / 岳　阳

出　　版 / 社会科学文献出版社·历史学分社（010）59367256
　　　　　　地址：北京市北三环中路甲29号院华龙大厦　邮编：100029
　　　　　　网址：www.ssap.com.cn
发　　行 / 社会科学文献出版社（010）59367028
印　　装 / 三河市尚艺印装有限公司

规　　格 / 开　本：787mm×1092mm 1/16
　　　　　　印　张：24　字　数：342 千字
版　　次 / 2025年5月第1版　2025年5月第1次印刷
书　　号 / ISBN 978-7-5228-4863-1
定　　价 / 128. 00元

读者服务电话：4008918866